Das Grundgesetz als prinzipaler
Entscheidungsmaßstab bei
der Landesverfassungsbeschwerde

Europäische Hochschulschriften
Publications Universitaires Européennes
European University Studies

Reihe II
Rechtswissenschaft

Série II Series II
Droit
Law

Bd./Vol. 3254

PETER LANG
Frankfurt am Main · Berlin · Bern · Bruxelles · New York · Oxford · Wien

Bodo von Wolff

Das Grundgesetz als prinzipaler Entscheidungsmaßstab bei der Landesverfassungsbeschwerde

Zugleich ein Beitrag zur vorrangigen, aber nicht ausschließlichen Entscheidungszuständigkeit des Bundesverfassungsgerichts

PETER LANG
Europäischer Verlag der Wissenschaften

Die Deutsche Bibliothek - CIP-Einheitsaufnahme

Wolff, Bodo v.:

Das Grundgesetz als prinzipaler Entscheidungsmaßstab bei der Landesverfassungsbeschwerde : zugleich ein Beitrag zur vorrangigen, aber nicht ausschließlichen Entscheidungszuständigkeit des Bundesverfassungsgerichts / Bodo v. Wolff. - Frankfurt am Main ; Berlin ; Bern ; Bruxelles ; New York ; Oxford ; Wien : Lang, 2001
(Europäische Hochschulschriften : Reihe 2, Rechtswissenschaft ; Bd. 3254)
Zugl.: Potsdam, Univ., Diss., 2001
ISBN 3-631-38121-2

517
ISSN 0531-7312
ISBN 3-631-38121-2

www.peterlang.de

Meinen Eltern

Vorwort

Die Idee zu dieser Arbeit entwickelte sich während eines Auslandsstudiums an der Tulane Law School, New Orleans. Die Erfahrung anderer Gestaltungen und Traditionen - die *directed research* bei *Prof. Gelfand* hatte die Verfassungsrechtsprechung der *state courts* im föderalen System der USA zum Gegenstand - schuf erst die erforderliche Distanz, um den Schritt zu einer von der absolut herrschenden Rechtsauffassung in Deutschland abweichenden These zu wagen.

Großer Dank gilt natürlich dem Betreuer und Erstgutachter der Arbeit, *Prof. Dr. Dieter C. Umbach*, der sich sogleich bereit fand, diese ursprünglich als Rechtsvergleichung konzipierte Arbeit zu begleiten. Hervorzuheben ist insbesondere, daß *Prof. Umbach* Gespräche mit hervorragenden Kennern der Materie vermitteln sowie den Bericht der „*Benda*-Kommission" zu einem frühen Zeitpunkt zugänglich machen konnte. Im übrigen war es stets eine Selbstverständlichkeit, daß dem Verfasser bei der Bearbeitung des Themas größte Freiheit gelassen wurde.

Besonderer Dank gilt auch meinem Freund und Kollegen *Armin Lange*, der zeitgleich promovierte. Ohne die wechselseitigen Diskussionen und Anregungen wäre die Arbeit nicht in dieser Form möglich gewesen.

Schließlich darf ich dem Zweitgutachter *Prof. Dr. Michael Nierhaus* meinen herzlichen Dank für seine rasche und wohlwollende Begutachtung der Arbeit aussprechen.

Die Arbeit hat in der Fassung vom Oktober 1999 der Juristischen Fakultät der Universität Potsdam als Dissertation vorgelegen. Seitdem ergangene Rechtsprechung und erschienenes Schrifttum konnten nur noch zu einem Teil berücksichtigt werden.

Berlin, im Juni 2001 Bodo v. Wolff

Inhalt

Vorwort 7

Abkürzungen 15

Einleitung 19

ERSTER TEIL

DIE PRÜFUNGSLIMITIERUNG DER LANDESVERFASSUNGSGERICHTE UND DEREN AUSWIRKUNG AUF DIE LANDESVERFASSUNGSBESCHWERDE 25

A Überblick über die Rechtsprechung 27

I. Die Rechtsprechung der Landesverfassungsgerichte 28

1) Die Individualverfassungsbeschwerde in den Ländern 28

2) Überblick über die einschlägige Rechtsprechung 29

a) Freistaat Bayern 30
b) Berlin 30
c) Brandenburg 30
d) Hessen 31
e) Rheinland-Pfalz 32
f) Das Saarland 32
g) Freistaat Sachsen 32
h) Freistaat Thüringen 33

II. Die Grundsatzentscheidung BVerfGE 96, 345 33

1) Darstellung der Entscheidungsgründe 34

a) Zuständigkeit der Landesverfassungsgerichte im Rahmen der grundgesetzlichen Kompetenzordnung 35
b) Fortgeltung der Landesgrundrechte im bundesrechtlich geordneten Verfahren 37

2) Offene Fragen 40

a) Landesverfassungsbeschwerde auch gegen die Anwendung materiellen Bundesrechts? 40
b) Prüfungspflicht der Landesverfassungsgerichte? 43

B Systematische Darstellung der Rechtsprechung 48

I. Darstellung der „Parallelkonstruktion“ 50

1) Überblick über die Entwicklung 50
2) Zusammenfassung der Argumentation 55

II. Darstellung der „Spielraumkonstruktion“ 60

III. Darstellung der „Willkürkonstruktion“ 65

C Kritische Bewertung der Rechtsprechung 67

I. Schwächen der Parallelkonstruktion 67

1) Anwendbarkeit der Landesgrundrechte trotz abschließender Bundesgesetzgebung? 67

a) Fehlende Kollision keine hinreichende Bedingung 68
b) Anwendungsfall für ein Landesgrundrecht nicht begründbar 70
aa) Mangelnde Einwirkungskraft der Landesgrundrechte 70
bb) Der vergebliche Begründungsversuch der Parallelkonstruktion .. 72
cc) Keine Sonderstellung der Verfahrensgrundrechte 76

2) Die vorrangige Zuständigkeit der (Landes-)Fachgerichtsbarkeit für die Auslegung des Bundesrechts 79

II. Schwächen der Spielraumkonstruktion 85

1) Strenge Voraussetzungen für die Annahme bundesrechtlicher Spielräume 85

2) Kompetenzrechtliche "Achillesferse" 92

III. Schwächen der Willkürkonstruktion 93

IV. Zusammenfassung 96

Zweiter Teil

Zur Abgrenzung und Zuordnung der Prüfungszuständigkeiten zwischen Bundes- und Landesverfassungsgerichtsbarkeit 99

A. Der Grundsatz der limitierten Prüfungskompetenz und seine Herleitung durch Ernst Friesenhahn 101

I. Die Friesenhahnsche "Sphärentheorie" und ihre Weimarer Wurzeln 102

II. Friesenhahns Folgerungen für das Verhältnis von Bundes- und Landesverfassungsgerichtsbarkeit 105

III. Abschwächende Modifikation des zunächst strikten Ausschließlichkeitsprinzips 113

B. Joachim Burmeisters Gegenmodell 116

I. Burmeisters Kritik am Friesenhahnschen Modell 117

II. Burmeisters Modell der gegenständlichen Trennung - Landesverfassungsgerichte als Hüter und Wächter gegenüber der Landesstaatsgewalt 118

III. Kritische Bewertung des Ansatzes von Burmeister 120

1) Der mehrdeutige Begriff des "Verfassungsraumes" 120
2) Keine überzeugende Lösung des Problems der Zuständigkeitskonkurrenzen 121
3) Jochen Rozeks Replik 123
4) Fazit 126

C. Gemeinsame Schwächen der strikt maßstabs- bzw. gegenstandsbezogenen Abgrenzung 128

I. Eingriff in die Autonomie der Länder 129

II. Nichteignung der starren einfachen Modelle zur Erfassung der vielschichtigen Problematik - Vermengung materiell- und kompetenzrechtlicher Fragestellungen 133

D. Entwurf eines flexibleren Abgrenzungsmodells - Ersetzung des Ausschließlichkeitsprinzips durch das Vorrangigkeitsprinzip 139

I. Die Auflösung von "Zuständigkeitskonkurrenzen" als Rechtfertigung für Zuständigkeitsbeschränkungen 141

1) Funktionsrechtlicher Ansatz 142
2) Kompetenzrechtlicher Ansatz 143

II. Die Vorrangigkeit bundesverfassungsgerichtlicher Zuständigkeiten 144

1) Die Leitentscheidung BVerfGE 69, 112 145

2) Das Vorrangigkeitsprinzip und die abschließende Entscheidungszuständigkeit des Bundesverfassungsgerichts 147

3) Der Unterschied zum Ansatz von Herbert Bethge 150

4) Umfassende Prüfungskompetenz den Landesverfassungsgerichten nur insoweit durch Bundesrecht verwehrt, als die abschließende Entscheidungszuständigkeit des Bundesverfassungsgerichts dem entgegensteht 154

a) Argumentation mit Art. 100 Abs. 3 GG 155
b) Argumentation mit Art. 100 Abs. 1 GG 157
c) Argumentation mit Art. 99, 1. Var. GG und Art. 93 Abs. 1 Nr. 4, 3. Var. GG 159

5) Kontinuität der bundesverfassungsgerichtlichen Rechtsprechung 160

6) Die Friesenhahnsche Rechtskreislehre und ihre bleibende Bedeutung 164

III. Zur Ausgestaltung der "abschließenden Entscheidungszuständigkeit" des Bundesverfassungsgerichts für das Bundes(verfassungs)recht 167

1) Auseinandersetzung mit dem Schrifttum 169
2) Der zweigliedrige Begriff der "Entscheidung" 174
3) Abschließende Entscheidungszuständigkeit im formellen Sinne 177
4) Abschließende Entscheidungszuständigkeit im materiellen Sinne .. 184

Dritter Teil

Die Zuordnung der Prüfungszuständigkeiten nach dem Vorrangigkeitsprinzip und die Landesverfassungsbeschwerde 187

A. Landesrechtliche Kompetenzzuweisungen - Zur Auslegung des kompetentiellen Begriffs der "Grundrechte der Landesverfassung" 189

I. Der kompetentielle Begriff der "Verfassung" und ähnliche Begriffe in den Verfahren zur Kontrolle von Normentwürfen bei der Volksgesetzgebung 190

II. Der kompetentielle Begriff der "Verfassung" in den Verfahren zur Entscheidung von Verfassungsstreitigkeiten innerhalb eines Landes.... 193

1) Zur Leitentscheidung der "Einwirkungsrechtsprechung" (BVerfGE 1, 208) 194

a) Darstellung der maßgeblichen Aussagen 194
b) Interpretation der (kompetenzrechtlichen) Entscheidung 198

2) Die begriffliche Unterscheidung zwischen "Landesverfassung" und "Verfassung des Gliedstaates" - Bundesgrundrechte als Durchgriffsnormen Bestandteile der gliedstaatlichen Verfassungsordnung im weiteren Sinne 206

3) Fortschreibung der Rechtsprechung des Staatsgerichtshofs für das Deutsche Reich zu Art. 19 Abs. 1 WRV 211

a) Die subsidiäre Zuständigkeit des Reichsstaatsgerichtshofs nach Art. 19 Abs. 1 WRV für "Verfassungsstreitigkeiten innerhalb eines Landes", welche Vorschriften der Reichsverfassung betreffen 212
b) Die Zuständigkeit der Staatsgerichtshöfe der Länder auch für solche "Verfassungsstreitigkeiten innerhalb eines Landes", die reichsverfassungsrechtliche Einwirkungs- und Ergänzungsnormen zum Gegenstand haben 214
c) Kontinuität der Rechtsprechung zu Art. 93 Abs. 1 Nr. 4, 3. Var. GG und Art. 99, 1. Var. GG 216

4) Weitere Einwände gegen die Deutung der (kompetenzrechtlichen) Rechtsprechung mit Hilfe des Inkorporationsgedankens 219

III. Der kompetentielle Begriff der "Verfassung" in den Verfahren der Landesverfassungsbeschwerde 223

1) Möglichkeit extensiver Auslegung 223

2) Argumente für und gegen eine erweiterte Prüfungszuständigkeit der Landesverfassungsgerichte 226

B. Bundesrechtliche Zuständigkeitsbeschränkungen aufgrund der abschließenden Entscheidungszuständigkeit des Bundesverfassungsgerichts 238

I. Kein landesverfassungsgerichtliches Vorgreifen - Vorbehalt zugunsten der Entscheidung des Bundesverfassungsgerichts (nur) dann, wenn diesem im zu entscheidenden Fall (noch) die abschließende Entscheidungszuständigkeit im formellen Sinne zukommt 240

II. Keine letztverbindliche Auslegung des Grundgesetzes - Beschränkte Wirkungen landesverfassungsgerichtlicher Entscheidungen als Folge der fehlenden abschließenden Entscheidungszuständigkeit im materiellen Sinne 244

SCHLUß 249

A. Ausblick 249

B. Zusammenfassung 253

Literaturverzeichnis 265

Abkürzungen

a.A.	anderer Ansicht
a.a.O.	am angegebenen Ort
Abs.	Absatz
a.E.	am Ende
a.F.	alte Fassung
amend.	*amendment* (Zusatzartikel der Verfassung der Vereinigten Staaten von Amerika)
Anm.	Anmerkung
AöR	Archiv des öffentlichen Rechts
arg.	*argumentum*
Art.	Artikel
Aufl.	Auflage
AuslG	Ausländergesetz
BWStGH	Baden-Württembergische Staatsgerichtshof
BWStGHG	Gesetz über den (Baden-Württembergische) Staatsgerichtshof
BWVerf	Verfassung des Landes Baden-Württemberg
BayAGVwGO	Bayerisches Gesetz zur Ausführung der Verwaltungsgerichtsordnung
BayLWG	Bayerisches Landeswahlgesetz
BayStGH	Bayerischer Staatsgerichtshof
BayVBl.	Bayerische Verwaltungsblätter
BayVerf (BV)	Verfassung des Freistaates Bayern
BayVerfGH	Bayerischer Verfassungsgerichtshof
BayVerfGHE	Entscheidungen des Bayerischen Verfassungsgerichtshofs
BayVerfGHG	Gesetz über den Bayerischen Verfassungsgerichtshof
BayVerfUrk	Bayerische Verfassungsurkunde
BbgVerf	Verfassung des Landes Brandenburg
BbgVerfG	Verfassungsgericht des Landes Brandenburg
BbgVerfGG	Gesetz über das Verfassungsgericht des Landes Brandenburg
Bd.	Band
BerlVerf	Berliner Verfassung
BerlVerfGH	Berliner Verfassungsgerichtshof
BerlVerfGHG	Gesetz über den [Berliner] Verfassungsgerichtshof
BGB	Bürgerliches Gesetzbuch
BGBl.	Bundesgesetzblatt
BremStGH	Bremischer Staatsgerichtshof
BremStGHE	Entscheidungen des Bremischen Staatsgerichtshofs
BremStGHG	Gesetz über den [Bremischen] Staatsgerichtshof
BremVerf	Verfassung der Freien Hansestadt Bremen
BV	Verfassung des Freistaates Bayern
BVerfG	Bundesverfassungsgericht
BVerfGE	Entscheidungen des Bundesverfassungsgerichts
BVerfGG	Gesetz über das Bundesverfassungsgericht
BVerwG	Bundesverwaltungsgericht

BVerwGE	Entscheidungen des Bundesverwaltungsgerichts
bzw.	beziehungsweise
Const.	*Constitution*
ders.	derselbe
d.h.	das heißt
Diss.	Dissertation
DÖV	Die öffentliche Verwaltung
DRiZ	Deutsche Richterzeitung
DVBl.	Deutsches Verwaltungsblatt
ESVGH	Entscheidungen des Hessischen Verwaltungsgerichtshofs und des Verwaltungsgerichtshofs Baden-Württembergs mit Entscheidungen der Staatsgerichtshöfe beider Länder
EuGRZ	Europäische Grundrechte Zeitschrift
f.	und folgende(r)
ff.	und folgende (pl.)
Fußn.	Fußnote
GG	Grundgesetz
ggf.	gegebenenfalls
GüVuV	Hessisches Landesgesetz über Volksbegehren und Volksentscheid
GVBl.	Gesetz- und Verordnungsblatt
GVG	Gerichtsverfassungsgesetz
Habil.	Habilitation
Halbs.	Halbsatz
HARV. L. REV.	*Harvard Law Review*
HbgVerf	Verfassung der Freien und Hansestadt Hamburg
HbgVerfG	Hamburgische Verfassungsgericht
HbgVerfGG	Gesetz über das Hamburgische Verfassungsgericht
HdbDStR	Handbuch des Deutschen Staatsrechts
HessStGH	Hessischer Staatsgerichtshof
HessStGHG	Gesetz über den [Hessischen] Staatsgerichtshof
HessVerf	Verfassung des Landes Hessen
h.M.	herrschende Meinung
Hrsg.	Herausgeber
i.e.S.	im engeren Sinne
i.S.	im Sinne
i.V.m.	in Verbindung mit
i.w.S.	im weiteren Sinne
JöR	Jahrbuch des öffentlichen Rechts
JR	Juristische Rundschau

JuS	Juristische Schulung
JW	Juristische Wochenschrift
JZ	Juristenzeitung
LS	Landessatzung
LWG	Landeswahlgesetz
MeckVVerf	Verfassung des Landes Mecklenburg-Vorpommern
MeckVVerfG	Landesverfassungsgericht Mecklenburg-Vorpommern
MeckVVerfGG	Gesetz über das Landesverfassungsgericht Mecklenburg-Vorpommern
m.w.N.	mit weiteren Nachweisen
Nachw.	Nachweise
NdsStGH	Niedersächsische Staatsgerichtshof
NdsStGHG	Gesetz über den [Niedersächsischen] Staatsgerichtshof
NdsVerf	Niedersächsische Verfassung
n.F.	neue Folge
NJ	Neue Justiz
NJW	Neue Juristische Wochenschrift
NordÖR	Zeitschrift für öffentliches Recht in Norddeutschland
Nr.	Nummer
NSDAP	Nationalsozialistische Deutsche Arbeiterpartei
NWVerf	Verfassung für das Land Nordrhein-Westfalen
NWVerfGH	Nordrhein-Westfälischer Verfassungsgerichtshof
NWVerfGHG	Gesetz über den Verfassungsgerichtshof für das Land Nordrhein-Westfalen
NVwZ	Neue Zeitschrift für Verwaltungsrecht
NVwZ-RR	NVwZ-Rechtsprechungs-Report
OVG	Oberverwaltungsgericht
Rdnr.	Randnummer
RhPfVerf	Verfassung für Rheinland-Pfalz
RhPfVerfGH	Rheinland-Pfälzischer Verfassungsgerichtshof
RhPfVerfGHG	Gesetz über den [Rheinland-Pfälzischen] Verfassungsgerichtshof
Rspr.	Rechtsprechung
RsprEinhG	Gesetz zur Wahrung der Einheitlichkeit der Rechtsprechung der obersten Gerichtshöfe des Bundes
RStGH	Staatsgerichtshof für das Deutsche Reich (Reichsstaatgerichtshof)
RVerf	Weimarer Reichsverfassung
S.	Seite
SaAnVerf	Verfassung des Landes Sachsen-Anhalt
SaAnVerfG	Landesverfassungsgericht von Sachsen-Anhalt
SaAnVerfGG	Gesetz über das Landesverfassungsgericht von Sachsen-Anhalt
SaarlVerf	Verfassung des Saarlandes
SaarlVerfGH	Saarländischer Verfassungsgerichtshof

SaarlVerfGHG	Gesetz über den [Saarländischen] Verfassungsgerichtshof
SächsVerf	Verfassung des Freistaates Sachsen
SächsVerfGH	Sächsischer Verfassungsgerichtshof
SächsVerfGHG	Gesetz über den Verfassungsgerichtshof des Freistaates Sachsen
SchlHVerf	Verfassung des Landes Schleswig-Holstein
sog.	sogenannte(r)
st. Rspr.	ständige Rechtsprechung
StAnz	Staatsanzeiger
StGH	Staatsgerichtshof
StGHG	Gesetz über den Staatsgerichtshof
StPO	Strafprozeßordnung
StVwR	Staats- und Verwaltungsrecht
ThürVerf	Verfassung des Freistaates Thüringen
ThürVerfGH	Thüringer Verfassungsgerichtshof
ThürVerfGHG	Gesetz über den Thüringer Verfassungsgerichtshof
u.a.	unter anderem
U.S.	Entscheidungen des U.S. Supreme Court
USA	Vereinigte Staaten von Amerika
U.S. CONST.	Verfassung der Vereinigten Staaten von Amerika
usw.	und so weiter
u.U.	unter Umständen
v.	von/vom/versus
Var.	Variante
VBlBW	Verwaltungsblätter für Baden-Württemberg
Verf	Verfassung
VerfG	Verfassungsgericht
VerfGG	Gesetz über das Verfassungsgericht
VerfGH	Verfassungsgerichtshof
VerfGHG	Gesetz über den Verfassungsgerichtshof
VerwArch	Verwaltungsarchiv
VG	Verwaltungsgericht
VGH	Verwaltungsgerichtshof
vgl.	vergleiche
Vorbem.	Vorbemerkung
VVDStRL	Veröffentlichungen der Vereinigung Deutscher Staatsrechtslehrer
VwGO	Verwaltungsgerichtsordnung
WRV	Weimarer Reichsverfassung
z.B.	zum Beispiel
ZfP	Zeitschrift für Poltik
ZPO	Zivilprozeßordnung
ZRP	Zeitschrift für Rechtspolitik
z.T.	zum Teil
zust.	zustimmend

Einleitung

Die Arbeit befaßt sich mit der Zulässigkeit der Landesverfassungsbeschwerde gegen die landesgerichtliche Anwendung von Bundesrecht. Diese Frage, deren Behandlung in der Rechtsprechung der Landesverfassungsgerichte früher eher auf zurückgezogener Linie diskutiert worden war, wurde aufgrund der - sei es selbstbewußten, sei es aktivistischen - Rechtsprechung des Berliner Verfassungsgerichtshofs zu einem Gegenstand der jüngsten wissenschaftlichen Diskussion. Insbesondere der „Honecker"-Beschluß (NJW 1993, 515) mobilisierte dank seiner polarisierenden Kraft ein breites, kritisches und diskussionsfreudiges Fachpublikum:

> Der 80jährige ehemalige Staatsratsvorsitzende der früheren DDR befand sich seit Juli 1992 in Untersuchungshaft, angeklagt u.a. wegen Totschlags in mittelbarer Täterschaft. Auf seine Verfassungsbeschwerde hat der Berliner Verfassungsgerichtshof Beschlüsse des Landgerichts Berlin und des Kammergerichts, welche - vereinfacht dargestellt - die Einstellung des Strafverfahrens und die Aufhebung des Haftbefehls abgelehnt hatten, wegen Verletzung des *landesverfassungsrechtlichen* Grundrechts des Beschwerdeführers auf Achtung seiner Menschenwürde aufgehoben und die Sache zurückverwiesen. Das Kammergericht war wegen der fortgeschrittenen Erkrankung des Beschwerdeführers davon ausgegangen, daß seine Verhandlungsfähigkeit voraussichtlich nicht mehr lange bestehen und er den Abschluß des Verfahrens mit an Sicherheit grenzender Wahrscheinlichkeit nicht überleben werde, hatte sich aber aus strafprozessualen Gründen daran gehindert gesehen, das Verfahren selbst einzustellen. Den angefochtenen Entscheidungen hielt der Verfassungsgerichtshof entgegen, die Durchführung des Strafverfahrens habe ihren Sinn verloren, wenn der Angeklagte dessen angenommenes Ende nicht erlebe. Der Mensch werde zum "bloßen Objekt staatlicher Maßnahmen", wenn das Verfahren gleichwohl durchgeführt werde. Der Angeklagte wurde nach Zurückverweisung an das Landgericht alsbald freigelassen und reiste aus.

Die vorliegende Untersuchung beschäftigt sich nicht mit dem Ergebnis dieser in mehrfacher Hinsicht exponierten Entscheidung. Vielmehr befaßt sie sich mit der über diesen Einzelfall weit hinausweisenden Rechtsfrage, ob sich der Einzelne gegen eine landesfachgerichtliche Entscheidung mit der Verfassungsbeschwerde an sein Landesverfassungsgericht wenden kann, wenn die fragliche Entscheidung auf der Auslegung und Anwendung von *Bundes*recht beruht. Auch die dem „Honecker"-Beschluß zugrundeliegende Verfassungsbeschwerde zum Berliner Verfassungsgerichtshof richtete sich gegen die Anwendung bundesrechtlicher Vorschriften, nämlich solcher der Strafprozeßordnung. Das Problem liegt in aller Kürze darin begründet, daß zum einen die Landesverfassungsgerichte sich nur berechtigt sehen, den Beschwerdeführer mit der Rüge zu hören, er sei in einem seiner durch die *Landesverfassung* verbürgten Grundrechte verletzt, und daß zum anderen aber das Bundesrecht, dessen Anwendung mit der Verfassungsbeschwerde angegriffen wird, Vorrang vor dem Landesverfassungsrecht genießt (Art. 31 GG).

Das Bundesverfassungsgericht hat die Zulässigkeitsfrage mittlerweile in seinem Beschluß vom 15. Oktober 1997 (BVerfGE 96, 345) zumindest teilweise bejaht. Auf Vorlagebeschluß des Verfassungsgerichtshofes des Freistaates Sachsen, der von der damaligen restriktiven Rechtsprechung des Hessischen Staatsgerichtshofes abzuweichen beabsichtigte, entschied der Zweite Senat, daß das Grundgesetz den Verfassungsgerichtshof nicht daran hindere, die Anwendung von Bundesrecht des *gerichtlichen Verfahrens* durch Gerichte des Freistaates Sachsen an den Grundrechten und grundrechtsgleichen Gewährleistungen der Sächsischen Verfassung zu messen, soweit sie den *gleichen Inhalt* wie entsprechende Rechte des Grundgesetzes hätten. Die weitergehende Frage, ob und unter welchen Voraussetzungen eine entsprechende Prüfungsbefugnis im Falle der Anwendung *materiellen* Bundesrechts zu bejahen sei, ließ das Bundesverfassungsgericht ausdrücklich offen.

Die *praktische Bedeutung* der Grundsatzfrage nach der Zulässigkeit der Landesverfassungsbeschwerde gegen die Anwendung von Bundesrecht liegt auf der Hand. Zum einen beruhen nämlich mit zunehmender Dominanz der Bundesgesetzgebung in fast allen Bereichen immer mehr Entscheidungen der Landesstaatsgewalt allein auf Bundesrecht. Daher wäre die Landesverfassungsbeschwerde zu einem Kümmerdasein verurteilt, wollte man die Zulässigkeit dieses Rechtsbehelfs bei Anwendung von Bundesrecht grundsätzlich verneinen. Dieses Ergebnis wäre um so bedenklicher, als die Landesverfassungsgerichtsbarkeit einen "Aufschwung" (*Klaus Stern*) insbesondere dadurch erfährt, daß mit der erstmaligen Einführung der Landesverfassungsbeschwerde auch in Rheinland-Pfalz, Berlin und den neuen Bundesländern einer immer größeren Zahl von Bürgern neben dem Weg nach Karlsruhe der zusätzliche Rechtsbehelf zu ihrem jeweiligen Landesverfassungsgericht offen steht.

Zum anderen ist die Effektivität der Landesverfassungsbeschwerde vor dem Hintergrund der Arbeitsüberlastung des Bundesverfassungsgerichts zu sehen. Durch den genannten Beschluß hat das Gericht Wege für die eigene Entlastung geebnet, indem es die Verfassungsbeschwerde auf Landesebene jedenfalls bei Verfahrensgrundrechtssachen ermöglicht, also in einem Bereich, der für die Arbeitsbelastung des Bundesverfassungsgerichts von ausschlaggebender Bedeutung ist. Ein nachhaltiger Aufschwung der Landesverfassungsbeschwerde dürfte in der Tat zu einer Teilverlagerung der Wahrnehmung verfassungsgerichtlicher Aufgaben auf die Landesverfassungsgerichte und damit zu einer Entlastung des Bundesverfassungsgerichts führen. Die Bereitstellung eines parallelen Beschwerdeverfahrens auf Landesebene kann die Effektivität des Grundrechtsschutzes durch Verfassungsgerichte insbesondere dann erhöhen, wenn die Verfahrensordnung des jeweiligen Landesverfassungsgerichts weniger restriktive Annahmevoraussetzungen bestimmt als das Bundesverfassungsgerichtsgesetz oder ein Annahmeverfahren überhaupt nicht vorsieht. Diesem Aspekt wird ganz besondere Bedeutung zukommen, wenn die von der "Entlastungskommission" empfohlene Ermessensannahme im Verfahren der Bundesverfassungsbeschwerde tatsächlich eingeführt werden sollte. Ein Teil der Kommission befürwortet in diesem Sinne ausdrücklich eine Stärkung des Instituts der Landesverfassungsbeschwerde und sieht in ihr die Chance, in gewissem Umfang die Einschränkung des subjektiven Grundrechtsschutzes auszugleichen, die mit der Einführung einer Annahme nach Ermessen beim Bundesverfassungsgericht verbunden wäre.

Eine zufriedenstellende *rechtliche Begründung* dafür, daß die Landesverfassungsbeschwerde gegen die Anwendung von Bundesrecht möglich ist, fällt jedoch außerordentlich schwer. Ausgangspunkt des dogmatischen Problems ist dabei - wie bereits angedeutet - die ganz herrschende Auffassung, nach der die Landesverfassungsgerichte ausschließlich die Bestimmungen der jeweiligen *Landesverfassung* als prinzipalen Prüfungs- und Entscheidungsmaßstab heranziehen dürfen. „Prinzipal" bedeutet dabei, daß dieser Maßstab entscheidender Kontrollmaßstab auf der Ebene der sog. Hauptfrage ist; davon zu unterscheiden sind bloße Vorfragen, die nicht den eigentlichen Verfahrensgegenstand ausmachen und lediglich inzident geprüft werden. Hinzu tritt nun allerdings der normenhierarchische Vorrang des Bundesrechts vor dem Landesrecht (vgl. Art. 31 GG). Weil auch „einfaches" Bundesrecht Vorrang vor Landesverfassungsrecht genießt, darf Bundesrecht unter keinen Umständen im Wege der Normenkontrolle am Maßstab der Landesverfassung überprüft werden. Es erscheint danach fast zwingend, daß auch der einzelne Rechtsanwendungsakt, den die Landesstaatsgewalt allein in Anwendung abschließender bundesrechtlicher Vorschriften für den konkreten Einzelfall vollzieht, nicht durch die Grundrechte der Landesverfassung beeinflußt und daher auch nicht an diesen Maßstäben gemessen werden kann.

Das dogmatische Problem ergibt sich also schlagwortartig aus dem Zusammenspiel des *kompetenzrechtlichen Grundsatzes der strikten Prüfungslimitierung* einerseits und des *materiell-rechtlichen Grundsatzes der Höher- bzw. Vorrangigkeit des Bundesrechts (Art. 31 GG)* andererseits.

Die fast als axiomatisch zu bezeichnende Limitierung der Landesverfassungsgerichte, wonach diesen auf der Hauptfragenebene ausschließlich die Bestimmungen der jeweiligen Landesverfassung als Prüfungs- und Entscheidungsmaßstab zur Verfügung stehen sollen, wird im wesentlichen damit begründet, daß die Landesverfassungsgerichte "Hüter" allein ihres Verfassungsrechtskreises, d.h. des jeweiligen Landes(verfassungs)rechts seien. Das Bundesverfassungsrecht und seine Wahrung seien demgegenüber ausschließlich dem Bundesverfassungsgericht anvertraut. Maßgeblicher rechtlicher Ausgangspunkt für diese kompetenzrechtliche Prüfungslimitierung ist dabei das Verhältnis zwischen Bundes- und Landesverfassungsgerichtsbarkeit. Wenn die Verfassungsgerichtsbarkeit des Bundes und der Länder je auf verschiedene Verfassungsräume bezogen sei - so grundlegend wie klassisch *Ernst Friesenhahn* -, so müsse sich daraus grundsätzlich auch eine Begrenzung ihrer Kompetenzen auf den jeweiligen Verfassungsraum ergeben. Zwar sollen nach der gegenwärtig herrschenden Meinung Landesverfassungsgerichte nicht mehr grundsätzlich gehindert sein, das Grundgesetz auf der Ebene inzidenter Vorfragen anzuwenden; als prinzipaler Prüfungs- und Entscheidungsmaßstab stehe ihnen aber weiterhin allein und ausschließlich die Landesverfassung zur Verfügung.

Sieht man also die Landesverfassungsgerichte kompetenzrechtlich ausnahmslos darauf beschränkt, den Beschwerdeführer lediglich mit der Rüge zu hören, er sei durch die öffentliche Gewalt des Landes in einem seiner *Landes*grundrechte verletzt worden, so wird für die Beantwortung der anfangs gestellten Grundsatzfrage allein entscheidend, ob und gegebenenfalls unter welchen Voraussetzungen die Landesstaatsgewalt bei bzw. "neben" der Anwendung von Bundesrecht auch die Landesverfassung zu beachten hat und dementsprechend auch gegen Landesgrundrechte verstoßen könnte. Diese Fragestellung ist vom Grundsatz her materiell-rechtlicher Natur, da es um die Bindung der Landesstaatsgewalt an die Landesgrundrechte und deren Anwendbarkeit trotz bestehender bundesrechtlicher Regelung geht, und führt zu Rang- und Kollisionsfragen im Verhältnis zwischen Bundesrecht und Landesverfassungsrecht. Der normenhierarchische Vorrang des Bundesrechts legt es einem dabei sehr nahe, die Anwendbarkeit der Landesgrundrechte bei abschließender Regelung der Materie durch den Bundesgesetzgeber zu verneinen. Ein Landesverfassungsgericht, dem lediglich die Gewährleistungen der Landesverfassung als Kontrollmaßstab auf der Ebene der Hauptfrage zur Verfügung stehen soll, kann danach weder - was völlig unstreitig sein dürfte - gegen die dem Landesrecht im Range vorgehende Vorschrift des Bundesrechts selbst noch gegen eine Einzelfallentscheidung, die auf dieser Rechtsnorm und ihrer Anwendung beruht, etwas ausrichten.

Gleichwohl waren die Verfassungsgerichte der Länder bestrebt, die zuletzt genannte Schlußfolgerung mit unterschiedlicher Begründung und Intensität abzuschwächen und damit der drohenden Entwertung des Instituts der Landesverfassungsbeschwerde entgegenzuwirken. Zum Teil wird die Anwendung von Bundesrecht dann für überprüfbar erklärt, wenn das Fachgericht sich *willkürlich* außerhalb der Rechtsordnung gestellt, also "in Wahrheit" gar kein Bundesrecht angewendet habe. Ferner wird erwogen, den Maßstab der Landesgrundrechte heranzuziehen, wenn und soweit das Bundesrecht „offen" ist und *Spielräume* für das Landesrecht läßt. Zum Teil erklären die Verfassungsgerichte die Anwendung von Bundesrecht an denjenigen Landesgrundrechten für meßbar, die den *gleichen Inhalt* wie die entsprechenden Bundesgrundrechte haben. Letztere Argumentation hat das Bundesverfassungsgericht in seinem anfangs genannten Beschluß (BVerfGE 96, 345) jedenfalls für den Bereich des gerichtlichen Verfahrens akzeptiert.

Gemeinsam ist diesen Begründungsmodellen der Rechtsprechung, daß sie sich ausnahmslos darauf konzentrieren, die sich auf Art. 31 GG stützende Vorrangigkeitsargumentation zu entkräften und die materiell-rechtliche Bindung der Landesstaatsgewalt an die Landesgrundrechte auch für solche Fälle zu begründen, in denen die Landesstaatsgewalt Bundesrecht ausführt bzw. anwendet. Bei der anderen Vorfrage, die nach den zulässigen Prüfungs- und Entscheidungsmaßstäben der Landesverfassungsgerichte fragt, folgt die Rechtsprechung demgegenüber ohne weiteres dem herrschenden Grundsatz der Prüfungslimitierung.

Die kommende Untersuchung wird folgenden Verlauf nehmen:

Der *erste* kritisch ausgerichtete Teil der Arbeit will die soeben skizzierten Lösungsmodelle darstellen, systematisch erfassen und begutachten. Dabei lassen sich die Bedenken gegen die bisherigen Ansätze, die insbesondere im Zuge der durch den „Honecker"-Beschluß ausgelösten Kritik mit Nachdruck vorgetragen worden sind, nicht ausräumen. Vielmehr gelangt die Untersuchung zum Ergebnis, daß eine zufriedenstellende dogmatische Lösung für die Ausgangsfrage nach der Zulässigkeit der Landesverfassungsbeschwerde gegen die Anwendung von Bundesrecht bisher nicht gelungen ist.

Vor dem Hintergrund dieses Befunds setzt sich die Untersuchung das Ziel, eine neue Lösung zu entwickeln, und wendet sich zu diesem Zwecke dem kompetenzrechtlichen Grundsatz der Prüfungslimitierung zu. Zentrale These wird dabei im Ergebnis sein, daß - entgegen der ganz überwiegenden Auffassung - auch *Bundes*grundrechte als prinzipaler Entscheidungsmaßstab bei der Landesverfassungsbeschwerde herangezogen werden dürfen. Bei Annahme einer derartigen erweiterten Prüfungskompetenz kann der Beschwerdeführer vom Landesverfassungsgericht mit der Behauptung gehört werden, die öffentliche Gewalt des Landes habe ihn bei der Anwendung von Bundesrecht in einem seiner Bundesgrundrechte verletzt; die problematischen Konstruktionen der bisher herrschenden Auffassung, welche die Anwendbarkeit von Landesgrundrechten trotz Anwendung abschließenden Bundesrechts bejahen wollen, werden damit hinfällig.

Zunächst setzt sich der *zweite* Teil der Untersuchung kritisch mit *Ernst Friesenhahn* auseinander, dem wohl wichtigsten Gewährsmann für eine strenge Prüfungslimitierung der Landesverfassungsgerichtsbarkeit. Im Anschluß insbesondere an eine frühere Entscheidung des Bundesverfassungsgerichts (BVerfGE 69, 112) und an die Rechtsprechung des Bayerischen Verfassungsgerichtshofs (BayVerfGHE 38, 51) wird schließlich ein flexibles Gegenmodell entwickelt, welches den Landesgesetzgeber nicht grundsätzlich hindert, dem jeweiligen Verfassungsgericht die Zuständigkeit zur Prüfung der Bundesgrundrechte auf der Hauptfragenebene zuzuweisen, und welches zugleich die "vorrangige Prüfungs- und Entscheidungszuständigkeit" und insbesondere die "abschließende Entscheidungszuständigkeit" des Bundesverfassungsgerichts für das Bundes(verfassungs)recht (vgl. dazu insbesondere BVerfGE 69, 112 [117 f.]) gewährleistet.

Der *dritte* und letzte Teil wendet dieses Gegenmodell, welches das bisherige rigorose Ausschließlichkeitsprinzip durch ein flexibles Vorrangigkeitsprinzip ersetzt, auf die Landesverfassungsbeschwerde an.

Erster Teil:

Die Prüfungslimitierung der Landesverfassungsgerichte und die Landesverfassungsbeschwerde gegen die Anwendung von Bundesrecht

Ausgangspunkt ist die maßgeblich auf *Ernst Friesenhahn* zurückgehende Auffassung, daß ein Landesverfassungsgericht grundsätzlich nur Landesverfassungsrecht und das Bundesverfassungsgericht nur Bundesverfassungsrecht als Prüfungsmaßstab heranziehen dürfe[1]. Die strikte Prüfungslimitierung der Landesverfassungsgerichte auf ihr jeweiliges Landesverfassungsrecht wird von der herrschenden Meinung[2] jedoch nur für die Ebene der sog. (prinzipalen) Hauptfrage gefordert, d.h. bei der Prüfung des eigentlichen Streitgegenstandes. Auf der Ebene der (inzidenten) Vorfragen kann (und gegebenfalls muß) das Landesverfassungsgericht - wie jedes andere Gericht auch - auch andere Prüfungsmaßstäbe einschließlich des Bundesverfassungsrechts berücksichtigen[3].

Unabhängig davon, wie der zulässige Umfang einer inzidenten Prüfungszuständigkeit tatsächlich zu bestimmen ist[4], ist man sich also fast[5] ohne Gegenstimmen

---

[1] *Ernst Friesenhahn*, Zum Verhältnis von Bundes- und Landesverfassungsgerichtsbarkeit ("Referat"), 1956, S. 2-6, insbes. S. 4; *ders.*, Zur Zuständigkeitsabgrenzung zwischen Bundesverfassungsgerichtsbarkeit und Landesverfassungsgerichtsbarkeit, in: Starck (Hrsg.), Bundesverfassungsgericht und Grundgesetz, Festgabe aus Anlaß des 25jährigen Bestehens des Bundesverfassungsgerichts, Erster Band, S. 748 (751, 755); dazu ausführlich unten im Zweiten Teil unter A.

[2] Siehe statt aller *Jochen Rozek*, Das Grundgesetz als Prüfungs- und Entscheidungsmaßstab der Landesverfassungsgerichte, 1993, S. 56 mit umfangreichen Nachweisen in Fußn. 12. Vgl. ferner jüngst *Klaus Schlaich*, Das Bundesverfassungsgericht, 4. Aufl., 1997, Rdnr. 334 e, S. 228, und *Klaus Stern*, Der Aufschwung der Landesverfassungsbeschwerde im wiederveinigten Deutschland, in: Festschrift zum 50-jährigen Bestehen des Bayerischen Verfassungsgerichtshofs, 1997, S. 241 (254).

[3] Vgl. insbesondere BVerfGE 69, 112 (116), wonach auch ein Landesverfassungsgericht gemäß Art. 100 Abs. 1 GG die Entscheidung des Bundesverfassungsgerichts einholen muß, wenn es inzident zum Ergebnis kommt, daß ein für seine Entscheidung maßgebliches Gesetz grundgesetz- oder bundesrechtswidrig sei. Ausführlich zu dieser grundlegenden Entscheidung unten im Zweiten Teil insbesondere unter D II 1.

[4] *Rozek* etwa hält allein die inzidente Anwendung des Grundgesetzes auf den landesverfassungsgerichtlichen *Prüfungsmaßstab* für zulässig (*Jochen Rozek*, Das Grundgesetz als Prüfungs- und Entscheidungsmaßstab der Landesverfassungsgerichte, 1993, S. 59). Die Vorfragenkompetenz wird jedoch weit darüberhinaus ausgedehnt (siehe dazu unten unter C I 2 sowie im Zweiten Teil unter C II). So hat beispielsweise der Berliner Verfassungsgerichtshof im Verfahren der Landesverfassungsbeschwerde für sich in Anspruch genommen, bei der Überprüfung der auf Bundesrecht beruhenden Entscheidungen der Landesstaatsgewalt am Maßstab

darin einig, daß den Landesverfassungsgerichten auf der Hauptfragenebene die Entscheidungszuständigkeit am Maßstab des *Grundgesetzes* nicht zukommen kann.

Folgt man dem dargestellten herrschenden Grundsatz der Prüfungslimitierung, sind die Landesverfassungsgerichte bei der Landesverfassungsbeschwerde ausschließlich befugt, den Beschwerdeführer mit der Rüge zu hören, er sei durch die öffentliche Gewalt des Landes in einem seiner *Landes*grundrechte verletzt worden. Wie bereits in der Einleitung ausgeführt, wird damit die Zulässigkeit einer Landesverfassungsbeschwerde gegen eine landesgerichtliche Entscheidung, die auf der Auslegung und Anwendung von *Bundes*recht beruht, höchst problematisch.

Auf den Plan tritt nämlich nun der normenhierarchische Vorrang des Bundesrechts vor dem Landesrecht (vgl. Art. 31 GG). Damit stellt sich die unausweichliche Frage, ob die Landesstaatsgewalt bei bzw. "neben" der Anwendung von Bundesrecht weiterhin die (nachrangige) Landesverfassung zu beachten hat und dementsprechend auch gegen Landesgrundrechte verstoßen kann. In der treffenden Formulierung von *Klaus Stern* richtet sich die Frage darauf, ob und gegebenenfalls unter welchen Bedingungen ein Landesgrundrecht auf eine bundesrechtlich geordnete Rechtsbeziehung „einwirken"[6] kann. Die Fragestellung ist im Gegensatz zum kompetenzrechtlichen Grundsatz der Prüfungslimitierung vom Grundsatz her materiell-rechtlicher Natur, da es um die Bindung der Landesstaatsgewalt an die Landesgrundrechte und deren Anwendbarkeit trotz bundesrechtlicher Regelung geht, und führt zu Rang- bzw. Kollisionsfragen im Verhältnis zwischen Bundesrecht und Landesverfassungsrecht[7]. Eine negative Ant-

---

der mit der mit den Grundrechten des Grundgesetzes inhaltsgleichen Grundrechte der Berliner Verfassung inzident die Übereinstimmung des entscheidungserheblichen *Bundesrechts* mit dem Bundesverfassungsrecht zu prüfen (Beschluß vom 6. 10. 1998 - VerfGH 32/98 [NJW 1999, 47]; hierzu *Michael Sachs*, Entscheidungsanmerkung, JuS 1999, 914).

[5] A.A. insbes. *Joachim Burmeister*, Vorlagen an das Bundesverfassungsgericht nach Art. 100 Abs. 3 GG, in Starck/Stern (Hrsg.), Landesverfassungsgerichtsbarkeit, Teilband II, 1983, S. 399 ff.; dazu ausführlich m.w.N. unten im Zweiten Teil unter B.

[6] *Klaus Stern*, Der Aufschwung der Landesverfassungsbeschwerde im wiedervereinigten Deutschland, in: Verfassung als Verantwortung und Verpflichtung, Festschrift zum 50jährigen Bestehen des Bayerischen Verfassungsgerichtshofs, 1997, S. 241 (255).

[7] Vgl. auch *Klaus Schlaich*, für den die entscheidende Frage, ob die Landesgerichte bei der Anwendung von Bundesrecht die Landesverfassung heranziehen könnten, "keine kompetenzrechtliche Frage, sondern eine solche der Normenhierarchie (Prinzip des Vorrangs des Bundesgesetzes)" sei (*Klaus Schlaich*, Das Bundesverfassungsgericht, 4. Aufl. 1997, Rdnr. 334 f, S. 233). Entscheidend sei nämlich die Weichenstellung, ob dem Landesgericht bei seiner Entscheidung Raum für die Anwendung der Landesverfassung bleibt oder nicht. Werde dies bejaht, "so ist die landesgerichtliche Entscheidung zugleich zulässiger Prüfungsgegenstand im landesverfassungsgerichtlichen Verfahren" (a.a.O. S. 232 f.).

wort in dem Sinne, daß Landesgrundrechte auf die zugrundeliegende Rechtsbeziehung nicht einwirken können, daß sie also neben der Anwendung von Bundesrecht nicht anwendbar sind, wird durch die folgende Argumentation sehr nahe gelegt: Auch einfaches Bundesrecht gehe dem Landesrecht einschließlich des Landesverfassungsrechts im Range vor (Art. 31 GG), so daß die Anwendung und Auslegung des Bundesrechts seitens der Landesstaatsgewalt nicht durch die Grundrechte der Landesverfassung beeinflußt und daher auch nicht an diesen Maßstäben gemessen werden könne.

Mit zunehmender Dominanz und Ausbreitung der Bundesgesetzgebung[8] beruhen immer mehr Entscheidungen der Landesstaatsgewalt auf Bundesrecht mit der Folge, daß diese Entscheidungen - folgt man der eben skizzierten Argumentation - von vornherein nicht mehr der Kontrolle durch das Verfassungsgericht des Landes unterliegen. In letzter Konsequenz droht damit eine Entwertung, möglicherweise sogar ein Leerlaufen des Instituts der Landesverfassungsbeschwerde[9].

A Überblick über die Rechtsprechung

Die Suche nach Möglichkeiten, die Landesverfassungsbeschwerde nicht a limine als unzulässig zurückweisen zu müssen, wenn sich der Beschwerdeführer gegen die fachgerichtliche Anwendung von Bundesrecht wendet, hat zu unterschiedlichen Ansätzen in der Rechtsprechung geführt. Zunächst soll die einschlägige Rechtsprechung der Landesverfassungsgerichte skizziert werden (siehe sogleich unter I). Im Anschluß daran wird die jüngste Entscheidung des Bundesverfassungsgerichts vom 15. Oktober 1997[10] ausführlicher dargestellt (siehe unten un-

[8] Vgl. dazu bereits *Walter Leisner* (Landesverfassungsgerichtsbarkeit als Wesenselement des Föderalismus, in: Verfassung und Verfassungsrechtsprechung, Festschrift zum 25-jährigen Bestehen des Bayerischen Verfassungsgerichtshofs, 1972, S. 183 [184]): "Das ständige Vordringen der Bundesgesetzgebung verdrängt die Landesverfassungen als Maßstab selbst dort, wo ihre Regelungen nach 1949 eine gewisse Bedeutung behalten hatten, so heute bereits im Hochschul-, bald wohl allgemein im Bildungs- und Kulturbereich"; siehe jüngst auch *Christian Starck* (Unitarisierung des Rechts im Bundesstaat, in: Verfassung als Verantwortung und Verpflichtung, Festschrift zum 50-jährigen Bestehen des Bayerischen Verfassungsgerichtshofs, 1997, S. 229 [229-232]).

[9] Die scheinbare Symmetrie bei der maßstabsbezogenen Aufteilung der Prüfungszuständigkeiten zwischen Bundes- und Landesverfassungsgericht führt damit zu einer extremen Asymmetrie der Erfolgsaussichten von Bundes- und Landesverfassungsbeschwerde.

[10] BVerfGE 96, 345.

ter II). Zwischenziel der Untersuchung ist es schließlich, die uneinheitliche Rechtsprechung zu systematisieren und die bestehenden Konstruktionstypen deutlicher hervortreten zu lassen (siehe unten unter B).

I. Die Rechtsprechung der Landesverfassungsgerichte

1) Die Individualverfassungsbeschwerde in den Ländern

Nahezu alle Landesverfassungen enthalten Grundrechte und grundrechtsgleiche Gewährleistungen. In Baden-Württemberg, Mecklenburg-Vorpommern, Niedersachsen und Nordrhein-Westfalen erklärt die Landesverfassung die Grundrechte und staatsbürgerlichen Rechte des Grundgesetzes zum Bestandteil der Landesverfassung[11]. Bei der Entscheidung darüber, ob und gegebenenfalls in welcher Ausgestaltung eine Verfassungsbeschwerde zum Verfassungsgericht des Landes eingeführt wird, weichen die Länder jedoch stärker voneinander ab.

Das Recht der Länder Baden-Württemberg, Bremen, Hamburg, Niedersachsen, Nordrhein-Westfalen und Schleswig-Holstein[12] sieht keine Individualverfassungsbeschwerde vor. In Baden-Württemberg[13], Niedersachsen[14] und Nordrhein-Westfalen[15] ist lediglich die kommunale Verfassungsbeschwerde gegen Gesetze eröffnet.

Eine - im Verhältnis zum Bundesverfassungsgericht nicht subsidiäre - Individualverfassungsbeschwerde gegen Gesetze und Einzelakte haben Hessen[16] ("Grundrechtsklage") sowie Sachsen[17] und Thüringen[18] eingeführt; in Bayern kann eine Individualverfassungsbeschwerde gegen Einzelakte[19] sowie die Popularklage gegen Rechtsvorschriften[20] erhoben werden; Sach-

---

[11] Art. 2 Abs. 1 BWVerf; Art. 5 Abs. 3 MeckVVerf; Art. 3 Abs. 2 NdsVerf und Art. 4 Abs. 1 NWVerf.

[12] Schleswig-Holstein hat kein eigenes Landesverfassungsgericht. Das Land hat von der in Art. 99, 1. Var. GG eröffneten Möglichkeit Gebrauch gemacht, dem Bundesverfassungsgericht die Entscheidung von Verfassungsstreitigkeiten innerhalb eines Landes durch Landesgesetz zu übertragen. In seiner Eigenschaft als Verfassungsgericht für Schleswig-Holstein ist das Bundesverfassungsgericht insbesondere für Organstreitigkeiten innerhalb dieses Landes (Art. 44 Nr. 1 SchlHVerf) zuständig, nicht jedoch für eine Landesverfassungsbeschwerde.

[13] Art. 76 BWVerf.

[14] Art. 54 Nr. 5 NdsVerf.

[15] Art. 75 Nr. 4 NWVerf, §§ 12 Nr. 8, 52 NWVerfGHG.

[16] Art. 131 Abs. 1 HessVerf, §§ 15 Nr. 5, 43-47 HessStGHG.

[17] Art. 81 Abs. 1 Nr. 4 SächsVerf, §§ 7 Nr. 4, 27-31 SächsVerfGHG.

[18] Art. 80 Abs. 1 Nr. 1 ThürVerf, §§ 11 Nr. 1, 31-37 ThürVerfGHG.

[19] Art. 66 (120, 48 Abs. 3) BayVerf, Art. 2 Nr. 6, 51-54 BayVerfGHG.

[20] Art. 98 Satz 4 BayVerf, Art. 2 Nr. 7, 55 BayVerfGHG.

sen-Anhalt[21] läßt die Verfassungsbeschwerde nur gegen Gesetze zu.

Berlin, Brandenburg, Mecklenburg-Vorpommern und das Saarland kennen ebenfalls die Individualverfassungsbeschwerde gegen Gesetze und Einzelakte, jedoch gelten in diesen Ländern (unterschiedliche) Subsidiaritätsregelungen: In Berlin[22] und Brandenburg[23] ist die Individualverfassungsbeschwerde eröffnet, soweit nicht Verfassungsbeschwerde zum Bundesverfassungsgericht erhoben ist oder wird, im Saarland[24], soweit nicht Verfassungsbeschwerde zum Bundesverfassungsgericht zulässig ist. In Mecklenburg-Vorpommern[25] ist die Individualbeschwerde gegen Einzelakte unzulässig, soweit eine Zuständigkeit des Bundesverfassungsgerichts besteht.

Rheinland-Pfalz[26] hat 1992 die Individualverfassungsbeschwerde gegen Gesetze und Einzelakte eröffnet. Sie ist jedoch unzulässig, soweit die öffentliche Gewalt des Landes Bundesrecht ausführt oder anwendet; dies gilt nicht, wenn die Landesverfassung weiterreichende Rechte als das Grundgesetz gewährleistet[27].

Die Individualverfassungsbeschwerde kann in den Ländern, die sie vorgesehen haben, nur gegen Akte der öffentlichen Gewalt des Landes erhoben werden. Eine Verfassungsbeschwerde zum Landesverfassungsgericht gegen Bundesgesetze sowie gegen Entscheidungen der obersten Gerichtshöfe des Bundes und anderer Bundesgerichte ist unzulässig. Die Rechte, die der Beschwerdeführer vor dem jeweiligen Landesverfassungsgericht als verletzt rügen kann, werden unterschiedlich bezeichnet. Eine genauere Darstellung findet sich unten im Dritten Teil unter A III 1.

---

[21] Art. 75 Nr. 6 SaAnVerf, §§ 2 Nr. 7, 47-50 SaAnVerfGG.

[22] Art. 72 Abs. 2 Nr. 4 BerlVerf, §§ 14 Nr. 6, 49-54 BerlVerfGHG.

[23] Art. 6 Abs. 2, 113 Nr. 4 BbgVerf, §§ 12 Nr. 4, 45-50 BbgVerfGG.

[24] Art. 97 Nr. 4 SaarlVerf, §§ 9 Nr. 13, 55-61 SaarlVerfGHG.

[25] Art. 53 Nr. 7 MeckVVerf, §§ 11 Abs. 1 Nr. 9, 57-63 MeckVVerfGG (Einzelakte); Art. 53 Nr. 6 MeckVVerf, §§ 11 Abs. 1 Nr. 8, 51-56 MeckVVerfGG (Gesetze).

[26] Art. 135 Abs. 1 Nr. 6 RhPfVerf, §§ 2 Nr. 4, 44-49 RhPfVerfGHG.

[27] § 44 Abs. 2 RhPfVerfGHG.

2) Überblick über die einschlägige Rechtsprechung

Der folgende Überblick soll nur einen aktuellen Querschnitt über die uneinheitliche Rechtsprechung bieten. Ein tieferes Eindringen in die jeweilige Entwicklungsgeschichte, die wechselseitigen Beeinflussungen und die tatsächliche Praxis anhand von Fallbeispielen würde den Rahmen dieser Arbeit sprengen.

a) Freistaat Bayern

Gegenüber der Anwendung von Bundesrecht, das wegen seines höheren Ranges nicht am Maßstab der Bayerischen Verfassung gemessen werden könne, beschränkt der Bayerische Verfassungsgerichtshof seine Überprüfung darauf, ob das Gericht willkürlich gehandelt habe. Das könnte nur dann festgestellt werden, wenn es sich von objektiv sachfremden Erwägungen hätte leiten lassen und sich damit außerhalb jeder Rechtsanwendung gestellt, also seiner Entscheidung gar kein Bundesrecht zugrundegelegt hätte. In verfahrensrechtlicher Hinsicht prüft der Verfassungsgerichtshof auch Entscheidungen, die auf Bundesrecht beruhen und in einem bundesrechtlich geregelten Verfahren ergangen sind, daraufhin nach, ob ein Verfahrensgrundrecht der Bayerischen Verfassung verletzt wurde, das mit gleichem Inhalt im Grundgesetz gewährleistet ist[28].

b) Berlin

Der Verfassungsgerichtshof des Landes Berlin sieht sich durch Art. 31 GG an der Nachprüfung von Maßnahmen der Landesstaatsgewalt, die Bundesrecht ausführen oder anwenden, jedenfalls dann nicht gehindert, wenn sie an den Landesgrundrechten zu messen sind, die den gleichen Inhalt haben wie entsprechende Gewährleistungen des Grundgesetzes (inhaltsgleiche Landesgrundrechte)[29]. Er unterscheidet dabei - anders als der Bayerische Verfassungsgerichtshof - nicht zwischen materiellen und Verfahrensgrundrechten.

---

[28] Vgl. etwa die Entscheidungen des Bayerischen Verfassungsgerichtshofs vom 18. Mai 1973 (NJW 1973, 1644), 15. Oktober 1992 (NJW 1993, 518) und 18. Februar 1993 (NVwZ 1994, 64).

[29] Vgl. etwa die Beschlüsse des Berliner Verfassungsgerichtshofs vom 12. Januar 1993 (NJW 1993, 515) und vom 2. Dezember 1993 (NJW 1994, 436).

c) Brandenburg

Nach Auffassung des Verfassungsgerichts des Landes Brandenburg kann fachgerichtliches Verhalten nicht am Maßstab der Landesverfassung überprüft werden, wenn es abschließend und zwingend durch eine bundesrechtliche Verfahrensordnung geregelt ist. Das Gericht hat ausdrücklich offengelassen, ob etwas anderes gilt, wenn die bundesrechtliche Verfahrensordnung dem Fachgericht Handlungs- und Ermessensspielräume läßt[30].

d) Hessen

Der Hessische Staatsgerichtshof war in ständiger Rechtsprechung der Auffassung, daß ihm die Befugnis zur verfassungsrechtlichen Überprüfung fehle, wenn die Anwendung und Auslegung von Bundesrecht beanstandet werde. Bundesgesetze gingen nach Art. 31 GG dem Landesrecht, auch dem Landesverfassungsrecht, im Range vor. Dies gelte selbst für mit Bundesverfassungsrecht inhaltsgleiche Grundrechte und auch dann, wenn die Verletzung von Landesverfassungsrecht gerade durch das gerichtliche Verfahren selbst geltend gemacht werde. Eine Ausnahme sei nur dann möglich, wenn das Gericht sich bei der angegriffenen Entscheidung von willkürlichen Erwägungen habe leiten lassen und sich damit außerhalb jeder Rechtsanwendung gestellt habe. Dann habe das Gericht seiner Entscheidung in Wahrheit überhaupt kein Bundesrecht zugrunde gelegt[31].

Eine Wende in der Rechtsprechung des Hessischen Staatsgerichtshofs ist nunmehr unter dem Eindruck der Entscheidung des Bundesverfassungsgerichts vom 15. Oktober 1997[32] eingetreten. Im Beschluß vom 9. September 1998 gab der Staatsgerichtshof seine frühere Rechtsprechung unter ausdrücklichem Hinweis auf die Bindungswirkung der bundesverfassungsgerichtlichen Entscheidung auf[33]. Im Ergebnis stellt er fest, daß er landesgerichtliche Entscheidungen am Maßstab hessischer Verfahrensgrundrechte überprüfen müsse, soweit diese unter den vom Bundesverfassungsgericht genannten Bedingungen auch bei der Anwendung bundesrechtlich geregelten Verfahrensrechts gälten.

---

[30] Vgl. etwa den Beschluß des Brandenburger Verfassungsgerichts vom 15. September 1994, LVerfGE 2, 179 (NJW 1995, 1018).

[31] Vgl. etwa die Beschlüsse des Hessischen Staatsgerichtshofs vom 14. Dezember 1983 (ESVGH 34, 12), 22. Dezember 1993 (StAnz 1994, 738) und 24. Mai 1994 (StAnz 1994, 1488).

[32] BVerfGE 96, 345.

[33] HessStGH, Beschluß vom 9. 9. 1998 - P.St. 1299 (NJW 1999, 49); siehe hierzu unten unter A II 2 b.

e) Rheinland-Pfalz

Der Gesetzgeber des Landes Rheinland-Pfalz hat mit § 44 Abs. 2 RhPfVerfGHG eine besondere Regelung getroffen, wonach eine Verfassungsbeschwerde unzulässig ist, soweit die öffentliche Gewalt des Landes Bundesrecht ausführt oder anwendet, es sei denn, die Landesverfassung gewährleistet weiterreichende Rechte als das Grundgesetz. Der Präsident des Verfassungsgerichtshofs Rheinland-Pfalz äußerte die Auffassung, daß es kaum zu erwarten sei, daß § 44 Abs. 2 Satz 2 RhPfVerfGHG Bedeutung erlangen würde[34]. Soweit ersichtlich ist der Verfassungsgerichtshof mit einer derartige Fallgestaltung noch nicht befaßt worden.

f) Das Saarland

Der Saarländische Verfassungsgerichtshof hält sich für befugt, eine mit der Verfassungsbeschwerde angegriffene Entscheidung eines Landesgerichts, die in einem bundesrechtlich geregelten Verfahren erging, inhaltlich am Maßstab der Landesverfassung zu überprüfen, wenn das Bundesrecht für besondere landesverfassungsrechtliche Gewährleistungen besonderen Entscheidungsraum läßt[35].

g) Freistaat Sachsen

Der Sächsische Verfassungsgerichtshof hat durch Beschluß vom 21. September 1995 nach Art. 100 Abs. 3 GG dem Bundesverfassungsgericht die Frage vorgelegt[36], ob ihn Art. 31 GG daran hindere, die Anwendung von gerichtlichem Verfahrensrecht des Bundes am Maßstab des Art. 78 Abs. 2 der Sächsischen Verfassung (rechtliches Gehör), der mit einer entsprechenden Gewährleistung des Grundgesetzes übereinstimmt, zu überprüfen. Der Verfassungsgerichtshof wollte diese Frage verneinen, sah sich daran aber durch die entgegengesetzte, auf Art. 31 GG gestützte Ansicht des Hessischen Staatsgerichtshof gehindert. Mit Beschluß vom 15. Oktober 1997 hat das Bundesverfassungsgericht die Vorlagefrage im Sinne des Vorlagegerichts beantwortet[37]. Der Sächsische Verfassungsgerichtshof sei nicht gehindert, die Anwendung von Verfahrensrecht des Bundes durch Gerichte des Landes auf die Einhaltung der mit dem Grundgesetz inhaltsgleichen subjektiven Rechte des Landesverfassungsrechts zu prü-

---

[34] BVerfGE 96, 345 (357 unter 6).

[35] SaarlVerfGH, NVwZ 1983, 604.

[36] SächsVBl. 1995, 260.

[37] BVerfGE 96, 345.

fen[38]. Der Sächsische Verfassungsgerichtshof hat daraufhin der zugrundeliegenden Verfassungsbeschwerde stattgegeben. Die Beschwerdeführerin sei durch fehlerhafte Anwendung zivilprozessualer Präklusionsvorschriften in ihrem landesverfassungsrechtlichen Anspruch auf rechtliches Gehör, der in bezug auf den konkreten Fall auch im Grundgesetz inhaltsgleich gewährleistet sei, verletzt worden[39].

h) Freistaat Thüringen

Soweit ersichtlich hat der Thüringische Verfassungsgerichtshof die Frage nach seiner Prüfungskompetenz bisher offengelassen[40].

---

[38] BVerfGE 96, 345 (z.B. 363 unten).

[39] SächsVerfGH, Beschluß vom 14. 5. 1998 - Vf. 1-IV-95 (NJW 1998, 3266).

[40] Vgl. *Rudolf Steinberg*, Landesverfassungsgerichtsbarkeit und Bundesrecht, in: 50 Jahre Verfassung des Landes Hessen, 1997, S. 356 (377) unter Hinweis auf die Entscheidung des Thüringischen Verfassungsgerichtshofs vom 24. November 1995 - VerfGH 21/95 -, Umdruck S. 5.

II. Die Grundsatzentscheidung BVerfGE 96, 345

Das Bundesverfassungsgericht hat in seinem Beschluß vom 15. Oktober 1997 entschieden, daß das Grundgesetz insgesamt ein Landesverfassungsgericht nicht daran hindere, die Anwendung von Bundesrecht des gerichtlichen Verfahrens durch Gerichte des Landes an den Grundrechten und grundrechtsgleichen Gewährleistungen der Landesverfassung zu messen, soweit sie den gleichen Inhalt wie entsprechende Rechte des Grundgesetzes hätten[41]. Dabei müsse allerdings - so der Zweite Senat weiter - die verfassungsrechtliche Beschwer eines Beschwerdeführers ausschließlich auf der Entscheidung eines Gerichtes des Landes - und nicht auch des Bundes - beruhen. Zudem lasse die föderale Kompetenzordnung des Grundgesetzes die Anordnung einer Kassationsbefugnis des Landesverfassungsgerichts nur unter der Voraussetzung zu, daß die Subsidiarität gegenüber dem fachgerichtlichen Rechtsweg Voraussetzung einer Landesverfassungsbeschwerde sei[42].

1) Darstellung der Entscheidungsgründe

Die Begründung der Entscheidung erschließt sich nicht ohne weiteres. Ihre Komplexität ist bedingt durch den erheblichen dogmatischen Aufwand, den die zugrundeliegende Konzeption erforderlich macht. Im folgenden soll zunächst versucht werden, einen vereinfachenden Überblick über die Argumentation und ihre wesentlichen Ergebnisse zu geben. Vertiefende Ausführungen werden die unter 2 vorgenommene Betrachtung zweier Folgefragen sowie die Darstellung

---

[41] Besprechungen und Anmerkungen zu dieser Entscheidung finden sich etwa bei *Johannes Dietlein,* Die Kontrollbefugnis der Landesverfassungsgerichte, JURA 2000, 19; *Karl-E. Hain,* Entscheidungsanmerkung, JZ 1998, 620; *Siegfried Jutzi,* Entscheidungsanmerkung, NJ 1998, 252; *Klaus Lange,* Kontrolle bundesrechtlich geregelter Verfahren durch Landesverfassungsgerichte?, NJW 1998, 1278; *Eckart Klein/Andreas Haratsch,* Die Landesverfassungsbeschwerde - Ein Instrument der Anwendung von Bundesrecht?, JuS 2000, 209; *Hans H. Klein,* Überlegungen zu einer Entlastung des Bundesverfassungsgerichts, in: Der verfaßte Rechtsstaat - Festgabe für Karin Graßhof, 1998, S. 367 (insbes. 387-389); *Jörg Menzel,* Verfahrensgrundrechte vor Landesverfassungsgerichten - Noch ein Kooperationsverhältnis?, NVwZ 1999, 1314; *Alfred Rinken,* Landesverfassungsgerichtsbarkeit im Bundesstaat, NordÖR 2000, 89 (92); *Michael Sachs,* Entscheidungsanmerkung, JuS 1999, 75; *Paul Tiedemann,* Landesverfassung und Bundesrecht, DÖV 1999, 200; *Christian Tietje,* Die Stärkung der Verfassungsgerichtsbarkeit im föderalen System Deutschlands in der jüngeren Rechtsprechung des BVerfG, AöR Bd. 124 (1999), S. 282 (285-289); *Fabian Wittreck,* Das Bundesverfassungsgericht und die Kassationsbefugnis der Landesverfassungsgerichte, DÖV 1999, 634; *Friedrich v. Zezschwitz,* Grundrechtsklagen ohne Grenzen nun auch in Hessen?, NJW 1999, 17 (19).

[42] BVerfGE 96, 345 (363 unten).

und Kritik der zugrundeliegenden („Parallel"-) Konzeption insbesondere unter B I 2 und C I 1 enthalten.

Der folgende erste Überblick orientiert sich dabei an den beiden Grundaussagen des Beschlusses, wonach Bundesrecht vom Grundsatz her weder die Geltung von Verfahrensgrundrechten des Landes in bundesrechtlich geregelten Verfahren (hierzu unten b) noch die Zuständigkeit eines Landesverfassungsgerichts zur Überprüfung ihrer Beachtung durch die Gerichte des Landes (hierzu sogleich unter a) ausschließe.

a) Zuständigkeit der Landesverfassungsgerichte im Rahmen der grundgesetzlichen Kompetenzordnung

Die Kompetenzordnung des Bundes hindert nach dem Beschluß des Bundesverfassungsgerichts die Länder nicht, in Fällen, in denen Landesgerichte Bundesverfahrensrecht anwenden, kraft ihrer Gesetzgebungskompetenz ihren Landesverfassungsgerichten den Schutz von mit Bundesgrundrechten inhaltsgleichen Landesgrundrechten zuzuweisen. Dies schließt die Kompetenz ein, eine landesverfassungswidrige Entscheidung aufzuheben.

Die sog. *Kassationsbefugnis* der Landesverfassungsgerichte, d.h. die Zulässigkeit der Aufhebung von "(bundes-)rechtskräftigen" Urteilen der Landesgerichte, die in einem bundesrechtlich geordneten Verfahren ergangen sind, war lange Zeit umstritten. *Ernst Friesenhahn* bezeichnete dieses Problem als "[e]ine der interessantesten Streitfragen, die das 'selbständige Nebeneinander' der Verfassungsräume von Bund und Ländern aufwirft"[43]. Für *Ekkehard Schumann* gehört diese Frage zu den "'ewigen' Themen der Landesverfassungsbeschwerde"[44]. Inzwischen wird die landesverfassungsgerichtliche Kassation rechtskräftiger Urteile ganz überwiegend für zulässig erklärt[45].

---

[43] *Ernst Friesenhahn*, Zur Zuständigkeitsabgrenzung zwischen Bundesverfassungsgerichtsbarkeit und Landesverfassungsgerichtsbarkeit, in: Starck (Hrsg.), Bundesverfassungsgericht und Grundgesetz, Festgabe aus Anlaß des 25jährigen Bestehens des Bundesverfassungsgerichts, Erster Band, 1976, S. 748 (765).

[44] *Ekkehard Schumann*, Verfassungsbeschwerde (Grundrechtsklage) zu den Landesverfassungsgerichten, in: Starck/Stern (Hrsg.), Landesverfassungsgerichtsbarkeit, Teilband II, 1983, S. 149 (202). Demgegenüber ist für *Richard Bartlsperger* (Einstellung des Strafverfahrens von Verfassungs wegen, DVBl. 1993, 333 [346]) der Fragenbereich ausdiskutiert.

[45] Grundlegend die Entscheidung des Hessischen Staatsgerichtshofs vom 3. Juli 1968, ESVGH 19, 7 ("Urnenfall" - Aufhebung eines Urteils des Verwaltungsgerichtshofs, das inhaltlich auf Landesrecht beruhte, wegen Verstoßes gegen das Landesgrundrecht der allgemeinen Handlungsfreiheit); einflußreich *Ludwig Schäfer*, Die Kassation gerichtlicher Entscheidungen durch den Bayerischen Verfassungsgerichtshof, in: Bayerischer Verfassungsgerichts-

Das Bundesverfassungsgericht hat sich dem nunmehr im Beschluß vom 15. Oktober 1997 angeschlossen. Soweit es zur Verwirklichung des Zwecks der Verfassungsbeschwerde unerläßlich sei, könnten die Länder ihren Verfassungsgerichten die Befugnis einräumen, Entscheidungen der Landesgerichte aufzuheben, die nach den bundesrechtlichen Verfahrensordnungen formell und materiell rechtskräftig seien[46].

Der Zweite Senat betrachtet die Frage im Rahmen der Abgrenzung zwischen dem Kompetenzbereich des Bundes aus Art. 74 Abs. 1 Nr. 1 GG und dem des Landes zur Regelung seiner Verfassungsgerichtsbarkeit. Das Recht des Bundes zur konkurrierenden Gesetzgebung auf den Gebieten der Gerichtsverfassung und des gerichtlichen Verfahrens (Art. 74 Abs. 1 Nr. 1 GG) sei von vornherein durch die Kompetenz der Länder begrenzt. Die Berechtigung der Länder zur Regelung einer Verfassungsbeschwerde folge dabei insbesondere aus deren eigener Staatlichkeit, die ihnen die Kompetenz zur Regelung ihres Landesstaatsrechts gebe[47]. Die grundgesetzliche Kompetenzordnung lasse die Einführung der Landesverfassungsbeschwerde gegen gerichtliche Entscheidungen grundsätzlich zu[48].

Wegen der Gesetzgebungszuständigkeit des Bundes aus Art. 74 Abs. 1 Nr. 1 GG dürften die landesrechtlichen Regelungen der Landesverfassungsgerichtsbarkeit Befugnisse jedoch nur insoweit zuweisen, als dies unerläßlich sei, um den Zweck der landesrechtlichen Verfassungsbeschwerde zu verwirklichen. Die Landesverfassungsbeschwerde gegen Entscheidungen der Gerichte eines Landes dürfe demgemäß nur insoweit zugelassen werden, als ein von den Verfahrensordnungen des Bundes eröffneter Rechtsweg zuvor ordnungsgemäß ausgeschöpft worden sei und die danach verbleibende Beschwerde des Beschwerdeführers auf der Ausübung der Staatsgewalt des Landes - und nicht auch der des Bundes - beruhe.

---

hof (Hrsg.), Verfassung und Verfassungsrechtsprechung, Festschrift zum 25-jährigen Bestehen des Bayerischen Verfassungsgerichtshofs, 1972, S. 259 ff.; kritisch jüngst *Bernt Lemhöfer,* Landesverfassungsgerichte als kleine Bundesverfassungsgerichte?, NJW 1996, 1714 (1719-1721).

[46] BVerfGE 96, 345 (370 f.).

[47] Zur genauen Herleitung stützt sich das Bundesverfassungsgericht insbesondere auf Entstehungsgeschichte, Staatspraxis und Funktion der Verfassungsbeschwerde (BVerfGE 96, 345 (368-371)).

[48] BVerfGE 96, 345 (368-371). Das Grundgesetz ermögliche es dem Landesgesetzgeber insbesondere, dem Landesverfassungsgericht auch die Befugnis einzuräumen zu prüfen, ob die Gerichte des Landes bei der Anwendung von bundesrechtlichem Verfahrensrecht Grundrechte oder grundrechtsgleiche Gewährleistungen nicht beachtet haben, die in der Landesverfassung inhaltsgleich mit dem Grundgesetz garantiert seien (BVerfGE 96, 345 (371 Mitte, 372 unten)).

Die Verfassungsbeschwerde zum Landesverfassungsgericht sei danach unzulässig, wenn ein Bundesgericht den Streitgegenstand des Ausgangsverfahrens rechtlich schon geprüft habe[49] oder wenn der Beschwerdeführer einen von den Verfahrensordnungen des Bundes eröffneten Rechtsweg nicht ordnungsgemäß erschöpft habe[50].

b) Fortgeltung der Landesgrundrechte im bundesrechtlich geordneten Verfahren

Das Bundesverfassungsgericht sieht zwei grundsätzlich unterschiedliche Konstellationen, in denen Landesgrundrechte trotz einschlägiger Regelung durch den Bundesgesetzgeber anwendbar bleiben. Als obiter dictum erwähnt es den Fall, daß eine bundesrechtliche Regelung *Spielräume* für die Berücksichtigung von *weitergehendem Landesrecht* läßt[51]. Schwerpunkt der Entscheidung ist jedoch - der Vorlagefrage entsprechend - eine verfahrensrechtliche Fallkonstellation, bei der das zugrundeliegende Verfahrensrecht des Bundes derartige Spielräume für den Landesgesetzgeber nicht enthält, sondern vielmehr *abschließend* ist. Für das Bundesverfassungsgericht bleibt bei der Gestaltung des bundesrechtlich geregelten Verfahrens vor einem Gericht des Landes regelmäßig nur Raum für die Beachtung *inhaltsgleicher* Landesgrundrechte, da regelmäßig nur diese einen Konflikt mit der Bindung des Richters an Bundes(verfahrens)recht vermieden[52].

---

[49] BVerfGE 96, 345 (371 unter 1). Der Sächsische Verfassungsgerichtshof verneint seine Entscheidungskompetenz auch bei Akten der Landesstaatsgewalt, die sich in der inhaltlichen Bestätigung einer in Anwendung materiellen Bundesrechts ergangenen hoheitlichen Maßnahme einer *Bundesbehörde* erschöpft (SächsVerfGH, Beschluß vom 17. 9. 1998 - Vf. 21-IV-98 (NJW 1999, 51)).

[50] BVerfGE 96, 345 (371 f. unter 2).

[51] BVerfGE 96, 345 (366 oben). Soweit Landesgrundrechte gegenüber dem *Grundgesetz* einen weitergehenden oder auch einen geringeren Schutz verbürgten, widersprächen sie den entsprechenden *Bundesgrundrechten als solchen* nicht, wenn das jeweils engere Grundrecht als Mindestgarantie zu verstehen sei und daher nicht den Normbefehl enthalte, einen weitergehenden Schutz zu unterlassen (a.a.O. S. 365 Mitte). Den überschießenden oder „nachhinkenden" Landesgrundrechten könne aber *einfaches Bundesrecht* widersprechen (a.a.O. S. 365 unten). Genüge das Bundesrecht etwa dem engeren Gewährleistungsbereich eines Bundesgrundrechts, nicht aber dem weiteren eines Landesgrundrechts, gelte gemäß Art. 31 GG nur Bundesrecht. Eine derartige Kollision sei jedoch nicht gegeben, wenn das Bundesrecht Raum für die Berücksichtigung weitergehenden Landesrechts lasse (a.a.O. S. 366 oben).

[52] BVerfGE 96, 345 (373 unter b). Die beiden Konstellationen dürfen nicht verwechselt werden. Systematisch schließen sich die Spielraumkonstruktion bei „offener" Bundesgesetzgebung und die Parallelkonstruktion bei abschließender, erschöpfender Bundesgesetzgebung aus. Hielte man diese Fallgruppen nicht auseinander, wäre die Engführung am Ende der bundesverfassungsgerichtlichen Entscheidung, wonach die Landesverfassungsbeschwerde bei fehlender Inhaltsgleichheit unzulässig ist (BVerfGE 96, 345 (374 unten)), widersprüchlich (vgl. *Fabian Wittreck*, Das Bundesverfassungsgericht und die Kassationsbefugnis der Lan-

Das Bundesverfassungsgericht bejaht im Ergebnis die Geltung und Anwendbarkeit von landesverfassungsrechtlichen Verfahrensgrundrechten, soweit sie mit solchen des Grundgesetzes inhaltsgleich sind. Einfaches Bundesrecht könne ein nach Art. 142 GG prinzipiell geltendes Landesgrundrecht nicht gemäß Art. 31 GG verdrängen, wenn dieses Landesgrundrecht einen bestimmten Gegenstand im gleichen Sinn und mit gleichem Inhalt regele wie ein Bundesgrundrecht[53]. Soweit danach Landesgrundrechte gemäß Art. 142 GG in Kraft blieben und auch im konkreten Fall nicht gemäß Art. 31 GG durch Bundesrecht verdrängt würden, beanspruchten sie Beachtung durch die Träger der Landesstaatsgewalt dort, wo hierfür Raum bleibe[54]. Raum für die Beachtung der nicht verdrängten Landesgrundrechte bleibe den Richtern des Landes bei der Gestaltung ihres bundesrechtlich geregelten Verfahrens, soweit sie dabei Grundrechte eigenständig anzuwenden und durchzusetzen hätten, nicht aber, soweit lediglich die Vereinbarkeit des Bundesgesetzes mit dem Grundgesetz in Rede stehe[55].

Damit gibt das Bundesverfassungsgericht dem Verfassungsgericht eines Landes, das eine fachgerichtliche Anwendung von Bundesverfahrensrecht nach Maßgabe der Landesverfahrensgrundrechte überprüfen will[56], eine mehrstufige Prüfung auf[57]:

- Das Verfassungsgericht eines Landes habe vorab zu prüfen, ob die vom Beschwerdeführer gerügte fehlerhafte Verfahrensgestaltung im Ausgangsverfahren einen *Anwendungsfall* für ein Landesgrundrecht begründen konnte[58]. Dies soll offenbar dann der Fall sein, wenn für die Richter des Landes Veranlassung bestanden habe, bei ihrer Verfahrensgestaltung Grundrechte eigenverantwortlich und unabhängig von der Umsetzung der Grundrechtsbindung durch den Bundesgesetzgeber zur Geltung zu bringen, wenn also ein selbständiger - von der Normenkontrolle unabhängiger - Anlaß zur Beachtung von Grundrechten vorgelegen habe.[59]

---

desverfassungsgerichte, DÖV 1999, 634 (636)). Die zwingende Folge der Unzulässigkeit bei fehlender Inhaltsgleichheit betrifft nur die Fallgruppe, in der der Beschwerdeführer die fehlerhafte Anwendung von abschließenden (Verfahrens-) Bestimmungen des Bundes rügt.

[53] BVerfGE 96, 345 (365).

[54] BVerfGE 96, 345 (366 unter d).

[55] BVerfGE 96, 345 (366 f. unter 4 a).

[56] Eine entsprechende Kompetenzeinräumung durch den Landesgesetzgeber wird dabei vorausgesetzt (BVerfGE 96, 345 (370 unten, 372 unten)).

[57] BVerfGE 96, 345 (373 f.).

[58] BVerfGE 96, 345 (373 unter c aa). Das Bundesverfassungsgericht verweist dabei auf den Abschnitt C I 2 seiner Begründung, der am Ende Raum für die Beachtung der nach Maßgabe der Art. 142, 31 GG nicht verdrängten Landesgrundrechte verlangt (BVerfGE 96, 345 (366 unter d)).

[59] BVerfGE 96, 345 (366 f. unter 4 a).

Konnte der gerügte Verfahrensfehler einen derartigen Anwendungsfall begründen, müsse das Landesverfassungsgericht weiter prüfen, ob das Landesgrundrecht im zu entscheidenden Fall zu demselben Ergebnis wie das Grundgesetz führe. Nur wenn *Inhaltsgleichheit* in diesem Sinne[60] bestehe, könne das Landesgrundrecht zum Prüfungsmaßstab werden.

- Dazu habe das Landesverfassungsgericht zunächst als notwendige Vorfrage zu prüfen, zu welchem Ergebnis die Anwendung des Grundgesetzes in dem Fall des Ausgangsverfahrens führen mußte[61].

- Anschließend müsse das Landesverfassungsgericht entscheiden, ob das als verletzt gerügte Landesverfassungsrecht im zu entscheidenden Fall zu demselben Ergebnis wie das Grundgesetz führe[62]. Bei Ergebnisgleichheit könne das inhaltsgleiche Landesgrundrecht als Prüfungsmaßstab vom Landesverfassungsgericht herangezogen werden. Zugleich stehe damit auch das Ergebnis der landesverfassungsgerichtlichen Überprüfung fest. - Komme das Landesverfassungsgericht jedoch zum Schluß, das dem Bundesgrundrecht entsprechende Landesverfassungsrecht führe in der konkreten Fallgestaltung nicht zu demselben Ergebnis, weil es etwa abweichend vom Grundgesetz auszulegen sei, so sei die landesverfassungsrechtliche Gewährleistung nicht inhaltsgleich; an ihr könne die Anwendung von bundesrechtlichem Verfahrensrecht nicht gemessen werden. Die Verfassungsbeschwerde zum Landesverfassungsgericht mit der Rüge der Verletzung dieser Gewährleistung sei unzulässig.

---

[60] Neben die erforderliche prinzipielle Widerspruchsfreiheit tritt also die Forderung einer auf den Einzelfall bezogenen „konkret-individuellen“ Inhaltsgleichheit.

[61] BVerfGE 96, 345 (373 f. unter c bb). Bei der inzidenten Prüfung, zu welchem Ergebnis das Grundgesetz führt, ist das Landesverfassungsgericht gemäß § 31 BVerfGG an die Rechtsprechung des Bundesverfassungsgerichts gebunden; will das Landesverfassungsgericht bei Auslegung des Grundgesetz von einer Entscheidung des Bundesverfassungsgerichts abweichen, muß es gemäß Art. 100 Abs. 3 GG dessen Entscheidung einholen (a.a.O. S. 375).

[62] BVerfGE 96, 345 (374 unter cc).

2) Offene Fragen

Die Entscheidung des Bundesverfassungsgericht akzeptiert im Ergebnis die Rechtsprechung des Bayerischen und des Berliner Verfassungsgerichtshofs in Verfahrensgrundrechtssachen[63]. Fraglich ist aber, ob Entsprechendes bei der Anwendung von materiellem Bundesrecht gilt und ob Landesverfassungsgerichte, die bisher eine restriktivere Prüfungspraxis hatten, durch den Beschluß gehalten sind, ihre Zurückhaltung aufzugeben.

a) Landesverfassungsbeschwerde auch gegen die Anwendung *materiellen* Bundesrechts?

Der Entscheidung des Bundesverfassungsgerichts lag eine verfahrensgrundrechtliche Fragestellung zugrunde, auf die es seine Entscheidung auch eingegrenzt hat. Ausdrücklich ließ das Gericht die weitergehende Frage offen, ob ein Landesverfassungsgericht auch berechtigt sein kann, die Anwendung *materiellen* Bundesrechts durch Landesgerichte auf die Beachtung der von der Landesverfassung inhaltsgleich mit dem Grundgesetz garantierten (materiellen) Grundrechte zu überprüfen[64]. Diese Zurückhaltung wird dem Zweiten Senat um so leichter gefallen sein, als ein verfassungspolitisches Bedürfnis zur Entlastung des Bundesverfassungsgerichts insbesondere in den Verfahren des rechtlichen Gehörs besteht und damit bereits die vorliegende Teilentscheidung ein großes Entlastungspotential besitzt[65].

Gleichwohl legt die Argumentation des Bundesverfassungsgerichts es über weite Strecken nahe, daß die anläßlich einer verfahrensgrundrechtlichen Fallkonstellation entwickelten Grundsätze gleichermaßen auch für Verfassungsbeschwerden gelten müssen, die sich nicht nur auf die Verletzung von Verfahrensgrundrechten stützen, sondern auch die Verletzung materieller Grundrechtsgewährleistungen rügen. Insbesondere sind die Formulierungen bei der geforderten alternativen Einzelfallprüfung sehr allgemein gewählt und daher ohne weiteres

---

[63] Die Entscheidung betont, daß es sich bei den als Prüfungsmaßstab heranzuziehenden Grundrechten insbesondere um die Gebote des rechtlichen Gehörs, des gesetzlichen Richters, einer fairen Verfahrensgestaltung und eines effektiven Rechtsschutzes sowie um das *Willkürverbot* handelt (BVerfGE 96, 345 (367 Mitte)). Obgleich das Bundesverfassungsgericht sich ausdrücklich auf den Fall der Anwendung von *Verfahrens*recht beschränkt, könnte sich insbesondere der Bayerische Verfassungsgerichtshof auch insoweit bestätigt fühlen, als er die Anwendung materiellen Bundesrechts ebenfalls einer Willkürkontrolle unterzieht.

[64] BVerfGE 96, 345 (362 unter 3 a, 367 Mitte, 372 unten).

[65] Vgl. auch den Vorschlag der Bundesverfassungsrichterin *Karin Graßhof* zu einer gesonderten "Verfahrensgrundrechtsbeschwerde" zu obersten Gerichtshöfen des Bundes und höchsten Fachgerichten der Länder (Kommissionsbericht, a.a.O., S. 77-82, 97-106, 181-191).

übertragbar; im Rahmen dieser Prüfung habe das Landesverfassungsgericht zu ermitteln, ob das vom Beschwerdeführer mit seiner Verfassungsbeschwerde als verletzt gerügte „landesverfassungsrechtliche Recht“ mit einem entsprechenden Recht des Grundgesetzes inhaltsgleich sei[66]. Eine Differenzierung mit Blick auf die zu prüfende Inhaltsgleichheit scheint daher konstruktiv nicht möglich.

Für eine Gleichbehandlung materieller Grundrechtsrügen spricht also, daß eine kategorische Unterscheidung zwischen materiellen und Verfahrensgrundrechten nur schwer zu begründen ist, *soweit* für die Frage nach der Weitergeltung der Landesgrundrechte gemäß Art. 142, 31 GG die Inhaltsgleichheit der parallelen Gewährleistungen auf dem Prüfstand steht[67].

Die Verallgemeinerung der Rechtsprechung auf alle Grundrechte ist jedoch mitnichten zwingend geboten. Der Zweite Senat stellt insoweit ausdrücklich noch Prüfungsbedarf fest[68]. Der Hinweis auf *Klaus Stern,* der ausdrücklich differenziert und sich hinsichtlich der Überprüfung der Anwendung von *materiellem* Bundesrecht sehr skeptisch äußert[69], könnte auf eine ähnliche Skepsis des Zweiten Senats hindeuten.

Ansatzpunkt für eine mögliche Differenzierung könnte dabei die der Feststellung der Inhaltsgleichheit vorgelagerte Prüfung sein, ob die gerügte fehlerhafte Entscheidung im Ausgangsverfahren überhaupt einen „Anwendungsfall“ für ein Landesgrundrecht „begründen“ konnte[70]. Ein derartiger Anwendungsfall liegt offenbar nicht schon dann vor, wenn das Landesgrundrecht gemäß Art. 142 GG in Kraft bleibt und auch im konkreten Fall nicht gemäß Art. 31 GG durch Bundesrecht verdrängt wird; Beachtung durch die Träger der Landesstaatsgewalt beanspruche das Landesgrundrecht (nur) „dort, wo hierfür Raum bleibt“[71]. Diese etwas kryptische Klausel bietet selbst wieder genügend Spielraum für differenzierende Lösungen.

---

[66] BVerfGE 96, 345 (373 f.).

[67] Vgl. *Friedrich v. Zezschwitz,* Grundrechtsklagen ohne Grenzen nun auch in Hessen?, NJW 1999, 17 (19); *Paul Tiedemann,* Landesverfassung und Bundesrecht, DÖV 1999, 200. Vgl. ferner zur Kritik an der differenzierenden Rechtsprechung des Bayerischen Verfassungsgerichtshofs, der sich außerhalb verfahrensgrundrechtlicher Verfassungsbeschwerden von Beginn an auf eine bloße Willkürkontrolle beschränkt, unten unter B I 1 und C III.

[68] BVerfGE 96, 345 (362).

[69] *Klaus Stern,* Der Aufschwung der Landesverfassungsbeschwerde im wiedervereinigten Deutschland, in: Verfassung als Verantwortung und Verpflichtung: Festschrift zum 50jährigen Bestehen des Bayerischen Verfassungsgerichtshofs, hrsg. vom Bayerischen Verfassungsgerichtshof, 1997, S. 241 (255).

[70] BVerfGE 96, 345 (373 unter c aa).

[71] BVerfGE 96, 345 (366 unter d).

Anlaß für eine differenzierende Lösung könnte die Überlegung sein, daß im Bereich der landesverfassungsgerichtlichen Prüfung bei Verfahrensgrundrechtssachen eine *größere Nähe zu den institutionellen Kompetenzen des Landes* bestehe als im Bereich der Anwendung des materiellen Bundesrechts[72]. Die Zuordnung von Landes- und Bundesgerichten im Rahmen der Gerichtsbarkeit des Bundesstaats ist auf der Grundlage des Art. 92 GG gesondert geregelt, worauf auch das Bundesverfassungsgericht hinweist[73]. Gemäß Art. 92 GG üben die Gerichte der Länder neben den Gerichten des Bundes die rechtsprechende Gewalt in der Bundesrepublik aus. Diese damit anerkannte eigenständige Aufgabe der Landesgerichte betrifft in besonderem Maße die „Gestaltung" des eigenen Verfahrens, welche trotz der bundesrechtlichen Verfahrensordnungen ureigene Rechtsprechungstätigkeit der Landesgerichte darstellt; dabei haben die Richter des Landes die verfahrensgrundrechtlichen Gewährleistungen eigenständig und eigenverantwortlich zu verwirklichen. Die Aufhebung einer Entscheidung wegen eines "formellen" Fehlers stellt insbesondere keine Entscheidung in der Sache dar. Da die abschließende Sachentscheidung weiterhin dem Fachgericht, an welches das Landesverfassungsgericht nach Kassation der ursprünglichen verfahrensfehlerhaften Entscheidung zurückverweist, vorbehalten ist, verbleibt die inhaltliche Entscheidung innerhalb der *bundes*rechtlich geordneten Fachgerichtsbarkeit.

Die Unterscheidung zwischen der Rückgängigmachung von Verfahrensfehlern, die typischer Revisionstätigkeit entspricht, und der Korrektur von inhaltlichen Fehlern bringt *Jörg Berkemann* auf den Begriff der Verhaltens- und Ergebniskontrolle, wobei er auch die restriktive Willkürkontrolle inhaltlicher Entscheidungen der „Verhaltenskontrolle" zuordnet[74]. Das Fachgericht, das kein rechtliches Gehör gewähre oder Recht willkürlich anwende, verstoße - so *Berkemann* - gegen grundlegende richterliche Verhaltensnormen; eine darüber hinausgehende Ergebniskontrolle sei den Landesverfassungsgerichten in Fällen des Bundesrechts jedoch versagt. Wie bereits oben angedeutet, dürfte die vom Bundesverfassungsgericht im Rahmen der Art. 142, 31 GG geforderte Prüfung der Inhaltsgleichheit auch hier keine Handhabe dafür bieten, eine Unterscheidung in Verhaltens- und Ergebnisnormen einzuführen; denn auch Ergebnisnormen können inhaltsgleich sein. Gleichwohl ist nicht auszuschließen, daß die Länder in ihrem Bestreben, eine ordnungsgemäße Verfahrensgestaltung seitens der eigenen Gerichte mittels einer Verfahrensgrundrechtsbeschwerde zum Landesverfassungsgericht zu gewährleisten, größeren „Raum" im Gesamtzusammenhang der bundesstaatlichen Gerichtsbarkeit beanspruchen können, als dies bei der weiterge-

---

[72] Vgl. *Christian Ebersperger,* Die Bayerische Verfassungsbeschwerde, 1990, S. 171.

[73] BVerfGE 96, 345 (366 unter 3, 373 unter a).

[74] *Jörg Berkemann,* Ein Landesverfassungsgericht als Revisionsgericht - Der Streitfall Honecker, NVwZ 1993, 409 (415 f.).

henden (Ergebnis-) Kontrolle hinsichtlich der Ausführung materieller Entscheidungen des Bundesgesetzgebers der Fall sein mag.

Diese zugegebenermaßen noch tastenden Überlegungen könnten darauf hinauslaufen, daß lediglich die verfahrensfehlerhafte (und gegebenenfalls auch die inhaltlich willkürliche) Entscheidung im Ausgangsverfahren einen „Anwendungsfall" für die einschlägigen Gewährleistungen der Landesverfassung begründen würde. Nach dem Gesagten erscheint es in jedem Fall voreilig, die Erstreckung der bundesverfassungsgerichtlichen Rechtsprechung auf materielle Grundrechtsrügen als „logische" Folge zu begreifen.

b) Prüfungs*pflicht* der Landesverfassungsgerichte?

Der Oktoberbeschluß des Bundesverfassungsgerichts hat den Landesverfassungsgerichten jedenfalls die *Möglichkeit* eröffnet, die Anwendung von Bundesrecht des gerichtlichen Verfahrens durch Gerichte des jeweiligen Landes an den Grundrechten und grundrechtsgleichen Gewährleistungen der jeweiligen Landesverfassung zu messen, soweit sie den gleichen Inhalt wie entsprechende Rechte des Grundgesetzes haben. Es drängt sich die Folgefrage auf, ob nunmehr jedes Landesverfassungsgericht im Rahmen einer zulässigen Landesverfassungsbeschwerde zu dieser erweiterten Prüfung *verpflichtet* ist. Dieser Frage soll im folgenden am Beispiel der bislang restriktiven Hessischen Rechtsprechung, welche den Sächsischen Verfassungsgerichtshof zur Vorlage an das Bundesverfassungsgericht veranlaßt hatte, nachgegangen werden.

Die Begründung des Hessischen Staatsgerichtshofs für die grundsätzliche Unzulässigkeit der hessischen Grundrechtsklage gegen die Anwendung von Bundesrecht beruhte auf seiner Auslegung des Art. 31 GG. Werde nicht die Anwendung und Auslegung von Landesrecht, sondern von *Bundes*recht beanstandet, so fehle dem Staatsgerichtshof die Befugnis zur verfassungsrechtlichen Überprüfung. Bundesgesetze gingen nach Art. 31 GG dem Landesrecht, auch dem Landesverfassungsrecht, im Range vor. Dies gelte - so der Staatsgerichtshof - selbst für mit Bundesverfassungsrecht inhaltsgleiche Grundrechte und auch dann, wenn die Verletzung von Landesverfassungsrecht gerade durch das gerichtliche Verfahren selbst geltend gemacht werde. Eine Ausnahme sei nur dann möglich, wenn das Gericht sich bei der angegriffenen Entscheidung von willkürlichen Erwägungen habe leiten lassen und sich damit außerhalb jeder Rechtsanwendung gestellt habe.

Das Bundesverfassungsgericht hat sich dieser Auslegung des Grundgesetzes nicht angeschlossen. Das Gericht beantwortete die Vorlagefrage dahingehend, daß das vorlegende Gericht durch Bundesrecht *nicht gehindert* sei, die Anwendung von Verfahrensrecht des Bundes durch Gerichte des Landes auf die Einhaltung der mit dem Grundgesetz inhaltsgleichen subjektiven Rechte des Landesverfassungsrechts zu prüfen. Insbesondere bliebe den Richtern des Landes bei der Gestaltung ihres bundesrechtlich geordneten Verfahrens Raum, die nach Maßgabe der Art. 142, 31 GG nicht verdrängten inhaltsgleichen Landesgrundrechte im konkreten Fall zu beachten[75]. Hieran sind die Landesverfassungsgerichte und die Landesgesetzgebung gemäß Art. 31 Abs. 1 BVerfGG gebunden.

Der Hessische Staatsgerichtshof war damit zu einem Überdenken seiner restriktiven Rechtsprechung gezwungen, da sie auf einer nunmehr obsolet gewordenen Auffassung zu Art. 31 GG beruhte. Im Beschluß vom 9. September 1998 gab er seine frühere Rechtsprechung unter ausdrücklichem Hinweis auf die Bindungswirkung der bundesverfassungsgerichtlichen Entscheidung auf[76]. Im Ergebnis stellte er fest, daß er landesgerichtliche Entscheidungen am Maßstab hessischer Verfahrensgrundrechte überprüfen müsse, soweit diese unter den vom Bundesverfassungsgericht genannten Bedingungen auch bei der Anwendung bundesrechtlich geregelten Verfahrensrechts gälten.

Damit schloß sich der Hessische Staatsgerichtshof nicht der Auffassung von *Klaus Lange* an, der nach der Entscheidung des Bundesverfassungsgerichts versucht hatte, die bisherige zurückhaltende Praxis des Staatsgerichtshofs mit einer materiell-rechtlichen Begründung aufrechtzuerhalten. *Lange*, Präsident des Hessischen Staatsgerichtshofs, hatte vorgeschlagen, die von den Ländern errichteten Gerichte nicht mehr als *Landes*staatsgewalt zu begreifen, wenn ihre Entscheidungen durch Bundesrecht determiniert seien; insoweit wären die Landesgerichte auch nicht mehr an die jeweiligen Landesgrundrechte gebunden[77]. Dieser Vorschlag dürfte jedoch kaum in Einklang mit der Rechtsprechung des Bundesverfassungsgerichts stehen. Das Bundesverfassungsgericht hatte nämlich ausdrücklich festgestellt, daß die Landesgerichte bei ihrer Rechtsprechungstätigkeit

---

[75] BVerfGE 96, 345 (366 unten).

[76] HessStGH, Beschluß vom 9. 9. 1998 - P.St. 1299 (NJW 1999, 49). Vgl. hierzu *Michael Sachs*, Entscheidungsanmerkung, JuS 1999, 913. *Friedrich v. Zezschwitz* bezeichnet den Beschluß als „kopernikanische Wende“ in der Rechtsprechung des Hessischen Staatsgerichtshofs (Grundrechtsklagen ohne Grenzen nun auch in Hessen?, NJW 1999, 17). Kritisch *Paul Tiedemann*, Landesverfassung und Bundesrecht, DÖV 1999, 200. Der Staatsgerichtshof setzte im Hinblick auf die zugleich erhobene Bundesverfassungsbeschwerde das Verfahren aus, da zur Entscheidung der von beiden Verfassungsgerichten zu prüfenden Frage der Verletzung von Bundesgrundrechten zuvörderst das Bundesverfassungsgericht als der insofern maßgebliche Interpret berufen sei. Dies ist ein praktischer Anwendungfall für die im Laufe dieser Untersuchung entwickelte „vorrangige“ Prüfungs- und Entscheidungszuständigkeit des Bundesverfassungsgerichts (siehe dazu unten insbesondere im Dritten Teil unter B I).

[77] So *Klaus Lange*, Kontrolle bundesrechtlich geregelter Verfahren durch Landesverfassungsgerichte?, NJW 1998, 1278 (1281 f.). Vgl. auch *Paul Tiedemann*, Landesverfassung und Bundesrecht, DÖV 1999, 200 (201).

Landesstaatsgewalt wahrnähmen; daher seien die Richter des Landes - so das Gericht weiter - bei ihrer Verfahrensgestaltung auch an die in der Landesverfassung gewährleisteten Grundrechte gebunden[78].

Gleichwohl sieht sich der Hessische Staatsgerichtshof zur Prüfung der Anwendung von Bundesrecht nicht kraft *Bundes*rechts *verpflichtet*. Erkennbar beruht seine Annahme einer erweiterten Prüfungskompetenz neben der Anerkennung der Weitergeltung inhaltsgleicher Landesgrundrechte maßgeblich auf der Auslegung des *Zuständigkeitsrechts des Landes*. Dieses verpflichte ihn jedoch mangels ausdrücklicher Freistellungsklausel zur Prüfung. Die Hessische Verfassung und das Gesetz über den Hessischen Staatsgerichtshof enthielten nämlich keine dem § 44 Abs. 2 Satz 1 RhPfVerfGHG entsprechende Ausnahmeanordnung, welche den Staatsgerichtshof von der Aufgabe, hessische Grundrechte vor einer Verletzung durch hessische Staatsgewalt zu schützen, für den Fall freistellte, daß hessische Landesgerichte Bundesverfahrensrecht anwendeten[79].

Der Vorbehalt einer entsprechenden Kompetenzzuweisung durch den Landesgesetzgeber wird auch in der Rechtsprechung des Bundesverfassungsgerichts ausdrücklich anerkannt. Das Bundesverfassungsgericht beschränkte sich nämlich zur Wahrung der Eigenstaatlichkeit der Länder auf die grundsätzliche Feststellung, daß das Grundgesetz eine erweiterte Prüfungskompetenz der Landesverfassungsgerichte weder durch Art. 142, 31 GG noch durch die föderale Kompetenzordnung *untersagt*. Die grundgesetzliche Kompetenzordnung lasse nicht nur die Einführung der Landesverfassungsbeschwerde gegen gerichtliche Entscheidungen grundsätzlich zu[80], sondern ermögliche es dem Landesgesetzgeber, dem Landesverfassungsgericht auch die Befugnis einzuräumen zu prüfen, ob die Gerichte des Landes bei der Anwendung von bundesrechtlichem Verfahrensrecht Grundrechte oder grundrechtsgleiche Gewährleistungen nicht beachtet haben, die in der Landesverfassung inhaltsgleich mit dem Grundgesetz garantiert seien[81]. Die *Berechtigung* der Länder zur Regelung einer Verfassungsbeschwerde ist jedoch *keine Verpflichtung*. Der Landesgesetzgeber ist frei in seiner Entscheidung, ob er überhaupt eine Verfassungsbeschwerde zum Landesverfassungsgericht einführen will. Auch die konkrete Ausgestaltung der Verfassungsbeschwerde steht in seinem freien Ermessen, solange er dabei nur die föderale Kompetenzordnung wahrt und nicht in den Kompetenzbereich des Bundes aus

[78] BVerfGE 96, 345 (366 unter 3).

[79] NJW 1999, 49 (50 unter 2 b). Man müßte jedoch überlegen, ob dem Zuständigkeitsrecht eines Landes eine derartige Freistellungsklausel gerade im Hinblick auf eine frühere restriktive Praxis auch ohne explizite Anordnung des Landesgesetzgebers entnommen werden kann. Möglicherweise bedarf es auch einer *positiven* Zuweisung durch den Landesgesetzgeber, da die eintretende Zuständigkeitserweiterung den Charakter der Landesverfassungsbeschwerde grundlegend ändert und die Entscheidung darüber dem Gesetzgeber vorbehalten sein kann.

[80] BVerfGE 96, 345 (368-371); siehe oben unter II 1 a.

[81] BVerfGE 96, 345 (371 Mitte, 372 unten).

Art. 74 Abs. 1 Nr. 1 GG übergreift. Innerhalb dieser äußeren Grenzen kann der Landesgesetzgeber strenge Zurückhaltung üben oder aber die Landesverfassungsbeschwerde zu einem Rechtsbehelf von großer Reichweite ausformen. Insbesondere *kann* der Landesgesetzgeber dem Landesverfassungsgericht die besondere Befugnis einräumen, die Anwendung von Bundesrecht des gerichtlichen Verfahrens durch die Gerichte des Landes an den Grundrechten und grundrechtsähnlichen Gewährleistungen der Landesverfassung zu messen, soweit sie den gleichen Inhalt wie entsprechende Rechte des Grundgesetzes haben. Auch zu dieser speziellen Zuweisung ist der Landesgesetzgeber aber nicht verpflichtet.

Dieser kompetenzrechtliche Freiraum des Landesgesetzgebers, den das Bundesverfassungsgericht deutlich hervorhebt, würde verkannt, wenn man aus den in der Tat bindenden Feststellungen des Bundesverfassungsgerichts zum materiellrechtlichen Verhältnis zwischen Bundes(verfassungs)recht und Landesverfassungsrecht eine Prüfungs*pflicht* aller Landesverfassungsgerichte ableiten wollte[82]. Das Regelungsermessen des Landes im Rahmen des Zuständigkeitsrechts ist schon deshalb unverzichtbar, weil jede Zuständigkeitserweiterung die Arbeitsbelastung des Landesverfassungsgerichts erhöht und angesichts der vergleichweisen sparsamen Ausstattung der Landesverfassungsgerichte, deren Richter zudem nur nebenamtlich tätig sind, sorgsam bedacht sein muß[83].

Die bundesverfassungsgerichtliche Rechtsprechung kann und will also dem Landesgesetzgeber keine bindende Weisung erteilen, welche Zuständigkeiten dem Landesverfassungsgericht durch Landesrecht einzuräumen sind. Damit bleibt für die Länder weiterhin die Möglichkeit, die Landesverfassungsbeschwerde gegen die Anwendung von Bundesrecht auszuschließen. In aller Deutlichkeit ist dies in Rheinland-Pfalz geschehen. § 44 Abs. 2 RhPfVerfGHG ordnet die Unzulässigkeit der Verfassungsbeschwerde an, soweit die öffentliche

---

[82] So jetzt auch *Jörg Menzel*, Verfahrensgrundrechte vor Landesverfassungsgerichten - Noch ein Kooperationsverhältnis?, NVwZ 1999, 1314 (1316, 1317: „Option"). Dem gegenüber scheint *Henning v. Olshausen*, dem das Bundesverfassungsgericht über weite Strecken folgt, von einer Prüfungs*pflicht* aller Landesverfassungsgerichte auszugehen (Landesverfassungsbeschwerde und Bundesrecht, 1980, S. 142 bei Fußn. 109). Vgl. auch *Klaus Schlaich* (Das Bundesverfassungsgericht, 4. Aufl. 1997, Rdnr. 334 f, S. 232 f.). Für ihn ist die Weichenstellung entscheidend, ob dem Landesgericht bei seiner Entscheidung Raum für die Anwendung der Landesverfassung bleibt oder nicht. Werde dies bejaht, "so ist die landesgerichtliche Entscheidung zugleich zulässiger Prüfungsgegenstand im landesverfassungsgerichtlichen Verfahren". Die somit entscheidende Frage, ob die Landesgerichte bei der Anwendung von Bundesrecht die Landesverfassung heranziehen könnten, sei also in der Tat "keine kompetenzrechtliche Frage, sondern eine solche der Normenhierarchie (Prinzip des Vorrangs des Bundesgesetzes)" (a.a.O., S. 233).

[83] Vgl. dazu unten im Dritten Teil unter A III 3 (Stichwort: Kapazität); siehe ferner Kommissionsbericht, a.a.O., S. 116, und *Klaus Lange*, Kontrolle bundesrechtlich geregelter Verfahren durch Landesverfassungsgerichte?, NJW 1998, 1278 (1280-1282).

Gewalt des Landes Bundesrecht ausführt oder anwendet, es sei denn, die Landesverfassung gewährt weitergehende Rechte als das Grundgesetz.

Eine landesrechtliche Einschränkung dahingehend, daß eine Grundrechtsverletzung der Landesgerichte vom Landesverfassungsgericht bei Anwendung von Bundesrecht nicht korrigiert werden kann, führt allerdings zu einem Auseinanderfallen von materiell-rechtlicher Bindung und verfassungsgerichtlichem Rechtsschutz. Die dargestellten kompetenzrechtlichen Eingrenzungen führen zu einer „überschießenden" materiell-rechtlichen Bindung an die Landesverfassung, da die Gerichte des Landes nach den verpflichtenden Vorgaben des Bundesverfassungsgerichts durchgehend an inhaltsgleiche Verfahrensgrundrechte der Landesverfassung gebunden bleiben. Diese „Schieflage" dürfte ein Fremdkörper für die deutsche Rechtsordnung darstellen, die bei Bestehen eines subjektiven Rechts grundsätzlich auch dessen gerichtliche Durchsetzung gewährleistet (vgl. Art. 19 Abs. 4 GG). Es erscheint zunächst befremdlich, einerseits ein subjektives Recht der Landesverfassung anzuerkennen, welches die Landesgerichte zu beachten haben, und andererseits das „eigentlich" zuständige Landesverfassungsgericht zu verpflichten, seinen Verfassungsschutz mit Hinweis auf seine konkrete Unzuständigkeit zu „verweigern"[84].

Die Schieflage eines „nachhinkenden" Rechtsschutzes ist jedoch wohl noch hinnehmbar im Hinblick darauf, daß dem Betroffenen jedenfalls der Weg nach Karlsruhe eröffnet ist. Zudem befindet sich die bislang praktizierte Identität zwischen subjektivem Recht und verfassungsgerichtlichem Rechtsschutz ohnehin im Umbruch, wie die von der „Entlastungskommission" vorgeschlagene Ermessensannahme bei der Bundesverfassungsbeschwerde zeigt. Schließlich könnte die Annahme einer Willkürkontrolle zumindest verhindern, daß das Landesverfassungsgericht seine Augen selbst dann verschließen muß, wenn die Verletzung der Landesverfassung mit Händen zu greifen ist.

[84] Dieser fehlende Gleichlauf zwischen dem Umfang der Bindung an die Landesgrundrechte einerseits und der tatsächlich eingeräumten Prüfungskompetenz, die nur einen kleinen Ausschnitt davon erfaßt, andererseits ist die Konsequenz daraus, daß die verfassungsgerichtliche Rechtsprechung das Problem der Zulässigkeit der Landesverfassungsbeschwerde gegen die Anwendung von Bundesrecht auf der Ebene des Normenverhältnisses (Art. 31 GG) lösen will.

B Systematische Darstellung der Rechtsprechung

Vergleicht man die dargestellten Rechtsprechungslinien, so ist ihnen gemeinsam, daß sie den Grundsatz der Prüfungslimitierung nicht hinterfragen, sondern strikt am kompetenzrechtlichen Axiom der auf die Landesverfassung beschränkten Entscheidungsbefugnis festhalten. Dies führt unter Berücksichtigung des Art. 31 GG, der auch einfachem Bundesrecht den Vorrang gegenüber landesverfassungsrechtlichen Bestimmungen zuspricht, zu folgender länderübergreifenden Grundaussage: *Wendet das Landesgericht Bundesrecht an,* so ist das mit der Verfassungsbeschwerde angerufene Landesverfassungsgericht grundsätzlich unzuständig, da das nachrangige Landes(verfassungs)recht die Auslegung und Anwendung von Bundesrecht nicht beeinflussen kann und damit auch als Kontrollmaßstab ausscheidet. Die dargestellten Rechtsprechungslinien versuchen nun auf unterschiedliche Weise, diese kategorische Aussage einzuschränken und damit den materiell-rechtlichen Einwand aus Art. 31 GG für bestimmte Konstellationen zu entkräften. Vergleicht man die von den Gerichten entwickelten Konstruktionen in systematischer Absicht, so lassen sich drei grundlegende Konstruktionstypen hervorheben:

- Die hier sog. *Parallelkonstruktion* erklärt die Anwendung von Bundesrecht an denjenigen Landesgrundrechten für meßbar, die den *gleichen Inhalt* wie die entsprechenden Bundesgrundrechte haben[85]. Selbst wenn das Landesgericht Bundesrecht anwende, sei das mit der Verfassungsbeschwerde angerufene Landesverfassungsgericht zuständig, wenn das Landesgericht neben den bundesrechtlichen Bestimmungen *zugleich* auch solche der Landesverfassung zu beachten hätte. Der Blickwinkel der Parallelkonstruktion konzentriert sich also in erster Linie auf die Prüfungsmaßstäbe der Landesverfassung in ihrem (materiell-rechtlichen) Verhältnis zum Bundes(verfassungs)recht. Würden nämlich jene inhaltsgleichen Prüfungs- und Entscheidungsmaßstäbe des Landesrechts durch Bundesrecht mangels Kollision nicht beiseite geschoben - so die Vertreter der Parallelkonstruktion -, dann habe das Fachgericht neben dem Bundesrecht zugleich auch das nicht verdrängte Landesrecht zu beachten. *Diese* Bindung zu kontrollieren, sei das Landesverfassungsgericht nicht gehindert. Das Landesverfassungsgericht sei jedoch unzuständig, wenn der Einzelfall ausschließlich auf der Grundlage des Bundesrechts zu entscheiden sei. Das sei der Fall, wenn das einschlägige Landesgrundrecht sich im Widerspruch zum Bundesrecht befinde und folglich nicht parallel zu beachten sei.

---

[85] So das Bundesverfassungsgericht (für Verfahrensgrundrechte; nicht entschieden für die Anwendung materiellen Bundesrechts), der Bayerische Verfassungsgerichtshof (für Verfahrensgrundrechte; für materielle Grundrechte hingegen allein die weiter unten behandelte Willkürkontrolle), der Berliner Verfassungsgerichtshof (für materielle und Verfahrensgrundrechte), der Sächsische Verfassungsgerichtshof (jedenfalls für Verfahrensgrundrechte), nunmehr auch der Hessische Staatsgerichtshof (jedenfalls für Verfahrensgrundrechte).

- Die hier sog. *Spielraum- und Ergänzungskonstruktion* erklärt die Anwendung von Bundesrecht an Landesgrundrechten für meßbar, wenn und soweit das Bundesrecht Spielräume für ergänzendes Landesrecht belasse[86]. Selbst wenn das Landesgericht Bundesrecht anwende, sei das mit der Verfassungsbeschwerde angerufene Landesverfassungsgericht zuständig, soweit keine abschließende und zwingende Bundesregelung vorliege und damit dem Landes(verfassungs)recht ausfüllungsfähige Spielräume eröffnet seien. Auch der Blickwinkel der Spielraumkonstruktion konzentriert sich also auf die Prüfungsmaßstäbe der Landesverfassung in ihrem (materiell-rechtlichen) Verhältnis zum Bundes(verfassungs)recht. Weise nämlich das Bundesrecht Regelungslücken auf, habe das Landesgericht die Bestimmungen der Landesverfassung zu beachten, die das insoweit unvollständige Bundesrecht ergänzten. *Diese* Bindung zu kontrollieren, sei dem Landesverfassungsgericht nicht verwehrt. Das Landesverfassungsgericht sei jedoch unzuständig, wenn der Einzelfall ausschließlich auf der Grundlage des Bundesrechts zu entscheiden sei. Das sei der Fall, wenn einschlägige Landesgrundrechte deswegen nicht ergänzend zu beachten seien, weil das Bundesrecht abschließend sei.

- Die *Willkürkonstruktion*[87] erklärt die gerichtliche Anwendung von Bundesrecht für überprüfbar, wenn das Gericht sich willkürlich außerhalb der Rechtsordnung gestellt, also in Wahrheit gar kein Bundesrecht angewendet habe[88]. Selbst wenn das Landesgericht Bundesrecht anzuwenden habe, sei das angerufene Landesverfassungsgericht zuständig, wenn das Landesgericht willkürlich gehandelt habe. Der Blickwinkel der Willkürkonstruktion konzentriert sich also nicht auf die Prüfungsmaßstäbe der Landesverfassung in ihrem (materiell-rechtlichen) Verhältnis zum Bundes(verfassungs)recht, sondern richtet sich in erster Linie auf die angefochtene Entscheidung selbst. Die Unzulässigkeit der Landesverfassungsbeschwerde ergebe sich allein daraus, daß die angefochtene Entscheidung auf der Anwendung von Bundesrecht beruhe. Sei die Entscheidung jedoch unter Verstoß gegen das Willkürverbot erfolgt, habe das Gericht Bundesrecht überhaupt nicht angewendet; damit sei die Landesverfassungsbeschwerde wieder zulässig. Halte sich demgegenüber die gerichtliche Anwendung von Bundesrecht "im Rahmen", so scheide eine landesverfassungsgerichtliche Überprüfung aus.

---

[86] So das Bundesverfassungsgericht in einem obiter dictum, ferner möglicherweise das Brandenburger Verfassungsgericht sowie der Verfassungsgerichtshof von Rheinland-Pfalz.

[87] Der Begriff der "Willkür-Rechtsprechung" findet sich bereits in der Literatur (vgl. *Wilfried Berg*, Kassation gerichtlicher Urteile, die in bundesrechtlich geordneten Verfahren ergangen sind, in: Starck/Stern [Hrsg.], Landesverfassungsgerichtsbarkeit, Teilband II, 1983, S. 529 [547]).

[88] So der Hessische Staatsgerichtshof und der Bayerische Verfassungsgerichtshof.

I. Darstellung der „Parallelkonstruktion“

Die Parallelkonstruktion erklärt die gerichtliche Anwendung von Bundesrecht an denjenigen Landesgrundrechten für meßbar, die den gleichen Inhalt wie die entsprechenden Bundesgrundrechte hätten. Gegenüber dem Einwand aus Art. 31 GG, wonach das der angefochtenen Entscheidung zugrundeliegende Bundesrecht wegen seines höheren Ranges von der Landesverfassung nicht beeinflußt sein könne, betont diese Konstruktion unter Hinweis auf BVerfGE 36, 342 (363), daß die "Brechung" i. S. des Art. 31 GG eine *Kollision von Rechtsnormen* voraussetze. Zum einen befasse sich also Art. 31 GG nicht unmittelbar mit dem hier maßgeblichen Verhältnis zwischen Rechts*anwendern.* Zum anderen habe die Landesstaatsgewalt daher neben Bundesrecht stets auch die Bestimmungen der Landesverfassung zu beachten, wenn und soweit diese Landesbestimmungen nicht durch *widersprechendes* Bundesrecht verdrängt würden. Diese Übereinstimmung sei bei Bundes- und Landesgrundrechten zu bejahen, die "inhaltsgleich" seien. Habe danach das Fachgericht neben dem Bundesrecht zugleich auch Parallelbestimmungen der Landesverfassung zu berücksichtigen, obliege es dem Landesverfassungsgericht, die Beachtung dieser Bindung zu kontrollieren.

Im folgenden soll die Entwicklung der Parallelkonzeption in der gebotenen Kürze nachgezeichnet werden. Ein zweiter Abschnitt wird versuchen, die wesentlichen Aspekte dieser Konzeption zusammenzufassen.

1) Überblick über die Entwicklung

Von grundlegender Bedeutung für die dogmatische Konzeption ist die Entscheidung des Bayerischen Verfassungsgerichtshofs vom 2. August 1974[89], die eine ausführliche Herleitung seiner Prüfungsbefugnis enthält[90]. Der Gerichtshof hatte in dieser Entscheidung zwei zivilgerichtliche Beschlüsse mit der Begründung aufgehoben, daß sie bei der Auslegung und Anwendung der bundesrechtlichen

---

[89] BayVerfGHE 27, 109.

[90] *Ekkehard Schumann* (Verfassungs- und Menschenrechtsbeschwerde gegen richterliche Entscheidungen, 1963, S. 161 f. in Fußn. 55) nennt ältere unveröffentlichte Entscheidungen, die bereits ähnliche Konstruktionen enthalten. So heißt es im Beschluß des Bayerischen Verfassungsgerichtshofs vom 12. Februar 1962 (Vf. 32-VI-61): "Das Landgericht hat also dadurch, daß es die Beschwerde des Beschuldigten und ihre Begründung dem Privatkläger nicht rechtzeitig bekanntgegeben hat, gegen § 308 Abs. 1 StPO verstoßen. Der Verstoß gegen § 308 Abs. 1 StPO enthält zugleich eine Verletzung des in Art. 91 Abs. 1 BV gewährleisteten Rechtes auf rechtliches Gehör" (zitiert nach *Schumann* a.a.O.).

Zivilprozeßordnung das *Landes*grundrecht des Beschwerdeführers auf rechtliches Gehör (Art. 91 Abs. 1 BV) verletzt hätten. Der Gerichtshof bejahte seine Befugnis zu dieser Feststellung folgendermaßen:

> "Dem [der Feststellung der Verletzung des Art. 91 Abs. 1 BV] steht nicht entgegen, daß der Verstoß bei der Anwendung bundesrechtlicher Verfahrensvorschriften erfolgt ist. Bundesrecht geht zwar der Bayerischen Verfassung im Rang vor (Art. 31 GG). Die korrekte Anwendung von Bundesrecht kann daher nicht am Maßstab der Bayerischen Verfassung geprüft werden [Nachweise]. Das verfassungsmäßige Recht auf Gehör ist sowohl durch die Bayerische Verfassung in Art. 91 Abs. 1 BV wie auch durch das Grundgesetz in Art. 103 Abs. 1 GG mit gleichem Inhalt gewährleistet. Beide Vorschriften gelten nebeneinander (Art. 142 GG) und schützen je ein und dasselbe verfassungsmäßige Recht (BVerfGE 22, 267/271). Das Landgericht hätte daher auch nach Bundesrecht bei der Prüfung der Statthaftigkeit der Rechtsbehelfe des Beschwerdeführers Bedeutung und Tragweite des Anspruchs auf rechtliches Gehör beachten müssen. Indem es dies unterlassen hat, hat es nicht nur gegen Art. 103 Abs. 1 GG, sondern zugleich auch gegen Art. 91 Abs. 1 BV verstoßen (vgl. auch BVerfGE 1, 264/280 f.; BVerfG NJW 1974, 1181/1182 ff.[91]).
>
> Auch im bundesrechtlich geregelten Verfahren haben die Gerichte des Freistaates Bayern neben Bundesrecht die Bayerische Verfassung zu beachten, soweit Bundesrecht dem nicht entgegensteht. Es ist zwar richtig, daß der Verfassungsgerichtshof als Landesverfassungsgerichtshof als Prüfungsmaßstab nur die Landesverfassung heranziehen darf und daß deren Normen gegenüber Bundesrecht - auch gegenüber einfachem Bundesrecht - im Rang nachgehen (Art. 31 GG). Er kann aber seine materielle Prüfungsbefugnis auch gegenüber gerichtlichen Entscheidungen im bundesrechtlich geregelten Verfahren auf Normen der Landesverfassung stützen, die mit solchen des Grundgesetzes inhaltlich übereinstimmen. Hat demnach ein Gericht bei der Anwendung von Bundesrecht gegen ein Verfahrensgrundrecht der Bayerischen Verfassung verstoßen, das mit einem solchen des Grundgesetzes inhaltlich übereinstimmt und demnach weitergilt (Art. 142 GG), so liegt in einem Verstoß gegen das Grundrecht des Grundgesetzes zugleich ein solcher gegen das Grundrecht der Landesverfassung, den das Landesverfassungsgericht zu beachten hat." [92]

Der Bayerische Verfassungsgerichtshof beschränkt die Parallelkonstruktion bis heute auf die Verfahrensgrundrechte[93]. Hinsichtlich der Anwendung *materiellen* Bundesrechts läßt der Gerichtshof es bei einer Willkürkontrolle bewenden[94].

---

[91] Dies ist die Entscheidung BVerfGE 36, 342.

[92] BayVerfGHE 27, 109 (117 f.).

[93] Siehe statt aller *Christian Ebersperger*, Die Bayerische Verfassungsbeschwerde, 1990, S. 159-162 m.w.N.; siehe ferner oben im Rechtsprechungsüberblick unter A I 2 a.

[94] Siehe wieder statt aller *Christian Ebersperger*, a.a.O.; zu der Willkürkonstruktion siehe unten unter B III.

Der generelle Begründungsansatz des Bayerischen Verfassungsgerichtshofs, der keinen Anhaltspunkt dafür erkennen läßt, die differenzierende Behandlung von Prozeßrecht und materiellem Bundesrecht zu erklären, legt letztlich die Erstrekkung der Parallelkonstruktion auf *alle* Landesgrundrechte nahe. Die Beschränkung dieser Konstruktion auf Verfahrensgrundrechte wird dementsprechend von einigen als uneinheitlich oder sogar inkonsequent bezeichnet[95]. Insbesondere *Theodor Maunz*[96], *August Schmidt*[97] und später *Henning v. Olshausen*[98] plädierten ausdrücklich dafür, diese Konstruktion auch auf die *materiellen* Grundrechte auszuweiten.

Gerade wegen dieses aus dem generellen Begründungsansatz erwachsenden Potentials bezeichnete *Ernst Friesenhahn* die Bayerische Rechtsprechung vorsichtig als "etwas unklar"[99]. Eine Ausweitung der Prüfungskompetenz auch auf materielle (Landes-) Grundrechte wäre für *Friesenhahn* eine "Überspitzung der Theorie von 'ein und demselben Grundrecht'"[100]. Während die Mißachtung eines Landesverfahrensgrundrechts zur Kassation durch das Landesverfassungsgericht führen könne, bleibe - so *Friesenhahn* - eine *inhaltliche* Überprüfung der angefochtenen Entscheidung ausgeschlossen[101]. Als Begründung führt *Friesenhahn* unter Verweis auf die Rechtsprechung des Hessischen Staatsgerichtshofs an, daß "die Überordnung der Grundrechtsnorm über die vom Gericht angewandte Bundesrechtsnorm [. . .] doch nur für die bundesverfassungsrechtliche Grundrechts-

---

[95] Vgl. nur *Christian Ebersperger*, a.a.O. S. 158, 162; *Johannes Dietlein*, Landesverfassungsbeschwerde und Einheit des Bundesrechts, NVwZ 1994, 6 (8 bei Fußn. 27: Differenzierung durch den Bayerischen Verfassungsgerichtshof ohne Begründung); *Rudolf Steinberg*, Landesverfassungsgerichtsbarkeit und Bundesrecht, in: 50 Jahre Verfassung des Landes Hessen, 1997, S. 356 (379). Zugleich aber wird an der Differenzthese mit der Behauptung festgehalten, daß verfahrensrechtliche Garantien regelmäßig unmittelbar verbindliche und einzelfallbezogene Regelungsanordnungen träfen, sich aber aus materiellen Garantien keine derartigen Direktiven ableiten ließen. Vgl. etwa *Johannes Dietlein*, Landesverfassungsbeschwerde und Einheit des Bundesrechts, NVwZ 1994, 6 (10) und *Klaus Stern*, Der Aufschwung der Landesverfassungsbeschwerde im wiedervereinigten Deutschland, in: Verfassung als Verantwortung und Verpflichtung: Festschrift zum 50jährigen Bestehen des Bayerischen Verfassungsgerichtshofs, 1997, S. 241 (255 f.).

[96] *Theodor Maunz*, Nachprüfung von Bundesrecht durch den Bayerischen Verfassungsgerichtshof?, BayVBl. 1974, 366 (367).

[97] *August Schmidt*, Grenzen der Überprüfbarkeit gerichtlicher Entscheidungen durch das Landesverfassungsgericht, NJW 1975, 289 (290).

[98] *Henning v. Olshausen*, Landesverfassungsbeschwerde und Bundesrecht, 1980, S. 142-144.

[99] *Ernst Friesenhahn*, Zur Zuständigkeitsabgrenzung zwischen Bundesverfassungsgerichtsbarkeit und Landesverfassungsgerichtsbarkeit, in: Starck (Hrsg.), Bundesverfassungsgericht und Grundgesetz, Erster Band, 1976, S. 748 (767 in und bei Fußn. 68).

[100] *Ernst Friesenhahn*, a.a.O.

[101] *Ernst Friesenhahn*, a.a.O.

norm gelten [kann], deren Beachtung durch ein Gerichtsurteil allein der Kontrolle des Bundesverfassungsgerichts vorbehalten ist."[102]

Ihre grundlegende Ausarbeitung verdankt die Parallelkonstruktion der Habilitationsschrift von *Henning v. Olshausen*[103]. Seine Arbeit legte zugleich den Grundstein für die Ausweitung der Parallelkonstruktion auch auf *materielle* (Landes-) Grundrechte. In die Rechtsprechung gelangte diese erweiterte Konzeption durch den Berliner Verfassungsgerichtshof[104]. Die extensive Berliner Rechtsprechung wird jedoch gleichwohl und damit etwas ungenau als grundsätzlich *neuer* Ansatz bezeichnet[105].

Die Kritik an dieser Rechtsprechung kulminierte anläßlich des Honecker-Beschlusses[106]. Manch polemischer Ton zu Beginn der Diskussion mag viel-

---

[102] *Ernst Friesenhahn*, a.a.O.

[103] *Henning v. Olshausen*, Landesverfassungsbeschwerde und Bundesrecht, 1980, vgl. insbes. S. 142-144.

[104] Beginnend mit dem Beschluß des Berliner Verfassungsgerichtshofs vom 23. Dezember 1992 (NJW 1993, 513); darauf aufbauend der Beschluß vom 12. Januar 1993 (NJW 1993, 515 - "Honecker"); bestätigend und unter Auseinandersetzung mit Einwänden ausführlich begründend der Beschluß vom 2. Dezember 1993 (NJW 1994, 436 - "Mielke"); vgl. ferner etwa die Beschlüsse vom 12. Juli 1994 (DVBl. 1994, 1189) und vom 21. Juni 1995 (JR 1995, 496).

[105] *Johannes Dietlein* (Landesverfassungsbeschwerde und Einheit des Bundesrechts, NVwZ 1994, 6 [7 li. Sp.]) und *Rudolf Steinberg* (Landesverfassungsgerichtsbarkeit und Bundesrecht, in: 50 Jahre Verfassung des Landes Hessen, 1997, S. 356 [380]) sprechen von einem "gänzlich" bzw. "grundsätzlich anderen Ansatz". Für *Klaus Schlaich* hat der Berliner Verfassungsgerichtshof sogar "Gegenposition zur bislang einheitlichen Rechtsprechung" bezogen (*Klaus Schlaich*, Das Bundesverfassungsgericht, 4. Aufl. 1997, Rdnr. 334 f, S. 231). Widersprüchlich wird es insbesondere dann, wenn zum einen die Bayerische Parallelrechtsprechung wegen ihrer Beschränkung auf die Verfahrensgrundrechtssachen als inkonsequent bezeichnet wird, zum anderen aber die Berliner Rechtsprechung, die durch die Erstreckung der Überprüfung auf grundsätzlich alle Grundrechte jedenfalls die eingeforderte Konsequenz beweist, als revolutionäre Neuerung behandelt wird.

[106] Vgl. als bloße Auswahl aus dem Schrifttum zum Honecker-Beschluß und zugleich zur Annahme einer landesverfassungsgerichtlichen Prüfungskompetenz auf der Grundlage der Parallelkonstruktion k r i t i s c h : *Jörg Berkemann*, Ein Landesverfassungsgericht als Revisionsgericht - Der Streitfall Honecker, NVwZ 1993, 409; *Jürgen Gehb*, Bricht Berliner Landesrecht Bundesrecht?, DÖV 1993, 470; *Eckart Klein/Andreas Haratsch*, Landesverfassung und Bundesrecht - BerlVerfGH, NJW 1993, 515, JuS 1994, 559 (562); *Bernt Lemhöfer*, Landesverfassungsgerichte als kleine Bundesverfassungsgerichte?, NJW 1996, 1714; *Wolfgang Löwer*, Kritische Anmerkungen zum Beschluß des Verfassungsgerichtshofes des Landes Berlin in Sachen Honecker, SächsVBl. 1993, 73 (78); *Hans v. Mangoldt*, Entwicklung und Rechtsgrundlagen der Tätigkeit des Verfassungsgerichtshofes des Freistaates Sachsen, SächsVBl. 1995, 217 (222); *Jochen Rozek*, Landesverfassungsgerichtsbarkeit, Landesgrundrechte und die Anwendung von Bundesrecht, AöR Bd. 119 (1994), S. 450 (482); *Katharina Sobota*, Kompetenzen der Landesverfassungsgerichte im Bundesstaat: Zersplittert die Recht-

leicht auch darauf zurückzuführen sein, daß ein Teil der ersten Kritiker unter dem unmittelbaren Eindruck der Berliner Entscheidung Einwände gegen dessen Begründung erhoben hat, letztlich aber durch das Ergebnis, die Freilassung *Erich Honeckers*, aufgebracht war [107].

Spätestens mit der kontroversen Berliner Rechtsprechung wurden die bestehenden Divergenzen in der Rechtsprechung der Landesverfassungsgerichte überdeutlich. Da diese Divergenzen auf unterschiedlichen Folgerungen aus dem Vorrang des Bundesrechts (Art. 31 GG) beruhen, war es nur eine Frage der Zeit, daß ein Landesverfassungsgericht die Entscheidung des Bundesverfassungsgerichts gemäß Art. 100 Abs. 3 GG einholen würde. Auf die Vorlage des Sächsischen Verfassungsgerichtshofs, der ein inhaltsgleich im Grundgesetz verbürgtes Verfahrensgrundrecht der Landesverfassung als Prüfungsmaßstab heranziehen und insoweit von der Rechtsprechung des Hessischen Staatsgerichtshofs abweichen wollte[108], akzeptierte das Bundesverfassungsgericht die „Parallelkonstruktion“ für verfahrensgrundrechtliche Gestaltungen[109]. Unter dem Eindruck dieser Ent-

---

seinheit?, DVBl. 1994, 793 (802 f.); *Christian Starck*, Der Honecker-Beschluß des Berliner VerfGH, JZ 1993, 231 (232); *Rudolf Steinberg*, Landesverfassungsgerichtsbarkeit und Bundesrecht, in: 50 Jahre Verfassung des Landes Hessen, 1997, S. 356 (381, 379); *Dieter Wilke*, Landesverfassungsgerichtsbarkeit und Einheit des Bundesrechts, NJW 1993, 887 (889); d i f f e r e n z i e r e n d : *Richard Bartlsperger*, Einstellung des Strafverfahrens von Verfassungs wegen, DVBl. 1993, 333 (347 f.); *Johannes Dietlein*, Landesverfassungsbeschwerde und Einheit des Bundesrechts, NVwZ 1994, 6 (10); *Klaus Schlaich*, Das Bundesverfassungsgericht, 4. Aufl. 1997, Rdnr. 334 f, S. 231 ff. (insbes. S. 233: dem Landesgericht müsse bei der Anwendung von Bundesrecht "Raum für die Anwendung der Landesverfassung" bleiben); *Klaus Stern*, Der Aufschwung der Landesverfassungsbeschwerde im wiedervereinigten Deutschland, in: Verfassung als Verantwortung und Verpflichtung: Festschrift zum 50-jährigen Bestehen des Bayerischen Verfassungsgerichtshofs, 1997, S. 241 (255 f.); z u s t i m m e n d : *Dietrich Franke*, Verfassungsgerichtsbarkeit der Länder - Grenzen und Möglichkeiten, in: Festschrift Ernst Gottfried Mahrenholz, 1994, S. 923 (935-937); *Philip Kunig*, Die rechtsprechende Gewalt in den Ländern und die Grundrechte des Landesverfassungsrechts, NJW 1994, 687; *Hans-Ullrich Paeffgen*, Wozu dient der Strafprozeß und inwieweit darf ein Landesverfassungsgericht in ihn intervenieren?, NJ 1993, 152 (159 f.); *Christian Pestalozza*, Der "Honecker-Beschluß" des Berliner Verfassungsgerichtshofs, NVwZ 1993, 340 (344); *Michael Sachs*, Verfassungsrechtliche Anmerkungen zum Strafverfahren gegen Erich Honecker, ZfP 1993, 121 (130-134, 137); *Karl-Georg Zierlein*, Prüfungs- und Entscheidungskompetenzen der Landesverfassungsgerichte bei Verfassungsbeschwerden gegen landesrechtliche Hoheitsakte, die auf Bundesrecht beruhen oder in einem bundesrechtlich geregelten Verfahren ergangen sind, AöR Bd. 120 (1995), S. 205 (241).

[107] *Katharina Sobota* ist darin beizupflichten, daß "[h]eute, mit etwas Abstand von der Debatte, (...) manche Bewertung moderater und manche Begründung ausführlicher ausfallen [dürfte]" (Kompetenzen der Landesverfassungsgerichte im Bundesstaat: Zersplittert die Rechtseinheit?, DVBl. 1994, 793 (794 re. Sp.)).

[108] Vgl. oben unter A I 2 g.

[109] Vgl. oben unter A II 1.

scheidung gab der Hessische Staatsgerichtshof seine restriktive Rechtsprechung auf[110]. Eine vollständige Vereinheitlichung der landesverfassungsgerichtlichen Rechtsprechung ist aber bereits im Hinblick auf die weiterhin umstrittene Anwendung materiellen Bundesrechts noch nicht vollzogen.

2) Zusammenfassung der Argumentation

Die Vertreter einer Parallelkonstruktion verweisen zusammenfassend darauf, daß Art. 31 GG Aussagen allein für die *Kollision von Rechtsnormen* treffe. Somit sei Art. 31 GG nicht einschlägig, wenn man sich nicht auf der Ebene der Normerzeugung, sondern auf der der Norm*anwendung* befinde. Ferner setze Art. 31 GG eine Kollision voraus, welche bei *Inhaltsgleichheit* nicht vorliege.

a) Bei der Frage, ob die Anwendung von Bundesrecht auch nach Maßgabe von Landesgrundrechten überprüft werden könne, bewege man sich also - so die Befürworter der Parallelkonstruktion - allein auf der Ebene der Anwendung, also auf einer Ebene, auf der Art. 31 GG von vornherein nicht einschlägig sei. Denn Art. 31 GG sei eine Vorschrift zur Entscheidung von Normkollisionen, regele aber nicht unmittelbar das Verhältnis zwischen Normanwendern[111]. Der Einwand aus Art. 31 GG verkenne, daß die Parallelkonstruktion eine Verletzung von Landesgrundrechten ausschließlich auf der Ebene der Anwendung von Bundesrecht für möglich halte. Insoweit sei Art. 31 GG aber überhaupt nicht einschlägig[112]. Die Gegner der Parallelkonstruktion würden die Möglichkeit ei-

---

[110] Vgl. oben unter A I 2 d und II 2 b.

[111] Vgl. etwa die prononcierte Formulierung des Berliner Verfassungsgerichtshofs: "Art. 31 GG ist für die Beantwortung der Frage nach der Entscheidungsbefugnis nicht ergiebig. Diese Vorschrift betrifft das Verhältnis von kollidierenden Normen zueinander, sagt aber nichts über die Anwendung von Normen. Art. 31 GG ist keine Kollisionsnorm für die Rechtsprechung, er regelt nicht das Verhältnis der gerichtlichen Normanwender zueinander" (NJW 1994, 436 [437 re. Sp.]).

[112] Insbesondere sei eine angefochtene gerichtliche Entscheidung, die auf der Anwendung und Auslegung von Bundesrecht beruht, nicht selbst wieder "Bundesrecht" im Sinne des Art. 31 GG. Diese Auffassung, für die in der Tat vieles spricht, und die Gegenposition beruhen auf konträren Vorstellungen zur Rechtsnatur richterlicher Entscheidungen. Das rechtstheoretische Grundsatzproblem, ob die Entscheidung des Richters selbst wieder Rechtsquelle wird, erscheint allerdings nicht dazu geeignet, konkrete Zuständigkeitsfragen des geltenden Rechts zu klären. Die vorliegende Untersuchung greift dieses Problem schon deswegen nicht auf, da sie die Parallelkonstruktion bereits aus anderen Gründen ablehnt. Dafür, daß die richterliche Rechtsanwendung kein Recht im Sinne des Art. 31 GG darstelle, plädieren etwa: *Wilfried Berg* (Kassation gerichtlicher Urteile, die in bundesrechtlich geordneten Verfahren ergangen sind, in: Starck/Stern [Hrsg.], Landesverfassungsgerichtsbarkeit II, 1983, S. 529 [546 f.]); *Walter Schmitt Glaeser/Hans-Detlef Horn* (Die Rechtsprechung des Bayerischen Verfas-

ner selbständigen Grundrechtsverletzung bei der Rechts*anwendung* nicht ausreichend in Betracht ziehen. Zum Beleg zitiert etwa *Henning v. Olshausen*[113] den Bayerischen Verfassungsgerichtshof, der gegenüber der Anwendung von (materiellem) Bundesrecht die Prüfung, ob Normen der Bayerischen Verfassung außer acht gelassen worden seien, bekanntlich deshalb entfallen läßt, "weil das Bundesrecht wegen seines höheren Ranges von der Bayerischen Verfassung nicht beeinflußt sein kann"[114]. Dieser ständigen Rechtsprechung des Verfassungsgerichtshofs[115] entnimmt *v. Olshausen,* daß sich der Verfassungsgerichtshof eine Verletzung von (materiellen) Grundrechten offenbar nur auf der Stufe der Normerzeugung, nicht aber auf der der Normanwendung vorstellen könne[116]. Der *so* gewendeten Argumentation aus Art. 31 GG kann er zurecht entgegenhalten, daß eigenständige Grundrechtsverletzungen auch und gerade auf der Anwendungsebene erfolgen können[117].

---

sungsgerichtshofs, BayVBl. 1992, 673 [685 re. Sp. Die angefochtene Entscheidung werde nicht dadurch zu "Bundesrecht", daß ihr Bundesrecht zugrunde liegt]); *Katharina Sobota* (Kompetenzen der Landesverfassungsgerichte im Bundesstaat: Zersplittert die Rechtseinheit?, DVBl. 1994, 793 [797]) und *Karl-Georg Zierlein* (Prüfungs- und Entscheidungskompetenzen der Landesverfassungsgerichte bei Verfassungsbeschwerden gegen landesrechtliche Hoheitsakte, die auf Bundesrecht beruhen oder in einem bundesrechtlich geregelten Verfahren ergangen sind, AöR Bd. 120 [1995], S. 205 [229-235 m.w.N.]). Eine Gegenposition nehmen ein: *Jörg Berkemann* (Ein Landesverfassungsgericht als Revisionsgericht - Der Streitfall Honekker, NVwZ 1993, 409 [415: Die Unterscheidung zwischen Normerzeugung und Normanwendung gehöre methodologisch in eine naive und längst überwundene Vorstellung richterlicher Rechtsfindung. Das Landgericht Berlin habe nicht Bundesrecht 'angewandt', sondern im Rahmen der ihm verliehenen bundesrechtlichen Kompetenz Bundesrecht selbständig richterrechtlich statuiert.]); *Christian Starck* (Der Honecker-Beschluß des Berliner VerfGH, JZ 1993, 231 [232: Bundesrecht sei das Gesetz, wie es vom zuständigen Revisionsgericht ausgelegt werde]); *Jochen Rozek* (Landesverfassungsgerichtsbarkeit, Landesgrundrechte und die Anwendung von Bundesrecht, AöR Bd. 119 [1994], S. 450 [470]) und *Rudolf Steinberg* (Landesverfassungsgerichtsbarkeit und Bundesrecht, in: 50 Jahre Verfassung des Landes Hessen, 1997, S. 356 [378]). Vgl. auch *Karl-E. Hain,* Anmerkung, JZ 1998, 620 (621) und *Friedrich v. Zezschwitz,* Grundrechtsklagen ohne Grenzen?, NJW 1999, 17 (19 f.).

[113] *Henning v. Olshausen,* Landesverfassungsbeschwerde und Bundesrecht, 1980, S. 141; vgl. ferner BerlVerfGH, NJW 1993, 513 (514 re. Sp.).

[114] BayVerfGH, NJW 1973, 1644 (re. Sp.).

[115] Vgl. etwa auch BayVerfGH, NJW 1993, 518 (519 re. Sp.).

[116] *Henning v. Olshausen,* Landesverfassungsbeschwerde und Bundesrecht, 1980, S. 141.

[117] *Henning v. Olshausen,* Landesverfassungsbeschwerde und Bundesrecht, 1980, S. 141. Entsprechend betont der Berliner Verfassungsgerichtshof, daß es nicht um die Prüfung eines Verfassungsverstoßes durch Normerzeugung ginge, sondern um die Kontrolle eines Akts der Normanwendung (durch ein Organ des Landes); Grenzen seiner Entscheidungsbefugnis folgten deshalb insoweit nicht aus dem Verhältnis von Bundesrecht und Landesrecht, sondern ergäben sich aus dem Verhältnis der Verfassungsgerichtsbarkeit zur sonstigen Gerichtsbarkeit (NJW 1993, 513 [514 re. Sp.]).

Auch das Bundesverfassungsgericht stellt in seinem Beschluß vom 15. Oktober 1997 wesentlich darauf ab, daß die Grundrechte nicht nur bei der Schaffung einer Norm und ihrer Kontrolle, sondern auch bei der Anwendung einer verfassungsmäßigen Norm in der konkreten Lage eines Einzelfalles Beachtung verlangten. Insbesondere hätten die Richter bei der Anwendung des Verfahrensrechts einen selbständigen - von der Normenkontrolle unabhängigen - Anlaß zur Beachtung etwa des Gebots rechtlichen Gehörs; hierfür sei dann nur der Hoheitsträger verantwortlich, der das Recht anzuwenden habe, nicht aber auch der Bundesgesetzgeber, der ein verfassungskonformes Gesetz geschaffen habe[118].

b) Die Befürworter einer Parallelkonstruktion wenden sich ferner gegen die Auffassung, daß einfaches Bundesrecht wegen seiner "Höherrangigkeit" den Grundrechtsbestimmungen einer Landesverfassung ihre prinzipielle Geltung nimmt und diese schlechthin unbeachtlich macht. Die These, daß ein Landesgrundrecht unabhängig davon, ob eine Kollisionslage mit Bundesrecht bestehe oder nicht, generell keine Geltung bei der Anwendung von Bundesrecht entfalten könne, ist ihrer Ansicht nach unzutreffend[119]. Denn Art. 31 GG setze eine *Kollision* zwischen Bundes(verfassungs)recht und Landesverfassungsrecht tatbestandsmäßig voraus[120]. Könne also eine Kollisionslage nicht festgestellt werden, hindere Art. 31 GG nicht die Beachtung des Landesrechts durch die Landesstaatsgewalt. Diese Kollision sei ausgeschlossen, wenn Bundes(verfassungs)recht und Landesverfassungsrecht "inhaltsgleich" seien. Um eine derartige Kollision auszuschließen bzw. um eine derartige Inhaltsgleichheit zu bejahen, werden in der Rechtsprechung zwei Wege eingeschlagen[121]:

---

[118] BVerfGE 96, 345 (367, 373 jeweils unter a).

[119] Zurecht kritisch gegenüber einer zu undifferenzierten Auffassung der Höherrangigkeit des Bundesrechts etwa *Karl-Georg Zierlein*, Prüfungs- und Entscheidungskompetenzen der Landesverfassungsgerichte bei Verfassungsbeschwerden gegen landesrechtliche Hoheitsakte, die auf Bundesrecht beruhen oder in einem bundesrechtlich geregelten Verfahren ergangen sind, AöR 120 (1995), S. 205 (216 ff.).

[120] Für das Bundesverfassungsgericht ist die Anwendung einer Kollisionsnorm "begrifflich" nur möglich, wenn "die Kollisionsnorm hinweggedacht . . . beide Normen auf *einen* Sachverhalt anwendbar seien und bei ihrer Anwendung zu *verschiedenen* Ergebnissen führen" könnten (BVerfGE 36, 342 [363], vgl. dazu die Anmerkungen von *Albert v. Mutius* (Zum Verhältnis von gleichlautendem Bundes- und Landesverfassungsrecht, VerwArch 66 [1975], S. 161 [165]).

[121] Die Figur der konkret-individuellen Inhaltsgleichheit dürfte dabei gegenüber der der abstrakt-generellen Inhaltsgleichheit den Vorteil haben, daß sie der parallel in der Landesverfassung verbürgten Gewährleistung ihre Eigenständigkeit bewahrt. Mit der Bejahung der abstrakt-generellen Inhaltsgleichheit droht den Landesgrundrechten nämlich eine Unitarisierung, ja Degenerierung zu abhängigen Schattennormen; denn "ein bißchen" Inhaltsgleichheit in diesem Sinne gibt es nicht. Ist einmal die abstrakt-generelle Inhaltsgleichheit festgestellt, müßte dies für jedes obiter dictum des Bundesverfassungsgerichts gelten (Totalität der Gleichschaltung). Vgl. zu einer "Parallelisierung" von Bundes- und Landesgrundrechten kri-

- Der Begriff der Inhaltsgleichheit wurde in der bisherigen Rechtsprechung der Landesverfassungsgerichte allein *abstrakt-generell* gefaßt. Inhaltsgleich in diesem Sinne sind danach grundrechtliche Gewährleistungen auf Bundes- und Landesebene, wenn nach dem materiellen Gehalt ein und dasselbe Grundrecht vorliegt[122] oder wenn Bundes- und Landesgrundrecht jedenfalls einen bestimmten Gegenstand in gleichem Sinne und mit gleichem Inhalt regelten. Ein Widerspruch dieses Landesgrundrechts zum *einfachen* Bundesrecht soll in dieser Konstellation ausscheiden, da einfaches Bundesrecht, soweit es im Widerspruch zum Landesgrundrecht stehen *könnte*, selbst wieder vom inhaltsgleichen Bundesgrundrecht verdrängt würde. Das fortgeltende, inhaltsgleiche Landesgrundrecht wird quasi automatisch ("zugleich") als verletzt angesehen, wenn nur zuvor die

---

tisch auch *Karl-E. Hain*, JZ 1998, 620 (621). Das Landesverfassungsgericht begibt sich mit der Feststellung der abstrakt-generellen Inhaltsgleichheit der abschließenden Entscheidungszuständigkeit hinsichtlich der Auslegung und Anwendung "seiner" Landesgrundrechte. Will das Landesverfassungsgericht für eine bestimmte Rechtsfrage später von der Rechtsprechung des Bundesverfassungsgerichts abweichen und will es nicht die Feststellung der abstrakt-generellen Inhaltsgleichheit revidieren, so müßte das Landesverfassungsgericht eigentlich nach Art. 100 Abs. 3 GG vorlegen, da die Abweichung sich zwingend auch auf die Auslegung des inhaltsgleichen Bundesgrundrecht bezieht. Beispiel einer derartigen "Harmonisierung" der Verfassungsrechtskreise ist etwa der Beschluß des Berliner Verfassungsgerichtshofs vom 12. Juli 1994 - VerfGH 94/93 -, DVBl. 1994, 1189 (1190). Die Berliner Verfassung verbürgt auch Ausländern die Freizügigkeit; dieser Schutz wird zur Herstellung der Inhaltsgleichheit auf den Anspruch reduziert, den Grundsatz der Verhältnismäßigkeit einzuhalten, also den Anspruch, den auch das Grundgesetz, das nur die Freizügigkeit der Deutschen kennt, den Ausländern in Art. 2 Abs. 1 GG zugesteht.

[122] Vgl. zur älteren Lehre von "ein und demselben Grundrecht“ etwa *Willi Geiger* (Die Verfassungsbeschwerde nach Bundes- und Landesrecht, DRiZ 1969, 137 [137 f.]) und BVerfGE 22, 267 (271). Kritisch hierzu bereits *Ernst Friesenhahn*, Zur Zuständigkeitsabgrenzung zwischen Bundesverfassungsgerichtsbarkeit und Landesverfassungsgerichtsbarkeit, in: Starck (Hrsg.), Bundesverfassungsgericht und Grundgesetz - Festgabe aus Anlaß des 25jährigen Bestehens des Bundesverfassungsgerichts, Erster Band, 1976, S. 748 (763 f.: Der materielle Gehalt lasse sich von der Garantie nicht trennen); ferner *Henning v. Olshausen* (Landesverfassungsbeschwerde und Bundesrecht, 1980, S. 110 ff.), *Jochen Rozek* (Das Grundgesetz als Prüfungs- und Entscheidungsmaßstab der Landesverfassungsgerichte, 1993, S. 183 ff.), *Johannes Dietlein* (Die Grundrechte in den Verfassungen der neuen Bundesländer, 1993, S. 13 f.) und *ders.* (Landesverfassungsbeschwerde und Einheit des Bundesrechts, NVwZ 1994, 6 [7 f.]). Das Bundesverfassungsgericht läßt im Beschluß vom 15. Oktober 1997 die Fragestellung nunmehr ausdrücklich offen, ob es sich bei in diesem Sinne inhaltsgleichen Grundrechten um ein und dasselbe Grundrecht handelt, das lediglich mehrfach, nämlich durch das Grundgesetz und die jeweilige Landesverfassung, gewährleistet ist oder ob es sich um mehrere Grundrechte handelt, die auf der Ebene des Grundgesetzes und der jeweiligen Landesverfassung nebeneinander gelten (BVerfGE 96, 345 (368 Mitte)). Diese Streitfrage erscheint *Dieter Grimm* im Hinblick auf die offenbar nirgends bezweifelte doppelte Geltung als nachrangig (Verfassungsrecht, in: Grimm/Papier (Hrsg.), Nordrhein-westfälisches Staats- und Verwaltungsrecht, 1986, S. 1 [50]).

Unvereinbarkeit der angefochtenen Maßnahme mit dem korrespondierenden Bundesgrundrecht bejaht worden ist[123].

- Der Begriff der Inhaltsgleichheit kann auch - wie im Oktoberbeschluß des Bundesverfassungsgerichts ergänzend geschehen - *konkret-individuell* bestimmt werden. Der zu entscheidende *Einzelfall* wird *alternativ* nach Maßgabe des Grundgesetzes einerseits und nach Maßgabe der Landesverfassung andererseits geprüft und die beiden sich jeweils für den zu entscheidenden Fall ergebenden Ergebnisse miteinander verglichen. Stimmen die Ergebnisse überein, besteht Inhaltsgleichheit im konkret-individuellen Sinne[124]. Eine vergleichbare Figur

---

[123] Beispielhaft findet sich dies in folgender Formulierung des Berliner Verfassungsgerichtshofs: "Die Annahme eines Verstoßes gegen Art. 2 II 2 GG würde die Annahme eines Verstoßes auch gegen Art. 9 I BerlVerf. implizieren, da hier nach dem materiellen Gehalt ein und dasselbe Grundrecht vorliegt" (NJW 1993, 513 [514]). Und in einer späteren Entscheidung dasselbe Verfassungsgericht: "... hinsichtlich des Anspruchs auf Einhaltung des Grundsatzes der Verhältnismäßigkeit, bestehe mit der Folge eine Identität des Ausländern durch Art. 2 Abs. 1 GG und durch Art. 11 [BerlVerf.] gewährleisteten Grundrechtsschutzes, daß Art. 11 [BerlVerf.] insoweit als Prüfungsmaßstab in landesverfassungsrechtlichen Verfassungsbeschwerdeverfahren erhalten bleibt." (DVBl. 1994, 1189 [1190].) - Auch in der Entscheidung des Bundesverfassungsgericht vom 15. Oktober 1997 klingt stellenweise ein abstrakt-genereller Begriff von Inhaltgleichheit an. Zur Frage, ob Bundesrecht gemäß Art. 142, 31 GG Landesgrundrechte verdrängt, heißt es im Anschluß an *Wilhelm Laforet*: "Eine Kollision des Landesgrundrechts mit dem Bundesrecht ist jedenfalls ausgeschlossen, wenn Bundes- und Landesgrundrecht einen bestimmten Gegenstand in gleichem Sinne und mit gleichem Inhalt regeln. Nur in diesem Sinne inhaltsgleiche Verfassungsrechte können eine konkrete Rechtslage widerspruchsfrei gestalten. Die Feststellung, daß die Rechtslage dem Bundesgrundrecht genügt, gilt dann auch für das Landesgrundrecht (vgl. BVerfGE 1, 264 [281])" (BVerfGE 96, 345 (365 unter c)).

[124] BVerfGE 96, 345 (373 f.). Dies wird im Ergebnis darauf hinauslaufen, daß das Bundesverfassungsgericht für das Verhältnis zwischen Bundesrecht und Landesverfassungsrecht nicht von einem Geltungs-, sondern lediglich von einem *Anwendungsvorrang* ausgeht. Schon BVerfGE 36, 342 (365 f.) verwies auf eine Mehrheit von Rechtsfiguren, um Normenkollisionen zu beheben. Zu den "differenzierten Rechtsfolgen", die nunmehr der Oktoberbeschluß bei Kollisionen annehme, *Siegfried Jutzi*, NJ 1998, 252 (253 f.). Für einen bloßen Anwendungsvorrang insbesondere bereits *Henning v. Olshausen* (Landesverfassungsbeschwerde und Bundesrecht, 1980, S. 125 ff., insbes. S. 133). Für *Johannes Dietlein* ist der Vorrang des Bundesrechts vor dem Landes(verfassungs)recht nach der Konzeption des Grundgesetzes kein prinzipieller, sondern nur ein "exzeptioneller" (NVwZ 1994, 6 [8 li. Sp.]); ebenso *Klaus Schlaich*, der in diesem Sinne einen "echten" Kollisionsfall fordert (Das Bundesverfassungsgericht, 4. Aufl. 1997, Rdnr. 334 f, S. 234 m.w.N.). Kritisch, aber mit einem im Ergebnis ähnlichen kompetenzrechtlichen Vorschlag *Michael Sachs*, Die Landesverfassung im Rahmen der bundesstaatlichen Rechts- und Verfassungsordnung, ThürVBl. 1993, 121 (124). Offen *Karl-Georg Zierlein*, Prüfungs- und Entscheidungskompetenzen der Landesverfassungsgerichte bei Verfassungsbeschwerden gegen landesrechtliche Hoheitsakte, die auf Bundesrecht beruhen oder in einem bundesrechtlich geregelten Verfahren ergangen sind, AöR Bd. 120 (1995), S.

findet sich etwa im Verhältnis zwischen europäischem Gemeinschaftsrecht und einzelstaatlichem Recht, welches nicht vom Geltungsvorrang, sondern lediglich vom Anwendungsvorrang des Gemeinschaftsrechts geprägt ist.

II. Darstellung der „Spielraumkonstruktion“

Der Begriff der Spielraum- oder Ergänzungskonstruktion faßt diejenigen Ansätze zusammen, welche die konkrete Anwendbarkeit bzw. eine unmittelbare Einwirkung der Landesgrundrechte damit begründen wollen, daß die einschlägigen Regelungen des Bundesrechts offen bzw. ausfüllungsfähig sind. Ausgangspunkt für diese Konstruktion ist die selbstverständliche Feststellung, daß Art. 31 GG die Landesstaatsgewalt nicht hindern kann, Landes(verfassungs)recht zu beachten, wenn der Bundesgesetzgeber überhaupt nicht tätig geworden ist. Gleiches müßte grundsätzlich auch dann gelten, wenn der Bundesgesetzgeber zwar Regelungen für die entsprechende Sachmaterie vorgesehen hat, dabei aber gerade die entscheidungserhebliche Frage nicht abschließend geregelt hat. Die Spielraumkonstruktion stützt sich also - ähnlich wie die Parallelkonstruktion - auf die Ausgangsüberlegung, daß ein Landesgrundrecht ohne Mißachtung des Art. 31 GG als unmittelbarer Maßstab für die Kontrolle einer Maßnahme der Landesstaatsgewalt herangezogen werden darf, wenn dieses Grundrecht dem Bundesrecht *nicht widerspricht*. Während die Parallelkonstruktion die Übereinstimmung mit (abschließendem) Bundesrecht jedoch dann annimmt, wenn ein *inhaltsgleiches* Landesgrundrecht vorliegt, weisen die Vertreter der Spielraum- oder Ergänzungskonstruktion auf "Lücken" im nicht abschließenden Bundesrecht hin, die nach Maßgabe der Landesverfassung "auszufüllen" oder zu ergänzen wären[125].

"Offene" Bundesnormen - so *Henning v. Olshausen* plastisch[126] - könnten die "Einbruchsstelle"[127] für Landesgrundrechte seien. Als Beispiele für Bundesnor-

---

205 (235 m.w.N.).

[125] Parallelkonstruktion einerseits und Spielraumkonstruktion andererseits schließen sich also trotz gleichen Ausgangspunkts im Ergebnis grundsätzlich aus. Die Parallelkonstruktion verlangt Inhalts- und Ergebnisgleichheit, während die Spielraumkonstruktion die ausfüllende und damit abweichende Ergänzung voraussetzt. Anders formuliert, versucht die Parallelkonstruktion die (konkrete) Anwendbarkeit von Landesgrundrechten trotz abschließender Bundesregelung zu begründen, während die Spielraumkonstruktion sich gerade das Fehlen einer derartigen Bundesregelung zunutze machen will.

[126] *Henning v. Olshausen*, Landesverfassungsbeschwerde und Bundesrecht, 1980, S. 145 f.

[127] *Henning v. Olshausen*, Landesverfassungsbeschwerde und Bundesrecht, 1980, S. 146. Wohl nicht zufällig verwendet *v. Olshausen* den Begriff der "Einbruchsstellen", der mit der Ausstrahlung der Bundesgrundrechte auf das Zivilrecht über und durch dessen Generalklau-

men, die "von ihrer offenen Flanke oder von unten her" durch Landesgrundrechte modifiziert werden könnten, werden etwa die Rahmengesetzgebung des Bundes genannt, aber auch Ermessensermächtigungen und sogar unbestimmte Rechtsbegriffe im Bundesrecht. Die Spielraum- und Ergänzungskonstruktion ist bisher im Vergleich zur Parallelkonstruktion weniger dogmatisch durchdrungen und ausgearbeitet. Im folgenden sollen einige Überlegungen aus Rechtsprechung und Schrifttum skizziert werden, um die Spielraumkonstruktion zu veranschaulichen.

Die früheste Erscheinungsform einer derartigen "Lückentheorie" findet sich - wie bei der Parallelkonstruktion - wahrscheinlich wieder in der Rechtsprechung des Bayerischen Verfassungsgerichtshofs. In der Entscheidung vom 24. Februar 1950[128] wird der Gesichtspunkt problematisiert, daß der Gerichtshof nach seiner Auffassung allein *Bayerisches* Verfassungsrecht zu kontrollieren habe, im zu entscheidenden Fall jedoch die Zulässigkeit der Befragung von Zeugen im Strafprozeß, d.h. die Strafprozeßordnung einschlägig war. Der Gerichtshof ließ die Frage, ob die StPO 1946 gemäß Art. 74 Nr. 1, 125 GG zum Bundesrecht geworden sei, mit folgender Begründung dahingestellt: "Der Angriff der Beschwerde richtet sich nicht gegen eine bestimmte Vorschrift der StPO und nicht gegen die Handhabung des Rechtes der StPO, sondern dagegen, daß das Gericht das verfassungsmäßige Grundrecht der Gleichheit *gelegentlich der Beweisaufnahme* außer acht gelassen haben soll."[129] Mit Bezug auf diese Entscheidung hat der Gerichtshof später ausgeführt, daß er bei der Anwendung von Bundesrecht nur "außerhalb der reinen Auslegungstätigkeit" liegende Verfassungsverstöße feststellen könne, also Verfassungsverletzungen "gelegentlich der Anwendung von Bundesrecht"[130]. Nach Auffassung von *Ekkehard Schumann* stand der Verfassungsgerichtshof also damals auf dem Standpunkt, man könne "außerhalb der Rechtsanwendung" noch sonst im rechtlichen Bereich so tätig werden, so daß zwar keine Subsumtion unter höherrangige Normen vorliege, daß doch aber

seln und unbestimmte Rechtsbegriffe verbunden ist (vgl. *Günter Dürig*, Freizügigkeit, in: Neumann/Nipperdey/Scheuner (Hrsg.), Die Grundrechte, Band II, 1954, S. 505 [525]; BVerfGE 7, 198 [206]). Damit hätte die Spielraumkonstruktion eine ungeheure Bedeutung; sie würde - vergleichbar der "mittelbaren Drittwirkung" der Bundesgrundrechte - Anwendung beanspruchen bei allen Generalklauseln, unbestimmten Rechtsbegriffen und Ermessensvorschriften des gesamten Bundesrechts.

[128] BayVerfGHE 3, 4 (6).

[129] BayVerfGHE 3, 4 (6) (Hervorhebungen vom Verfasser). In diesem Verfahren rügte ein wegen Landfriedensbruch Verurteilter, daß das Gericht fast jeden Zeugen nach seiner Zugehörigkeit zur NSDAP gefragt, bei einigen dies aber unterlassen habe. Das Gericht hätte solche politischen Fragen gar nicht stellen und keinesfalls die Zeugen nach ihrer früheren politischen Einstellung klassifizieren dürfen. Dadurch - so der Beschwerdeführer - sei insbesondere der das ganze Strafrecht beherrschende Grundsatz der Gleichheit verletzt worden (BayVerfGHE 3, 4 [5]).

[130] BayVerfGHE 7, 66 (69).

("sozusagen innerhalb der *Lücken* im übergeordneten Recht") eine Verletzung von - insoweit noch gültigen - bayerischen Normen möglich sei[131]. "So muß auch die in der Auslegungslehre ungebräuchliche Unterscheidung zwischen 'reiner Auslegungstätigkeit' und 'gelegentlich der (Rechts-) Anwendung' verstanden werden, mit der [der Verfassungsgerichtshof] rechtfertigen will, daß z.B. eine Beweisaufnahme im Strafverfahren nicht durch einzelne Normen der StPO geregelt werde, sondern durch andere Richtlinien nicht übergeordneten Charakters, bei deren Anwendung die [Bayerische Verfassung] verletzt sein könne." [132] Nach *Ekkehard Schumann* soll diese Begründung in späteren Entscheidungen nicht wiederkehren[133].

Aktuell wird die Spielraumkonstruktion insbesondere bei Landesgrundrechten, die nicht als inhaltsgleich mit den Bundesgrundrechten eingeschätzt werden, sondern dem Einzelnen etwa durch einen weiteren Gewährleistungsbereich mehr Schutz bieten. Diese "überschießenden" Landesgrundrechte hat etwa eine besondere Zuständigkeitsregelung in Rheinland-Pfalz im Blick. Nach § 44 Abs. 2 Satz 1 RhPfVerfGHG ist die Verfassungsbeschwerde zwar unzulässig, soweit die öffentliche Gewalt des Landes Bundesrecht ausführt oder anwendet. Dies gilt nach Satz 2 aber nicht, wenn die Landesverfassung von Rheinland-Pfalz weiterreichende Rechte als das Grundgesetz gewährleistet. Nach Auffassung des Bundesverfassungsgerichts kollidiert ein Landesgrundrecht, das mehr Schutz als das Grundgesetz gewährt, nicht mit einer bundesrechtlichen Regelung, die Spielräume für die Berücksichtigung von weitergehendem Landesrecht läßt[134].

Der Rechtsprechungsüberblick oben unter A I 2 deutete bereits an, daß das Brandenburger Verfassungsgericht offenbar ebenfalls eine Spielraumkonstruktion erwägt. Im Beschluß vom 19. Mai 1994[135] nahm das Gericht den Standpunkt ein, daß der landesverfassungsrechtliche Schutz bei Räumung einer Wohnung[136] sich bei bundesrechtskonformer Auslegung im Bereich der Zwangsvollstreckung auswirke, wenn und soweit die bundesrechtlichen Regelungen hierfür Spielraum

---

131 *Ekkehard Schumann*, Verfassungs- und Menschenrechtsbeschwerde gegen richterliche Entscheidungen, 1963, S. 161 (Hervorhebung vom Verfasser).

132 *Ekkehard Schumann*, a.a.O.

133 *Ekkehard Schumann*, a.a.O. S. 160.

134 BVerfGE 96, 345 (366 oben m.w.N.). Ebenso etwa *Ute Sacksofsky*, Landesverfassungen und Grundgesetz - am Beispiel der Verfassungen der neuen Bundesländer, NVwZ 1993, 235 (237 f.) und *Dietrich Franke*, Die Verfassungsgerichtsbarkeit des Landes, in: Simon/Franke/Sachs (Hrsg.), Handbuch der Verfassung des Landes Brandenburg, 1994, § 18 Rdnr. 8, S. 275 (282).

135 NJ 1994, 414.

136 Art. 47 Abs. 2 der Brandenburgischen Landesverfassung lautet: "Die Räumung einer Wohnung darf nur vollzogen werden, wenn Ersatzwohnraum zur Verfügung steht. Bei einer Abwägung der Interessen ist die Bedeutung der Wohnung für die Führung eines menschenwürdigen Lebens besonders zu berücksichtigen."

ließen. In einer späteren Entscheidung hinsichtlich einer Verfahrensrüge stellte das Verfassungsgericht klar, daß es ausdrücklich offen lasse, ob es die richterliche Anwendung von Bundesverfahrensrecht überhaupt überprüfen könne. Selbst wenn dies möglich wäre, könnte das Verfassungsgericht die angefochtene Entscheidung lediglich im Rahmen (bundes-) verfahrensrechtlich bestehender Handlungs- und Ermessensspielräume überprüfen[137]. Regele jedoch die jeweilige bundesrechtliche Verfahrensordnung - so das Brandenburger Verfassungsgericht weiter - das fachgerichtliche Verhalten abschließend und zwingend, bleibe für eine darauf bezogene Prüfung am Maßstab der Landesverfassung kein Raum[138].

Henning v. Olshausen, einer der maßgeblichen Verfechter auch dieser Konstruktion im Schrifttum[139], präsentiert ein suggestives (Zahlen-) Beispiel[140]. Es geht dabei um die Festlegung des Zeitpunkts, zu dem ein Festgenommener spätestens dem Richter vorgeführt werden muß. Während Art. 104 Abs. 2 Satz 3, Abs. 3 Satz 1 GG insoweit die Vorführung spätestens am Tage nach der Festnahme ausreichen läßt, verlangt die Hessische Landesverfassung in Art. 19 Abs. 2 Satz 1, daß der Festgenommene bereits binnen 24 Stunden vorzuführen sei[141]. Hier ist eine Einwirkung des Landesverfassungsrechts durchaus vorstellbar, wenn und soweit Bundesrecht der Staatsgewalt einen weiteren Handlungsspielraum läßt, ohne aber strengere, für den Bürger günstigere Regelungen der Länder auszuschließen[142].

---

[137] Beschluß vom 15. September 1994 (NJW 1995, 1018 [1019]). Vgl. die kurze Anmerkung von *Michael Sachs,* JuS 1996, 262 (Rechtsprechungsübersicht) sowie *Hans-Georg Kluge,* Die Verfahrensarten, in: ders./Boris Wolnicki, Verfassungsgericht des Landes Brandenburg, 1995, S. 71 (79).

[138] NJW 1995, 1018 (1019).

[139] *Henning v. Olshausen,* Landesverfassungsbeschwerde und Bundesrecht, 1980, S. 145-150; vgl. ferner *Siegfried Jutzi,* Grundrechte der Landesverfassungen und Ausführung von Bundesrecht, DÖV 1983, 836-841, *Erhard Denninger,* Zum Verhältnis von Landesverfassung und Bundesrecht, in: Festschrift 50 Jahre Verfassung des Landes Hessen, 1997, S. 343 (353 f.) und jüngst *Karl-E. Hain,* Anmerkung, JZ 1998, 620 (621 f.).

[140] *Henning v. Olshausen,* Landesverfassungsbeschwerde und Bundesrecht, 1980, S. 149 f. m.w.N.; *Siegfried Jutzi,* Grundrechte der Landesverfassungen und Ausführung von Bundesrecht, DÖV 1983, 836 (837 m.w.N. in Fußn. 9, 839); *Wilfried Erbguth/Bodo Wiegand,* Über Möglichkeiten und Grenzen von Landesverfassungen im Bundesstaat, DÖV 1992, 770 (776 f.); *Erhard Denninger,* Zum Verhältnis von Landesverfassung und Bundesrecht, in: Festschrift 50 Jahre Verfassung des Landes Hessen, 1997, S. 343 (354).

[141] Die ferner bei *Henning v. Olshausen* (Landesverfassungsbeschwerde und Bundesrecht, 1980, S. 150) zitierte Regelung des Art. 5 Abs. 2 der Verfassung des Landes Rheinland-Pfalz ist geändert und nunmehr der grundgesetzlichen Regelung angeglichen.

[142] So auch *Rudolf Steinberg,* Landesverfassungsgerichtsbarkeit und Bundesrecht, in: 50 Jahre Verfassung des Landes Hessen, 1997, S. 356 (380). Allerdings bedürfte es noch weiterer Prüfung, ob Art. 104 GG nicht doch eine abschließende Abwägung zwischen der Freiheit des Einzelnen und dem gleichfalls verfassungskräftigen Zweck einer effektiven Strafrechtspflege

Offenbar in die Richtung einer Spielraumkonstruktion geht auch *Richard Bartlsperger* bei seiner rechtfertigenden Deutung des Berliner Honecker-Beschlusses[143]. Er stimmt der Kritik an dieser Entscheidung zwar insoweit zu, als eine strafrichterliche Entscheidung über die Verfahrenseinstellung der landesverfassungsgerichtlichen Überprüfung entzogen sei, wenn und weil diese Entscheidung in Auslegung und Anwendung eines in der bundesrechtlichen Strafprozeßordnung geregelten bzw. dieser zuzuordnenden Rechtssatzes ergangen sei. Eine andere Situation sei jedoch dann gegeben, wenn der Strafrichter das Verfahren "von Verfassungs wegen" einstelle. Dabei erfolge die strafrichterliche Entscheidung zwar auch im Rahmen der Strafprozeßordnung, aber das habe allein Bedeutung für ihr Verfahren und ihre Form. "Dagegen ergibt sich in diesen Fällen einer Verfahrenseinstellung 'von Verfassungs wegen' der 'inhaltliche' Einstellungsgrund nicht aus der StPO, sondern unmittelbar aus dem Verfassungsrecht und aufgrund einer Bewertung des konkret individuellen Einzelfalles." Insofern könne von einer "Auslegung und Anwendung" der Strafprozeßordnung nicht gesprochen werden, sondern es handelt sich um eine strafprozessuale Entscheidung mit "offener Flanke" zum Verfassungsrecht hin. Zwar spreche die Rechtsprechung in diesem Zusammenhang auch davon, das Rechtsstaatsprinzip des Grundgesetzes sei der Strafprozeßordnung 'immanent'. Aber diese Feststellung zur Einwirkung von Bundesverfassungsrecht auf den Strafprozeß könne - so *Bartlsperger* weiter - nicht im Sinne einer rechtsquellenmäßigen Zugehörigkeit zur Strafprozeßordnung verstanden werden. "Vielmehr erfolgt bei der Entscheidung über eine 'Einstellung des Strafverfahrens von Verfassungs wegen' die Einwirkung des Verfassungsrechts auf den Strafprozeß kraft unmittelbarer Maßstäblichkeit des Verfassungsrechts." Nicht das Strafprozeßrecht "föderalisiere" sich, sondern der Strafprozeß. Die Möglichkeit der Föderalisierung eines bundesrechtlich geordneten "Prozesses" bestehe insofern, als die "Anwendung" des bundesrechtlichen Prozeßrechts einer unmittelbaren Einwirkung grundrechtlich rechtsstaatlicher Maßstäbe offen sei und solche Maßstäbe im Landesverfassungsrecht vorhanden seien[144].

---

trifft. Vgl. ferner auch *Wolfgang Graf Vitzthum*, Die Bedeutung gliedstaatlichen Verfassungsrechts in der Gegenwart, VVDStRL Heft 46 (1988), S. 7 (34 Fußn. 97) und *Erhard Denninger*, Zum Verhältnis von Landesverfassung und Bundesrecht, in: Festschrift 50 Jahre Verfassung des Landes Hessen, 1997, S. 343 (354) (für einen Ausschluß der kürzeren Landesfrist bei Geltung des Bundesgrenzschutzgesetzes).

143 *Richard Bartlsperger*, Einstellung des Strafverfahrens von Verfassungs wegen, DVBl. 1993, 333 (347 f.).

144 *Richard Bartlsperger*, a.a.O.

III. Darstellung der „Willkürkonstruktion"

Wie die Parallel- und Spielraumkonstruktionen versucht auch die Willkürkonstruktion das Höherrangigkeitsargument (Art. 31 GG) zu entkräften[145]. Es wird dem Grundsatz nach zwar eingeräumt, daß gegenüber der Anwendung von Bundesrecht die Prüfung, ob die angefochtene Entscheidung Normen der Landesverfassung außer acht gelassen habe, deshalb entfalle, weil das Bundesrecht wegen seines höheren Ranges von der Landesverfassung nicht beeinflußt sein könne. Das Verfassungsgericht des Landes könne aber - so die Willkürkonstruktion - darüber befinden, ob sich das Gericht etwa von willkürlichen, d. h. objektiv sachfremden, Erwägungen habe leiten lassen und sich damit außerhalb jeder Rechtsanwendung überhaupt gestellt, also seiner Entscheidung in Wahrheit gar kein Bundesrecht mehr zugrunde gelegt habe. Beruhe die angefochtene Entscheidung in diesem Sinne nicht auf Bundesrecht, könne sie (wieder) eine grundrechtliche Gewährleistung der Landesverfassung verletzen.

Der dogmatische Standort der Willkürprüfung und die Funktion des Willkürkriteriums sind nicht einfach zu fassen, da die Willkürformel in sehr unterschiedlichen Bereichen verwendet wird. Wie soeben dargestellt, soll das Vorliegen von Willkür bei der Anwendung von Bundesrecht notwendige Voraussetzung dafür sein, daß das Landesverfassungsgericht seine Zuständigkeit bejaht und in die sachliche Prüfung der Verfassungsbeschwerde eintritt. Ferner dient das Willkürkriterium als eigenständiger materiell-rechtlicher Prüfungs- und Entscheidungsmaßstab für die Sachprüfung der Verfassungsbeschwerde. Schließlich wird der Willkürmaßstab zur Bestimmung der "Kontrolldichte" verwendet, d. h. zur Zuständigkeitsabgrenzung zwischen Fach- und Verfassungsgerichtsbarkeit. Diese drei Aspekte bzw. Funktionen gehen in der Willkürkonstruktion eine schwer

---

[145] Vgl. zur einschlägigen Rechtsprechung des Bayerischen Verfassungsgerichtshofes die Darstellung bei *Christian Ebersperger* (Die Bayerische Verfassungsbeschwerde, 1990, S. 161 f.) und zur Rechtsprechung des Hessischen Staatsgerichtshofs die Darstellung bei *Jürgen Gehb* (Verfassung, Zuständigkeiten und Verfahren des Hessischen Staatsgerichtshofs, 1987, S. 227 f.). - Die "Willkürprüfung" des Berliner Verfassungsgerichtshofs ist demgegenüber ein Unterfall der Parallelkonstruktion. Das sich aus dem Gleichheitssatz der Berliner Verfassung ergebende Willkürverbot - so stellt der Verfassungsgerichtshof fest - sei nämlich inhaltsgleich mit der in Art. 3 Abs. 1 GG enthaltenen Verbürgung und daher durch die öffentliche Gewalt des Landes Berlin zu beachten sowie im Verfassungsbeschwerdeverfahren selbst dann rügefähig, wenn die angegriffene Maßnahme in Anwendung von Bundesrecht ergangen sei (Beschluß des Berliner Verfassungsgerichtshofs vom 25. April 1994 - VerfGH 34/95 -, JR 1995, 102 [102 f.]; vgl. ferner die Beschlüsse des Verfassungsgerichtshofs vom 21. Juni 1995 - VerfGH 16/95 -, JR 1995, 496 und vom 14. Januar 1997 - VerfGH 21/94 -, JR 1998, 99 [100]). Auch der Beschluß des Bundesverfassungsgerichts vom 15. Oktober 1997 weist darauf hin, daß die Richter des Landes jedenfalls bei der Anwendung des Verfahrensrechts dem Willkürverbot zu genügen haben (BVerfGE 96, 345 (367 Mitte)).

auflösbare Gemengelage ein. Zu dieser Funktionsfülle tritt eine bemerkenswerte Leere des Maßstabsinhalts.

Eine umfassende Auseinandersetzung mit der Willkürkonstruktion kann hier nicht geleistet werden[146]. Ein möglicher Ausgangspunkt wäre die allgemeine Arbeitsthese, daß das Willkürkriterium auf zwei eng miteinander zusammenhängende Funktionen zurückgeführt werden kann, die als zwei Seiten ein und derselben Medaille vorstellbar sind. Diese Doppelnatur drückte sich dann in einer materiell-rechtlichen und in einer kompetenzrechtlichen Seite aus. Materiellrechtlich stellte das Willkürkriterium einen eigenständigen Prüfungs- und Entscheidungsmaßstab dar. Kompetenzrechtlich ginge es um die Kontrolldichte, die Verfassungsgerichte gegenüber der Fachgerichtsbarkeit beanspruchen dürften. Allerdings kann es hier nicht Aufgabe sein, sich vertieft mit diesen allgemeinen Fragen zu beschäftigen, deren jeweilige Behandlung ihrerseits monographische Dimensionen hätte. Allein auf dem Prüfstand steht die Plausibilität des Einsatzes des Willkürkriteriums, um eine Zuständigkeit der prüfungslimitierten Landesverfassungsgerichte zur Überprüfung von auf Bundesrecht beruhenden Entscheidungen zu begründen. Hierzu sei auf die kritischen Ausführungen unten unter C III verwiesen.

---

[146] Zu berücksichtigen wäre dabei auch die konstruktive Nähe der Willkürrechtsprechung im Rahmen der Landesverfassungsbeschwerde zu der bayerischen Normenkontrollpraxis, bei der schwerwiegende Verstöße einer zu überprüfenden Landesvorschrift gegen Bundesrecht zu einer Verletzung des Rechtsstaatsprinzips der Landesverfassung führen können (vgl. dazu etwa *Walter Schmitt Glaeser/Hans-Detlef Horn*, Die Rechtsprechung des Bayerischen Verfassungsgerichtshofs, BayVBl. 1992, 673 [684, 678] und die kritische Darstellung bei *Jochen Rozek*, Das Grundgesetz als Prüfungs- und Entscheidungsmaßstab der Landesverfassungsgerichte, 1993, S. 212-240, insbes. S. 227; siehe dazu auch unten im Zweiten Teil unter C II "versteckte Ausnahmen vom Grundsatz der Prüfungslimitierung").

C Kritische Bewertung der Rechtsprechung

I. Schwächen der Parallelkonstruktion

Insbesondere die exponierte Honecker-Entscheidung des Berliner Verfassungsgerichtshofs hat eine umfangreiche Debatte ausgelöst, in der viele Einwände gegen die Parallelkonstruktion erhoben worden sind. Es kann hier nicht Aufgabe sein, die in dieser Debatte ausgewechselten Argumente im Detail darzustellen und zu bewerten. Wegen der kritischen Ausrichtung dieses Ersten Teils der Untersuchung, welche in ihrem weiteren Verlauf schwerpunktmäßig der Begründung und Ausarbeitung eines neuen Lösungsansatzes gewidmet ist, soll es hier im wesentlichen ausreichen, zwei entscheidende Schwächen der Parallelkonstruktion darzustellen.

Der folgende Abschnitt betrachtet zu diesem Zwecke zunächst den Vorwurf genauer, den die Landesverfassungsgerichte gegenüber den Landesfachgerichten nach wie vor auf der Ebene der Hauptfrage erheben müssen, nämlich die Rüge der Nichtbeachtung spezifischen *Landes*verfassungsrechts. Die Prüfung dieser Hauptfrage setzt zwingend voraus, daß das als verletzt gerügte Landesgrundrecht im konkreten Fall anwendbar ist. Diesen Anwendungsfall überzeugend zu begründen, gelingt der Parallelkonstruktion trotz ihres großen dogmatischen Aufwands nicht; insbesondere setzt die Prüfung der Inhaltsgleichheit im konkreten Fall einen derartigen Anwendungsfall gerade voraus.

In einem zweiten Abschnitt wird demgegenüber der landesverfassungsgerichtliche Vorwurf auf der sog. Vorfragenebene untersucht, nämlich die "inzidente" Rüge der Nichtbeachtung spezifischen *Bundes*verfassungsrechts. Aufgrund der angenommenen Prüfungslimitierung der Landesverfassungsgerichte stellt sich dabei für das Verhältnis zwischen Landesverfassungsgerichtsbarkeit und Landes*fach*gerichtsbarkeit die Frage, wem die vorrangige Zuständigkeit zur Auslegung und Anwendung von Bundesrecht zukommt. Dieses *kompetenzrechtliche* Problem scheint bisher nicht in dem gebotenen Maße berücksichtigt worden zu sein.

1) Anwendbarkeit der Landesgrundrechte trotz abschließender Bundesgesetzgebung?

Will das - auf die Landesgrundrechte als prinzipalen Prüfungsmaßstab beschränkte - Verfassungsgericht eines Landes einer Verfassungsbeschwerde stattgeben, liegt seiner kassierenden Entscheidung der Vorwurf zugrunde, daß das Landesgericht ein Landesgrundrecht mißachtet habe. Ist die angefochtene Entscheidung des Landesgerichts in Anwendung und Auslegung von (abschließendem) Bundesrecht ergangen, stellt sich bekanntermaßen die Frage, ob das gerügte Landesgrundrecht "neben" dem Bundesrecht anwendbar ist, oder genauer: ob es auf die zu beurteilenden Rechtsbeziehungen inhaltlich "einwirken" kann[147]. Wenn Landesgrundrechte auf die streitige bundesrechtlich geordnete Rechtsbeziehung nicht einwirken können, kann der Beschwerdeführer auch nicht deren Verletzung rügen. Die Gegner der Parallelkonstruktion verneinen jene Einwirkungskraft - wie bereits mehrfach dargestellt - unter Berufung auf Art. 31 GG: Weil Bundesrecht dem Landesrecht, auch dem Landesverfassungsrecht, im Range vorgehe, könne seine Auslegung und Anwendung nicht an den Maßstäben der Grundrechte einer Landesverfassung gemessen werden.

Die Vertreter der Parallelkonstruktion verweisen demgegenüber darauf, daß die Kritiker das Höherrangigkeitsargument zu pauschal verwendeten: Art. 31 GG regele nur die Kollision von Rechtsnormen und sei bei der Anwendung inhaltsgleicher Landesgrundrechte im konkreten Fall nicht einschlägig[148]. Ihre berechtigten Bedenken gegenüber zu pauschalen Schlußfolgerungen aus Art. 31 GG vermögen aber - wie die nachfolgenden Überlegungen zeigen sollen - die fehlende Einwirkungskraft der Landesgrundrechte nicht auszugleichen. Bei abschließender bundesrechtlicher Regelung der zugrundeliegenden Rechtsbeziehungen läßt sich ein Anwendungsfall für ein Landesgrundrecht nicht begründen.

a) Fehlende Kollision keine hinreichende Bedingung

Die Argumentation, wonach ein Landesgrundrecht bei fehlender Kollision wegen Inhaltsgleichheit nicht gemäß Art. 31 GG verdrängt werde und bereits *deshalb* weiterhin Beachtung verlange, ist lückenhaft und damit im Ergebnis unzureichend. Die konkrete Anwendbarkeit eines Landesgrundrechts im zu entscheidenden Fall kann nämlich nicht allein unter Hinweis darauf bejaht werden, daß das Landesgrundrecht nicht im Widerspruch mit Bundesrecht stehe. Das Fehlen einer Kollision mit Bundesrecht ist nur eine notwendige, aber keine hinreichende Bedingung für die konkrete Anwendbarkeit eines Landesgrundrechts. Es ist ein Trugschluß, aus der Feststellung, daß Landesverfassungsrecht, das mit Bundesrecht kollidiere, nicht anwendbar sei, die entgegengesetzte Feststellung abzuleiten, Landesverfassungsrecht, das mit dem Bundesrecht übereinstimme, wäre ohne weiteres anwendbar[149]. Insbesondere ist *Henning v. Olshausens* Argu-

[147] Vgl. *Klaus Stern*, Der Aufschwung der Landesverfassungsbeschwerde im wiedervereinigten Deutschland, in: Verfassung als Verantwortung und Verpflichtung, Festschrift zum 50jährigen Bestehen des Bayerischen Verfassungsgerichtshofs, 1997, S. 241 (255); *Klaus Schlaich*, Das Bundesverfassungsgericht, 4. Aufl., 1997, Rdnr. 334 f, S. 233.

[148] Vgl. oben die Zusammenfassung der Argumentation der Parallelkonstruktion unter B I 2.

[149] In diese Richtung offenbar *v. Olshausen* mit folgender Schlußfolgerung: "Wenn die bun-

ment, daß die prinzipielle Weitergeltung der Landesgrundrechte gemäß Art. 142 GG sinnlos wäre, wollte man eine Verletzung eines Landesgrundrechts bei oder neben der Anwendung einfachen Bundesrechts grundsätzlich ablehnen[150], keineswegs zwingend. Denn Art. 142 GG garantiert die Geltung und Anwendbarkeit der Landesgrundrechte neben den Bundesgrundrechten jedenfalls insoweit, als die Überprüfung des einfachen *Landes*rechts und seiner Anwendung in Rede steht; Art. 142 GG schützt die Landesgrundrechte aber nicht vor einer extensiven Gesetzgebungstätigkeit des Bundes[151].

Die konkrete Anwendbarkeit eines Landesgrundrechts, d.h. seine Kraft zur Einwirkung auf ein bestehendes Rechtsverhältnis setzt mehr voraus als die bloße Übereinstimmung mit dem entsprechenden Bundesgrundrecht. Daß insoweit weitere Voraussetzungen erfüllt sein müssen, scheint auch der Oktoberbeschluß des Bundesverfassungsgerichts anzuerkennen: Soweit Landesgrundrechte gemäß Art. 142 GG in Kraft blieben und auch im konkreten Fall nicht gemäß Art. 31 GG durch Bundesrecht verdrängt würden, beanspruchten sie - so das Gericht - Beachtung durch die Landesstaatsgewalt „*dort, wo hierfür Raum bleibt*“[152]. Neben die Feststellung, daß das Landesgrundrecht nicht mit Bundesrecht kollidiert, tritt also eine *weitere* Voraussetzung dafür, daß die angefochtene Entscheidung im Ausgangsverfahren einen „Anwendungsfall“[153] für ein Landesgrundrecht begründen konnte.

---

desrechtliche Norm die 'Geltung' einer parallelen landesrechtlichen Norm nicht inhibiert (Art. 142 GG), dann steht sie auch ihrer 'Anwendung' nicht entgegen" (*Henning v. Olshausen*, Landesverfassungsbeschwerde und Bundesrecht, 1980, S. 119). Dies mag für das Verhältnis allein zwischen Bundes- und Landesverfassungsrecht zutreffen, nicht jedoch für die hier in Rede stehende Konstellation, in der der "einfache" Bundesgesetzgeber tätig geworden ist und den Sachbereich abschließend geregelt hat. Dann ist - um das Ergebnis vorwegzunehmen - regelmäßig nicht einmal mehr das Bundesverfassungsrecht unmittelbar anwendbar; vielmehr strahlt auch ein Bundesgrundrecht lediglich über die Auslegung und Anwendung des einfachen Gesetzes seine Wirkung auf den Einzelfall aus. Und gerade diese Wirkungsweise ist dem Landesverfassungsrecht wegen Art. 31 GG verschlossen.

[150] *Henning v. Olshausen*, Landesverfassungsbeschwerde und Bundesrecht, 1980, S. 142, 144.

[151] Vgl. auch *Henning v. Olshausen*, Landesverfassungsbeschwerde und Bundesrecht, 1980, S. 127; a.A. wohl nur *Erich Milleker*, Kompetenzkonflikt zwischen Bundesverfassungsgericht und einem Landesverfassungsgericht im Rahmen der Verfassungsbeschwerde, DVBl. 1969, 129 (133 li. Sp. [vgl. aber die wesentliche Einschränkung in Fußn. 73a]) aufgrund seiner Auffassung, daß die von Art. 142 GG betroffenen Landesgrundrechte gewöhnlichem Bundesrecht im Range vorgingen. Diese Auslegung des Art. 142 GG blieb vereinzelt.

[152] BVerfGE 96, 345 (366 unter d).

[153] BVerfGE 96, 345 (373 unter c aa).

b) Anwendungsfall für ein Landesgrundrecht nicht begründbar

aa) Mangelnde Einwirkungskraft der Landesgrundrechte

Entscheidend für die Nichtanwendbarkeit von Landesgrundrechten im konkreten Einzelfall ist nicht, daß das Bundesrecht gegenüber den Landesgrundrechten schlechthin "höherrangig" wäre. Entscheidend ist vielmehr, daß umgekehrt das Landesverfassungsrecht gegenüber dem Bundesrecht *nicht selbst höherrangig bzw. vorrangig* ist[154]. Gleichgültig inwieweit man Art. 31 GG in seinen Rechtsfolgen durch Annahme eines (bloßen) Anwendungsvorrangs "entschärft" und Landesverfassungsrecht trotz vorrangiger Bundesgesetzgebung möglichst weitgehend in Geltung beläßt und für "prinzipiell" anwendbar erklärt: Das Landesgrundrecht wird nicht die Kraft haben, die Anwendung und Auslegung von Bundesrecht zu beeinflussen[155].

---

[154] Es kann dabei dahingestellt bleiben, ob die "Höherrangigkeit" des Bundesrechts in Art. 31 GG zum Ausdruck kommt oder ob nicht vielmehr Art. 31 GG als Kollisionsnorm die prinzipielle Gleichrangigkeit voraussetzt. In letzterem Sinne etwa *Albert v. Mutius,* Zum Verhältnis von gleichlautendem Bundes- und Landesverfassungsrecht, VerwArch Bd. 66 (1975), S. 161 (164) m.w.N. sowie *Siegfried Jutzi,* Grundrechte der Landesverfassungen und Ausführung von Bundesrecht, DÖV 1983, 836 (838 li. Sp.).

[155] *Johannes Dietlein,* Landesverfassungsbeschwerde und Einheit des Bundesrechts, NVwZ 1994, 6 (10), für den anders als das Bundesverfassungsrecht das (materielle) Landesverfassungsrecht zweifellos keine Rechtsfolgeanordnungen bezüglich der Verfassungsmäßigkeit, der Auslegung und Anwendung des Bundesrechts trifft. Im Gegensatz zum Bundesverfassungsrecht stehe das Landesverfassungsrecht rangmäßig nicht "über" dem einfachen Bundesrecht, sondern "neben" diesem. Die Annahme einer "Ausstrahlungswirkung" des Landesverfassungsrechts auf das einfache Bundesrecht aber - so *Dietlein* a.a.O. weiter - wäre mit dem Grundsatz der getrennten Rechtsräume im Bundesstaat schlechterdings unvereinbar. Da überdies das Landes(verfassungs)recht im Falle etwaiger Regelungskollisionen gemäß Art. 31 GG durch das anderslautende Bundesrecht derogiert werde, sei eine geltungs- und interpretationsbeeinflussende "Ausstrahlung" allenfalls von seiten des Bundesrechts in Richtung Landesverfassungsrecht denkbar, keinesfalls aber umgekehrt. - *Klaus Schlaich,* Das Bundesverfassungsgericht, 4. Aufl. 1997, Rdnr. 334 f, S. 233 Fußn. 818: Keinesfalls werde dadurch, daß Art. 31 GG nicht das Bestehenbleiben von Landesverfassungsrecht neben gleichlautendem einfachen Bundesrecht hindert, das Landesverfassungsrecht entgegenstehendem Bundesrecht übergeordnet. Nach *Dieter Grimm,* Verfassungsrecht, in: Grimm/Papier (Hrsg.), Nordrhein-westfälisches Staats- und Verwaltungsrecht, 1986, S. 1 [52]) ist der Bundesgesetzgeber allein an die Bundesverfassung gebunden (Art. 20 Abs. 3 GG); also könnten allein in dieser auch die Maßstäbe der Auslegung einfachen Rechts aufgesucht werden. Ähnlich *Wolfgang Löwer,* Kritische Anmerkungen zum Beschluß des Verfassungsgerichtshofes des Landes Berlin in Sachen Honecker, SächsVBl. 1993, 73 (77) und *Jochen Rozek,* Landesverfassungsgerichtsbarkeit, Landesgrundrechte und die Anwendung von Bundesrecht, AöR 119 (1994), S. 450 (466); a.A. *Hans-Ullrich Paeffgen,* Wozu dient der Strafprozeß und inwieweit darf ein Landesverfassungsgericht in ihn intervenieren?, NJ 1993, 152 (159); dagegen wieder *Thomas*

Der Kern des sog. Höherrangigkeits- bzw. Vorrangsarguments (Art. 31 GG) ist demnach, daß ein Landesgrundrecht nicht auf solche Rechtsbeziehungen einwirken kann, die abschließend durch Bundesrecht geordnet sind; Landesgrundrechte sind im zu entscheidenden Fall nicht anwendbar, wenn abschließendes Bundesrecht angewendet und ausgelegt wird. Wenn der einfache Bundesgesetzgeber einen Sachbereich abschließend[156] geregelt hat, können den Landesgrundrechten unmittelbare, selbständige Regelungsanordnungen nicht entnommen werden[157]. Ein zwar thematisch einschlägiges Grundrecht ist bei Vorliegen einer einfachgesetzlichen Regelung nicht mehr *unmittelbar und isoliert* maßstäblich für die Prüfung einer angefochtenen Maßnahme. Der Vorwurf eines Verfassungsgerichts, welches die auf einfachem Recht beruhende Entscheidung eines Fachgerichts aufhebt, besteht nicht darin, daß das Fachgericht unabhängig von der einfachrechtlichen Rechtslage isoliert ein Grundrecht verletzt habe. Dies würde das (einfache) Gesetz übergehen und überdies die Einheitlichkeit der Rechtsordnung gefährden. Vielmehr hält das Verfassungsgericht dem Fachgericht vor, die Einwirkung des Grundrechts auf Auslegung und Anwendung des einfachen Rechts mißachtet zu haben. Wenn ein Verfassungsgericht eine fachgerichtliche Entscheidung "wegen Verstoßes gegen ein Grundrecht" aufhebt, so ist

---

Discher, Die Landesverfassungsgerichte in der bundesstaatlichen Rechtsprechungskompetenzordnung des Grundgesetzes, 1997, S. 90 f.

[156] Soweit der Bundesgesetzgeber nicht abschließend tätig geworden ist und Raum für die Gesetzgebung des Landes gelassen hat, besteht in der Tat Spielraum für Landes(verfassungs)recht. Diesen Umstand will sich die Spielraum- und Ergänzungstheorie zunutze machen (vgl. dazu unten unter II.). *Dieter Wilke,* Landesverfassungsgerichtsbarkeit und Einheit des Bundesrechts, NJW 1993, 887 (889 li. Sp.) legt diesen systematischen Konstruktionswechsel am Beispiel des Honecker-Beschlusses dar: "Die Behauptung [des Berliner Verfassungsgerichtshofs], er sei zur Prüfung berechtigt, 'ob die Gerichte des Landes Berlin bei der Anwendung von Bundesrecht die Grundrechte der Verfassung von Berlin . . . eingehalten haben', mag zutreffen. Jedoch können die Berliner Gerichte bei der Handhabung der StPO nur insoweit zusätzlich an die Berliner Verfassung gebunden sein, als dieses Bundesgesetz ihnen Spielraum für die Berücksichtigung landesgrundrechtlicher Belange zubilligt. Im Bereich der Haftaufhebungs- und Einstellungsgründe sowie der Verfahrens(- oder Prozeß)hindernisse und Prozeßvoraussetzungen ist die bundesrechtliche Regelung aber abschließend und einer landesverfassungsrechtlichen Modifizierung unzugänglich."

[157] Für *materielle* Regelungsanordnungen bzw. Direktiven *Horst Tilch,* Inhaltsgleiches Bundes- oder Landesverfassungsrecht als Prüfungsmaßstab, in: Starck/Stern (Hrsg.), Landesverfassungsgerichtsbarkeit, Teilband II, 1983, S. 551 (565 f.), *Johannes Dietlein,* Landesverfassungsbeschwerde und Einheit des Bundesrechts, NVwZ 1994, 6 (10) und *Klaus Stern,* Der Aufschwung der Landesverfassungsbeschwerde im wiedervereinigten Deutschland, in: Verfassung als Verantwortung und Verpflichtung, Festschrift zum 50jährigen Bestehen des Bayerischen Verfassungsgerichtshofs, 1997, S. 241 (256); für verfahrensrechtliche Gewährleistungen vgl. sogleich unter cc. Nach *Klaus Schlaich,* Das Bundesverfassungsgericht, 4. Aufl., 1997, Rdnr. 334 f, S. 233 m.w.N., bleibt jedenfalls dann kein Raum zur Anwendung der Landesverfassung, wenn die zur Entscheidung stehende "Sachfrage bereits vollständig und eindeutig" im (höherrangigen) Bundesrecht geregelt ist.

dies nur eine verkürzende Formel dafür, daß das Fachgericht bei der Auslegung und Anwendung des einfachen Rechts die Tragweite und Bedeutung eines Grundrechts verkannt und insoweit "spezifisches" Verfassungsrecht verletzt habe. Dem Gericht wird beschieden, daß es die Einwirkung bzw. Ausstrahlwirkung eines Grundrechts auf die Auslegung und Anwendung einer einfachgesetzlichen Bestimmung verkannt hat. Eine derartige Einwirkung setzt notwendigerweise die Höherrangigkeit des Grundrechts voraus, die aber einem Landesgrundrecht gegenüber einer Bundesnorm wegen Art. 31 GG nicht zukommt[158].

Diesen Einwand vermag die Parallelkonstruktion trotz großen dogmatischem Aufwands nicht zu widerlegen. Da sie davon ausgeht, daß auf der Hauptfragenebene alleiniger Prüfungsmaßstab die Landesverfassung ist, muß sie die konkrete Anwendbarkeit des jeweiligen Landesgrundrechts und dessen Fähigkeit zur Einwirkung auf die zugrundeliegende bundesrechlich geordnete Rechtsbeziehung begründen, was ihr aber nicht gelingen kann.

bb) Der vergebliche Begründungsversuch der Parallelkonstruktion

In der bisher von den Landesverfassungsgerichten vorgenommenen Prüfung einer *abstrakt-generellen* Inhaltsgleichheit von Bundes- und Landesrecht wird die entscheidende Frage der konkreten Anwendbarkeit des Landesgrundrechts von vornherein ausgeklammert. Im Ergebnis wird nämlich die "Hauptfrage" nach der Vereinbarkeit des angefochtenen Landesakts mit der Landesverfassung ohne konkrete Einzelfallprüfung entschieden[159]. Die „Zugleich"-Rechtsprechung des Bayerischen und des Berliner Verfassungsgerichtshofs prüft im zu entscheidenden Fall zunächst "inzident" die Rechtslage nach Maßgabe des Bundesverfassungsrechts und weist dann lediglich auf die abstrakt-generelle Inhaltsgleichheit zwischen Bundes- und Landesgrundrecht hin. Damit steht das Ergebnis der

---

[158] *Ernst Friesenhahn,* Zur Zuständigkeitsabgrenzung zwischen Bundesverfassungsgerichtsbarkeit und Landesverfassungsgerichtsbarkeit, in: Starck (Hrsg.), Bundesverfassungsgericht und Grundgesetz - Festgabe aus Anlaß des 25jährigen Bestehens des Bundesverfassungsgerichts, Erster Band, 1976, S. 748 (767). Auch *Johannes Dietlein,* Landesverfassungsbeschwerde und Einheit des Bundesrechts, NVwZ 1994, 6 (10) steht zumindest vom Grundsatz her auf dem Standpunkt, daß das Landesverfassungsrecht - anders als das Bundesverfassungsrecht - keine Rechtsfolgeanordnungen bezüglich der Verfassungsmäßigkeit, der Auslegung und Anwendung des Bundesrechts trifft. Vgl. auch *Klaus Schlaich,* Das Bundesverfassungsgericht, 4. Aufl. 1997, Rdnr. 334 f, S. 233 Fußn. 818 a.E.

[159] Ebenso *Christian Ebersperger,* Die bayerische Verfassungsbeschwerde, 1990, S. 166: "Vorprüfung wird zum Ergebnis"; *Rudolf Steinberg,* Landesverfassungsgerichtsbarkeit und Bundesrecht, in: Verfassung als Verantwortung und Verpflichtung, Festschrift zum 50jährigen Bestehen des Bayerischen Verfassungsgerichtshofs, 1997, S. 356 (381): "logische Folge, die keiner weiteren Prüfung bedarf".

„Hauptfrage“ bereits fest: Hatte die „Vorfragenprüfung“ ergeben, daß die angefochtene Maßnahme das parallele Bundesrecht verletzt, soll ohne weitere (Einzelfall-)Prüfung feststehen, daß die Maßnahme *zugleich* das - gemäß Art. 142, 31 GG fortgeltende - Landesgrundrecht verletzt habe. Dadurch wird die notwendige Voraussetzung der konkreten "Anwendbarkeit" des Landesgrundrechts bei der Anwendung von Bundesrecht konstruktiv verdeckt, sie kann nicht offen problematisiert werden.

Demgegenüber tritt die Frage der aktuellen Anwendbarkeit des Landesgrundrechts bei der Parallelkonstruktion des Bundesverfassungsgerichts, die eine *konkret-individuelle* Inhaltsgleichheit und damit eine alternative Einzelfallprüfung verlangt, klar und deutlich zutage. Gleichwohl vermag auch dieser modifizierte Ansatz die Anwendbarkeit des Landesgrundrechts gerade im zu entscheidenden Einzelfall nicht zu begründen.

Zurecht verlangt das Bundesverfassungsgericht *vor* der Prüfung der Inhalts- und Ergebnisgleichheit die Feststellung, daß die vom Beschwerdeführer gerügte fehlerhafte Verfahrensgestaltung im Ausgangsverfahren überhaupt einen Anwendungsfall für ein Landesgrundrecht begründen konnte[160]. Raum für die Beachtung der nach Maßgabe der Art. 142, 31 GG nicht verdrängten Landesgrundrechte bleibe den Richtern des Landes bei der Gestaltung ihres bundesrechtlich geregelten Verfahrens, soweit sie dabei Grundrechte eigenständig anzuwenden und durchzusetzen hätten, nicht aber, soweit lediglich die Vereinbarkeit des Bundesgesetzes mit dem Grundgesetz in Rede stehe[161]. Soweit ein selbständiger, von der Normenkontrolle unabhängiger Anlaß zur Beachtung von (inhaltsgleichen) Verfahrensgrundrechten vorliege, beanspruchten sie - so wird man der Entscheidung des Bundesverfassungsgerichts entnehmen dürfen - Beachtung durch die Träger der Landesstaatsgewalt; eine fehlerhafte Verfahrensgestaltung im Ausgangsverfahren könne also danach einen Anwendungsfall für diese Gewährleistungen der Landesverfassung begründen.

Damit greift das Bundesverfassungsgericht ersichtlich die Argumentation auf, welche Art. 31 GG auf der Ebene der Norm*anwendung* im Gegensatz zur Ebene der Normerzeugung und -überprüfung für nicht einschlägig ansieht[162]. Die Begründung dafür, daß Landesgrundrechte im zu entscheidenden Fall auch tatsächlich anwendbar sind, ist mit der Unterscheidung zwischen Norm und Einzelakt aber noch nicht erbracht. Bei der Urteilsverfassungsbeschwerde ist prinzipaler Prüfungsgegenstand in der Tat allein der konkrete richterliche Anwendungsakt, nicht aber die der angefochtenen Entscheidung zugrundeliegende Rechtsnorm. Der eher selbstverständliche Hinweis darauf, daß Grundrechte auch

---

[160] BVerfGE 96, 345 (373 unter c aa).
[161] BVerfGE 96, 345 (366 f. unter 4 a).
[162] Vgl. oben die Zusammenfassung der Argumentation der Parallelkonstruktion unter B I 2.

eigenständig bei der Anwendung eines - verfassungskonformen - Gesetzes verletzt werden können, reicht jedoch für sich genommen nicht aus, um die konkrete Anwendbarkeit der *Landes*grundrechte bei der Anwendung von Bundesrecht zu begründen[163].

Die nicht gelöste Aufgabe, einen Anwendungsfall für ein Landesgrundrecht trotz abschließender bundesrechtlicher Regelung zu begründen, läßt sich anhand der vom Bundesverfassungsgericht geforderten weiteren Prüfungsstufen gut veranschaulichen. Auf der letzten Prüfungsstufe gibt das Bundesverfassungsgericht dem Landesverfassungsgericht auf zu entscheiden, ob das gerügte Landesverfassungsrecht im zu entscheidenden Fall zu demselben Ergebnis wie das zuvor inzident geprüfte Grundgesetz führe[164]. Ausführlich stellt das Bundesverfassungsgericht dabei die Folgen möglicher Prüfungsergebnisse dar; in welcher Weise jedoch das Landesverfassungsgericht die geforderte Einzelfallprüfung nach Maßgabe der landesverfassungsrechtlichen Gewährleistungen konkret vornehmen soll, ist den Ausführungen des Bundesverfassungsgerichts bezeichnenderweise nicht zu entnehmen[165].

---

[163] Auch im Schrifttum sind insoweit keine erfolgversprechenden Lösungsansätze erkennbar. Selbst *Henning v. Olshausen*, der wichtige Vorreiter der Parallelkonstruktion, kommt zu dem Ergebnis, daß landesverfassungsrechtliche Bestimmungen, selbst wenn sie mit dem Bundes(verfassungs)recht "inhaltsgleich" sind, im Bereich der "Auslegung" des Bundesrechts nicht anwendbar sind. Wegen der Eigenständigkeit der bundesrechtlichen Norm könne es nicht darum gehen, deren Auslegung unter Berücksichtigung eines Landesgrundrechts vorzunehmen (*Henning v. Olshausen*, Landesverfassungsbeschwerde und Bundesrecht, 1980, S. 139). Jedoch stelle sich der Geltungsanspruch der Landesgrundrechte - so *v. Olshausen* - wieder bei der "Aktualisierung" bzw. der "Anwendung" der grundgesetzkonform ausgelegten Bestimmung des Bundesrechts (a.a.O.). Diese rigorose Aufspaltung des Vorgangs der Anwendung einer Rechtsnorm in Auslegung einerseits und Aktualisierung bzw. Anwendung "im übrigen" andererseits kann aber nicht überzeugen. Diese künstliche Unterscheidung ist angesichts der Komplexität des Aktes der Rechtsanwendung, der zugleich als Einheit zu verstehen ist, nicht tragfähig. Bereits *Ekkehard Schumanns* äußerte Bedenken gegenüber einer frühen Rechtsprechung des Bayerischen Verfassungsgerichtshofs, die zwischen "reiner Auslegungstätigkeit" und "gelegentlich der (Rechts-) Anwendung" unterscheiden wollte (*Ekkehard Schumanns*, Verfassungs- und Menschenrechtsbescherde gegen richterliche Entscheidungen, 1963, S. 161, vgl. dazu oben unter B II). Das Bild *Engischs* vom Hin- und Herwandern des Blicks zwischen Norm und Sachverhalt illustriert treffend die enge Bezogenheit der verschiedenen Momente der Rechtsanwendung wie Normauslegung, Sachverhaltsfeststellung, Subsumtion aufeinander. Ferner lassen sich Grundrechtsverstöße, die auf der Anwendungsebene auftreten, zumeist abstrakt-generell formulieren und damit als Auslegungsfehler darstellen, es sei denn, man verfällt in eine sprach- und begründungslose "Einzelfallgerechtigkeit".

[164] BVerfGE 96, 345 (374 unter cc).

[165] Vgl. auch die Schwierigkeiten des Sächsischen Verfassungsgerichtshofs bei seiner Entscheidung des Ausgangsverfahrens nach der Vorlageentscheidung des Bundesverfassungsgerichts. Letztlich geht der Verfassungsgerichtshof von der bloßen Behauptung aus, daß der „Anspruch auf rechtliches Gehör aus Art. 78 Abs. 2 SächsVerf. (...) in bezug auf den vorlie-

Folgende Möglichkeiten der alternativen Einzelfallprüfung nach Maßgabe des Landesrechts sind denkbar: Ausblendung allein des Grundgesetzes, Ausblendung des gesamten Bundesrechts oder Fiktion der bundesgesetzlichen Regelung als Landesrecht. Alle drei Varianten führen jedoch nicht zum Erfolg.

- Denkt man sich zum Zwecke der Alternativprüfung nämlich allein die grundgesetzlichen Bestimmungen hinweg, berücksichtigt man also weiterhin die Regelung des einfachen Bundesgesetzgebers, bleibt es bei der Feststellung, daß das Landesrecht die bundesrechtlichen Regelungen und deren Anwendung nicht beeinflussen kann. Eine Prüfung des Einzelfalls nach Maßgabe des Landesrechts ist daher in dieser Variante nicht möglich.

- Blendet man zum Zwecke der Alternativprüfung hingegen das gesamte Bundesrecht einschließlich des einfachen Bundesrechts aus, tritt das Landesgrundrecht gleichsam dem „nackten“ Sachverhalt gegenüber. Auch diese Variante ist aus zumindest zwei Gründen kein Weg, der begehbar erscheint.

Zum einen wäre nämlich diese Prüfungsfiktion in den Bereichen von vornherein untauglich, in denen der zu prüfende *Sachverhalt wesentlich normgeprägt* ist. So ließe sich etwa bei Verfahrensgrundrechtssachen der zu prüfende Sachverhalt selbst wie auch alternative Verfahrensgestaltungen nicht mehr ausmachen; der Sachverhalt wird nämlich erst durch die jeweilige Bundesverfahrensordnung und deren Anwendung geschaffen[166]. Auch der Vorwurf eines Beschwerdeführers, die fachgerichtliche Auslegung und Anwendung des einfachen Bundesrechts sei offensichtlich willkürlich und verstoße daher gegen den Gleichheitsgrundsatz, wird schlicht unüberprüfbar. Denn mit der Ausblendung der streitentscheidenden Normen des einfachen Bundesrechts, deren unvertretbare, willkürliche Anwendung der Beschwerdeführer gerade rügt, entfällt auch der eigentliche Prüfungsgegenstand.

Zum anderen können den Landesgrundrechten unmittelbare, selbständige materielle Direktiven für die Gerichte kaum entnommen werden[167]. (Landes-) Grundrechte für sich allein genommen, d.h. ohne einfachrechtliche Ausgestaltung bzw.

---

gend zu entscheidenden Fall auch im Grundgesetz inhaltsgleich gewährleistet“ sei (SächsVerfGH, Beschluß vom 14. 5. 1998 - Vf. 1-IV-95 (NJW 1998, 3266 (3267 unter cc))).

166 Man vergegenwärtige sich nur die komplizierte verfahrensrechtliche Situation in der grundlegenden Entscheidung des Bayerischen Verfassungsgerichtshofs (BayVerfGHE 27, 109). Ohne Einbeziehung des entsprechenden (Bundes-)Verfahrensrechts läßt sich der Sachverhalt bereits begrifflich nicht erfassen; er verschwindet gleichsam.

167 Ausdrücklich für materielle Grundrechte *Klaus Stern*, Der Aufschwung der Landesverfassungsbeschwerde im wiedervereinigten Deutschland, in: Verfassung als Verantwortung und Verpflichtung, Festschrift zum 50-jährigen Bestehen des Bayerischen Verfassungsgerichtshofs, 1997, S. 241 (256); *Johannes Dietlein*, Landesverfassungsbeschwerde und Einheit des Bundesrechts, NVwZ 1994, 6 (10).

Konkretisierung, würden mangels "*Regelungsdichte*"[168] regelmäßig überstrapaziert, wollte man allein auf ihrer Grundlage den Einzelfall entscheiden[169]. Es wäre eine bedenkliche Überdehnung des Verfassungsrechts etwa gegenüber zivilrechtlichen Rechtsbeziehungen, wollte man allein aus einer Art. 14 GG entsprechenden Eigentumsgewährleistung einer Landesverfassung die Entscheidung einer konkreten Mietstreitigkeit deduzieren. Im übrigen gefährdete der Vorschlag einer "freischwebenden" Grundrechtsprüfung die Einheit der Rechtsordnung; das „symbiotische", jedenfalls nicht trennbare Zusammenspiel von Verfassungsrecht und einfachem Recht darf nicht ignoriert werden. Man überlege nur, auf welche Weise bei einer derartig isolierten Betrachtung die "Wechselwirkung" zwischen eingreifendem Gesetz und einem unter Gesetzesvorbehalt stehenden Grundrecht nachvollzogen werden soll, wenn das einfache Recht ausgeblendet wird. In dieser Variante einer Einzelprüfung nach Maßgabe allein der landesverfassungsrechtlichen Gewährleistungen würde in unzulässiger Weise der demokratisch legitimierte Gesetzgeber, der durch seine Gesetzgebung Abwägungsentscheidungen getroffen und Zwecke gesetzt hat, übergangen.

- Fingiert man - als dritte Variante der vom Bundesverfassungsgericht geforderten alternativen Einzelfallprüfung - die bundesrechtlichen Regelungen schließlich als *Landes*recht, so daß die dadurch geordneten Rechtsbeziehungen im Rahmen der Alternativprüfung von den Landesgrundrechten beeinflußbar werden, stellt dies eine allzu durchsichtige Umgehung der Normenhierarchie dar. Diese Fiktion verdeutlichte einmal mehr das entscheidende Problem der Nachrangigkeit des Landesverfassungsrechts. Eine derartige Fiktion löst das Problem nicht, sondern definiert es in unzulässiger Weise „hinweg".

cc) Keine Sonderstellung der Verfahrensgrundrechte

Die bisher erhobenen Einwände aufgrund der fehlenden konkreten Anwendbarkeit der Landesgrundrechte bestehen nicht nur hinsichtlich der Anwendung von *materiellem* Bundesrecht, sondern auch - und zwar in besonderem Maße - bei *Verfahrensgrundrechtssachen*[170]. Die Normen der bundesrechtlichen Prozeßord-

---

[168] *Johannes Dietlein,* Landesverfassungsbeschwerde und Einheit des Bundesrechts, NVwZ 1994, 6 (11).

[169] Auch *Karl-E. Hain* betont in diesem Zusammenhang, daß Grundrechte regelmäßig nur Abwägungspositionen und Beschränkungsbedingungen enthielten; durch Grundrechtsbestimmungen sei vieles im Hinblick auf konkrete Einzelfälle nicht entschieden (JZ 1998, 620 [623]).

[170] *Johannes Dietlein,* Die Kontrollbefugnis der Landesverfassungsgerichte, JURA 2000, 19 (24); *Christian Ebersperger,* Die bayerische Verfassungsbeschwerde, 1990, S. 163, *Jochen Rozek,* Landesverfassungsgerichtsbarkeit, Landesgrundrechte und die Anwendung von Bundesrecht, AöR Bd. 119 (1994), S. 450 (474 ff.); a.A. *Horst Tilch,* Inhaltsgleiches Bundes- oder

nungen stellen weitgehend eine Konkretisierung der (bundes-) verfassungsrechtlichen Verfahrensgrundsätze dar[171]. Eine Verletzung der Prozeßgrundrechte im Verfahren bedeute daher - so zurecht *Christian Ebersperger* - nicht nur eine isolierte Verletzung von Verfassungsrecht, sondern in der Regel zunächst einen Verstoß gegen Bundesverfahrensrecht, für den die gleichen Prüfungsmaßstäbe gälten wie bei einer Verletzung von materiellem Bundesrecht[172]. Dementsprechend läßt auch die Rechtsprechung die Verfahrensgrundrechte ihre Wirkung stets "über" die Anwendung und Auslegung des einfachen Verfahrensrechts entfalten[173] und setzt damit deren Einwirkungskraft zwingend voraus. Die

---

Landesverfassungsrecht als Prüfungsmaßstab, in: Starck/Stern (Hrsg.), Landesverfassungsgerichtsbarkeit, Teilband II, 1983, S. 551 (566 f.) und *Klaus Stern*, Der Aufschwung der Landesverfassungsbeschwerde im wiedervereinigten Deutschland, in: Verfassung als Verantwortung und Verpflichtung, Festschrift zum 50jährigen Bestehen des Bayerischen Verfassungsgerichtshofs, 1997, S. 241 (255), für die die verfahrensrechtlichen Landesgarantien "regelmäßig" unmittelbar verbindliche und einzelfallbezogene Regelungsanordnungen treffen.

[171] *Christian Ebersperger*, Die bayerische Verfassungsbeschwerde, 1990, S. 163; *Jochen Rozek*, Landesverfassungsgerichtsbarkeit, Landesgrundrechte und die Anwendung von Bundesrecht, AöR Bd. 119 (1994), S. 450 (476, 480).

[172] *Christian Ebersperger*, Die bayerische Verfassungsbeschwerde, 1990, S. 163; *Jochen Rozek*, Landesverfassungsgerichtsbarkeit, Landesgrundrechte und die Anwendung von Bundesrecht, AöR Bd. 119 (1994), S. 450 (476 f.); a.A. ausdrücklich *Horst Tilch*, Inhaltsgleiches Bundes- oder Landesverfassungsrecht als Prüfungsmaßstab, in: Starck/Stern (Hrsg.), Landesverfassungsgerichtsbarkeit, Teilband II, 1983, S. 551 (567), für den die Pflicht etwa, das Vorbringen einer Partei zur Kenntnis zu nehmen und in Erwägung zu ziehen, den Richtern *nicht* kraft einfachen Bundesrechts obliege, sondern kraft der verfassungsrechtlichen Gewährleistung des rechtlichen Gehörs.

[173] Beispielhaft etwa die Begründung des Bayerischen Verfassungsgerichtshofs in der bereits oben in diesem Teil unter B I 1 behandelten Entscheidung (BayVerfGHE 27, 109 [116 f.]), wonach jedenfalls dann, wenn eine bestimmte *Auslegung* des einfachen Verfahrensrechts die nachträgliche Gewährung des rechtlichen Gehörs ermögliche, diese Auslegung gewählt werden müsse; konkret ging es um die zulässige Geltendmachung der Prozeßunfähigkeit mit einem Wiederaufnahmeantrag, wenn und weil das Verfahrensrecht sonst keine Möglichkeit zur nachträglichen Gewährung des rechtlichen Gehörs vorsieht. Vgl. *Christian Ebersperger*, Die bayerische Verfassungsbeschwerde, 1990, S. 163 m.w.N. aus der bayerischen Rechtsprechung; vgl. auch den Auffassungswechsel bei *Jochen Rozek*, Landesverfassungsgerichtsbarkeit, Landesgrundrechte und die Anwendung von Bundesrecht, AöR Bd. 119 (1994), S. 450 (474 ff.) einerseits und früher *ders.*, Das Grundgesetz als Prüfungs- und Entscheidungsmaßstab der Landesverfassungsgerichte, 1993, S. 198 andererseits.

Symptomatisch sind auch die Rechtsprechungshinweise im Beschluß des Bundesverfassungsgerichts vom 15. Oktober 1997 (BVerfGE 96, 345 (367 unter a)): Als Beispiele für das Vorliegen eines selbständigen - von der Normenkontrolle unabhängigen - Anlaßes zur Beachtung von Grundrechten nennt der Zweite Senat Entscheidungen, in denen die Verfahrensgrundrechte über die verfassungskonforme Anwendung und Auslegung des einschlägigen einfachgesetzlichen Verfahrensrechts aktualisiert und wirksam werden. So heißt es in BVerfGE 41, 332 (334), daß bei der "Anwendung und Auslegung der die Wiedereinsetzung regelnden §§

"Gestaltung" des Verfahrens durch den Richter ist und bleibt Rechtsanwendung, nämlich Anwendung des Verfahrensrechts[174].

Eine Unterscheidung zwischen materiellen und Verfahrensgrundrechten kann also für den vorliegenden Zusammenhang nicht plausibel begründet werden. Vielmehr ist es so, daß die Schwierigkeiten, die nach wohl überwiegender Auffassung bei materiellem Bundesrecht auftreten (nämlich die fehlende Anwendbarkeit des Landesverfassungsrechts), auch und gerade bei den - zudem kodifikatorischen[175] - Verfahrensrechtsordnungen des Bundes auftreten.

---

44 bis 47 StPO (...) die Anforderungen zur Erlangung der Wiedereinsetzung nicht überspannt" werden dürften (ebenso BVerfGE 43, 95 [98]). In BVerfGE 46, 325 (330) war die Verfassungsbeschwerde deswegen begründet, weil "die den angegriffenen Entscheidungen zugrunde liegende Regelung nicht in der verfassungsrechtlich gebotenen Weise angewendet worden ist"; dabei wies das Gericht insbesondere auf die "Ausstrahlwirkung der Grundrechte auf die Anwendung des Verfahrensrechts" hin (a.a.O., S. 334). In BVerfGE 49, 220 (225 f.) ging es um die Auslegung und Anwendung einer Sollvorschrift im Zwangsvollstreckungsverfahren; in BVerfGE 69, 141 (149) wurde eine Verletzung des Art. 103 Abs. 1 GG deshalb bejaht, weil die Anwendung einfachrechtlicher Präklusionsvorschriften "offenkundig unrichtig" war. Diese über die verfassungskonforme Auslegung und Anwendung des (einfachen) Bundesverfahrensrechts vermittelte Wirkung der Bundesgrundrechte können die Landesgrundrechte mangels Einwirkungskraft gerade nicht leisten; eine Auslegung des Bundesverfahrensrechts anhand der Landesverfassung verbietet sich.

174 *Rudolf Steinberg*, Landesverfassungsgerichtsbarkeit und Bundesrecht, in: Verfassung als Verantwortung und Verpflichtung, Festschrift zum 50jährigen Bestehen des Bayerischen Verfassungsgerichtshofs, 1997, S. 356 (379): "Auch bei der Verfahrensdurchführung wendet das Landesgericht Bundesrecht an; ..."; *Jochen Rozek*, Landesverfassungsgerichtsbarkeit, Landesgrundrechte und die Anwendung von Bundesrecht, AöR Bd. 119 (1994), S. 450 (477).

175 Vgl. nur *Ekkehard Schumann*, Verfassungs- und Menschenrechtsbeschwerde gegen richterliche Entscheidungen, 1963, S. 127.

2) Die vorrangige Zuständigkeit der (Landes-)Fachgerichtsbarkeit für die Auslegung des Bundesrechts

Während im vorherigen Abschnitt 1) der Vorwurf behandelt worden ist, den die Landesverfassungsgerichte gegenüber den Landesfachgerichten in der "Hauptfrage" erheben müssen, nämlich die Rüge der Nichtbeachtung spezifischen *Landes*verfassungsrechts, wird hier der landesverfassungsgerichtliche Vorwurf auf der sog. Vorfragenebene untersucht, nämlich die "inzidente" Rüge der Nichtbeachtung spezifischen *Bundes*verfassungsrechts. Während die erste Frage die *materiell-rechtliche* Problematik der konkreten Anwendbarkeit eines Landesgrundrechts bei der Anwendung und Auslegung von (abschließendem) Bundesrecht betrachtete, geht es im folgenden um das *kompetenzrechtliche* Problem der vorrangigen Zuständigkeit zur Auslegung und Anwendung von Bundesrecht im Verhältnis zwischen prüfungslimitierter Landesverfassungsgerichtsbarkeit und Landesfachgerichtsbarkeit.

Die These ist, daß ein Landesverfassungsgericht, das prinzipaliter ausschließlich die Verletzung von *Landes*grundrechten prüfen und feststellen darf, gehindert ist, die Rechtsauffassung der Fachgerichtsbarkeit hinsichtlich der richtigen Auslegung und Anwendung von *Bundes*recht zu verwerfen und durch die eigene Auffassung zu ersetzen.

Die beschränkte Bindungswirkung einer landesverfassungsgerichtlichen Kassationsentscheidung gegenüber den Landesgerichten *nach Zurückverweisung* ist - immer unter der Voraussetzung, daß das Landesverfassungsgericht *prinzipaliter* ausschließlich nach Maßgabe der Landesgrundrechte entscheiden darf - weitgehend anerkannt. Insbesondere wird diese Auffassung auch von maßgeblichen Befürwortern der Parallelkonstruktion vertreten, um dem Vorwurf der drohenden Rechtszersplitterung zu begegnen[176]. Die Bindungswirkung einer landesverfassungsgerichtlichen Entscheidung beschränke sich - so bereits früh *August Schmidt* - auf die Feststellung einer Verletzung der Landesverfassung und umfasse zumindest nicht diejenigen Entscheidungsgründe, die die Annahme eines Verstoßes gegen Bundesrecht trügen[177]. Nach der pointierten Auffassung von *Bernt Lemhöfer* sei ein - prüfungslimitiertes - Landesverfassungsgericht gar nicht in der Lage, die Fachgerichte im Lande über seine Auslegung von Bundesrecht zu binden; für eine bundesrechtliche Rechtsfrage komme dem Landesverfassungsgericht kein Vorrang zu, hier habe das Fachgericht selbständig seine

---

[176] *August Schmidt,* Grenzen der Überprüfbarkeit gerichtlicher Entscheidungen durch das Landesverfassungsgericht, NJW 1975, 289 (290 re. Sp.); *Henning v. Olshausen,* Landesverfassungsbeschwerde und Bundesrecht, 1980, S. 151 f.

[177] *August Schmidt,* Grenzen der Überprüfbarkeit gerichtlicher Entscheidungen durch das Landesverfassungsgericht, NJW 1975, 289 (290 re. Sp.).

Entscheidung zu finden[178]. Auch *Henning v. Olshausen,* den man wohl als den maßgeblichen Verfechter der Parallelkonzeption und wichtigen Gewährsmann für die entsprechende verfassungsgerichtliche Rechtsprechung bezeichnen kann, hat diese Kompetenzfrage deutlich benannt[179] und damit *nolens volens* auf die nicht behebbare Labilität der Parallelkonstruktion hingewiesen. Mit Blick auf Auslegungskonflikte zwischen Fachgerichtsbarkeit und einem Landesverfassungsgericht stellt sich *v. Olshausen* auf den Standpunkt, daß sich "im Ergebnis"[180] die Rechtsprechung der Gerichte durchsetzen werde, "die nach *Bundes-*

---

[178] *Bernt Lemhöfer,* Landesverfassungsgerichte als kleine Bundesverfassungsgerichte?, NJW 1996, 1714 (1721, 1722 li. Sp.).

[179] *Henning v. Olshausen,* Landesverfassungsbeschwerde und Bundesrecht, 1980, S. 151 f. Seine Überlegungen dienen - wie bereits die von *August Schmidt* - dazu, dem Vorwurf der drohenden Rechtszersplitterung entgegenzutreten. Die bundeseinheitliche Auslegung und Anwendung von Bundesrecht soll dabei durch die insoweit vorrangige Zuständigkeit der Fachgerichtsbarkeit gegenüber der - prüfungslimitierten - Landesverfassungsgerichtsbarkeit gewahrt werden.

[180] *Henning v. Olshausen,* Landesverfassungsbeschwerde und Bundesrecht, 1980, S. 151. Unter welchen Bedingungen diese Durchsetzung "im Ergebnis" eigentlich erfolgen kann und soll, bleibt offen. Demgegenüber betrachtet *Bernt Lemhöfer* (Landesverfassungsgerichte als kleine Bundesverfassungsgerichte?, NJW 1996, 1714 [1721, 1722 li. Sp.]) die verfahrensrechtliche Situation nach Aufhebung und Zurückverweisung genauer: Wenn das Fachgericht an seiner ursprünglichen Auslegung des Bundesrechts festhalten wolle, sehe es sich einer Unvereinbarkeit der bindend ausgelegten Landesverfassung mit dem von ihm ausgelegten Bundesrecht gegenüber (Art. 31 GG). An sich entfalle damit die Grundlage für die Verbindlichkeit des Spruchs des Landesverfassungsgerichts. Das Fachgericht dürfe aber nicht von sich aus feststellen, daß das Landesrecht bundesrechtswidrig und unwirksam sei, sondern habe "gem. Art. 100 I 1 und/oder S. 2 GG" die Sache dem Bundesverfassungsgericht vorzulegen. "Dieses hebt die Entscheidung des Landesverfassungsgerichts auf, wenn es die Landesverfassung oder das Landesverfassungsgerichtsgesetz in dessen Auslegung für bundesrechtswidrig erachtet." *Lemhöfer* verweist dabei "entsprechend" auf BVerfGE 42, 312, eine Entscheidung, bei der eine Normenkontrollentscheidung eines Landesverfassungsgerichts mit Erfolg durch eine *Verfassungsbeschwerde* angegriffen worden ist. -- Die Tragfähigkeit dieser Verfahrensanalogie ist jedoch zweifelhaft. Die Vorlage einer Rechtsnorm dürfte nicht der richtige Weg sein, um eine im Verfahren ergangene Einzelfallentscheidung des Landesverfassungsgerichts beseitigen zu lassen. Versteht man darüberhinaus den Oktoberbeschluß des Bundesverfassungsgerichts dahingehend, daß das Verhältnis zwischen einfachem Bundesrecht und Landesverfassungsrecht vom Prinzip des (bloßen) Anwendungsvorrangs beherrscht ist, so scheidet eine Normenvorlage schon deshalb aus, weil diese einen Geltungsvorrang voraussetzt. Desweiteren läßt sich die Lage des Landesfachgerichts nach Zurückverweisung durchaus vergleichen mit der Lage eines Bundesrevisionsgerichts, nachdem die Landesgerichtsbarkeit das entscheidungserhebliche Landesrecht verbindlich ausgelegt hat. Das Bundesgericht muß in dieser Konstellation zwar die vorrangige Zuständigkeit der Landesgerichtsbarkeit hinsichtlich der Auslegung und Anwendung des Landesrechts respektieren, es kann und muß aber das Bundesrecht zur Geltung bringen, auch wenn dadurch die Auffassung des obersten Landesgerichts zu seinem Landesrecht hinfällig wird. Gleiches muß auch für das Landesfachgericht nach Zurückverweisung gelten, wenn das kassierende Landesverfassungsgericht prüfungsli-

verfahrensrecht zur Auslegung des *Bundes*rechts berufen sind."[181] Zur Begründung führt *v. Olshausen* weiter aus:

> "Denn hebt das Landesverfassungsgericht eine Entscheidung auf, weil die 'neben' dem Bundesrecht geltenden Landesgrundrechte nicht beachtet seien, so ist das Gericht, an das die Sache zurückverwiesen wird, ja nur an die Auslegung des *Landes*(verfassungs)rechts gebunden: Die Auslegung des Bundesrechts ist, da außerhalb der Kompetenz des Landesverfassungsgerichts, allein Kompetenz der 'allgemeinen' Gerichte; und wenn diese das Bundesrecht anders auslegen, geht diese Auslegung mit dem Anwendungsvorrang des Art. 31 GG allem Landesrecht vor. *Insofern* also unterstehen auch die Landesverfassungsgerichte der Auslegungsprärogative der durch Bundesrecht zur Auslegung von Bundesrecht berufenen allgemeinen Gerichte."[182]

Dieser Hinweis auf die vorrangige Zuständigkeit der Fachgerichtsbarkeit entblößt die entscheidende kompetenzrechtliche Achillesferse der Parallelkonstruktion. Die strukturelle Schwäche ist zwingende Folge davon, daß das Landesverfassungsgericht der Sache nach verdeckt weitergehende Kompetenzen in Anspruch nimmt, als es als prüfungslimitiertes Landesverfassungsgericht nach seinem Selbstverständnis haben kann bzw. will. Die Landesverfassungsgerichte werden von ihrem kompetentiellen Defizit wieder eingeholt.

Dies ist unabhängig davon, ob die von den Befürwortern als notwendige[183] Vorfrage bezeichnete Prüfung der Vereinbarkeit mit Bundesverfassungsrecht der Sache nach nicht eine verdeckte Hauptfrage oder zumindest keine echte Vorfrage ist[184]. Denn selbst wenn man das Konzept der inzidenten Vorfragenprüfung für derart belastbar hält, verschafft es dem Landesverfassungsgericht nicht die

---

mitiert ist und daher die Landesfachgerichtsbarkeit für die Auslegung und Anwendung des Bundesrechts vorrangig zuständig ist.

[181] *Henning v. Olshausen*, Landesverfassungsbeschwerde und Bundesrecht, 1980, S. 151 (Hervorhebungen im Original).

[182] *Henning v. Olshausen*, Landesverfassungsbeschwerde und Bundesrecht, 1980, S. 151 f. (Hervorhebungen im Original).

[183] BVerfGE 96, 345 (373 unten); *Henning v. Olshausen*, Landesverfassungsbeschwerde und Bundesrecht, 1980, S. 137 ff.; *Dieter Grimm*, Verfassungsrecht, in: Grimm/Papier (Hrsg.), Nordrhein-Westfälisches Staats- und Verwaltungsrecht, 1986, S. 1 (53).

[184] Mit beachtlichen Gründen gegen die Kompetenzerweiterung aufgrund des Gedankens der notwendigen Inzidentkontrolle: *Jochen Rozek*, Landesverfassungsgerichtsbarkeit, Landesgrundrechte und die Anwendung von Bundesrecht, AöR 119 (1994), S. 450 (467); *Rudolf Steinberg*, Landesverfassungsgerichtsbarkeit und Bundesrecht, in: Festschrift 50 Jahre Verfassung des Landes Hessen, 1997, S. 356 (381). Vgl. bereits *Peter Lerche* im Zusammenhang mit der früheren bayerischen Normenkontrollpraxis (Probleme der Vorfragenkompetenz in der Judikatur des Bayerischen Verfassungsgerichtshofs, in: Festschrift zum 25jährigen Bestehen des Bayerischen Verfassungsgerichtshofs, 1972, S. 247 (251, 253 f.).

vorrangige Zuständigkeit zur Anwendung und Auslegung von Bundesrecht gegenüber der Landesfachgerichtsbarkeit. *Per definitionem* ist das Landesverfassungsgericht hinsichtlich des *verbindlichen* Teils der Entscheidung auf den Bereich des Landes(verfassungs)rechts beschränkt. Diese Beschränkung führt zwingend dazu, daß jedes Amtsgericht im gleichen Verfahren nach Zurückverweisung rechtlich nicht an die (inzidente) Auslegung und Anwendung einer einschlägigen Bundesrechtsnorm durch das Verfassungsgericht des Landes gebunden ist. Hält sich ein Landesverfassungsgericht für prüfungslimitiert, kann der Gegenstand des Verfassungsbeschwerdeverfahrens, der Streitgegenstand, keinesfalls die Verletzung von Bundesgrundrechten sein. Daher entfaltet die Entscheidung dieses Verfassungsgerichts auch keine materielle Rechtskraft und keine Bindungswirkung hinsichtlich der bundes(verfassungs)rechtlichen Lage.

Instruktiv für die Folgen der beschränkten Bindungswirkung landesverfassungsgerichtlicher Entscheidungen ist der Hessische Schulgebetsfall[185]. Der Hessische Staatsgerichtshof hatte in der zugrundeliegenden Entscheidung festgestellt, daß das Schulgebet mit der Hessischen Verfassung unvereinbar sei, wenn ein Mitschüler widerspreche. Das Bundesverfassungsgericht stellte fest, daß der Staatsgerichtshof über die Verletzung von Bundesgrundrechten nicht entschieden habe; der Staatsgerichtshof habe die Gerichte und Behörden des Landes Hessen nur hinsichtlich der Vereinbarkeit des Schulgebets mit der Hessischen Verfassung, jedoch nicht mit dem Grundgesetz, gebunden[186]. Folge dieser beschränkten Bindungswirkung der landesverfassungsgerichtlichen Kassationsentscheidung war nach Auffassung des Bundesverfassungsgerichts, daß die Schulbehörde und das gegebenenfalls angerufene Verwaltungsgericht durch die Entscheidung des Staatsgerichtshofs in keiner Weise hinsichtlich der Auslegung und Anwendung des Bundes(verfassungs)rechts gebunden seien. "Stehen demnach weder Rechtskraft noch Bindungswirkung der angefochtenen Entscheidung [des Staatsgerichtshofs] einer späteren Geltendmachung von Grundrechtsverletzungen entgegen, so können die Beschwerdeführer - falls gegen ihren Willen ein gemeinsames Schulgebet in einer von der Beschwerdeführerin besuchten Klasse von der Schulbehörde nicht gestattet oder entgegen bisheriger Übung untersagt würde - den Rechtsweg erneut beschreiten. Die Bindungswirkung des jetzt angefochtenen Urteils des Staatsgerichtshofs würde hinsichtlich der Unvereinbarkeit mit der Hessischen Verfassung fortbestehen. Die Schulbehörde müßte sich aber darüber schlüssig werden, ob die von den Beschwerdeführern aus dem Grundgesetz hergeleiteten Bedenken zutreffen."[187]

---

[185] BVerfGE 24, 289; vgl. dazu näher unten im Zweiten Teil unter D III 2.

[186] BVerfGE 24, 289 (297).

[187] BVerfGE 24, 289 (297 f.). Halte die Behörde - so das Bundesverfassungsgericht weiter - diese Bedenken für begründet, dann werde sie dem Antrag der Beschwerdeführer entsprechen und diese würden nicht beschwert. Halte sie die Bedenken für unbegründet, dann könnten die Beschwerdeführer Klage beim Verwaltungsgericht oder gegebenenfalls unmittelbar gemäß § 90 Abs. 2 Satz 2 BVerfGG Verfassungsbeschwerde erheben. Würde der Verfassungsbe-

Eine umfassende Bindungswirkung gegenüber dem Landesfachgericht läßt sich auch nicht aus dem Wiederholungsverbot ableiten, das grundsätzlich Rechtsfolge einer Kassation ist. Dies wäre ein Zirkelschluß, weil die Befugnis zur Aufhebung einer landesgerichtlichen Entscheidung selbst bereits die umfassende Verbindlichkeit der die Entscheidung tragenden Gründe voraussetzt. Eine Kassation ist nur möglich, wenn die kassierende Instanz hinsichtlich *aller* entscheidungstragenden Prüfungspunkte der zu kontrollierenden Instanz übergeordnet ist. Wie die Metapher vom schwächsten Glied einer Kette illustriert, reicht bereits *ein* entscheidungstragender Prüfungspunkt, bei dem die Prüfungs- und Entscheidungszuständigkeit des Landesverfassungsgerichts keinen Vorrang vor der entsprechenden Zuständigkeit des Landesfachgerichts besitzt, um die Prüfungskette insgesamt reißen zu lassen und dem Entscheidungsergebnis seine Verbindlichkeit zu nehmen gegenüber dem insoweit nicht nachgeordneten Landesfachgericht. - Mit Blick auf das Verhältnis von Art. 74 Abs. 1 Nr. 1 GG, der dem Bund das Recht zur konkurrierenden Gesetzgebung auf den Gebieten der Gerichtsverfassung und des gerichtlichen Verfahrens gibt, und der Kompetenz der Länder zur Regelung der Verfassungsbeschwerde bedeutet dies folgendes: Nach dem Beschluß des Bundesverfassungsgerichts vom 15. Oktober 1997 können die Länder ihren Landesverfassungsgerichten die Befugnis einräumen, Entscheidungen der Landesgerichte aufzuheben, die nach den bundesrechtlichen Verfahrensordnungen "formell und materiell rechtskräftig" sind, soweit es zur Verwirklichung des Zwecks der Verfassungsbeschwerde *unerläßlich* ist[188]. An dieser Voraussetzung fehlt es aber, weil die inzidente Anwendung des Bundes(verfassungs)rechts seitens des Landesverfassungsgerichts und die darauf beruhende Aufhebung der fachgerichtlichen Entscheidung letztlich keinen Bestand hat, wenn das Fachgericht nach Zurückverweisung an seiner Auffassung zum Bundesrecht festhält und aufgrund seiner insoweit bestehenden vorrangigen Zuständigkeit auch festhalten darf. In dieser Konstellation macht eine Kassation wenig Sinn und ist zur Verwirklichung des Zwecks der Landesverfassungsbeschwerde jedenfalls nicht unerläßlich. Daher steht die Einräumung einer Kassationsbefugnis an das - prüfungslimitierte - Landesverfassungsgericht insoweit nicht im Einklang mit der grundgesetzlichen Kompetenzordnung.

Besitzt demgegenüber das Landesverfassungsgericht auch die Kompetenz, die angefochtene Entscheidung des Landesgerichts prinzipaliter als Hauptfrage nach Maßgabe der *Bundes*grundrechte zu prüfen[189], so ist es auch hinsichtlich der bundesverfassungskonformen Auslegung und Anwendung von Bundesrecht dem Landesgericht übergeordnet und besitzt seine Auslegung und Anwendung Vor-

---

schwerde stattgegeben, so würde das Urteil des Staatsgerichtshofs hinsichtlich seiner Bindungswirkung gegenstandslos werden.

188 BVerfGE 96, 345 (370 unten).

189 Die grundsätzliche Möglichkeit dieser erweiterten Prüfungs- und Entscheidungszuständigkeit zu begründen, ist Aufgabe der folgenden zwei Teile dieser Untersuchung.

rang vor der Auffassung des Landesgerichts. Dies führt - genauso wie die Parallelkonstruktion des Bundesverfassungsgerichts[190] - jedenfalls dann nicht zur unzulässigen "Bundesrechtszersplitterung", wenn die bundesrechtliche Verfahrensordnung die letzte Entscheidung sowieso im Lande beläßt, indem sie den Instanzenzug nicht zum Bundesrevisionsgericht weiterführt[191]. Im übrigen böte das Divergenzvorlageverfahren nach Art. 100 Abs. 3 GG in diesen Fällen gerade eine *zusätzliche* Möglichkeit, die bundeseinheitliche Rechtsprechung zu befördern.

[190] Vgl. insbesondere die strengen Anforderungen des Zweiten Senats an die erforderliche Ausschöpfung des Rechtswegs vor Erhebung einer Landesverfassungsbeschwerde (BVerfGE 96, 345 (371 unter 2)).

[191] Beispielsweise liegt die Entscheidung in Haftfragen in der grundsätzlich alleinigen Zuständigkeit von Landes-Spruchkörpern (vgl. nur *Hans-Ullrich Paeffgen*, Wozu dient der Strafprozeß und inwieweit darf ein Landesverfassungsgericht in ihn intervenieren?, NJ 1993, 152 [159])

II. Schwächen der Spielraumkonstruktion

Landesgrundrechte sind konkret anwendbar und wirken unmittelbar auf die jeweiligen Rechtsbeziehungen ein, wenn der Bundesgesetzgeber nicht abschließend tätig geworden ist und damit Raum für die Beachtung von Landesrecht gelassen hat. Die entscheidende Frage ist insoweit aber zunächst, wann eine bundesrechtliche Regelung nicht abschließend, sondern mit Blick auf Bestimmungen der Landesverfassung ausfüllungsfähig und -bedürftig ist (dazu sogleich unter 1)). Daran schließt sich die kompetenzrechtliche Frage an, wer über das Bestehen oder Nichtbestehen eines derartigen bundesrechtlichen Spielraums entscheidet (siehe unter 2)).

1) Strenge Voraussetzungen für die Annahme bundesrechtlicher Spielräume

Die Verfechter einer Spielraumkonstruktion bleiben weithin im Abstrakten[192]. Als denkbare Konstellation für die Annahme eines Spielraums werden etwa bundesrechtliche *Ermessens*-ermächtigungen an die Landesstaatsgewalt genannt[193], wobei jedoch regelmäßig fallbezogene konkrete Ausführungen vermieden werden. Dieser Variante der Spielraumkonstruktion gegenüber ist jedoch Zurückhaltung geboten; die Möglichkeit einer Ermessensreduzierung durch Landesgrundrechte ist eher skeptisch zu beurteilen[194]. Zurecht betont *Wolfgang*

---

[192] Das Hauptbeispiel von *Henning v. Olshausen*, bei dem es um die Fristen der periodischen Haftprüfung im Rahmen von § 117 Abs. 5 StPO geht, gerät im Ergebnis sogar zu einem Gegenbeispiel (Landesverfassungsbeschwerde und Bundesrecht, 1980, S. 146-149). Nach § 117 Abs. 5 StPO findet eine Haftprüfung von Amts wegen erst statt, wenn die Untersuchungshaft drei Monate gedauert hat. Demgegenüber hat der Richter nach Art. 19 Abs. 2 Satz 1 der Hessischen Verfassung "von Monat zu Monat" neu zu prüfen, ob weitere Haft gerechtfertigt ist. Diese kurze Monatsfrist kann zu einem fruchtlosen "Hin und Her" der Akten führen, was das Verfahren *zu Lasten* des Inhaftierten verzögert. Muß danach - so auch *v. Olshausen* (a.a.O., S. 149) - das Bundesrecht so ausgelegt werden, daß Haftprüfung nicht nach starren Prinzipien stattfinden darf, sondern der Antrag des Festgenommenen und der *tatsächliche* Beschleunigungseffekt maßgebend sein sollen, so liegt eine bundesrechtliche Regelung vor, die dem landesrechtlichen Gebot widerspricht.

[193] Vgl. etwa *Jochen Rozek*, Landesverfassungsgerichtsbarkeit, Landesgrundrechte und die Anwendung von Bundesrecht, AöR 1994 Bd. 119, S. 450 (467 Fußn. 72).

[194] Es bestehen bereits ganz grundsätzliche Probleme, die sich aus den - umstrittenen - rechtstheoretischen und verfassungsrechtlichen Grundlagen des Ermessens ergeben: Vertritt man etwa, daß es auch bei der Ausführung bzw. Anwendung von Ermessensnormen lediglich *eine richtige* Entscheidung geben könne, bedeutet dies, daß es gerade keinen ausfüllungsfähigen Spielraum geben würde. -- Der in grundrechtsintensiven Bereichen tätige oder sogar eingreifende Bundesgesetzgeber verzichtet regelmäßig lediglich wegen der "Komplexität" und/oder "Dynamik" des zu regelnden Lebensbereichs auf eine Durchnormierung (vgl.

Graf Vitzthum, daß das (Auswahl-)Ermessen, zu dessen Ausübung der Bundesgesetzgeber ermächtige, nicht auf die mit der Landesverfassung konformen Möglichkeiten beschränkt werden dürfe[195]. "Eine derartige Ermessensunterschreitung vernachlässigte die Tatsache, daß die schon vorher latent vorhandene Kollision durch die Wahl der unvereinbaren Alternative nur aufgedeckt wird."[196] Es gebe - so *Graf Vitzthum* weiter - keinen Vorrang des Landesverfassungsrechts vor ermessensleitenden Gesichtspunkten des Bundesrechts[197].

Auch bei Bundesregelungen, die nicht Ermessensnormen sind, aber *Generalklauseln bzw. unbestimmte Rechtsbegriffe* enthalten, werden abstrakt Möglichkeiten für das Bestehen von Spielräumen ausgemacht[198]. So erkennt *Erhard Denninger* Spielräume für den Einbruch landesverfassungsrechtlicher Direktiven grundsätzlich an, wenn nicht die bundesrechtliche Norm deutlich den gesetzgeberischen Willen erkennen lasse, gegenüber landesrechtlichen Varianten verschlossen zu bleiben[199]. Der Bund könne - so die Begründung von *Erhard Denninger* - auf allen normativen Ebenen, vom Gesetz über die Rechtsverordnung bis zu allgemeinen Verwaltungsvorschriften (Art. 84 Abs. 2 GG) und eventuell Einzelweisungen bei der Auftragsverwaltung (Art. 85 GG), die Ingerenz des Landesverfassungsrechts im Wege der Auslegung ausschließen und dadurch das von ihm gewünschte höhere Maß an Rechtseinheitlichkeit sichern; tue er dies nicht, nehme er die föderale "Artenvielfalt" insoweit in Kauf - wenn er

---

BVerfGE 84, 34 [50]). An diesen tatsächlichen Verhältnissen ändert sich nichts, wenn die durch die Landesverfassung gebundene Landesstaatsgewalt einen Einzelfall entscheiden muß. -- Schließlich folgt aus der These, daß Landesrecht die Ausübung bundesrechtlicher Ermessensermächtigungen zu steuern vermag, umgekehrt, daß - das Landesrecht einmal hinweggedacht - kein durch den Bundesgesetzgeber gebundenes Ermessen, sondern insoweit vielmehr *freies* Ermessen bestehen müßte.

[195] *Wolfgang Graf Vitzthum*, Die Bedeutung gliedstaatlichen Verfassungsrechts in der Gegenwart, VVDStRL 46 (1988), 7 (34 f.).

[196] *Wolfgang Graf Vitzthum*, Die Bedeutung gliedstaatlichen Verfassungsrechts in der Gegenwart, VVDStRL 46 (1988), 7 (35).

[197] *Wolfgang Graf Vitzthum*, Die Bedeutung gliedstaatlichen Verfassungsrechts in der Gegenwart, VVDStRL 46 (1988), 7 (35); ebenso *Eckart Klein*, Landesverfassung und Landesverfassungsbeschwerde, DVBl. 1993, 1329 (1332); allgemein in diese Richtung auch *Rudolf Steinberg*, Landesverfassungsgerichtsbarkeit und Bundesrecht, in: Festschrift 50 Jahre Verfassung des Landes Hessen, 1997, 356 (380 m.w.N.) und wohl auch *Johannes Dietlein*, Landesverfassungsbeschwerde und Einheit des Bundesrechts, NVwZ 1994, 6 (11 Fußn. 55).

[198] Konkret wird etwa über den abschließenden Charakter des Ausländerrechts diskutiert: vgl. einerseits das VG Darmstadt, NVwZ-Beilage 1993, 22 (23, 24) (abschließend) und andererseits den Beschluß des Berliner Verfassungsgerichtshofs vom 12. Juli 1994 - VerfGH 94/93 -, NVwZ 1995, 784 (mit Wiedergabe der Einzelfallprüfung) = DVBl. 1994, 1189 (mit Wiedergabe der Sondervoten); vgl. dazu *Ralph Göbel-Zimmermann*, Asylrechte der Landesverfassungen im Verhältnis zum Bundesrecht, NVwZ 1995, 763 (765 f.).

[199] *Erhard Denninger*, Zum Verhältnis von Landesverfassung und Bundesrecht, in: Festschrift 50 Jahre Verfassung des Landes Hessen, 1997, 343 (354)

sie nicht gar geradezu wünsche[200]. Auch *Klaus Schlaich* möchte einen Raum zur Anwendung einer Landesverfassung offenbar bejahen, wenn die zur Entscheidung stehende Sachfrage nicht bereits "vollständig und eindeutig" im (höherrangigen) Bundesrecht geregelt sei[201]. Schließlich folgert *Siegfried Jutzi* aus dem Grundsatz der Bundestreue eine Beschränkung des Weisungsrechts des Bundes selbst bei der Bundesauftragsverwaltung: "Da es den Bundesorganen ohne weiteres nach Bundesrecht möglich ist, Weisungen zu erteilen, die auch das betreffende Landesverfassungsrecht berücksichtigen, müssen sie dies im Rahmen des Weisungsrechts beachten."[202]

Diesen Auffassungen ist jedoch entgegen zu halten, daß eine Regelung des Bundesgesetzgebers nicht schon dann einer Auffüllung bzw. Ergänzung durch den Landesverfassungsgeber bzw. durch das Landesverfassungsgericht offen steht, wenn und weil das Bundesrecht im Hinblick auf den Einzelfall mehr oder weniger unvollständig und auch im Hinblick auf ihre allgemeinen Regelungen selbst lückenhaft ist[203]. Die Verwendung von Generalklauseln und unbestimmten Rechtsbegriffen ist angesichts der Vielgestaltigkeit und Veränderlichkeit der tatsächlichen Verhältnisse erforderlich und nicht als eine wie auch immer geartete Ermächtigung des Bundesgesetzgebers an die Landesstaatsgewalt gedacht und zu verstehen. Die sich dabei ergebenden Rechtsfragen[204] sind grundsätzlich *bundes*rechtlicher Natur[205].

---

200 *Erhard Denninger,* Zum Verhältnis von Landesverfassung und Bundesrecht, in: Festschrift 50 Jahre Verfassung des Landes Hessen, 1997, 343 (354).

201 *Klaus Schlaich,* Das Bundesverfassungsgericht, 4. Aufl., 1997, Rdnr. 334 f, S. 233 f. Er stellt zunächst fest, daß "jedenfalls" dann kein Raum zur Anwendung der Landesverfassung bleibe, wenn die zur Entscheidung stehende "Sachfrage bereits vollständig und eindeutig im (höherrangigen) Bundesrecht geregelt" sei (a.a.O., Rdnr. 334 f, S. 233). Demgegenüber ist seiner Auffassung nach die weitergehende Frage, ob im übrigen bei der Anwendung von Bundesrecht Raum für die Heranziehung der Landesverfassung bleibe, "wohl zu bejahen" (a.a.O., Rdnr. 334 f, S. 233 f.).

202 *Siegfried Jutzi,* Grundrechte der Landesverfassungen und Ausführung von Bundesrecht, DÖV 1983, 836 (839 re. Sp.).

203 Vgl. auch *Eckart Klein* (Landesverfassung und Landesverfassungsbeschwerde, DVBl. 1993, 1329 [1332 li. Sp.]), der jede Einwirkung einer Landesverfassung ablehnt, soweit der Vollzug gebundene Verwaltung ist oder der Bund Weisungen erteilt hat.

204 *Christian Starck* weist insoweit auf die Aufgabe höchstrichterlicher Rechtsprechung hin: Auf Grund der Kenntnis einer Vielzahl von Rechtsfällen, die der Gesetzgeber nicht kennen konnte, sei der Revisionsrichter in der Lage, ein Gesetz zu verbessern, zu präzisieren, zu differenzieren, kurz gesagt Richterrecht zu schaffen und damit das Recht fortzubilden (Verfassungsgerichtsbarkeit und Fachgerichte, JZ 1996, 1033 [1034 li. Sp.]).

205 Treffend spricht *Jochen Rozek* mit Blick auf die Honecker-Entscheidung davon, daß die intensive verfassungsrechtliche "Einfärbung" des Strafprozeßrechts nicht eine solche des Landes-, sondern des Bundesverfassungsrechts sei. "Wenn als verfassungsrechtlicher Maßstab für den *Bundesgesetzgeber* im Strafprozeßrecht nur das Grundgesetz in Betracht kommt, die Strafprozeßordnung also konkretisiertes *Bundes*verfassungsrecht ist, hat sich auch die *rechts-*

Die genannten Auffassungen würden mit Blick auf die zu befürchtende Rechtsunsicherheit und Rechtsungleichheit gleichsam die "Büchse der Pandora" öffnen. *Henning v. Olshausen* weist zurecht daraufhin, daß sich die Frage, ob Bundesrecht "offen" sei für die Berücksichtigung von Landesgrundrechten, ebensowenig "eindeutig" beantworten lasse, wie es stets zweifelhaft bleiben könne, ob Landesgrundrechte ihrem Inhalte nach "wirklich" mit den Bundesgrundrechten parallel liefen[206]. Bereits aufgrund dieser durchgängigen Unsicherheit erscheint es unausweichlich, grundsätzlich eine Vermutung für den abschließenden Charakter der bundesrechtlichen Regelung anzunehmen. Für eine derartige Vermutung spricht auch die mit dem Erlaß von Bundesrecht bezweckte Rechtseinheit[207]. Dies gilt umso mehr, als Art. 72 Abs. 2 GG für das Gesetzgebungsrecht des Bundes im konkurrierenden[208] Bereich voraussetzt, daß die Herstellung gleichwertiger Lebensverhältnisse im Bundesgebiet oder die Wahrung der Rechts- und Wirtschaftseinheit im gesamtstaatlichen Interesse eine bundesgesetzliche Regelung erforderlich macht[209]. Weiterhin dürfte eine Grundsatz-, Rahmen-, oder Programmbestimmung einer Landesverfassung grundsätzlich wenig dazu beitragen können, eine verhältnismäßig bestimmte Regelung im Bundesgesetz weiter zu präzisieren. Dieses Bundesgesetz könnte sogar trotz fehlender erschöpfender Regelungsdichte *lex specialis* gegenüber der landesverfassungsrechtlichen Bestimmung sein[210]. Schließlich bleibt offen, wie eine Ab-

---

fortbildende Ergänzung der bundesrechtlichen Strafprozeßordnung um ein Verfahrenshindernis unmittelbar von Verfassungs wegen allein am *Bundes*verfassungsrecht auszurichten" (Landesverfassungsgerichtsbarkeit, Landesgrundrechte und die Anwendung von Bundesrecht, AöR 119 [1994], S. 450 [480 - Hervorhebungen im Original]). Vgl. ferner *Thomas Discher,* Die Landesverfassungsgerichte in der bundesstaatlichen Rechtsprechungskompetenzordnung des Grundgesetzes, 1997, S. 91 Fußn. 439.

206 *Henning v. Olshausen,* Landesverfassungsbeschwerde und Bundesrecht, 1980, S. 150.

207 *Jürgen Held,* Die Verfassungsbeschwerde zum Verfassungsgerichtshof Rheinland-Pfalz, NVwZ 1995, 534 (537 re. Sp.); vgl. auch *Wolfgang Löwer,* Kritische Anmerkungen zum Beschluß des Verfassungsgerichtshofes des Landes Berlin in Sachen Honecker, SächsVBl. 1993, 73 (77 Fußn. 55) und *Thomas Discher,* Die Landesverfassungsgerichte in der bundesstaatlichen Rechtsprechungskompetenzordnung des Grundgesetzes, 1997, S. 91.

208 Differenzierend zwischen ausschließlicher und konkurrierender Gesetzgebungszuständigkeit *Stefan Endter,* Zum Verhältnis von Bundesrecht und Landesverfassungsrecht und zur Reichweite der Prüfungskompetenz der Landesverfassungsgerichte, EuGRZ 1995, 227 (230); kritisch dazu *Rudolf Steinberg,* Landesverfassungsgerichtsbarkeit und Bundesrecht, in: 50 Jahre Verfassung des Landes Hessen, 1997, S. 356 (380 Fußn. 169); *Erhard Denninger,* Zum Verhältnis von Landesverfassung und Bundesrecht, in: Festschrift 50 Jahre Verfassung des Landes Hessen, 1997, 343 (354): zu "schematisch".

209 Daß dem Bundesgesetzgeber insoweit eine Einschätzungsprärogative gegenüber dem Bundesverfassungsgericht zukommt, ändert nichts am Bestehen dieser materiell-rechtlichen Voraussetzung. Im Umkehrschluß ist jedem Bundesgesetz, das auf Grundlage der Art. 74, 72 GG zulässigerweise erlassen wird, der gesetzgeberische Zweck der Schaffung bundeseinheitlicher Verhältnisses zu unterstellen.

210 Vgl. zu dieser Möglichkeit BVerfGE 36, 342 (365): Die lex specialis, die Bundesrecht sein

wägung[211] zwischen gegenläufigen bundes(verfassungs)rechtlichen und landesverfassungsrechtlichen Wertungen vorgenommen werden kann[212]. Denn schon auf der abstrakten Abwägungsebene müßte sich im Falle des prinzipiellen Widerspruchs der bundesrechtliche Gesichtspunkt abwägungsresistent[213] durchsetzen (Art. 31 GG).

Will der Bundesgesetzgeber Spielräume schaffen, so kann er dies etwa durch ausdrückliche Öffnungsklauseln[214], durch Rahmengesetzgebung[215] oder durch Verordnungsermächtigung[216] tun. Selbst wenn dies geschehen ist, ist die Entscheidung über eine Konkretisierung zunächst und in erster Linie dem Landes*gesetzgeber* anvertraut, der entweder durch parlamentarische Mehrheitsentscheidung oder durch parlamentarisch verantwortliche Verordnungsgebung eine ausfüllende allgemein-abstrakte Regelungsanordnung trifft. Möglicherweise besteht insoweit sogar ein Gesetzesvorbehalt. Die Landesfachgerichtsbarkeit und Landesverfassungsgerichtsbarkeit wenden das durch die demokratisch legitimierten Staatsorgane gesetzte Recht an bzw. kontrollieren dessen Ausführung oder Anwendung durch die vorgelagerten Instanzen. Diese landesinterne Gewaltentei-

---

könne, gehe der lex generalis, die Landesrecht sein könne, vor, wobei letztere gleichwohl in Geltung bleibe.

[211] Dem Anspruch des Angeklagten, daß seine Menschenwürde sowie seine Grundrechte auf Leben und körperliche Unversehrtheit im Strafverfahren beachtet bleiben, steht die gleichfalls von Verfassungs wegen bestehende Pflicht des Staates gegenüber, eine funktionierende Strafrechtspflege zu gewährleisten und somit die Einleitung und Durchführung eines Strafverfahrens sicherzustellen. Beide Verfassungspositionen waren dementsprechend schon im Verlauf des Strafverfahrens gegen Erich Honecker ständig gegeneinander abzuwägen. Vgl. nur *Jochen Rozek*, Landesverfassungsgerichtsbarkeit, Landesgrundrechte und die Anwendung von Bundesrecht, AöR 119 (1994), S. 450 (479).

[212] Dieses grundsätzliche Problem klingt wohl auch bei *Richard Bartlsperger* (Einstellung des Strafverfahrens von Verfassungs wegen, DVBl. 1993, 333 [347 li. Sp.]) an. Der Grund für die Verfahrenseinstellung - so *Bartlspergers* Ausgangspunkt - ergebe sich nicht aus der StPO, sondern unmittelbar aus dem Verfassungsrecht und aufgrund einer Bewertung des konkret individuellen Einzelfalles. "Es ist zwar eine Bewertung des Prozeßzwecks auch in Abwägung mit der in der StPO geregelten staatlichen Strafgewalt vorzunehmen. Aber diese Abwägung geschieht auf der anderen Seite unmittelbar am 'Maßstab' des grundrechtlich rechtsstaatlichen Schutzes des Betroffenen im Einzelfall." (A.a.O.)

[213] So müßte sich etwa die grundgesetzliche Gewährleistung einer funktionierenden Strafrechtspflege "ohne wenn und aber" gegenüber landesverfassungsrechtlichen Direktiven durchsetzen.

[214] Vgl. etwa Art. 71 und 72 Abs. 1 und 3 GG.

[215] Vgl. Art. 75 GG. *Erhard Denninger* nennt als Beispiel eine Rahmenbestimmung des Bundesraumordnungsrechts mit unmittelbarer Landesgeltung, die durch bestimmte Umweltschutzklauseln der Landesverfassung interpretatorisch konkretisiert werden könnte (Zum Verhältnis von Landesverfassung und Bundesrecht, in: Festschrift 50 Jahre Verfassung des Landes Hessen, 1997, S. 343 [354]).

[216] Vgl. Art. 80 GG.

lung wäre durch eine Rechtsprechung, die sich die Spielraumkonstruktion zu eigen machte, gefährdet.

Bereits *Ekkehard Schumann* machte bei seiner Auseinandersetzung mit der oben unter B II kurz angedeuteten frühen Rechtsprechung des Bayerischen Verfassungsgerichtshofs deutlich, daß die Spielraumkonstruktion in der Konsequenz "dem Landesgesetzgeber zugestehe, einzelne im Bundesrecht etwa durch Generalklauseln geregelte oder der richterlichen Ermessensentscheidung zugewiesene Materien eines Verfahrens selbst landesrechtlich zu regeln"[217]. Denn angesichts der These, daß z.B. die strafprozessuale Beweisaufnahme ("gelegentlich" derer ein Grundrecht außer acht gelassen worden sei) nicht durch die Strafprozeßordnung geregelt sein soll, stellt *Schumann* zurecht die rhetorische Frage danach, welche Grundsätze dann die Beweisaufnahme im Strafverfahren regeln sollen[218].

Ist somit die verfassungsgerichtliche Ergänzung einer (angeblich) lückenhaften Bundesregelung nach Maßgabe der Landesverfassung Gesetzgebung im materiellen Sinne[219], stellt sich die Frage nach der Gesetzgebungskompetenz des Landes. Denn wenn der Landesgesetzgeber mangels Gesetzgebungskompetenz eine bestimmte Regelungsanordnung nicht erlassen darf, so darf dies auch nicht das Landesverfassungsgericht unter Berufung auf die von ihm "konkretisierte" Landesverfassung[220]. Demgemäß könnte man etwa folgendermaßen formulieren: Ein - prüfungslimitiertes - Landesverfassungsgericht überschreitet bei Überprüfung der fachgerichtlichen Anwendung von Bundesrecht seine Kompetenzen jedenfalls dann, wenn die fragliche Entscheidung des Landesverfassungsgerichts eine Rechtsfolge annehmen würde, die der einfache Landesgesetzgeber mangels Gesetzgebungskompetenz nicht als Norm hätte erlassen dürfen[221].

---

[217] *Ekkehard Schumann*, Verfassungs- und Menschenrechtsbeschwerde gegen richterliche Entscheidungen, 1963, S. 161 Fußn. 54.

[218] *Ekkehard Schumann*, a.a.O.

[219] Dies gilt umso mehr, berücksichtigt man die besondere, verpflichtend über den Einzelfall hinausgreifende Bindungswirkung einer verfassungsgerichtlichen Auslegung der Landesverfassung.

[220] Davon unberührt bleibt die grundlegende Frage nach der "Gesetzgebungskompetenz" des Landesverfassungsgebers, im Rahmen der Verfassungsautonomie Verfassungsbestimmungen aufzustellen. Auch wenn man diese "Kompetenz" des Landesverfassungsgebers durchgehend bejaht, darf diese Befugnis nicht zu einer Umgehung der grundgesetzlichen Vorschriften mißbraucht werden, die die Gesetzgebung in Bund und Ländern regelt (vgl. Art. 70 ff. GG).

[221] Während es hier also um die besondere Abgrenzung zwischen *Landes*verfassungsgerichtsbarkeit und (Landes) Fachgerichtsbarkeit hinsichtlich der vorrangigen Zuständigkeit zur Auslegung und Anwendung von Bundesrecht geht, dient die bekannte "Schumann'sche Formel" der allgemeinen Abgrenzung zwischen Verfassungsgerichtsbarkeit und Fachgerichtsbarkeit. Nach dieser Formel verstößt der Richter gegen die Verfassung, wenn der angefochtene Richterspruch eine Rechtsfolge annimmt, die der einfache Gesetzgeber nicht als Norm hätte erlassen dürfen (*Ekkehard Schumann*, Verfassungs- und Menschenrechtsbeschwerde gegen richterliche Entscheidungen, 1963, S. 206 ff.). Vgl. dazu auch *Christian Starck*, Verfassungs-

Gemäß der Darstellung der bundesverfassungsgerichtlichen Kriterien für eine Landeskompetenz trotz Bundesgesetzgebung durch *Ernst-Wolfgang Böckenförde* und *Rolf Grawert*[222] muß eine erschöpfende Regelung durch den Bundesgesetzgeber (auch) konkrete und präzise Einzelnormierungen enthalten. Diese Feststellung könne - so *Ernst-Wolfgang Böckenförde* und *Rolf Grawert* weiter - jedoch nur eine Vermutungsregel begründen. Wie der Bundesgesetzgeber die Landesgesetzgebung auch dadurch nach Art. 72 GG ausschließen könne, daß er - unter den Voraussetzungen des Art. 72 Abs. 2 GG - erklärtermaßen einen Regelungsbereich bewußt von Normierungen ausspare, so könne er auch durch Grundsatzregeln, die erkennbar erschöpfend sein sollen, die Landesgesetzgebung ausschließen und die weitere Regelung, im Rahmen des Art. 80 GG, der Exekutive zuweisen. "Erst recht kann er dann durch eigene Grundsatz-, Rahmen-, Programm- und sogar Ermächtigungsnormen Grundsatz-, Programmnormen usw. des Landes(verfassungs)rechts ausschließen."[223]

Grundsätzlich ausgeschlossen erscheint die Spielraum- und Ergänzungskonstruktion im Bereich der großen bundesrechtlichen Kodifikationen. Der Kodifikationsgedanke trifft insbesondere auf die verfahrensrechtlichen Gesetze zu[224]. Insoweit darf ein Land nur solange und soweit gesetzgeberisch auf demselben Gebiet wie der Bund tätig werden, als dies der Bund ausdrücklich zuläßt. An dieser Sperrwirkung des Bundesrechts - so *Ekkehard Schumann* - ändere auch eine Lücke im Gesetz nichts. "Der Landesgesetzgeber darf sich nämlich auch nicht mit der Lösung von Fragen versuchen, die absichtslos vom Bundesrecht ungeregelt blieben."[225] Ferner setzt die insoweit maßgebliche Methode zur Schließung von Lücken, nämlich die Analogiebildung, ja gerade voraus, daß es sich um eine *planwidrige* Regelungslücke handelt[226].

---

gerichtsbarkeit und Fachgerichte, JZ 1996, 1033 (1039 mit Rspr-Hinweisen in Fußn. 73).

222 *Ernst-Wolfgang Böckenförde/Rolf Grawert,* Kollisionsfälle und Geltungsprobleme im Verhältnis von Bundesrecht und Landesverfassung, DÖV 1971, 119 (125 li. Sp. m.w.N.). Für eine neuere allgemeine Darstellung vgl. etwa *Hans D. Jarass,* Regelungsspielräume des Landesgesetzgebers im Bereich der konkurrierenden Gesetzgebung und in anderen Bereichen, NVwZ 1996, 1041-1047 m.w.N.

223 *Ernst-Wolfgang Böckenförde/Rolf Grawert,* Kollisionsfälle und Geltungsprobleme im Verhältnis von Bundesrecht und Landesverfassung, DÖV 1971, 119 (125).

224 *Ekkehard Schumann,* Verfassungs- und Menschenrechtsbeschwerde gegen richterliche Entscheidungen, 1963, S. 127 m.w.N.; *Ludwig Schäfer,* Die Kassation gerichtlicher Entscheidungen durch den Bayerischen Verfassungsgerichtshof, in: Festschrift 25 Jahre Bayer. Verfassungsgerichtshof, S. 259 (268 bei und in Fußn. 65).

225 *Ekkehard Schumann,* Verfassungs- und Menschenrechtsbeschwerde gegen richterliche Entscheidungen, 1963, S. 127.

226 *Karl Larenz/Claus-Wilhelm Canaris,* Methodenlehre der Rechtswissenschaft, 3. Aufl., 1995, S. 191 ff. (insbes. S. 194).

Als Fazit läßt sich festhalten, daß ein Landesgrundrecht in der Tat unmittelbar zur Anwendung kommen kann, soweit und weil eine bundesrechtliche Regelung fehlt. Die Öffnung des einheitlichen Bundesrechts zugunsten landesrechtlicher Ergänzungen, Modifikationen und Abweichungen dürfte aber angesichts der soeben genannten Gründe lediglich eine Ausnahme, in manchen Bereichen sogar nur eine theoretische Möglichkeit darstellen (immanente Grenzen des Modells). Damit ist die Eignung der Spielraum- und Ergänzungskonstruktion zu der mit ihr bezweckten Ausweitung landesverfassungsgerichtlicher Prüfungszuständigkeiten insgesamt eher als gering einzuschätzen.

2) Kompetenzrechtliche "Achillesferse"

Die kompetenzrechtliche Frage, wer über das Bestehen oder Nichtbestehen eines bundesrechtlichen Spielraums entscheidet, stellt sich in gleicher Weise wie bei der Parallelkonstruktion. Die Entscheidung über das Bestehen einer ausfüllungsfähigen und -bedürftigen Lücke im Bundesrecht ist nämlich notwendigerweise eine Frage der Auslegung des Bundesrechts; im Falle einer Ermessensermächtigung ist es die Auslegungsfrage, ob das Bundesrecht die Maßstäbe für die Ausübung des Ermessens selbst bereit stellt[227]. Da es jeweils um die Auslegung von Bundesrecht geht, ist die kompetenzrechtliche Lage bei der Spielraumkonstruktion die gleiche wie bei der Parallelkonstruktion (vgl. dazu oben in diesem Teil unter C I 2). Die Entscheidung über das Bestehen bundesrechtlicher Spielräume ist Bestandteil der *inhaltlichen* Auslegungsprärogative für Bundesrecht; die Entscheidung darüber, *was* das Bundesrecht inhaltlich anordnet, setzt die Entscheidungsbefugnis darüber voraus, *ob* das Bundesrecht überhaupt etwas anordnet. Wer einem Gesetz die Regelungsanordnung X entnimmt, entscheidet zwingend auch über die logisch vorgelagerte Frage, ob dieses Gesetz überhaupt irgendeine Regelungsanordnung trifft. Beide Entscheidungen sind untrennbar miteinander verknüpft und müssen daher kompetenzrechtlich der gleichen Instanz zugewiesen sein.

Begrenzt man das Landesverfassungsgericht ausschließlich auf die Landesgrundrechte als prinzipalen Prüfungsmaßstab, kommt also nicht diesem prüfungslimitierten Landesverfassungsgericht, sondern den Landesfachgerichten die Auslegungsprärogative für das Bundesrecht zu, so entscheiden die Fachge-

---

[227] Ebenso *Eckart Klein*, Landesverfassung und Landesverfassungsbeschwerde, DVBl. 1993, 1329 (1332). Die Frage des „quis iudicabit?" wird jetzt auch von *Eckart Klein/Andreas Haratsch*, Die Landesverfassungsbeschwerde - Ein Instrument zur Überprüfung der Anwendung von Bundesrecht?, JuS 2000, 209 (211) aufgeworfen.

richte (und nicht das Verfassungsgericht des Landes) auch über die Reichweite des Bundesrechts, seinen abschließenden Charakter und damit über seine Sperrwirkung.

III. Schwächen der Willkürkonstruktion

Das Verfassungsgericht des Landes könne - so die Willkürkonstruktion - darüber befinden, ob sich das Bundesrecht anwendende Gericht von willkürlichen, d. h. objektiv sachfremden, Erwägungen habe leiten lassen und sich damit außerhalb jeder Rechtsanwendung überhaupt gestellt, also seiner Entscheidung in Wahrheit gar kein Bundesrecht mehr zugrunde gelegt habe. Beruhe die angefochtene Entscheidung in diesem Sinne nicht auf Bundesrecht, könne sie (wieder) eine grundrechtliche Gewährleistung der Landesverfassung verletzen.

Bereits bei dem Versuch einer Darstellung oben unter B III hatte sich gezeigt, daß eine dogmatische Durchdringung dieses Ansatzes bisher fehlt. Dieses Manko wurde auch vom Schrifttum nicht ausgeglichen. Literarische Einlassungen sind stets knapp und weisen, sofern kritisch, einerseits auf die Unschärfe der Willkürformel hin und dabei insbesondere auf die fehlende Grenze zwischen fehlerhafter Anwendung und willkürlicher (Nicht-) Anwendung von Bundesrecht[228] und andererseits auf die Inkonsequenz, die darin liegen soll, daß der Bayerische Verfassungsgerichtshof bei Verfahrensgrundrechtssachen grundsätzlich anders verfahre und die oben behandelte Parallelkonstruktion heranziehe[229]. Das Fehlen einer ausführlichen Herleitung stellt bereits für sich einen gravierenden Kritikpunkt dar. Der Mangel klarer Konturen erschwert eine substantiierte Sachauseinandersetzung zudem erheblich.

---

[228] *Johannes Dietlein* (Landesverfassungsbeschwerde und Einheit des Bundesrechts, NVwZ 1994, 6 [8 li. Sp.]); *Bernt Lemhöfer* (Landesverfassungsgerichte als kleine Bundesverfassungsgerichte?, NJW 1996, 1714 [1721 re. Sp.]), *Dieter Wilke* (Landesverfassungsgerichtsbarkeit und Einheit des Bundesrechts, NJW 1993, 887 [889]); *Hans-Ullrich Paeffgen* (Wozu dient der Strafprozeß und inwieweit darf ein Landesverfassungsgericht in ihn intervenieren?, NJ 1993, 152 [158]); *Rudolf Steinberg* (Landesverfassungsgerichtsbarkeit und Bundesrecht, in: 50 Jahre Verfassung des Landes Hessen, 1997, S. 356 [379]); *Eckart Klein/Andreas Haratsch* (Landesverfassung und Bundesrecht - BerlVerfGH, NJW 1993, 515; in: JuS 1994, 559 [561]), vgl. insbesondere auch *Jörg Berkemann* (Ein Landesverfassungsgericht als Revisionsgericht - Der Streitfall Honecker, NVwZ 1993, 409 [415 f.]) mit Anmerkungen zur Willkürrechtsprechung des Bundesverfassungsgerichts. Siehe auch BerlVerfGH NJW 1994, 436 (438).

[229] Vgl. oben in diesem Teil unter B I 1.

Auf der Hand liegt zunächst der Einwand, daß der *landes*rechtliche Willkürmaßstab nicht für die Überprüfung einer Anwendung von *Bundes*recht herangezogen werden kann[230], daß die allgemeine Problematik sich also nicht nur bei den Freiheitsrechten, sondern auch beim Gleichheitssatz stellt, der als normative Grundlage für das Willkürverbot herangezogen wird. Denn auch hinsichtlich der Prüfung, ob bei der Anwendung von Bundesrecht der Gleichheitssatz außer acht gelassen worden ist, gilt der Einwand, daß Bundesrecht und seine Anwendung wegen seines höheren Ranges vom Gleichheitssatz der Landesverfassung nicht beeinflußt werden kann. Sollte sich die Willkürkonstruktion in dieser Behauptung erschöpfen, wäre sie in der Tat leicht angreifbar. Ob Bundesrecht willkürlich angewendet worden ist, kann sich nämlich allein nach Bundesrecht bestimmen.

Der Kunstgriff der Willkürkonstruktion liegt jedoch offenbar in folgendem Perspektivwechsel: Der Blick wird vom allgemeinen Rangverhältnis der Rechtsnormen weggelenkt hin zur Frage der Rechtfertigung einer konkreten (Eingriffs-) Maßnahme. Zentrum der Argumentation im Falle einer Kassation ist es danach, dem angefochtenen Eingriffsakt seine bundesrechtliche Legitimation zu nehmen und dann in einem zweiten Schritt festzustellen, daß dieser Akt "wieder" Landesgrundrechte verletzt (vgl. *Gerhard Körner*[231], *Willi Geiger*[232], *Ludwig Schäfer*[233]). Besonders deutlich findet sich eine solche Begründung bei *Geiger*. Ausgehend davon, daß die *korrekte* Anwendung von Bundesrecht eine Bestimmung der Landesverfassung nicht verletzen könne, wendet sich *Geiger* dem Fall zu, daß die Landesbehörde bzw. das Landesgericht in Ausführung eines gültigen Bundesgesetzes dieses *Recht unrichtig angewandt* hat[234]. Dies nachzuprüfen - so *Geiger* - stehe dem Landesverfassungsgericht allerdings nicht

---

[230] Vgl. *Walter Schmitt Glaeser/Hans-Detlef Horn,* Die Rechtsprechung des Bayerischen Verfassungsgerichtshofs, BayVBl. 1992, 673 (685) ("Widerspruch").

[231] *Gerhard Körner,* Bayerische Verfassungsbeschwerde und Bundesrecht, DÖV 1962, 295 (300): Der an sich selbstverständliche Grundsatz, daß die Zuständigkeit des Bayerischen Verfassungsgerichtshofs bei Bundesrecht entfalle, da dieses von der Landesverfassung nicht beeinflußt werden könne, könne nur dann gelten, wenn und soweit sich die Auslegung im Rahmen der bundesrechtlichen Normen halte und von ihnen gedeckt werde. Es müsse dem Verfassungsgerichtshof - so *Körner* (a.a.O.) weiter - in jedem Fall unbenommen bleiben, als Vorfrage zu klären, ob dem angegriffenen Urteil eine den Bereich der bundesrechtlichen Normen sprengende Auslegung zugrunde liege.

[232] *Willi Geiger,* Die Verfassungsbeschwerde nach Bundes- und Landesrecht, DRiZ 1969, 137 (139).

[233] *Ludwig Schäfer,* Die Kassation gerichtlicher Entscheidungen durch den Bayerischen Verfassungsgerichtshof, in: Festschrift 25 Jahre Bayer. Verfassungsgerichtshof, S. 259 (274 f.)

[234] Vgl. auch *Wilfried Berg,* Kassation gerichtlicher Urteile, die in bundesrechtlich geordneten Verfahren ergangen sind, in: Starck/Stern (Hrsg.), Landesverfassungsgerichtsbarkeit II, 1983, S. 529 (547), der die Entscheidungszuständigkeit eines Landesverfassungsgerichts bereits bei einem einfachen Rechtsanwendungsfehler annimmt.

zu. "Nicht einmal das Bundesverfassungsgericht hält sich dazu befugt, weil es sonst in die Rolle eines Revisionsgerichts geriete. Dieselbe Überlegung gilt auch für die Landesverfassungsgerichte. Nur wenn der Verwaltungsakt sich so weit vom anzuwendenden Bundesrecht entfernt, daß er als Willkürakt erscheint - der Bayerische Verfassungsgerichtshof spricht auch von 'reinem Machtakt' -, wenn er sich also in Wahrheit nicht mehr auf das einschlägige Bundesrecht stützen kann, also bar jeder rechtlichen Stütze ist, kann er wieder eine Grundrechtsbestimmung der Landesverfassung verletzen." Deshalb sei eine so begründete Verfassungsbeschwerde zulässig[235].

Legt man dieses Verständnis zugrunde, ist die vermeintlich einstufige Prüfung in Bayern, ob der landesverfassungsrechtliche Willkürmaßstab verletzt sei, offenbar eine *mehrstufige* Prüfung. Als vorgelagerte Frage wird geprüft, ob die Anwendung von Bundesrecht willkürlich erfolgt ist, wobei Prüfungsmaßstab Bundesrecht ist. Zur (inzidenten) Feststellung einer "einfachen" Bundesrechtswidrigkeit sieht sich dabei das Verfassungsgericht gegenüber der Fachgerichtsbarkeit nicht befugt[236]. Wenn sich auf dieser ersten Prüfungsstufe ergeben hat, daß die angegriffene Entscheidung auf Willkür beruht und nicht durch das Bundesrecht gedeckt ist, tritt das Verfassungsgericht in die sachliche Prüfung der Verfassungsbeschwerde ein. Insoweit liegt stets ein Verstoß vor gegen den Gleichheitssatz der Landesverfassung, dem die Landesverfassungsgerichte den materiell-rechtlichen Willkürmaßstab entnehmen[237]. Schließlich wird auf einer weiteren Stufe die Verletzung der übrigen Landesgrundrechte geprüft.

Gleichwohl ergeben sich auch gegen die so verstandene Willkürkonstruktion durchgreifende materiell-rechtliche und kompetenzrechtliche Bedenken.

Materiell-rechtlich kann die Willkürkonstruktion - wie bereits die Parallelkonstruktion[238] - die konkrete Anwendbarkeit von Landesgrundrechten nicht begründen. Durch ein willkürliches Gebaren eines Landesrichters wird nicht die Landesverfassung letzter und entscheidender Prüfungsmaßstab für einen Fall, den der einfache Bundesgesetzgeber abschließend geregelt hat. Das Landesver-

---

[235] *Willi Geiger*, Die Verfassungsbeschwerde nach Bundes- und Landesrecht, DRiZ 1969, 137 (139). *Jörg Berkemann* deutet dies als Variante der *ultra-vires*-Lehre: "Wenn ein bayerischer Richter willkürlich entscheidet, dann hat im Sinne der bundesrechtlichen Verfahrensordnung noch kein Gericht wirksam entschieden. Der [Bayerische Verfassungsgerichtshof] sorge daher nur dafür, daß die bundesrechtliche Ordnung durch einen willkürfrei judizierenden bayerischen Richter umgesetzt werde" (Ein Landesverfassungsgericht als Revisionsgericht - Der Streitfall Honecker, NVwZ 1993, 409 [416]).

[236] Vgl. zur kompetenzrechtlichen "Seite" des Willkürkriteriums (Abgrenzung zwischen Verfassungs- und Fachgerichtsbarkeit) oben unter B III.

[237] Vgl. zur materiell-rechtlichen "Seite" des Willkürkriteriums (materieller Prüfungsmaßstab) oben unter III.

[238] Vgl. dazu oben unter C I 1 b.

fassungsgericht müßte also auch in diesen Fällen zwingend Bundesrecht *prinzipaliter* anwenden, was es bei limitierter Prüfungsbefugnis gerade nicht darf. Aus der Feststellung, daß Bundesrecht wegen Willkür "nicht angewendet" worden sei, folgt nicht, daß nunmehr Landesgrundrechte unmittelbare Anwendung fänden.

Kompetenzrechtlich ist ein prüfungslimitiertes Landesverfassungsgericht nicht in der Lage, dem Landesfachgericht eine willkürliche Anwendung und Auslegung von Bundesrecht vorzuwerfen. So kann beispielsweise ein Landesverfassungsgericht mit limitierter Prüfungskompetenz *verbindlich* nur über die Auslegung seiner Landesverfassung entscheiden (also hier darüber, ob das landesrechtliche Willkürverbot verletzt worden ist), nicht aber hinsichtlich seiner "inzidenten" Auslegung des Bundesrechts. Somit könnte das Fachgericht, an das das Landesverfassungsgericht nach Aufhebung zurückverweist, wohl rechtlich einwandfrei wieder die alte Entscheidung mit der gleichen Begründung treffen und sich darauf berufen, daß ihm diese Entscheidung durch Bundesrecht vorgegeben sei und daß die abweichende Auffassung des Verfassungsgerichts zu dessen angeblich willkürfreier Auslegung und Anwendung ihm gegenüber keine Bindungswirkung entfalte[239].

IV. Zusammenfassung

Die genannten Ausweichkonstruktionen der Rechtsprechung können letztlich deswegen nicht überzeugen, weil sie die Zulässigkeitsproblematik der Landesverfassungsbeschwerde gegen die Anwendung von Bundesrecht allein im Bereich des materiellen Rechts (Bindung der Bundesrecht anwendenden Landesstaatsgewalt auch an die Landesgrundrechte) lösen wollen und dabei von der entscheidenden kompetenzrechtlichen Frage (nach der Entscheidungszuständigkeit der Landesverfassungsgerichtsbarkeit) ablenken. Dieser grundsätzliche Einwand spiegelt sich in den zwei folgenden Gegenargumenten:

- Der materiell-rechtliche Einwand aus Art. 31 GG bleibt in seinem Kern unwiderlegt. Dadurch, daß Art. 31 GG eine Kollision voraussetzt und Bundes(verfassungs)recht daher inhaltsgleiches Landesverfassungsrecht nicht verdrängt, wird das Landesverfassungsrecht einfachem Bundesrecht nicht übergeordnet. Daher kann ein Landesgrundrecht nicht auf die in abschließender Weise durch Bundesrecht geordnete Rechtsbeziehung einwirken. *Parallel- und Willkürkonstruktion* sind daher nicht in der Lage, die konkrete Anwendbarkeit von Landesgrundrechten und damit auch die Überprüfbarkeit

---

239 Vgl. dazu oben unter C I 2 und C II 2.

nach deren Maßstab zu begründen, wenn abschließendes Bundesrecht auszulegen und anzuwenden ist (vgl. dazu oben C I 1, III). Soweit das Bundesrecht Spielräume aufweist, kann - dies ist der *Spielraumkonstruktion* zuzugeben - Landesrecht und damit auch Landesverfassungsrecht herangezogen werden. Allerdings wird man schon zur Vermeidung regional differenzierten „Bundesrechts" von der Vermutung auszugehen haben, daß der Bundesgesetzgeber die jeweilige Sachmaterie abschließend normieren wollte, so daß der zulässige Anwendungsbereich der Spielraumkonstruktion nicht sehr groß sein wird (vgl. oben C II 1).

- Das kompetentielle Dilemma wiederholt sich im Verhältnis der Landesverfassungsgerichtsbarkeit zur Landes*fachgerichtsbarkeit*. Ein Landesverfassungsgericht, das prinzipaliter ausschließlich die Verletzung von Landesgrundrechten prüfen und feststellen darf, ist gehindert, die Rechtsauffassung der Fachgerichtsbarkeit hinsichtlich der richtigen Auslegung und Anwendung von Bundesrecht im zu entscheidenden Fall zu verwerfen und durch die eigene Auffassung zu ersetzen. Das - prüfungslimitierte - Landesverfassungsgericht hat gegenüber der (Landes-) Fachgerichtsbarkeit keine vorrangige Prüfungs- und Entscheidungszuständigkeit für die Anwendung und Auslegung von Bundes(verfassungs)recht (vgl. oben C I 2, II 2 und III).

Angesichts dieses Befundes erscheint es erfolgversprechender, wenn man die das Dilemma der Landesverfassungsgerichte herbeiführende kompetenzrechtliche Annahme, sie seien gehindert, auch *Bundes*grundrechte als prinzipalen Prüfungsmaßstab heranzuziehen, erneut und ernsthaft überprüft. Dies wird Gegenstand des Zweiten Teils dieser Untersuchung sein.

Zweiter Teil:

Zur Abgrenzung und Zuordnung der Prüfungszuständigkeiten zwischen Bundes- und Landesverfassungsgerichtsbarkeit

Die kritischen Überlegungen des Ersten Teils haben gezeigt, daß die bisherigen Ansätze in der Rechtsprechung, die Zulässigkeit einer allein auf Landesgrundrechte gestützten Landesverfassungsbeschwerde gegen die fachgerichtliche Anwendung von Bundesrecht zu begründen, auf durchgreifende Bedenken stoßen. Die Aufgabe, das Vorrangigkeitsargument (Art. 31 GG) zu widerlegen oder zumindest abzuschwächen, scheint nach allem nicht lösbar. Die Anwendung von (abschließendem) Bundesrecht wird daher für ein Verfassungsgericht nur nach Maßgabe des Bundesverfassungsrechts überprüfbar sein, nicht jedoch nach Maßgabe des jeweiligen Landesverfassungsrechts. Entscheidend für die Zulässigkeit der Landesverfassungsbeschwerde gegen die Anwendung von Bundesrecht ist somit die kompetenzrechtliche Frage, ob die Verfassungsgerichte der Länder auch *Bundes*grundrechte als *prinzipalen* Prüfungsmaßstab heranziehen dürfen.

Diese kompetenzrechtliche Fragestellung ist Teil der überaus komplexen Problematik, wie die Zuständigkeiten der Verfassungsgerichte in Bund und Ländern voneinander abzugrenzen und einander zuzuordnen sind[240]. Die Antwort darauf hängt entscheidend davon ab, nach welchen Prinzipien sich das Verhältnis zwischen Bundes- und Landesverfassungsgerichtsbarkeit gestaltet[241].

Aktuell wird das Abgrenzungsproblem dort, wo Bundes- und Landesverfassungsgerichte parallel zuständig sind und mit ein und derselben "Angelegenheit" zugleich befaßt werden können. In dieser Weise doppelspurige Verfahren finden sich bei der Normenkontrolle und bei der Verfassungsbeschwerde. Hier kann es

---

[240] Vgl. bereits früh *Willi Geiger* (Die Bundesverfassungsgerichtsbarkeit in ihrem Verhältnis zur Landesverfassungsgerichtsbarkeit und ihre Einwirkung auf die Verfassungsordnung der Länder, in: Festschrift für Wilhelm Laforet, 1952, S. 251 ff.). Vgl. ferner *Ernst Friesenhahn*, der mit Blick auf die Verschränkung von Bundes- und Landesrecht von einer "höchst kompliziert[en]" Rechtslage spricht (Zur Zuständigkeitsabgrenzung zwischen Bundesverfassungsgerichtsbarkeit und Landesverfassungsgerichtsbarkeit, in: Starck [Hrsg.], Bundesverfassungsgericht und Grundgesetz, Erster Band, 1976, S. 748 [752])

[241] Nach *Joachim Burmeister* handelt es sich bei diesem Verhältnis um "die am wenigsten geklärte Fundamentalfrage der Verfassungsgerichtsbarkeit überhaupt" (Vorlagen an das Bundesverfassungsgericht nach Art. 100 Abs. 3 GG, in: Starck/Stern [Hrsg.], Landesverfassungsgerichtsbarkeit, Teilband II, 1983, S. 399 [426]).

zu schwierigen Konfliktsituationen kommen, wenn etwa sowohl das Bundes- als auch das Landesverfassungsgericht aussetzen, um die Entscheidung des anderen abzuwarten, wenn sich einstweilige Anordnungen der Verfassungsgerichte widersprechen oder wenn die Gerichte dieselbe Rechtsfrage verschieden beurteilen.

Das bis heute maßgebliche Abgrenzungsmodell fand seine grundlegende Herleitung und Ausarbeitung durch *Erich Friesenhahn.* Nach diesem Modell sind Prüfungsmaßstab der Landesverfassungsgerichte in jedem bei ihnen zulässigerweise anhängig gemachten Verfahren ausschließlich Normen des Landesverfassungsrechts.

Ziel dieses Zweiten Teils ist es zunächst, den Grundsatz der limitierten Prüfungskompetenz kritisch zu hinterfragen. Dazu wird die *Friesenhahnsche* Theorie und ihre Entwicklung näher betrachtet (siehe sogleich unter A.) und mit dem Gegenmodell von *Joachim Burmeister* konfrontiert (siehe unten unter B.). Die sich anschließende Kritik an den Theorien der maßstabsbezogenen Prüfungslimitierung (*Friesenhahn*) und der gegenstandsbezogenen Verteilung der Verfahren (*Burmeister*) (siehe unten unter C.) bereitet den Boden für ein drittes Modell, welches das rigorose Ausschließlichkeitsprinzip des *Friesenhahnschen* Ansatzes durch ein flexibles Vorrangigkeitsprinzip ersetzt. Dieser neue Ansatz lehnt sich eng an der Rechtsprechung des Bundesverfassungsgerichts an und ermöglicht es dem Landesgesetzgeber grundsätzlich, dem jeweiligen Verfassungsgericht die Zuständigkeit zur Prüfung auch nach Maßgabe der Bundesgrundrechte zuzuweisen; zugleich gewährleistet es die "vorrangige Prüfungs- und Entscheidungszuständigkeit" und insbesondere die "abschließende Entscheidungszuständigkeit" des Bundesverfassungsgerichts für das Bundes(verfassungs)recht (BVerfGE 69, 112) (siehe unten unter D.). Der letzte und Dritte Teil wird diesen neuen Ansatz für das Verfahren der Landesverfassungsbeschwerde konkretisieren.

A. Der Grundsatz der limitierten Prüfungskompetenz und seine Herleitung durch *Ernst Friesenhahn*

Durchmustert man die Belege für die Annahme einer Prüfungslimitierung stößt man letztlich immer wieder auf *Friesenhahn* als mit Abstand wichtigsten Gewährsmann[242]. Daher werden sich die folgenden Ausführungen ganz wesentlich auf seine Überlegungen konzentrieren[243]. 1976 bringt *Friesenhahn* seine Auffassung nochmals wie folgt auf den Punkt:

> "In der Bundesrepublik Deutschland gelten die Bundesverfassung und die Landesverfassungen auf zwei verschiedenen staatlichen Ebenen, so daß es für den Gesamtstaat nicht eine 'Verfassungsmäßigkeit' staatlichen Handelns schlechthin gibt, sondern eine

---

[242] Der Einfluß und Erfolg seiner Annahme der maßstabsbezogenen Prüfungslimitierung dürfte zum einen darin begründet liegen, daß er - zusammen mit (seinem Gegenspieler) *Willi Geiger* - die maßgeblichen Beiträge zu dem Verhältnis von Bundes- und Landesverfassungsgerichtsbarkeit zumindest für den Beginn der Bundesrepublik geliefert hat und ihm daher eine besondere Autorität gerade in diesen Fragen zukommt. Zurecht kommt *Joachim Burmeister* (Vorlagen an das Bundesverfassungsgericht nach Art. 100 Abs. 3 GG, in: Starck/Stern [Hrsg.], Landesverfassungsgerichtsbarkeit, Teilband II, 1983, S. 399 [433]) zu der Bewertung, daß *Friesenhahn* "die scharfsinnigsten Überlegungen zur Zuständigkeitsabgrenzung zwischen Bundes- und Landesverfassungsgerichtsbarkeit zu verdanken sind". - Zum anderen beruht der Erfolg wohl auch auf der Klarheit, der Einfachheit und - wenn die ästhetische Betrachtung dogmatischer Konzepte möglich und erlaubt ist - der "Schönheit" seiner These. Aber gerade die Eingängigkeit der räumlich-geometrischen Darstellung und die dadurch so leichtgemachte Identifizierung von Verfassungsräumen, Rechtskreisen und Kompetenzbereichen sollte zur Vorsicht mahnen, auch wenn man nicht die grundsätzliche Kritik von *Rudolf Smend* in dieser Schärfe teilt, daß die verräumlichenden-mechanisierenden Gedankenbilder Ausdruck eines un- bzw. vorkritischen, ja naiven Denkens seien (Verfassung und Verfassungsrecht, in: ders., Staatsrechtliche Abhandlungen, 3. Aufl., 1994, S. 119 [125, 127, 223]).
Auf *Friesenhahn* stützen sich beispielsweise: *Wolfgang Rüfner*, Zum Verhältnis von Bundes- und Landesverfassungsgerichtsbarkeit im Bereich der Grundrechte, DÖV 1967, 668 Fußn. 3, *Ekkehard Schumann*, Verfassungsbeschwerde (Grundrechtsklage) zu den Landesverfassungsgerichten, in: Starck/Stern (Hrsg.), Landesverfassungsgerichtsbarkeit, Teilband II, 1983, S. 149 (201), *Klaus Stern*, Das Staatsrecht der Bundesrepublik Deutschland, Band I, 1984, § 19 III 5 d ß, S. 708 Fußn. 389.

[243] Auch *Jochen Rozek* (Das Grundgesetz als Prüfungs- und Entscheidungsmaßstab der Landesverfassungsgerichte, 1993, S. 56 mit Fußn. 12) verweist zur Begründung der maßstabsbezogenen Prüfungslimitierung auf *Ernst Friesenhahn*. Zugleich besinnt sich *Rozek* jedoch - wie zuvor schon der Bayerische Verfassungsgerichtshof - auf das konkrete Problem der Zuständigkeitskonkurrenz und der damit verbundenen Gefahr der Zuständigkeitskollisionen und sieht in der Vermeidung dieser Kollisionen die eigentliche Begründung für die strikte Limitierung der landesverfassungsgerichtlichen Prüfungszuständigkeiten (a.a.O., S. 55, 275-278); vgl. dazu unten in diesem Teil unter B III 3 a.E..

Verfassungsmäßigkeit bezogen entweder auf das Grundgesetz oder auf eine bestimmte Landesverfassung. Wenn aber die Verfassungsgerichtsbarkeit des Bundes und der Länder je auf verschiedene Verfassungsräume bezogen ist, so muß sich daraus grundsätzlich auch eine Begrenzung ihrer Kompetenzen auf den jeweiligen Verfassungsraum ergeben."[244]

Auffallend ist das hohe Abstraktionsniveau dieser Herleitung, die eine Verbindung herstellt zwischen der Trennung der "Verfassungsräume" von Bund und Ländern auf der einen Seite und einer grundsätzlich deckungsgleich verlaufenden Trennung der jeweiligen verfassungsgerichtlichen Kompetenzbereiche auf der anderen Seite. Verbindungsstück ist dabei die besondere "Bezogenheit" eines Verfassungsgerichts auf "seinen" Verfassungsrechtskreis. Die nähere Bestimmung dieses noch unspezifischen Begriffs der "Bezogenheit" ist die entscheidende Frage[245]. Will man der *Friesenhahnschen* These gerecht werden, muß man sich mit seiner bereits früher entwickelten Lehre von den verschiedenen Rechtskreisen und den diesen jeweils entsprechenden Gerichtsbarkeiten vertraut machen.

I. Die *Friesenhahnsche* "Sphärentheorie" und ihre Weimarer Wurzeln

Die theoretische Grundlage seiner Konzeption hat *Friesenhahn* bereits bei seiner grundsätzlichen Beschäftigung mit dem Begriff der "Staatsgerichtsbarkeit" noch unter der Geltung der Weimarer Reichsverfassung gelegt[246]. *Friesenhahn* bestimmt in seinem Beitrag von 1932 einen materiell-funktionalen Begriff von Staatsgerichtsbarkeit in Abgrenzung zu anderen Arten von Rechtsprechung und löst sich dabei von der Betrachtung einer formell-institutionellen Gerichtsbarkeit mit konkreten gesetzlichen Zuständigkeiten[247]. Prägend für seine Begriffsbildung waren allerdings die klassischen Verfassungsstreitverfahren

[244] *Ernst Friesenhahn*, Zur Zuständigkeitsabgrenzung zwischen Bundesverfassungsgerichtsbarkeit und Landesverfassungsgerichtsbarkeit, in: Starck (Hrsg.), Bundesverfassungsgericht und Grundgesetz, Erster Band, 1976, S. 748 (751).

[245] Vgl. dazu insbesondere unten in diesem Teil unter D II 6.

[246] *Ernst Friesenhahn*, Die Staatsgerichtsbarkeit, in: Anschütz/Thoma (Hrsg.), Handbuch des Deutschen Staatsrechts, Band 2, 1932, § 98, S. 523 (523-527).

[247] "Als materielle Begriffe decken sie [die verschiedenen Arten von Rechtsprechung wie "Verfassungsgerichtsbarkeit", "Bundesverfassungsgerichtsbarkeit" und "Bundesgerichtsbarkeit", die zusammen die *Staatsgerichtsbarkeit* ausmachen] sich nicht mit der Zuständigkeit eines Staatsgerichtshofes: nicht alles, was Staatsgerichtshöfe tun, ist Staatsgerichtsbarkeit, nicht alle Staatsgerichtsbarkeit wird von Staatsgerichtshöfen ausgeübt." (*Ernst Friesenhahn*, Die Staatsgerichtsbarkeit, a.a.O. S. 526). Vgl. zu diesem "funktionsrechtlichen" Ansatz unten in diesem Teil unter D I 1.

(Verfassungsstreitigkeiten zwischen Reich und Ländern, zwischen den Ländern und innerhalb eines Landes), was auch der historischen Entwicklung[248], den wesentlichen Zuständigkeiten des Reichsstaatsgerichtshofs[249] und dem Erkenntnisinteresse innerhalb der damaligen Grundsatzdiskussion[250] entsprach. Demgegenüber sind nach *Friesenhahns* Konzeption die abstrakte Normenkontrolle und die Verfassungsbeschwerde[251] keine "eigentliche" bzw. *materielle* Rechtsprechung, worunter *Friesenhahn* die Anwendung des Rechts auf einen konkreten Tatbestand zum Zweck der Entscheidung eines Streites zwischen zwei Parteien durch einen von den Parteien unabhängigen Dritten versteht[252]. So gehöre die Entscheidung im Verfahren der abstrakten Normenkontrolle in den Bereich der materiellen Staatsfunktion Gesetzgebung[253]; die Verfassungsbeschwerde, mit dem die Staatsbürger die Verletzung eines verfassungsmäßig gewährleisteten Rechts durch die Verfügung oder Entscheidung einer Behörde geltend machen, ist für *Friesenhahn* ein besonderes, der Verwaltungsgerichtsbarkeit zugehöriges

---

[248] Vgl. die prägnante Darstellung bei *Ernst Friesenhahn*, Die Staatsgerichtsbarkeit, a.a.O. S. 527-529). Vgl. ferner *Ulrich Scheuner*, Die Überlieferung der deutschen Staatsgerichtsbarkeit im 19. und 20. Jahrhundert, in: Starck (Hrsg.), Bundesverfassungsgericht und Grundgesetz, Erster Band, 1976, S. 1 ff.

[249] Vgl. Art. 19 WRV, dazu etwa der Überblick bei *Jochen Rozek* (Das Grundgesetz als Prüfungs- und Entscheidungsmaßstab der Landesverfassungsgerichte, 1993, S. 135 ff. m.w.N.) und unten im Dritten Teil unter A 4. Eine Verfassungsbeschwerde gab es auf Reichsebene nicht, sondern nur in Bayern (vgl. dazu etwa *Ekkehard Schumann*, Verfassungsbeschwerde [Grundrechtsklage] zu den Landesverfassungsgerichten, in: Starck/Stern [Hrsg.], Landesverfassungsgerichtsbarkeit, Teilband II, 1983, S. 149 [174 ff.]). Das geltende Recht wies in Art. 13 Abs. 2 WRV die Entscheidung über die Vereinbarkeit von Landesrecht mit Reichsrecht nicht dem Reichsstaatsgerichtshof zu, sondern obersten Gerichtshöfen des Reiches, insbesondere dem Reichsgericht, das auch das sog. richterliche Prüfungsrecht hinsichtlich der Reichsgesetze in Anspruch nahm (vgl. in diesem Zusammenhang nur die weiteren Hinweise bei *Jochen Rozek*, Das Grundgesetz als Prüfungs- und Entscheidungsmaßstab der Landesverfassungsgerichte, 1993, S. 136 f. in Fußn. 357).

[250] Schwerpunkt der Diskussion war nicht nur die übergreifende Frage nach dem Hüter der Verfassung, sondern auch die Klärung verfassungsprozessualer Fragen nach dem Begriff der Verfassungsstreitigkeit und nach der Abgrenzung der "Faktoren" des öffentlichen Lebens, die einen solchen Streit vor Gericht bringen konnten. Vgl. knapp *Ulrich Scheuner*, Überlieferung, a.a.O. S. 50 ff., 57.

[251] Allein die Verfassung des Freistaates Bayern vom 14. August 1919 kannte die Verfassungsbeschwerde, für die nicht wie bisher das Parlament, sondern der Staatsgerichtshof zuständig war (vgl. dazu *Ekkehard Schumann*, Verfassungsbeschwerde [Grundrechtsklage] zu den Landesverfassungsgerichten, in: Starck/Stern [Hrsg.], Landesverfassungsgerichtsbarkeit, Teilband II, 1983, S. 149 [174 ff.]).

[252] "Rechtsprechung" als Funktionsbegriff im "eigentlichen", im materiellen Sinne definiert (*Ernst Friesenhahn*, Die Staatsgerichtsbarkeit, a.a.O. S. 524). Vgl. den ausdrücklichen Hinweis auf *Richard Thomas* "Funktionenlehre" in *Ernst Friesenhahn*, Über Begriff und Arten der Rechtsprechung, in: Festschrift für Richard Thoma, 1950, S. 19 (21).

[253] *Ernst Friesenhahn*, Die Staatsgerichtsbarkeit, a.a.O. S. 526.

Rechtsmittel[254]. Daher sind sowohl abstrakte Normenkontrolle als auch Verfassungsbeschwerde nicht Staatsgerichtsbarkeit, sondern "Verfassungsschutz durch formelle Gerichtstätigkeit"[255].

Das Ziel seiner Untersuchung und seines methodischen Ansatzes waren neben verfassungspolitischen Handhaben auch verfassungsprozessuale Rechtsfragen wie Zuständigkeit und Parteifähigkeit; ausdrücklich nannte er dabei auch die klare Abgrenzung von Prüfungszuständigkeiten:

> "Die Aufstellung eines präzisen materiellen Begriffs von Staatsgerichtsbarkeit hat den Sinn, der Gesetzgebungspolitik Handhaben für die Zuteilung von Zuständigkeiten zu geben, in Zweifelsfällen *de lege lata*, insbesondere bei allgemeinen Klauseln, zu richtigen Entscheidungen über Zuständigkeit und Parteifähigkeit zu führen, den Mißbrauch einer Form des Verfassungsschutzes für Zwecke anderer Verfahren zu verhüten, *endlich im Zusammenhang mit der Lehre von den Rechtskreisen der Prüfungszuständigkeit der Gerichte Grenzen zu ziehen und für klare Abgrenzung der Kompetenzen der Gerichte der verschiedenen Rechtskreise zu sorgen.*"[256]

Zentral für seine Herleitungen und begrifflichen Unterscheidungen ist der Begriff des Rechtskreises. Bestimmten Rechtskreisen werden entsprechende (materielle) Gerichtsbarkeiten zugeordnet:

> "Es können nicht nur verschiedene Rechtsordnungen verschiedene Rechtssubjekte zum Ausgangspunkt nehmen, sondern auch innerhalb einer Rechtsordnung selbst kann ein Teil der Normen nur die Beziehungen zwischen bestimmten Subjekten ordnen, ein anderer die Beziehungen zwischen anderen Subjekten. Demnach lassen sich die Rechtsnormen in *Rechtskreise* einteilen, die durch die normierten Rechtsbeziehungen bestimmt sind, und die Begriffe des Rechtssubjekts und des subjektiven Rechts sind nicht durchgängig dieselben, vielmehr für jeden Rechtskreis aus der sachlichen Eigenart des Lebensgebiets heraus in ihrer besonderen Gestalt zu entwickeln."[257] Beispielsweise ergäben sich so "der (Zivil-) Rechtskreis zwischen Privaten, der (Verwaltungs-) Rechtskreis zwischen Staat und Bürger, der (Verfassungs-) Rechtskreis zwischen den am Verfassungsleben beteiligten Faktoren, der (Bundesverfassungs-) Rechtskreis zwischen Reich und Ländern und zwischen den Ländern, der (Völker-) Rechtskreis zwischen dem Reich und auswärtigen Staaten. Für jeden derartigen Rechtskreis ergibt sich die besondere ihm zuge-

---

[254] *Ernst Friesenhahn,* Die Staatsgerichtsbarkeit, a.a.O. S. 527.

[255] *Ernst Friesenhahn,* Die Staatsgerichtsbarkeit, a.a.O. S. 526.

[256] *Ernst Friesenhahn,* Die Staatsgerichtsbarkeit, a.a.O. S. 527 (Hervorhebungen am Ende vom Verfasser).

[257] *Ernst Friesenhahn,* Die Staatsgerichtsbarkeit, a.a.O. S. 524 (Hervorhebung im Original).

hörige Rechtsprechung als Entscheidung der zwischen den Subjekten dieses Rechtskreises entstandenen, in den Rechtsbeziehungen dieses Rechtskreises wurzelnden Streitigkeiten."[258]

Als Beispiel soll hier die Verfassungsorganstreitigkeit *innerhalb* einer staatlichen Einheit genannt werden, deren Entscheidung *Friesenhahn* als "Verfassungsgerichtsbarkeit" bezeichnet.

> "Träger eines verfassungsrechtlichen Rechtsverhältnisses kann nur sein, wer im Verfassungsrechtskreis, Verfassung im materiellen Sinn genommen, mit Rechten und Pflichten ausgestattet ist, d. h. wer dazu berufen ist, am inneren Leben des Staates teilzunehmen, mitzuhelfen an der Bildung eines einheitlichen Staatswillens. Das können höchste Staatsorgane, Organteile, ja auch andere soziale Gebilde, wie z. B. politische Parteien, sein. Wenn das Verfassungsrecht die Aufgaben der inneren Staatswillensbildung unter mehrere Organe verteilt, ihnen einen selbständigen Bereich zuweist oder ihr Zusammenspiel mit anderen ordnet, auch Organteile mit besonderen Befugnissen ausstattet, so werden diese Organe und Organteile insoweit, d. h. für den Verfassungsrechtskreis, gegenüber dem Staat verselbständigt, als eigene Rechtspersönlichkeiten gedacht. Die Entscheidung von Rechtsstreitigkeiten aus verfassungsrechtlichen Rechtsverhältnissen zwischen diesen Faktoren des inneren Staatslebens ist echte Rechtsprechung. Man kann diese Art der Rechtsprechung als *Verfassungsgerichtsbarkeit* bezeichnen."[259]

Den bisher skizzierten Ansatz hat er bis in Einzelheiten auf die (Verfassungs-) Gerichtsbarkeit unter dem Grundgesetz übertragen[260].

---

[258] *Ernst Friesenhahn,* Die Staatsgerichtsbarkeit, a.a.O. S. 524.

[259] *Ernst Friesenhahn,* Die Staatsgerichtsbarkeit, a.a.O. S. 524 f. (Hervorhebung im Original). Neben dieser "Verfassungsgerichtsbarkeit" bezeichnet *Friesenhahn* als "Bundesverfassungsgerichtsbarkeit" diejenige materielle Gerichtsbarkeit, die Streitigkeiten zwischen Gesamtstaat und Gliedstaat und zwischen Gliedstaaten, die sich aus Rechtsverhältnissen der "Bundesverfassung" ergeben, entscheidet; Streitigkeiten zwischen Gliedstaaten, die nicht von der "Bundesverfassung", sondern vom Völkerrecht beherrscht werden, entscheidet nach *Friesenhahn* die "Bundesgerichtsbarkeit" (*Ernst Friesenhahn,* Die Staatsgerichtsbarkeit, a.a.O. S. 525 f.).

[260] *Ernst Friesenhahn,* Über Begriff und Arten der Rechtsprechung, in: Festschrift für Richard Thoma, 1950, S. 19 ff. Zum materiellen Rechtsprechungsbegriff vgl. insbes. a.a.O. S. 27, zur Annahme getrennter Rechtskreise S. 37 f. und zu den korrespondierenden Arten der Rechtsprechung S. 42 ff.

II. *Friesenhahns* Folgerungen für das Verhältnis von Bundes- und Landesverfassungsgerichtsbarkeit

Die Errichtung des Bundesverfassungsgerichts mit seiner großen Kompetenzfülle ließ das Problem des *"Ob" der Ausdehnung* der Staats- und Verfassungsgerichtsbarkeit, das die Weimarer Diskussion beherrschte[261], in den Hintergrund treten; mit quantitativ und qualitativ zunehmender Grundrechtsrechtsprechung[262] und begrifflicher Klärung verfassungsprozessualer Fragen verlagerte sich das Problem mehr und mehr weg von der Begründung hin zur Frage der Begrenzung und Beschränkung der verfassungsgerichtlichen Kompetenzen (dem *"Wie" der Zuordnung*)[263]. Das Nebeneinander von Bundesverfassungsgerichtsbarkeit und Landesverfassungsgerichtsbarkeit mit jeweils unterschiedlich ausgebauten Zuständigkeitskatalogen führte von Beginn an allgemein zu "Überschneidungen, gegenseitige[n] Abhängigkeiten und Einwirkungen der einen Gerichtsbarkeit auf die andere, insbesondere auch Einwirkungen der Bundesverfassungsgerichtsbarkeit auf die Verfassungsordnung der Länder"[264] und insbesondere zu "*Zuständigkeitskonkurrenzen*"[265]. Ein und derselbe Sachverhalt kann nach Bundesrecht Gegenstand eines Verfahrens vor dem Bundesverfassungsgericht und nach Landesrecht Gegenstand eines Verfahrens vor dem Landesstaatsgerichtshof bilden; *Hans Schäfer* und *Willi Geiger* bezeichnen dies als die Zweispurigkeit oder *Doppelspurigkeit* der Verfassungsgerichtsbarkeit[266]. Beispiel ist neben der abstrakten Normenkontrolle insbesondere die Verfassungsbeschwerde (vgl. § 90 Abs. 3 BVerfGG). Beide Verfahren können grundsätzlich[267] parallel vor dem

---

[261] Für eine kurze Darstellung vgl. etwa *Ulrich Scheuner*, Überlieferung, a.a.O. S. 50 ff.; *Helmut Simon*, Verfassungsgerichtsbarkeit, in: Handbuch des Verfassungsrechts der Bundesrepublik Deutschland, 2. Aufl., 1994, § 34 Rdnr. 8, S. 1642 m.w.N.

[262] Vgl. nur *Ernst-Wolfgang Böckenförde*, Grundrechte als Grundsatznormen - Zur gegenwärtigen Lage der Grundrechtsdogmatik, Der Staat Bd. 29 (1990), S. 1 ff., insbes. 29-31.

[263] Zu nennen ist hier neben der Abgrenzung zur Gesetzgebung insbesondere das Verhältnis zwischen dem Bundesverfassungsgericht und der Fachgerichtsbarkeit.

[264] *Willi Geiger*, Die Bundesverfassungsgerichtsbarkeit in ihrem Verhältnis zur Landesverfassungsgerichtsbarkeit und ihre Einwirkung auf die Verfassungsordnung der Länder, in: Verfassung und Verwaltung, Festschrift für Wilhelm Laforet, München 1952, S. 251.

[265] *Hans Schäfer*, Das Verhältnis zwischen Bundes- und Landesverfassungsgerichtsbarkeit, JZ 1951, 199. Bei der abstrakten Normenkontrolle bestehe bei inhaltsgleichem Landesverfassungsrecht eine "echte Kompetenzkollision" wie bei der Verfassungsbeschwerde (a.a.O., S. 201, 203). Vgl. ferner auch *Jochen Rozek*, Das Grundgesetz als Prüfungs- und Entscheidungsmaßstab der Landesverfassungsgerichte, 1993, S. 54 f. und unten in diesem Teil unter D I.

[266] *Hans Schäfer*, Das Verhältnis zwischen Bundes- und Landesverfassungsgerichtsbarkeit, JZ 1951, 199 (203); *Willi Geiger*, Die Bundesverfassungsgerichtsbarkeit in ihrem Verhältnis zur Landesverfassungsgerichtsbarkeit und ihre Einwirkung auf die Verfassungsordnung der Länder, in: Verfassung und Verwaltung, Festschrift für Wilhelm Laforet, 1952, S. 251 (263-266).

[267] In den Ländern Berlin, Brandenburg und Mecklenburg-Vorpommern sowie im Saarland

Bundesverfassungsgericht und dem jeweiligen Landesverfassungsgericht eingeleitet werden. Diese Doppelspurigkeit der Verfassungsgerichtsbarkeit führt zu unerfreulichen Zuständigkeitskonkurrenzen, die nicht nur einer strengen Prozeßökonomie nicht ganz entsprechen, sondern auch zu schwierigen Konfliktsituationen führen können[268].

Zur Auflösung dieser Konkurrenz gab es mehrere Vorschläge. So wurden nach zivilprozessualem Vorbild die Figuren der Rechtshängigkeit und der *res judicata* herangezogen[269]. Subsidiaritätsüberlegungen wurden angestellt[270]. *Willi Geiger* befürwortete als letzte Möglichkeit eine Art Kooperation, die unter dem Gebot des bundesfreundlichen Verhaltens die Absprache zwischen den Gerichten fordert; beide Gerichte müßten sich "über die Abfolge der Verfahren verständigen"[271]. Hierbei ist insbesondere an die Möglichkeit der Verfahrensaussetzung zu denken[272] (vgl. etwa § 33 BVerfGG). Ein anderer Ansatz will danach unterscheiden, ob die angefochtene Maßnahme entweder der Bundesstaatsgewalt oder der Landesstaatsgewalt zuzuordnen ist. Früh wurde jedoch erkannt, daß ein derartiger *gegenstands*bezogener Abgrenzungsansatz für das Verhältnis zwischen

---

gelten allerdings (unterschiedliche) Subsidiaritätsregelungen; vgl. dazu oben im Ersten Teil unter A I 1.

[268] Zu denken ist etwa daran, daß beide Verfassungsgerichte aussetzen, um die Entscheidung des anderen abzuwarten; daß sich einstweilige Anordnungen der beiden Gerichte widersprechen; oder daß die Gerichte dieselbe Rechtsfrage verschieden beurteilen (vgl. *Willi Geiger*, Die Bundesverfassungsgerichtsbarkeit in ihrem Verhältnis zur Landesverfassungsgerichtsbarkeit und ihre Einwirkung auf die Verfassungsordnung der Länder, in: Verfassung und Verwaltung, Festschrift für Wilhelm Laforet, 1952, S. 251 [265]).

[269] *Jakob Kratzer*, Artikel 142 des Grundgesetzes und die Grundrechte in der Bayerischen Verfassung, in: Verfassung und Verwaltung, Festschrift für Wilhelm Laforet, 1952, S. 107 (139 f.). Vgl. auch *Erich Milleker*, Kompetenzkonflikt zwischen Bundesverfassungsgericht und einem Landesverfassungsgericht im Rahmen der Verfassungsbeschwerde, DVBl. 1969, 129 (131); zum Begriff des verfassungsgerichtlichen Verfahrensgegenstandes siehe unten in diesem Teil unter D III 3.

[270] Etwa *Ekkehard Schumann*, Verfassungsbeschwerde (Grundrechtsklage) zu den Landesverfassungsgerichten, in: Starck/Stern (Hrsg.), Landesverfassungsgerichtsbarkeit, Teilband II, 1983, S. 149 (196: "*local remedies rule*"); *Joachim Burmeister*, Vorlagen an das Bundesverfassungsgericht nach Art. 100 Abs. 3 GG, in: Starck/Stern (Hrsg.), Landesverfassungsgerichtsbarkeit, Teilband II, 1983, S. 399 (458); nunmehr auch von der "Entlastungskommission" *de lege ferenda* abgelehnt (Kommissionsbericht, a.a.O., S. 108 f., 112 ff.).

[271] *Willi Geiger*, Die Bundesverfassungsgerichtsbarkeit in ihrem Verhältnis zur Landesverfassungsgerichtsbarkeit und ihre Einwirkung auf die Verfassungsordnung der Länder, in: Verfassung und Verwaltung, Festschrift für Wilhelm Laforet, 1952, S. 251 (265).

[272] Vgl. dazu zuletzt *Klaus Stern*, Der Aufschwung der Landesverfassungsbeschwerde im wiedervereinigten Deutschland, in: Verfassung als Verantwortung und Verpflichtung, Festschrift zum 50jährigen Bestehen des Bayerischen Verfassungsgerichtshofs, 1997, S. 241 (257 f.).

Bundes- und Landesverfassungsgerichtsbarkeit keine allgemeingültigen Aussagen liefern[273] und zur Lösung gerade der kritischen Fälle der Doppelspurigkeit nichts beitragen kann, da insoweit das Bundesverfassungsgericht nicht nur für die Kontrolle der Bundesstaatsgewalt, sondern auch für die der Landesstaatsgewalt zuständig ist.

Gegenüber diesen Versuchen setzte sich die *maßstabs*bezogene Abgrenzung durch, deren maßgebliche Formulierung und Herleitung *Ernst Friesenhahn*[274] zuzuschreiben ist. Danach besitzen die Landesverfassungsgerichte als Prüfungsmaßstab ausschließlich die jeweilige Landesverfassung, während das Bundesverfassungsgericht allein nach Maßgabe des Grundgesetzes entscheidet. Im Bereich der zweispurigen Normenkontrollverfahren[275] leistet diese maßstabsbezogene Abgrenzung gute Dienste, da die parallel befaßten Gerichte in ihren Entscheidungen jedenfalls nicht dieselben Rechtsfragen prinzipaliter prüfen und daher insoweit auch nicht voneinander abweichen oder der jeweils anderen Gerichtsbarkeit vorgreifen können. Die *Friesenhahnsche* Limitierung der Landesverfassungsgerichtsbarkeit beansprucht jedoch auch darüber hinaus allgemeine Geltung, ohne einen Unterschied zwischen verschiedenen Verfahren und verschiedenen Landesverfassungsgerichten zu machen.

Die Herleitung der maßstabsbezogenen Prüfungslimitierung leistete *Friesenhahn* 1956 in seinem grundlegenden Referat zum Verhältnis von Bundes- und Landesverfassungsgerichtsbarkeit, wobei er begrifflich und methodisch auf seinen oben skizzierten Weimarer Ansatz zurückgreifen konnte. Ausgehend von einem materiellen Begriff der "Verfassungsgerichtsbarkeit"[276] betont er die

---

[273] *Willi Geiger*, Die Bundesverfassungsgerichtsbarkeit in ihrem Verhältnis zur Landesverfassungsgerichtsbarkeit und ihre Einwirkung auf die Verfassungsordnung der Länder, in: Verfassung und Verwaltung, Festschrift für Wilhelm Laforet, 1952, S. 251 (256, 259); erneut in dieser Richtung *Joachim Burmeister*, Vorlagen an das Bundesverfassungsgericht nach Art. 100 Abs. 3 GG, in: Starck/Stern (Hrsg.), Landesverfassungsgerichtsbarkeit, Teilband II, 1983, S. 399 (*passim*); siehe dazu unten in diesem Teil unter B.

[274] Insbesondere *Ernst Friesenhahn*, Zum Verhältnis von Bundes- und Landesverfassungsgerichtsbarkeit ("Referat"), 1956, S. 2 ff.

[275] Die Verfahrenskonkurrenz in *Normenkontrollsachen* dominierte damals die Diskussion. Die potentielle Problematik bei der Verfassungsbeschwerde blieb demgegenüber im Hintergrund. Nur Hessen und Bayern kannten eine selbständige Landesverfassungsbeschwerde. Mit dem Ausbau der Verwaltungsgerichtsbarkeit stellte sich zudem das damals viel gravierendere Problem, ob ein Landesverfassungsgericht eine gerichtliche Entscheidung, die nach Maßgabe einer Bundesprozeßordnung in Rechtskraft erwachsen ist, kassieren darf. Mit anderen Worten beherrschte die Diskussion hinsichtlich der Landesverfassungsbeschwerde nicht das Verhältnis zwischen Bundes- und Landesverfassungsgerichtsbarkeit, sondern vielmehr das Verhältnis zwischen Verfassungsgerichtsbarkeit und Fachgerichtsbarkeit, letzteres noch problematisiert durch den bundesstaatlichen Aspekt des Vorrangs des Bundes(verfahrens)rechts.

[276] Deutlich auch später *Ernst Friesenhahn*, Die Verfassungsgerichtsbarkeit in der Bundesre-

deutliche Trennung zwischen den Rechtskreisen der Bundesverfassung und der Landesverfassungen. Auf diese Rechtskreise ("Verfassungsräume"[277]) seien die Verfassungsgerichtsbarkeiten in einem Bundesstaat jeweils in besonderer Weise "bezogen" und damit entsprechend kompetenzrechtlich begrenzt[278]. Im Referat wird also *eine* von ursprünglich mehreren Zielsetzungen seines Weimarer Ansatzes detailliert ausgeführt und zur herrschenden Zielsetzung: Die Bestimmung des materiellen Begriffs von Verfassungsgerichtsbarkeit dient wesentlich dazu, im Zusammenhang mit der Lehre von den Rechtskreisen der Prüfungszuständigkeit der Gerichte Grenzen zu ziehen und für klare Abgrenzung der Kompetenzen der Gerichte der verschiedenen Rechtskreise zu sorgen[279]. Da *Friesenhahns* Ausführungen lediglich in der Manuskriptfassung vervielfältigt worden sind, soll seine grundlegende Herleitung im folgenden wörtlich wiedergegeben werden:

> "Aufgabe der Verfassungsgerichtsbarkeit ist es, in den verschiedenen Verfahren gerichtsförmigen Schutz der Verfassung zu gewährleisten. Die Verfassungsgerichtsbarkeit zeichnet sich also vor den anderen Arten der Rechtsprechung durch ihre besondere Beziehung zur Verfassung aus. Sie muß darum auch zu dem durch diese Verfassung organisierten Staat eine besondere Beziehung aufweisen. Die Möglichkeit einer Landesverfassungsgerichtsbarkeit im Bundesstaat setzt eigenständige Landesverfassungen voraus. Insofern bedeutet eine eigene Landesverfassungsgerichtsbarkeit einen staatenbündischen Rest im Bundesstaat. In dem nur bundesstaat-ähnlich geordneten Einheitsstaat Österreich zum Beispiel kann es keine Landesverfassungsgerichtsbarkeit geben, da die Landesverfassungen *in* der Bundesverfassung enthalten sind. In der Bundesrepublik Deutschland haben wir Bundesverfassung und Landesverfassungen auf zwei verschiedenen Ebenen. Die Frage der Verfassungsmäßigkeit kann sich darum auf zwei Ebenen getrennt ergeben. Es gibt innerhalb der Bundesrepublik Deutschland als Gesamtstaat nicht eine 'Verfassungsmäßigkeit' schlechthin, sondern nur eine Verfassungsmäßigkeit bezogen entweder auf das Grundgesetz oder auf eine bestimmte Landesverfassung. Das muß bei der Auslegung der Landesverfassungen beachtet werden. *Wo in einer Landesverfassung von Verfassungsmäßigkeit die Rede ist, kann nur die Landesverfassung selbst als Maßstab gemeint sein.* Auch wenn eine Landesverfassung schlechthin einer Instanz die Entscheidung staatsrechtlicher Fragen zuweist, wie etwa die Bremische Verfassung dem Bremischen Staatsgerichtshof, so können

---

publik Deutschland, 1963, S. 7. *Friesenhahn* versteht hier Verfassungsgerichtsbarkeit nicht als Inbegriff aller dem Verfassungsgericht formell zugewiesenen Verfahrensarten, sondern meint damit ("materiell") alle "der Bewahrung der Verfassung in ihrem objektiven Bestand" dienenden Verfahren (ebenso *Henning v. Olshausen*, Landesverfassungsbeschwerde und Bundesrecht, 1980, S. 65 Fußn. 79).

[277] Zur Problematik dieses Begriffs siehe unten in diesem Teil unter B III 1.

[278] Ebenso später *Ernst Friesenhahn*, Die Verfassungsgerichtsbarkeit in der Bundesrepublik Deutschland, 1963, S. 33.

[279] *Ernst Friesenhahn*, Die Staatsgerichtsbarkeit, a.a.O. S. 527.

damit grundsätzlich nur Fragen gemeint sein, die sich im Rahmen der Landesverfassung für das Land als Staat ohne Rücksicht auf seine Eingliederung in den Bund ergeben. *Die Verfassungsgerichtsbarkeit in Bund und Ländern ist also auf getrennte Verfassungsräume bezogen, und damit ist ihre Kompetenz begrenzt.* Der Erste Senat hat dieser Einsicht Ausdruck gegeben, indem er in dem Urteil vom 11. Mai 1955 (BVerfGE 4, 189) ausgeführt hat: 'In einem so betont föderativ gestalteten Staat wie der Bundesrepublik Deutschland stehen die Verfassungsräume des Bundes und der Länder grundsätzlich selbständig nebeneinander. Das Grundgesetz gibt für die Verfassungen der Länder nur wenige Normativ-Bestimmungen. Im übrigen können die Länder ihr Verfassungsrecht und damit auch ihre Verfassungsgerichtsbarkeit nach eigenem Ermessen ordnen.' Es geht aber nicht nur um diese Möglichkeit, daß die Länder ihre Verfassungsgerichtsbarkeit nach eigenem Ermessen ordnen können. Da Verfassungsgerichtsbarkeit auf eine bestimmte Verfassung bezogen sein muß, begrenzt im Bundesstaat die Bundesverfassung den Kompetenzbereich für die Bundesverfassungsgerichtsbarkeit, die Landesverfassung den Kompetenzbereich für die Landesverfassungsgerichtsbarkeit."[280]

In Abgrenzung zu den anderen Arten der Rechtsprechung bestimmt *Friesenhahn* also einen materiellen Begriff von Verfassungsgerichtsbarkeit, der gegenüber seinem früheren, ebenfalls materiellen Begriff von Staatsgerichtsbarkeit nunmehr den Anspruch hat, umfassend und einheitlich zu sein[281]. Umfassend ist seine Begriffsbildung, weil jetzt *alle* verfassungsgerichtlichen Verfahren als "gerichtsförmiger Schutz der Verfassung" mit einbezogen werden und so wichtige Zuständigkeiten wie die Normenkontrolle oder die Verfassungsbeschwerde nicht mehr ausgeblendet bleiben; einheitlich, weil er auf eine Feineinteilung in bestimmte Rechtskreise *innerhalb* einer Verfassungsordnung verzichtet. Preis dieser keine der bestehenden verfassungsgerichtlichen Zuständigkeiten ausklammernden, einheitlichen Bestimmung des materiellen Begriffs der Verfassungsgerichtsbarkeit ist aber ein sehr hoher Abstraktionsgrad. Der Begriff der Verfassungsgerichtsbarkeit löst sich auf in den Begriff einer Gerichtsbarkeit, deren entscheidendes Merkmal in einer "besonderen"[282] bzw. "spezifischen"[283]

---

280 *Ernst Friesenhahn,* Zum Verhältnis von Bundes- und Landesverfassungsgerichtsbarkeit ("Referat"), 1956, S. 2-4 (Hervorhebungen vom Verfasser).

281 1932 wählte *Friesenhahn* ausdrücklich noch einen verengten Begriff der Staatsgerichtsbarkeit, um eine "geschlossene Theorie" der Staatsgerichtsbarkeit zu entwickeln, der seiner Auffassung nach ebenso geschlossene Theorien der anderen Formen des Verfassungsschutzes zur Seite zu treten hätten (*Ernst Friesenhahn,* Die Staatsgerichtsbarkeit, a.a.O. S. 527).

282 *Ernst Friesenhahn,* Zum Verhältnis von Bundes- und Landesverfassungsgerichtsbarkeit ("Referat"), 1956, S. 2.

283 *Ernst Friesenhahn,* Zum Verhältnis von Bundes- und Landesverfassungsgerichtsbarkeit ("Referat"), 1956, S. 6. Vgl. zu dieser "Bezogenheit" bzw. zu einem entsprechenden "unmittelbaren und spezifischen Zusammenhang" bereits *Carl Schmitt,* Der Hüter der Verfassung, 4. Aufl., 1996, S. 59 f. im Zusammenhang mit seiner Forderung nach einer Einschränkung der Zuständigkeit des Reichsstaatsgerichtshofs, der seine subsidiäre Zuständigkeit zur

Bezogenheit auf eine Verfassung gesehen wird.

In dieser äußersten Abstraktion, die die Gefahr einer einseitigen Einfachheit in sich trägt, treten Bundesverfassungsgerichtsbarkeit und Landesverfassungsgerichtsbarkeit unvermittelt gegenüber; es herrscht totale Bezugslosigkeit. Eine Landesverfassungsgerichtsbarkeit, die Rücksicht nehmen wollte auf die Einordnung des Landes innerhalb der bundesstaatlichen Ordnung, gäbe danach ihre *spezifische* Verfassungsbezogenheit (d.h. ihre Bezogenheit auf die Landesverfassung) und damit sich selbst auf. Die Unterscheidbarkeit der Verfassungsrechtskreise[284], der Umstand, daß es nicht *eine* Verfassungsmäßigkeit schlechthin gibt, sondern bezogen entweder auf den Rechtskreis des Grundgesetzes oder auf den einer bestimmten Landesverfassung, steigert *Friesenhahn* zu der Vorstellung, daß Bundesverfassung und Landesverfassung jeweils als abgeschlossene, quasi-autarke Rechtskreise für sich sind und daß demgemäß ein Rechtskreis nicht aus sich heraus und über sich hinaus auf den anderen Rechtskreis verweisen kann[285]. Wo in einer Landesverfassung von Verfassungsmäßigkeit die Rede sei, so folgert er konsequent, könne nur die Landesverfassung selbst als Maßstab gemeint sein. Zugleich bestätigt er damit die besondere Bezogenheit der Verfassungsgerichtsbarkeit auf eine bestimmte Verfassung. Im Bundesstaat begrenze die Bundesverfassung den Kompetenzbereich für die Bundesverfassungsgerichtsbarkeit, die Landesverfassung den Kompetenzbereich für die Landesverfassungsgerichtsbarkeit[286].

Diese strikte, ja rigorose Trennung der bundesstaatlichen Sphären von Bundes- und Landesverfassungsräumen sowie die der entsprechenden verfassungsge-

---

Entscheidung von Verfassungsstreitigkeiten innerhalb eines Landes extensiv ausübte (dazu unten im Dritten Teil unter A II 3). Seine Kritik setzte *Carl Schmitt* u.a. an bei der Bestimmung des Begriffs der "Verfassungsstreitigkeit": "Es ist überdies grundsätzlich nicht angängig, die Entscheidung durch einen Staatsgerichtshof als allgemeine (zu den zivil-, straf-, verwaltungs-, finanzrechtlichen und andern Entscheidungsmöglichkeiten hinzutretende) alternative Ergänzung hinzuzustellen. Man kann einen Gerichtshof subsidiär zuständig, aber nicht den materiellen Begriff der Verfassungsstreitigkeit zu einem 'subsidiären' Begriff machen. Ob eine bundesstaatsrechtliche Streitigkeit vorliegt, kann weder davon abhängig sein, daß andere Instanzen mit der Sache *nicht* befaßt sind, noch kann es *ergänzend* zu jeder Meinungsverschiedenheit hinzutreten. So wenig wie der Begriff der Verfassung selbst kann der Begriff solcher Streitsachen sei es subsidiär, sei es komplementär bestimmt werden. Die Tätigkeit des Staatsgerichtshofes muß einen unmittelbaren und spezifischen Zusammenhang mit der Verfassung selbst immer erkennen lassen." (A.a.O., Hervorhebungen im Original.)

284 *Insoweit* stützt er sich zurecht auf BVerfGE 4, 189.

285 Diese Vorstellung entspricht noch ganz seiner Weimarer Rechtskreislehre, die klare, abgeschlossene, überschneidungsfreie Rechtskreise zum Ausgangspunkt machte.

286 Diese Formulierung übernahm in einem anderen Zusammenhang auch der Zweite Senat, dem *Friesenhahn* zu dieser Zeit angehörte (BVerfGE 10, 285 [293 f.]); vgl. dazu unten in diesem Teil unter D II 5.

richtlichen Kompetenzbereiche wird durch folgende Überlegungen *Friesenhahns* bestätigt und weiter ausgeführt:

"Für das Landesverfassungsgericht ist die Landesverfassung die höchste Norm. Es kommt also auch keine inzidente Prüfung der Landesverfassung oder des Landesrechts auf ihre Vereinbarkeit mit dem Grundgesetz oder Bundesrecht in Frage. Unter Beifall von Forsthoff hat das OVG Lüneburg in der bereits erwähnten Entscheidung ausgeführt, daß Art. 100 Abs. 1 GG insoweit nicht für die Landesverfassungsgerichte gelte, als es sich um die Vereinbarkeit von Landesrecht mit dem Grundgesetz handele. Nach meiner Auffassung kommt Art. 100 Abs. 1 GG vor einem Landesverfassungsgericht deshalb nicht zum Zuge, weil die Vereinbarkeit von Landesrecht mit dem Grundgesetz oder mit dem Bundesrecht für die Landesverfassungsgerichtsbarkeit ohne Bedeutung. ist. Das Landesverfassungsgericht hat das Verfassungsleben des Landes zu beurteilen ohne Rücksicht auf seine Einordnung in die Bundesrepublik."[287]

"Die Frage der Vereinbarkeit mit Bundesrecht kann sich nur stellen einmal für die Gerichte der übrigen Rechtsprechungszweige oder für die speziell eingerichtete Verfassungskontrolle im Verhältnis zwischen Bund und Ländern durch das Bundesverfassungsgericht. Gerade hierin sehe ich den Unterschied der spezifisch verfassungsbezogenen Landesverfassungsgerichtsbarkeit von der anderen Gerichtsbarkeit. Zwar sind auch die Gerichte, die die übrige Rechtsprechung ausüben, grundsätzlich Gerichte der Länder. Sie haben aber ihren Rechtsprechungsauftrag vom Bund erhalten. Die Verfassungsgerichtsbarkeit der Länder ist zwar vom Grundgesetz zugelassen, aber sie gehört nicht zu der vom Grundgesetz geordneten Rechtsprechung.
(...)
die Verfassungsgerichte haben eine spezifische Bezogenheit auf den vom Bunde abgetrennten Verfassungsraum des Landes
(...)
Selbst wenn er [der BremStGH] der Auffassung sein sollte, daß eine Bestimmung der Bremischen Landesverfassung mit dem Grundgesetz nicht vereinbar ist, so wäre doch nicht er befugt, diese Unvereinbarkeit zu berücksichtigen, sondern er müßte es *den* Verfahren, die zu Feststellung bundesrechtswidrigen Landesrechts vorgesehen sind, überlassen, dieses bundesrechtswidrige Landesrecht zu beseitigen. Bis dahin aber wäre es für das Landesverfassungsgericht maßgebende Entscheidungsgrundlage."[288]

Gerade diese Vorstellung der gänzlichen Beziehungslosigkeit der Verfassungskreise und ihre Folgerungen für die Landesverfassungsgerichtsbarkeit bedeutete

---

[287] *Ernst Friesenhahn,* Zum Verhältnis von Bundes- und Landesverfassungsgerichtsbarkeit ("Referat"), 1956, S. 4-5.
[288] *Ernst Friesenhahn,* a.a.O. S. 6.

in der Tat - wie es *Friesenhahn* selber treffend formulierte - "einen staatenbündischen Rest im Bundesstaat"[289].

III. Abschwächende Modifikation des zunächst strikten Ausschließlichkeitsprinzips

Friesenhahns Abgrenzungstheorie blieb in ihren Prämissen und Auswirkungen nicht unwidersprochen. So hatten vor einer zu einseitig betonten Trennung der Verfassungsrechtskreise von Bund und Ländern bereits früh *Willi Geiger* sowie *Otto Bachof* zusammen mit *Dietrich Jesch* gewarnt. Über die Betonung der im Bundesstaat nötigen Unterscheidung zwischen Bundesstaatsgewalt und Bundesverfassung einerseits und Landesstaatsgewalt und Landesverfassung andererseits - so *Geiger* - bliebe die Tatsache zu wenig beachtet, daß die Verfassungsordnung der Glieder des Bundes zu einem wesentlichen Teil aus dem Bundesverfassungsrecht bestehe, das auf die Landesverfassungen einwirke[290]. Auch *Bachof* und *Jesch* machten für den Bereich des einwirkenden Bundesrechts[291] eine "Verschmelzung zweier Verfassungssysteme" aus, die verfahrensrechtlich nur schwer auflösbar sei[292]. Insbesondere bezweifelten beide, ob eine für die ausschließliche Verteilung der Prüfungsmaßstäbe erforderliche Trennung zwischen Grundgesetz und Landesverfassung in einer für die Zuständigkeitsabgrenzung notwendigen Eindeutigkeit immer durchführbar sein werde[293]. Nach *Wolfgang Rüfner* schließlich muß die "Fiktion" *Friesenhahns*, daß das Landesverfassungsgericht das Verfassungsleben des Landes ohne Rücksicht auf seine Einordnung in die Bundesrepublik zu beurteilen habe, zu falschen Entscheidungen führen[294]. Aufgrund der Einordnung der Länder in den Bund und des Vorranges des Bun-

---

289 *Ernst Friesenhahn*, a.a.O. S. 2.

290 *Willi Geiger*, Die Bundesverfassungsgerichtsbarkeit in ihrem Verhältnis zur Landesverfassungsgerichtsbarkeit und ihre Einwirkung auf die Verfassungsordnung der Länder, in: Verfassung und Verwaltung, Festschrift für Wilhelm Laforet, 1952, S. 251 (264). Die zitierte Äußerung fiel im Zusammenhang mit seinem Plädoyer für eine verstärkte Subsidiarität bundesverfassungsgerichtlicher Verfahren gegenüber entsprechenden Verfahren vor der Landesverfassungsgerichtsbarkeit; es ging ihm darum, auf die umfassenden Prüfungsmaßstäbe der Landesverfassungsgerichte hinzuweisen.

291 Zu der sog. Einwirkungsrechtsprechung des Bundesverfassungsgerichts und dem Phänomen des in das Land "hineinwirkenden" Bundes(verfassungs)rechts siehe die Ausführungen unten im Dritten Teil unter A II.

292 *Otto Bachof/Dietrich Jesch*, Die Rechtsprechung der Landesverfassungsgerichte in der Bundesrepublik Deutschland, JöR Bd. 6 (1957), S. 47 (55 f.).

293 *Otto Bachof/Dietrich Jesch*, a.a.O. S. 55.

294 *Wolfgang Rüfner*, Zum Verhältnis von Bundes- und Landesverfassungsgerichtsbarkeit im Bereich der Grundrechte, DÖV 1967, 668 (Fußn. 4 und begleitender Text).

desrechts vor dem Landesrecht - so *Rüfner* weiter - hätten Landesverfassungsgerichte es inzidenter zu berücksichtigen, wenn Bundesrecht Landesrecht außer Kraft setze, nicht wirksam entstehen lasse oder modifiziere.

Friesenhahn schwächte seinen Grundsatz 1976 ab[295]. "So einfach und einleuchtend" seine maßstabsbezogene Abgrenzungstheorie zunächst erscheine, so sei die Rechtslage jedoch in Wahrheit "höchst kompliziert"[296]. In der Bundesrepublik bestehe nicht eine so klare Trennung der beiden Sphären wie in den Vereinigten Staaten von Amerika[297]. Was später *Herbert Bethge* abstrakt dahingehend formuliert, daß das selbständige Nebeneinanderstehen der Verfassungsräume des Bundes und der Länder "nicht als totale Bezugslosigkeit aufgefaßt" werden dürfe[298], konkretisierte *Friesenhahn* auf folgende drei Punkte: (1) Die materiellen Bestimmungen der Bundesverfassung, insbesondere die Grundrechte, seien auch für die Organe der Länder verbindlich; (2) auch einfaches Bundesrecht beseitige widersprechende Bestimmungen der Landesverfassungen; (3) das Grundgesetz enthalte zum Verhältnis zwischen Bund und Ländern die organisatorische Ordnung der Bundesgewalt im engeren Sinne, Normen für das Verhältnis zwischen Bundesgewalt und Landesstaatsgewalten und Normen, die unmittelbar von Bundes wegen Bestandteile auch der Landesverfassungen seien oder doch in sie hineinwirkten[299]. Angesichts dieser bundesstaatlichen Verschränkungen relativierte *Friesenhahn* seine ursprüngliche strikte These, legte sich aber hinsichtlich des Ausmaßes der Relativierung nicht fest[300].

Heute ist es praktisch unbestritten, daß die Landesverfassungsgerichte bei der Auslegung der für ihre Entscheidung prinzipaliter maßgeblichen Normen der

---

[295] *Ernst Friesenhahn*, Zur Zuständigkeitsabgrenzung zwischen Bundesverfassungsgerichtsbarkeit und Landesverfassungsgerichtsbarkeit, in: Starck (Hrsg.), Bundesverfassungsgericht und Grundgesetz, Erster Band, 1976, S. 748 (751 f., 756-758).

[296] *Ernst Friesenhahn*, Zuständigkeitsabgrenzung, a.a.O. S. 751 f.

[297] Diese Feststellung trifft heute jedenfalls insofern nicht mehr zu, als fast alle "Grundrechte" der amerikanischen Bundesverfassung über den Vierzehnten Verfassungszusatz auch in den einzelnen Bundesstaaten gelten. Dieser Zusatz bestimmt u.a.: "nor shall any State deprive any person of life, liberty, or property, without due process of law" (U.S. CONST. amend. XIV, § 1). Der *Supreme Court* hat in seiner Rechtsprechung nach und nach die meisten "Bundesgrundrechte" der *Bill of Rights* in die *due process*-Klausel "inkorporiert" und damit auch für die einzelnen Bundesstaaten verbindlich gemacht (*Winfried Brugger*, Einführung in das öffentliche Recht der USA, 1993, § 9 II, S. 93-95; *John E. Nowak/Ronald D. Rotunda*, Constitutional Law, 5. Aufl., 1995, §§ 10.2, 11.6, S. 339-342, 394-399).

[298] *Herbert Bethge*, Organstreitigkeiten des Landesverfassungsrechts, in: Starck/Stern (Hrsg.), Landesverfassungsgerichtsbarkeit, Teilband II, 1983, S. 17 (28).

[299] *Ernst Friesenhahn*, Zuständigkeitsabgrenzung, a.a.O. S. 752.

[300] *Ernst Friesenhahn*, Zuständigkeitsabgrenzung, a.a.O. S. 756-758. So blieb er weiterhin skeptisch gegenüber einer Vorlagepflicht der Landesverfassungsgerichte nach Art. 100 Abs. 1 GG (a.a.O.).

Landesverfassung inzidenter stets darauf achten, daß der anzulegende Prüfungsmaßstab mit dem Grundgesetz vereinbar ist[301]. Der *Friesenhahnsche* Grundsatz wurde dadurch jedoch nicht aufgegeben, sondern lediglich modifiziert. Neu ist, daß die Landesverfassungsgerichte das Grundgesetz *inzidenter* beachten können und müssen, während auf der Hauptfragenebene alles beim Alten bleibt, der prinzipale Prüfungsmaßstab also weiterhin ausschließlich aus Bestimmungen der Landesverfassung gebildet wird.

---

[301] Vgl. die umfangreichen Nachweise aus Rechtsprechung und Schrifttum bei *Jochen Rozek*, Das Grundgesetz als Prüfungs- und Entscheidungsmaßstab der Landesverfassungsgerichte, 1993, S. 59 Fußn. 23.

B. *Joachim Burmeisters* Gegenmodell

Der Grundsatz der strikten Prüfungslimitierung unterliegt zwar anerkanntermaßen zahlreichen "Modifikationen und Durchbrechungen"[302]; der Grundsatz, daß die Landesverfassungsgerichte allein die jeweilige Landesverfassung als (prinzipalen) Prüfungsmaßstab besitzen, wird als solcher jedoch von der ganz herrschenden Meinung nicht angezweifelt[303]. Allein *Joachim Burmeister*[304] und nunmehr auch *Katharina Sobota*[305] und *Hans-Peter Schneider*[306] lehnen diesen Grundsatz offen und ausdrücklich ab[307]. Das vergleichsweise ausgearbeitete Gegenmodell *Burmeisters* wird im folgenden im Mittelpunkt stehen. Seine Abgrenzung der Zuständigkeiten von Bundes- und Landesverfassungsgerichtsbarkeit differenziert nicht nach den dem jeweiligen Gericht zugewiesenen Maßstabsnormen, sondern vollzieht stattdessen eine "gegenständliche Trennung"[308].

---

302 Vgl. dazu näher die Ausführungen unten in diesem Teil unter C II.

303 Zuletzt wieder *Klaus Schlaich* (Das Bundesverfassungsgericht, 4. Aufl., 1997, Rdnr. 334 e, S. 228) und *Klaus Stern* (Der Aufschwung der Landesverfassungsbeschwerde im wiedervereinigten Deutschland, in: Festschrift zum fünfzigjährigen Bestehen des Bayerischen Verfassungsgerichtshofs, 1997, S. 241 [254]).

304 *Joachim Burmeister*, Vorlagen an das Bundesverfassungsgericht nach Art. 100 Abs. 3 GG, in: Starck/Stern (Hrsg.), Landesverfassungsgerichtsbarkeit, Teilband II, 1983, S. 399 *passim.*

305 *Katharina Sobota*, Kompetenzen der Landesverfassungsgerichte im Bundesstaat: Zersplittert die Rechtseinheit?, DVBl. 1994, 793 (801-803).

306 *Hans-Peter Schneider*, Verfassungsgerichte der Länder - "Filter" für Karlsruhe?, NJW 1996, 1517 (1517 f.).

307 In diese Richtung vorsichtiger aber auch *Wolfgang Löwer*, Zuständigkeiten und Verfahren des Bundesverfassungsgerichts, in: Isensee/Kirchhof (Hrsg.), Handbuch des Staatsrechts der Bundesrepublik Deutschland, Band II, 1987, § 56 Rdnr. 126 (unter Hinweis auf OVG Lüneburg, AöR 76 (1950), S. 344 ff. m. zust. Anm. *Forsthoff*) und *ders.*, Kritische Anmerkungen zum Beschluß des Verfassungsgerichtshofes des Landes Berlin in Sachen Honecker, SächsVBl. 1993, 73 (76 f.); ferner *Hans-Ullrich Paeffgen*, Wozu dient der Strafprozeß und inwieweit darf ein Landesverfassungsgericht in ihn intervenieren?, NJ 1993, 152 (159 bei Fußn. 111) und *Rudolf Steinberg*, Landesverfassungsgerichtsbarkeit und Bundesrecht, in: Festschrift 50 Jahre Verfassung des Landes Hessen, 1997, S. 356 (382 mit Fußn. 181). Vgl. bereits *Klaus Stern*, in: BK Art. 100 Rdnr. 271 (Zweitbearbeitung), wonach die Landesverfassungsgerichtsbarkeit *prinzipaliter* Bundesrecht anwenden müsse, wenn die Bundesrechtsnorm einen direkten Durchgriff in das Landesrecht enthalte oder Normativbestimmung sei.

308 *Joachim Burmeister*, Vorlagen, a.a.O. S. 441. Bereits sehr früh hat *Willi Geiger* eine am Verfahrensgegenstand orientierte Abgrenzung der Verfassungsgerichtsbarkeiten erwogen (Die Bundesverfassungsgerichtsbarkeit in ihrem Verhältnis zur Landesverfassungsgerichtsbarkeit und ihre Einwirkung auf die Verfassungsordnung der Länder, in: Festschrift für Wilhelm Laforet, 1952, S. 251 [256]). Schon angesichts der uneinheitlichen Kompetenzausstattung der einzelnen Landesverfassungsgerichte (a.a.O., S. 251-255) bestünden jedoch seiner Auffassung nach Zweifel daran, "daß sich das Verhältnis zwischen Bundesverfassungsgerichtsbarkeit und Landesverfassungsgerichtsbarkeit dem Grundsatz nach auf die einfache Formel bringen läßt, beide Verfassungsgerichtsbarkeiten stehen unabhängig nebeneinander; die Landesverfas-

Demzufolge sei dem Bundesverfassungsgericht die Überprüfung von Organen und Akten der Bundesstaatsgewalt "vorbehalten" und Maßstabsrecht insoweit nur das Grundgesetz; umgekehrt seien die Landesverfassungsgerichte auf die Kontrolle von Organen und Akten der Landesstaatsgewalt beschränkt, wobei das Maßstabsrecht insoweit nicht nur die Landesverfassung sein müsse[309]. Die Konzeption einer *gegenständlichen Trennung* der Kontrollzuständigkeiten stellt einen frontalen Angriff dar gegen die herrschende *maßstabsbezogene* Abgrenzung der Verfassungsgerichtsbarkeiten[310] und insbesondere gegen die herrschende Auffassung, die die Aufgabe der Landesverfassungsgerichtsbarkeit allein darin erblickt, Hüter der eigenen Landesverfassung zu sein. *Rozek* spricht daher zurecht von der "revolutionären" Konzeption *Burmeisters*[311]. Die noch aufzuzeigenden Schwächen dieser Konzeption sollten nicht verhindern, daß sie die ihr aus systematischen Gründen zukommende Aufmerksamkeit erhält.

I. *Burmeisters* Kritik am *Friesenhahnschen* Modell

Für *Burmeister* schließt die herrschende Auffassung der strikten Prüfungslimitierung vom selbständigen Nebeneinander der Verfassungsräume auf eine entsprechend strikte Trennung in abgeschlossene Kompetenzbereiche, so daß die einzelnen Verfassungsgerichte ausschließlich auf die jeweils eigene Verfassung als deren alleinige Hüter bezogen seien. Wie soeben unter A dargestellt, ist dies in der Tat der Ansatz von *Friesenhahn*. *Burmeister* greift nun nicht die Schlußfolgerung von dem materiell-rechtlichen Befund auf die jeweiligen verfassungsgerichtlichen Kontrollkompetenzen an, sondern stattdessen bereits die Prämisse für diese Folgerung, nämlich die Annahme des selbständigen und unabhängigen Nebeneinanders der Verfassungsräume von Bund und Ländern. Diesen Fundamentalsatz des grundgesetzlichen Bundesstaates bezeichnet er als "brüchig[e]"[312] Trennungsthese, die angesichts der vielfältigen Geltungsverschränkungen zwi-

---

sungsgerichte entscheiden über Verfassungsstreitigkeiten innerhalb eines Landes, das Bundesverfassungsgericht entscheidet über solche innerhalb des Bundes, sowie über Verfassungsstreitigkeiten zwischen dem Bund und den Ländern und zwischen den Ländern." (a.a.O., S. 256.) Dies sei - so *Geiger* weiter - nur mit sehr erheblichen Einschränkungen richtig, wobei er die Konstellationen der Art. 99, 93 Abs. 1 Nr. 4 und 98 Abs. 5 GG sowie der §§ 90 Abs. 3 und 91 Satz 2 BVerfGG näher betrachtet (a.a.O., S. 256-262).

309 *Joachim Burmeister*, Vorlagen, a.a.O. S. 441.

310 Auch diese Arbeit will die Verfassungsgerichtsbarkeiten maßstabsbezogen abgrenzen; dabei soll jedoch das rigorose Ausschließlichkeitsprinzip durch das flexiblere Vorrangigkeitsprinzip ersetzt werden.

311 *Jochen Rozek*, Das Grundgesetz als Prüfungs- und Entscheidungsmaßstab der Landesverfassungsgerichte, 1993, S. 67.

312 *Joachim Burmeister*, Vorlagen, a.a.O. S. 423.

schen Bundes- und Landesrecht nur eine bedenkliche Vereinfachung darstelle[313]. Mit dem Angriff auf die materiell-rechtliche Prämisse soll den kompetenzrechtlichen Folgerungen ihre Grundlage entzogen werden.

II. *Burmeisters* Modell der *gegenständlichen* Trennung - Landesverfassungsgerichte als Hüter und Wächter gegenüber der Landesstaatsgewalt

Ebenso wie die Vertreter der strikt limitierten Prüfungskompetenz argumentiert auch *Burmeister* mit (bundes-)einheitlichen Modellvorstellungen zum Verhältnis zwischen dem Bundesverfassungsgericht und *der* Landesverfassungsgerichtsbarkeit. Dabei ersetzt er die klassische Gegenüberstellung des "Hüters ausschließlich der Landesverfassung" einerseits und des "Hüters ausschließlich der Bundesverfassung" andererseits durch die Gegenüberstellung des Kontrolleurs der Landesstaatsgewalt einerseits und des Kontrolleurs der Bundesstaatsgewalt andererseits[314]. *Burmeister* stützt seine These auf die länderübergreifende Konzeption[315] einer "gesamt-verfassungsgerichtlichen Kontrolltätigkeit", innerhalb derer die "genuine Aufgabe" der Landesverfassungsgerichte es sei, "die Beachtung der für die Landesstaatsgewalt bestehenden normativen Bindungen zu kontrollieren"[316]. Es könne nicht zweifelhaft sein, "daß die Kontrolle über die Beachtenspflicht von unmittelbar verbindlichen bundes(-verfassungs)rechtlichen Bestimmungen *an sich* zum genuinen Auftrag der Landesverfassungsgerichte gehört (...)"[317]. Die landesverfassungsgerichtliche Zuständigkeit zur Kontrolle

---

[313] *Joachim Burmeister*, Vorlagen, a.a.O. S. 427, 433-435. *Burmeister* greift dabei das grundlegende Problem der (Glied-) Staatlichkeit in einem Bundesstaat auf. Vgl. dazu auch *Wolfgang März*, Bundesrecht bricht Landesrecht, 1989, S. 171 ff. - Ähnliche Beobachtungen sind bereits bei *Bachof/Jesch* ("Verschmelzung") und *Geiger* ("Überschneidungen") deutlich ausgesprochen (siehe oben in diesem Teil unter A III).

[314] Sympathien dafür sind erkennbar bei *Hartmut Maurer* (Die politischen Parteien im Prozeß, JuS 1992, 296 [298] - "stimmiges Konzept" hinsichtlich der Organstreitverfahren) und möglicherweise auch bei *Wolfgang Löwer* (Zuständigkeiten und Verfahren des Bundesverfassungsgerichts, in: Isensee/Kirchhof (Hrsg.), Handbuch des Staatsrechts der Bundesrepublik Deutschland, Band II, 1987, § 56 Rdnr. 126; vgl. dazu auch die Ausführungen unten in diesem Teil unter D III 1).

[315] Vgl. zu einer ähnlichen Abstraktion der bundesstaatlichen Verfassungsgerichtsbarkeit *Willi Geiger*, Die Bundesverfassungsgerichtsbarkeit in ihrem Verhältnis zur Landesverfassungsgerichtsbarkeit und ihre Einwirkung auf die Verfassungsordnung der Länder, in: Festschrift für Wilhelm Laforet, 1952, S. 251. Innerhalb der Bundesrepublik Deutschland sei - so *Geiger* - "der staatsgerichtliche Schutz der verfassungsmäßigen Ordnung teils dem Bundesverfassungsgericht teils den Verfassungsgerichtshöfen der Länder anvertraut" (a.a.O.).

[316] *Joachim Burmeister*, Vorlagen, a.a.O. S. 435.

[317] *Joachim Burmeister*, Vorlagen, a.a.O. S. 437 (Hervorhebungen im Original).

der Landesstaatsgewalt sei sogar gegenüber einer etwaigen Parallelzuständigkeit des Bundesverfassungsgerichts "vorrangig"[318].

Burmeisters Konzeption, die Kontrolle der Landesstaatsgewalt dem Landesverfassungsgericht und die der Bundesstaatgewalt dem Bundesverfassungsgericht zuzuweisen, erscheint - ebenso wie die maßstabsbezogene Abgrenzung - einfach und einleuchtend zugleich. Gleichwohl ist ihre Herleitung und Begründung durch *Burmeister* nicht ganz klar zu fassen; offenbar wirken bei ihm mehrere Gesichtspunkte zusammen:

Erstens setzt *Burmeister* bei seiner Abgrenzung zunächst bei der soeben erwähnten "gesamt-verfassungsgerichtlichen Kontrolltätigkeit" an. Ausgehend von dieser Gesamtperspektive sei es die "genuine Aufgabe" der Landesverfassungsgerichtsbarkeit, die Beachtung der für die Landesstaatsgewalt bestehenden normativen Bindungen einschließlich der unmittelbar verbindlichen bundes(verfassungs)rechtlichen Bestimmungen zu kontrollieren. Ebenso wie *Friesenhahn* macht er also die Eigenart bzw. Funktion von Verfassungsgerichtsbarkeit zum Ausgangspunkt, bestimmt diese jedoch in anderer Weise als *Friesenhahn*.

Zweitens zieht *Burmeister* Folgerungen aus der "Einbindung der Landesstaatsgewalt in das gesamtstaatliche Rechts- und Organisationsgefüge", deren Vernachlässigung er den Vertretern der strikten Trennungsthese vorhält; aus dieser "Einbindung" resultiert für *Burmeister* die "Einordnung der Landesverfassungen in die Normenhierarchie unterhalb des Bundesrechts"; daraus wieder ergäben sich "zwangsläufig" Konsequenzen für die Zuständigkeiten der Landesorgane einschließlich der Landesverfassungsgerichtsbarkeit[319]. Es sei - so *Burmeister* später - "davon auszugehen, daß die Qualität einer bundes(verfassungs)rechtlichen Norm als unmittelbar verbindliches Recht für die Ausübung der Landesstaatsgewalt grundsätzlich die Kompetenz der zur Kon-

---

[318] *Joachim Burmeister*, Vorlagen, a.a.O. S. 458: "Da die Landesverfassungsgerichte zur Überprüfung der materiellen Vereinbarkeit von landesrechtlichen Normen und landesgerichtlichen Entscheidungen mit dem Grundgesetz und auch zur 'Kassation' der landesstaatlichen Akte kompetent sind, ist die Erhebung der Verfassungsbeschwerde [zum Bundesverfassungsgericht] erst nach erfolgloser Anrufung des Landesverfassungsgerichts zulässig." Dabei kann er sich insbesondere auf *Ekkehard Schumanns* Plädoyer für die Subsidiarität der bundesverfassungsgerichtlichen Verfahren stützen; siehe etwa *Ekkehard Schumann*, Einwirkungen des Bundesrechts auf die Bayerische Verfassungsgerichtsbarkeit, in: Verfassung und Verfassungsrechtsprechung, Festschrift zum 25-jährigen Bestehen des Bayerischen Verfassungsgerichtshofs, 1972, S. 281 (294-300 [Normenkontrolle], 300-303 [Verfassungsbeschwerde]); *ders.*, Verfassungsbeschwerde (Grundrechtsklage) zu den Landesverfassungsgerichten, in: Starck/Stern (Hrsg.), Landesverfassungsgerichtsbarkeit, Teilband II, 1983, S. 149 (196 [Verfassungsbeschwerde]).

[319] *Joachim Burmeister*, Vorlagen, a.a.O. S. 434 f.

trolle der Landesstaatsgewalt berufenen Instanz einschließt, diese Norm als Maßstabsrecht heranzuziehen, es sei denn, die Kontrolle der Landesstaatsgewalt am Maßstab von Bundes(verfassungs)recht wäre den Landesverfassungsgerichten *aufgrund besonderer gesetzlicher Regelung* entzogen und - ausschließlich - dem Bundesverfassungsgericht übertragen."[320]

Drittens schließlich stützt sich *Burmeister* auf die von ihm betonte Rechtsfortbildungsfunktion des Art. 100 Abs. 3 GG. Nach dieser Vorschrift hat das Verfassungsgericht eines Landes die Entscheidung des Bundesverfassungsgerichts einzuholen, wenn das Verfassungsgericht bei der Auslegung des Grundgesetzes von einer Entscheidung des Bundesverfassungsgerichts oder des Verfassungsgerichts eines anderen Landes abweichen will. Für *Burmeister* ist das Zusammenspiel der Bundes- und Landesverfassungsgerichtsbarkeit bei der Kontrolle der gesetzgebenden Gewalten im bundesstaatlichen Gefüge im Grundgesetz angestrebt und perfekt angelegt[321]. Insbesondere die Verfahrensvorschrift des Art. 100 Abs. 3 GG habe im Gesamtsystem der verfassungsgerichtlichen Verfahrensarten eine Funktion von "fundamentaler" Bedeutung: Die Divergenzvorlage könne ihre Funktion, über die Wahrung der Einheit der Grundgesetzauslegung hinaus die Verfassungsfortbildung durch Selbstüberprüfung der Rechtsprechung des Bundesverfassungsgerichts zu gewährleisten, nur unter der Voraussetzung der Kompetenz der Landesverfassungsgerichte zur Kontrolle des Landesgesetzgebers und der Landesgerichte am Maßstab des Grundgesetzes leisten[322].

III. Kritische Bewertung des Ansatzes von *Burmeister*

1) Der mehrdeutige Begriff des "Verfassungsraumes"

Burmeister kritisiert den bundesstaatlichen Fundamentalsatz des selbständigen und unabhängigen Nebeneinanders der Verfassungsräume bzw. der Verfassungsbereiche von Bund und Ländern als "brüchige" Trennungsthese. Wegen der vielfältigen Geltungsverschränkung zwischen Bundes- und Landesrecht sei die These von der strikten Trennung der Verfassungsräume von Bund und Ländern eine bedenkliche Vereinfachung[323]. Damit greift *Burmeister* ohne Not eine bundesstaatliche Kernaussage des Grundgesetzes und die dazugehörige ständige

---

[320] *Joachim Burmeister,* Vorlagen, a.a.O. S. 437 (Hervorhebungen im Original).
[321] *Joachim Burmeister,* Vorlagen, a.a.O. S. 457.
[322] *Joachim Burmeister,* Vorlagen, a.a.O. S. 456.
[323] *Joachim Burmeister,* Vorlagen, a.a.O. S. 434.

Rechtsprechung des Bundesverfassungsgerichts[324] an. Letztlich unterliegt *Burmeister* dabei einer Begriffsvertauschung.

Bei richtigem Begriffsverständnis wird - entgegen *Burmeister* - der genannte bundesstaatliche Grundsatz des unabhängigen Nebeneinanders der Verfassungsräume nicht dadurch obsolet, daß grundgesetzliche Normen unmittelbar oder als Normativbestimmungen im bzw. für das Land gelten[325]. Die diesem Grundsatz zugrundeliegende Vorstellung des unabhängigen Verfassungs-"Raums" wäre nämlich mißverstanden, wenn man sich dabei - um im Bild zu bleiben - einen soliden, abgeschlossenen Hohlkörper vorstellen würde, der für von "außen" kommende Einflüße undurchlässig wäre; genauso ginge man in die Irre, wenn man unter diesem Verfassungsraum den Rechtsraum verstünde, in dem die Landesstaatsgewalt agierte und der ihre *sämtlichen* Bindungen und Aufträge verfassungsrechtlicher Art enthielte. Übersetzt man die verräumlichenden Vorstellungen[326] in eine "eindimensionale" Begrifflichkeit, so beruht *Burmeisters* Mißverständnis auf der Vertauschung der folgenden beiden Begriffe: der eine Begriff bezeichnet die verfassungsmäßige Ordnung, in die die Landesstaatsgewalt eingefügt ist; der andere meint den Normenbestand, den der Verfassungsgesetzgeber des Landes erlassen hat. Während die erste Begriffsbestimmung, die für *Burmeister* maßgeblich ist, am Adressaten, der normunterworfenen (Landes-) Staatsgewalt, anknüpft, fragt die zweite Definition der herrschenden Meinung nach der Quelle, dem Normgeber[327].

2) Keine überzeugende Lösung des Problems der Zuständigkeitskonkurrenzen

Burmeister will das Problem der Doppelspurigkeit der Normenkontroll- und Verfassungsbeschwerdeverfahren vor Bundes- und Landesverfassungsgericht durch ein Nacheinander der Verfahren lösen. Und zwar sei die landesverfassungsgerichtliche Zuständigkeit zur Kontrolle der Landesstaatsgewalt gegenüber einer etwaigen Parallelzuständigkeit des Bundesverfassungsgerichts "vorrangig"; die Erhebung der Verfassungsbeschwerde zum Bundesverfas-

---

[324] Vgl. etwa BVerfGE 4, 178 (189); BVerfG, NJW 1998, 293 (294); BVerfGE 96, 345 (368 unten).

[325] Ebenso *Jochen Rozek*, Das Grundgesetz als Prüfungs- und Entscheidungsmaßstab der Landesverfassungsgerichte, 1993, S. 69.

[326] Für eine harsche Kritik an derartigen Vorstellungen vgl. *Rudolf Smend*, Verfassung und Verfassungsrecht, in: ders., Staatsrechtliche Abhandlungen, 3. Aufl., 1994, S. 119 (125, 127, 223).

[327] Dem entspricht die bedeutsame Unterscheidung zwischen dem engeren Begriff der "Landesverfassung" und dem weiteren Begriff der "Verfassung des Gliedstaates". Vgl. dazu unten im Dritten Teil unter A II 2.

sungsgericht sei erst nach erfolgloser Anrufung des Landesverfassungsgerichts zulässig[328].

Burmeisters These einer grundsätzlichen *Subsidiarität* der bundesverfassungsgerichtlichen Zuständigkeit gegenüber der landesverfassungsgerichtlichen Zuständigkeit zur Kontrolle der Landesstaatsgewalt ist jedoch abzulehnen. Sie ist gegenwärtig hinsichtlich der Verfassungsbeschwerde *contra legem. Rozek* hat unter Hinweis auf § 90 Abs. 3 BVerfGG überzeugend dargetan, daß ein allgemeiner Vorrang der Landesverfassungsgerichte dem geltenden Verfassungsprozeßrecht fremd ist[329]. Nach § 90 Abs. 3 BVerfGG bleibt das Recht, eine Verfassungsbeschwerde an das Landesverfassungsgericht nach dem Recht der Landesverfassung zu erheben, unberührt. Mit dieser Bestimmung hat der Bundesgesetzgeber eine Verdoppelung des verfassungsgerichtlichen Individualrechtsschutzes zugelassen. Die Verfassungsbeschwerde zum Bundesverfassungsgericht ist auch dann zulässig, wenn zu dem gleichen Verfahrensgegenstand eine Verfassungsbeschwerde vor einem Landesverfassungsgericht erhoben werden kann[330]. Die "Entlastungskommission" hat ferner die rechtspolitischen Vorschläge zur Einführung einer "absoluten" bzw. einer "relativen" Subsidiarität verworfen[331].

Ferner läßt sich *Burmeisters* These einer vorrangigen Zuständigkeit der Landesverfassungsgerichte nicht mit der vom Bundesverfassungsgericht im 69. Band entwickelten "vorrangigen Prüfungs- und Entscheidungszuständigkeit des Bundesverfassungsgerichts für das Bundes(verfassungs)recht" in Einklang bringen[332]. Nach *Burmeister* soll es bei der bei ihm im Vordergrund stehenden Normenkontrolle ausreichen, daß sich die grundgesetzlichen "Interpretationsaussagen" des Bundesverfassungsgerichts letztlich durchsetzten; "die der bundesverfassungsgerichtlichen Normenkontrolle *vorgelagerte* materielle Prüfungskompetenz der Landesverfassungsgerichte von landesrechtlichen Normen schafft nicht die Gefahr einer Schmälerung der höchsten Autorität des Bundesverfassungsgerichts bei der Interpretation des Grundgesetzes."[333] Entwe-

---

[328] *Joachim Burmeister,* Vorlagen, a.a.O. S. 458.

[329] *Jochen Rozek,* Das Grundgesetz als Prüfungs- und Entscheidungsmaßstab der Landesverfassungsgerichte, 1993, S. 72 f. Schon daher erscheint *Burmeisters* Einschätzung, daß sich auf der Grundlage seiner Konzeption "alle hervorstechenden Ungereimtheiten" der herrschenden Zuständigkeitsabgrenzung zwischen Bundes- und Landesverfassungsgerichtsbarkeit in system- und funktionsgerechter Weise auflösten, als zu optimistisch (a.a.O., S. 457).

[330] Der Weg zum Landesverfassungsgericht gehört auch nicht zum "Rechtsweg" im Sinne des § 90 Abs. 2 Satz 1 BVerfGG (*Jochen Rozek,* Das Grundgesetz als Prüfungs- und Entscheidungsmaßstab der Landesverfassungsgerichte, 1993, S. 72 m.w.N.).

[331] Kommissionsbericht, a.a.O., S. 109 ff., insbes. S. 112-118.

[332] BVerfGE 69, 112 (117 f.). Diese Leitentscheidung wird weiter unten in diesem Teil unter D II und III ausführlich behandelt.

[333] *Joachim Burmeister,* Vorlagen, a.a.O. S. 456 f. (Hervorhebung im Original).

der behalte nämlich - so *Burmeister* weiter - das Bundesverfassungsgericht aufgrund der landesverfassungsgerichtlichen Divergenzvorlagepflicht nach Art. 100 Abs. 3 GG das letzte Wort zur maßgeblichen Deutung des Grundgesetzes oder es bestehe aufgrund der überlagernden Kontrollzuständigkeiten die Möglichkeit einer Korrektur der grundgesetzlichen Interpretationsaussagen der Landesverfassungsgerichte[334]. Die "abschließende Entscheidungszuständigkeit" des Bundesverfassungsgerichts für die Auslegung und Anwendung des Bundes(verfassungs)rechts[335] verlangt jedoch mehr als das, was *Burmeister* dem Bundesverfassungsgericht und seiner Entscheidung vorbehält. Das Bundesverfassungsgericht stellt ausdrücklich den Rechtssatz auf, daß jedes Verfassungsgericht im Tenor seiner Entscheidung nur die Vereinbarkeit oder Unvereinbarkeit einer Rechtsnorm mit "seinem" Landesrecht bzw. mit Bundesrecht feststellen dürfe; Art. 100 Abs. 1 GG verpflichte auch die Landesverfassungsgerichte zur Vorlage[336]. Damit hat das Bundesverfassungsgericht die prinzipale Entscheidung eines föderativen Normenkonflikts den Landesverfassungsgerichten - entgegen *Burmeister*[337] - ausdrücklich entzogen.

3) *Jochen Rozeks* Replik

Eine eingehende Behandlung und Kritik an *Burmeisters* "revolutionärer" Auffassung findet sich bei *Jochen Rozek*[338]. Dabei greift *Rozek* jedoch nicht ausdrücklich *Burmeisters* (Vor-) Verständnis von Landesverfassungsgerichtsbarkeit an, wonach deren "genuine Aufgabe" es sein soll, die Beachtung der für die Landesstaatgewalt bestehenden normativen Bindungen zu kontrollieren. Vielmehr konzentriert sich *Rozek* auf die beiden weiteren Begründungsaspekte bei *Burmeister*, und zwar auf die kompetenzrechtlichen Folgerungen der materiellrechtlichen Einbindung der Landesstaatsgewalt in das Bundes(verfassungs)recht und auf die Ermöglichung der Rechtsfortbildung durch Divergenzvorlagen nach Art. 100 Abs. 3 GG.

Aus der Einbindung der Landesverfassungsgerichte als Teil der Landesstaatsgewalt in die bundesstaatliche Ordnung - dies war der zweite Begrün-

---

334 *Joachim Burmeister*, Vorlagen, a.a.O. S. 457.

335 BVerfGE 69, 112 (118).

336 BVerfGE 69, 112 (117 f.).

337 *Burmeister* war es besonders wichtig, daß dieser Konflikt zwischen Bundesrecht und Landesrecht vor dem Landesverfassungsgericht ausgetragen werden kann (*Joachim Burmeister*, Vorlagen, a.a.O., S. 438 f., 442 f. [unter Ausnahme der Art. 70 ff. GG, a.a.O., S. 443 ff.]).

338 *Jochen Rozek*, Das Grundgesetz als Prüfungs- und Entscheidungsmaßstab der Landesverfassungsgerichte, 1993, S. 65-99.

dungsaspekt bei *Burmeister* - kann nach *Rozek* eine Kompetenz zur Prüfungstätigkeit am Maßstab des Grundgesetzes nicht hergeleitet werden. Die materiell-rechtliche Seite der Bundes- und/oder Landesverfassungswidrigkeit einer Maßnahme der Landesstaatsgewalt sei - so *Rozek* weiter - von der kompetentiellen Frage nach diesbezüglichen Kontrollzuständigkeiten strikt zu trennen. Weder Art. 1 Abs. 3 GG noch Art. 20 Abs. 3 GG besagten etwas über den Prüfungsmaßstab eines Landesverfassungsgerichts; die Pflicht zur Beachtung des Grundgesetzes treffe alle Landesorgane gleichermaßen und könne eine Kontrollbefugnis nicht begründen[339]. Der Prüfungsrahmen des Landesverfassungsgerichts werde durch landesverfassungsrechtliche Kompetenzzuweisungen abgesteckt, die am Prüfungsmaßstab der Landesverfassung orientiert seien. Die bundesverfassungsgerichtlichen Kontrollkompetenzen am Maßstab des Grundgesetzes seien ausschließlicher Natur, wie Art. 93 Abs. 1 Nr. 2 und Art. 100 Abs. 1 GG für Normenkontrollen belegten. Kollidierende landesverfassungsgerichtliche Zuständigkeiten würden verdrängt werden[340].

Auch Art. 100 Abs. 3 GG - der dritte Begründungsaspekt bei *Burmeister* - begründet für *Rozek* keine Kompetenz der Landesverfassungsgerichte, am Maßstab des Grundgesetzes zu prüfen. Die Bestimmung gehe von einer anderweitig begründeten Kompetenz zur Heranziehung des Grundgesetzes aus, ohne eine solche Kompetenz eigenständig begründen zu wollen. Die Art. 100 Abs. 3 GG zugeschriebene Rechtsfortbildungsfunktion sei auch vor dem Hintergrund der Bindungswirkung gemäß § 31 Abs. 1 BVerfGG nicht geeignet, die bundesstaatlichen Kompetenzgrenzen zu sprengen. Sie sei vielmehr akzessorisch zum Anwendungsbereich des Art. 100 Abs. 3 GG[341].

Rozek ist uneingeschränkt recht zu geben, wenn er zwingende kompetenzrechtliche Folgerungen aus der materiell-rechtlichen Bindung der Landesstaatsgewalt an grundgesetzliche Bestimmungen verneint[342]. Desweiteren ist ihm darin zuzu-

---

339 *Jochen Rozek*, a.a.O. S. 72, im Anschluß an *Michael Sachs*, Anmerkung zur "Startbahn West"-Entscheidung des Bundesverfassungsgerichts, DÖV 1982, 595 (597).

340 *Jochen Rozek*, a.a.O. S. 68-75; insbes. S. 71 f.

341 *Jochen Rozek*, a.a.O. S. 75-99; insbes. S. 97-99.

342 A.A. *Katharina Sobota*, Kompetenzen der Landesverfassungsgerichte im Bundesstaat: Zersplittert die Rechtseinheit?, DVBl. 1994, 793 (802 re. Sp.). Mit der Behauptung *Sobotas*, "Bindung" bedeute für ein Gericht zwingend "Anwendung", wäre den Landesverfassungsgerichten allerdings auch die quasi-revisionsrechtliche Überprüfung der Auslegung und Anwendung *einfachen Bundesrechts* möglich; denn auch an dieses Recht ist jedes Landesverfassungsgericht gebunden. Vgl. auch *Ekkehard Schumann*, Verfassungsbeschwerde (Grundrechtsklage) zu den Landesverfassungsgerichten, in: Starck/Stern (Hrsg.), Landesverfassungsgerichtsbarkeit, Teilband II, 1983, S. 149 (200 f.), der im Ansatz ähnliche Erwägungen wie *Sobota* anstellt, die Prüfungslimitierung der Landesverfassungsgerichte aber im ausdrücklichen Anschluß an *Friesenhahn* wiederherstellt: Die strikte Bindung der Verfassungsgerichte auf ihre jeweilige Verfassungsordnung ergebe sich aus ihrer speziellen Aufgabe,

stimmen, daß Art. 100 Abs. 3 GG als bundesrechtliche Verfahrensvorschrift den Landesverfassungsgerichten eine originäre Zuständigkeit, am Maßstab des Grundgesetzes zu prüfen und zu entscheiden, weder zuweist noch zuweisen könnte.

Zwar geht *Burmeisters* Argumentation von der im Ergebnis richtigen Erkenntnis aus, daß "kein aus der Trennung der Verfassungsräume ableitbarer kompetenzlimitierender Grundsatz" es den Landesverfassungsgerichten verbiete, bundes(verfassungs)rechtliche Normen als Maßstabsrecht für die Kontrolle der Landesstaatsgewalt anzuwenden[343]. *Burmeister* gelingt es aber nicht, aus dem Umstand, daß ein derartiges Prüfungsverbot nicht besteht, ein entsprechendes Prüfungs*gebot* abzuleiten.

Umgekehrt gelingt es *Rozek* nicht, dem *Burmeisterschen Gebot* an die Landesverfassungsgerichtsbarkeit, Akte der Landesstaatsgewalt grundsätzlich auch am Maßstab des Bundes(verfassungs)rechts zu überprüfen, ein entsprechendes allgemeines *Verbot* entgegenzustellen.

Rozeks Begründung dafür, daß die bundesverfassungsgerichtliche Kompetenz, am Maßstab des Grundgesetzes zu prüfen und zu entscheiden, *ausschließlicher* Natur[344] ist, mangelt es an der erforderlichen Allgemeingültigkeit. Seine Hinweise sind zum einen im wesentlichen auf landesverfassungsgerichtliche Entscheidungen in Normenkontrollverfahren bezogen, zum anderen auf die restriktive Auslegung der landesrechtlichen Kompetenzbestimmungen[345]. Soweit er exemplarisch auf Art. 100 Abs. 1 Satz 1 GG und Art. 93 Abs. 1 Nr. 2 GG als "besonders anschaulich[e]" Zuständigkeiten des Bundesverfassungsgerichts verweist[346], kann dies als bloße Anführung von Beispielen bereits logisch keine Allaussage beweisen. Dieses Manko wird dadurch entscheidend vertieft, daß das bundesrechtliche Verbot für die Landesverfassungsgerichtsbarkeit, am Maßstab des Grundgesetzes zu entscheiden, als Eingriff in die Verfassungsautonomie der Länder einer zwingenden Rechtfertigung bedarf[347].

An anderer Stelle gibt *Rozek* jedoch die entscheidende Begründung für eine maßstabsbezogene Prüfungslimitierung, nämlich die Vermeidung von Zustän-

---

Hüter ihrer Verfassung, nicht aber "Sprachrohr der Gesamtrechtsordnung" zu sein (a.a.O., S. 201).

343 *Joachim Burmeister*, Vorlagen, a.a.O. S. 437.

344 *Jochen Rozek*, Das Grundgesetz als Prüfungs- und Entscheidungsmaßstab der Landesverfassungsgerichte, 1993, S. 69, 71.

345 *Jochen Rozek*, a.a.O. S. 70 f.

346 *Jochen Rozek*, a.a.O. S. 71.

347 Siehe dazu näher unten unter C I. - *Rozeks* weiterer Hinweis auf die Vermeidung von Doppelzuständigkeiten im Bund-Länder-Verhältnis nach Maßgabe des Art. 30 GG (*Jochen Rozek*, a.a.O. S. 69) dürfte gerade im Hinblick auf gerichtliche Zuständigkeiten zu pauschal sein.

digkeitskollisionen bei Zuständigkeitskonkurrenzen[348]. Daß dieser Aspekt für *Rozek* den Kern der Abgrenzungsproblematik ausmacht und die heteronome[349] Prüfungslimitierung alleine tragen soll, wird am Ende seiner Arbeit deutlich. Im Falle der Normentwurfskontrolle im Volksgesetzgebungsverfahren sei - so *Rozek* - eine prinzipale Grundgesetzanwendung als Prüfungs- und Entscheidungsmaßstab deshalb nicht ausgeschlossen, weil von Bundesverfassungs wegen eine Kollisionslage mit Kontrollkompetenzen des Bundesverfassungsgerichts nicht zu besorgen sei[350]. *Rozeks* Konkurrenzkriterium trägt jedoch nicht das allgemeine Verbot. Es ist vielmehr ein Widerspruch, auf der einen Seite die Vermeidung von Zuständigkeitskollisionen zum alleinigen und ausschließlichen Abgrenzungskriterium zu erheben und auf der anderen Seite entschieden ein *allgemeines* Verbot auszusprechen. Denn ein derartiges Verbot kann doch nur Folge der konkreten Feststellung sein, daß andernfalls für diese bestimmte Konstellation eine Zuständigkeitskollision zu besorgen sei[351].

4) Fazit

Die Entwicklung in der Rechtspraxis ist zwar an *Burmeister* vorbeigegangen. Kein Landesverfassungsgericht hat seinen Ansatz aufgegriffen. Gleichwohl ist *Burmeisters* Gegenkonzeption sehr instruktiv. Die bleibende Bedeutung dieser Gegenkonzeption liegt sicherlich insbesondere darin, die bis dahin absolut herrschende Auffassung der Prüfungslimitierung dem Grundsatz nach in Frage gestellt zu haben. *Burmeister* lenkt den Blick - wie vor ihm schon andere - mit Macht auf die bundesstaatlichen Verflechtungen, die *Friesenhahns* Theorie zumindest zunächst nicht berücksichtigt hat. *Rozeks* Replik auf *Burmeister* verdeutlicht, auf welchem unsicheren Boden die herrschende Meinung selbst steht. Gleichzeitig hebt diese Replik den entscheidenden Gesichtspunkt für die Verteilung der Prüfungskompetenzen hervor, nämlich die Vermeidung von Zuständigkeitskollisionen. Schließlich betont sie die Bedeutung der landesrechtlichen Kompetenzbestimmungen[352].

Letztlich illustriert die *Burmeister - Rozek* - Kontroverse, daß die konkrete Aufgabe und die dieser Aufgabe entsprechende Kompetenzausstattung eines be-

---

[348] *Jochen Rozek*, a.a.O. S. 55 ff.

[349] Dies meint Beschränkungen der Landesverfassungsgerichtsbarkeit, die ihre Grundlage nicht in dem jeweiligen Landesrecht haben, sondern im Bundesrecht.

[350] *Jochen Rozek*, a.a.O. S. 275-278. Einer weiteren *bundesrechtlichen* Begründung für die Durchbrechung des "Grundsatzes" bedurfte es insoweit nach *Rozek* nicht.

[351] Insbesondere ist dabei auf landesrechtliche Subsidiaritätsanordnungen hinzuweisen; vgl. dazu oben im Ersten Teil unter A I 1.

[352] *Jochen Rozek*, a.a.O. S. 69-71, vgl. auch S. 270-281.

stimmten Landesverfassungsgerichts nicht länder- und verfahrensübergreifend feststeht. Weder ergibt sich aus bundesrechtlichen Bestimmungen zwingend, daß der Landesverfassungsgerichtsbarkeit das Grundgesetz als Prüfungs- und Entscheidungsmaßstab generell verwehrt wäre, noch folgt umgekehrt aus dem Bundesrecht, daß ein Landesverfassungsgericht jeden Akt der Landesstaatsgewalt auch auf seine Grundgesetzkonformität zu überprüfen hätte. Im Hinblick auf diese strukturelle Schwäche sind beide "Entweder-Oder-Lösungen" miteinander verwandt, auch wenn sie vom Ergebnis her einander diametral gegenüberstehen. Das *non liquet* des Bundesrechts ist - um den folgenden Ausführungen vorzugreifen - zugleich Ausdruck und Folge der Verfassungsautonomie der Länder[353]. Ausschlaggebend ist also in erster Linie die Entscheidung des jeweiligen Landes(verfassungs)gesetzgebers, die unter dem Vorbehalt entgegenstehender vorrangiger Entscheidungskompetenzen des Bundesverfassungsgerichts steht.

---

[353] Das Bundesrecht darf grundsätzlich nicht in die jeweilige Ordnung der Landesverfassungsgerichtsbarkeit eingreifen, eine Ordnung, die zum Kern einer jeden Gliedstaatlichkeit und damit zum Kernbereich der gliedstaatlichen Verfassungsautonomie gehört (vgl. näher unten unter C I).

C. Gemeinsame Schwächen der strikt maßstabs- bzw. gegenstandsbezogenen Abgrenzungsmodelle

Die oben unter A und B dargestellten Modelle, welche die verfassungsgerichtlichen Verfahren und Verfahrensgegenstände entweder strikt maßstabsbezogen (*Friesenhahnscher* Ansatz) oder strikt gegenstandsbezogen (*Burmeisters* Ansatz) auf- bzw. verteilen, gehen von der Frage aus, wie sich das allgemeine Verhältnis der Bundesverfassungsgerichtsbarkeit zu der Landesverfassungsgerichtsbarkeit *als solcher* darstellt. Diese Fragestellung legt einem in der Tat nahe, eine übergreifende, einheitliche Lösung zu suchen. Die Vereinfachung auf ein zweipoliges Verhältnis kann jedoch als eine zu abstrakte Sichtweise wichtige, in einem Bundesstaat gewollte bzw. in Kauf genommene Besonderheiten übersehen oder verdrängen. Entgegen dieser bisher vorherrschenden abstrahierenden Sichtweise, deren Ergebnisse in ihrer übergreifenden Wirkung einer bundesrechtlichen Regelung[354] zumindest gleichkommen, erscheint es mit Blick auf die Verfassungsautonomie der Länder zwingend, entscheidendes Gewicht auf die bisher im Hintergrund bleibenden, häufig lediglich als Bestätigung anderweitig gefundener Ergebnisse herangezogenen Regelungen des jeweiligen Landesrechts zu legen (sogleich unter I.). Die problematische Abstraktheit, ja Pauschalität der genannten Grundmodelle wird dadurch noch verstärkt, daß nicht zwischen verschiedenen Verfahren mit ihren Eigengesetzlichkeiten unterschieden wird (unten unter II.).

---

[354] Die Vertreter genereller Lösungen und Abgrenzungen heben zwar nicht immer deutlich hervor, daß sie bundesrechtlich argumentieren. Dies ergibt sich aber überwiegend aus dem Zusammenhang. Denn: Soweit in der Argumentation das Verhältnis zur Bundesverfassungsgerichtsbarkeit in den Mittelpunkt tritt, geht es um die bundesstaatliche Abgrenzung und Zuordnung der Kompetenzen von Bundes- und Landesorganen. Wenn somit zumindest auch Zuständigkeiten eines Bundesorgans betroffen sind, ist das maßgebliche Recht das Bundes(verfassungs)recht. Ferner verlassen diejenigen, die von Landesverfassungsgerichtsbarkeit *als solcher* reden, die spezifisch landesrechtliche Perspektive bzw. die Perspektive eines bestimmten Landesrechts; sie bewegen sich vielmehr zwingend auf der bundesrechtlichen Ebene. - Dementsprechend werden Ausnahmen, d. h. etwa eine *erweiterte* Prüfungszuständigkeit der Landesverfassungsgerichte, zum Teil ausdrücklich mit *bundes*rechtlichen Vorschriften begründet. Vgl. dazu z.B. *Herbert Bethge*, der mit Hilfe des Art. 100 Abs. 1 und Abs. 3 GG sowie dem Grundsatz der Bundestreue argumentiert, um in bestimmten Konstellationen die Prüfungsbefugnis der Landesverfassungsgerichte auch auf Bundesverfassungsrecht als Maßstabsrecht zu erstrecken (Organstreitigkeiten des Landesverfassungsrechts, in: Starck/Stern [Hrsg.], Landesverfassungsgerichtsbarkeit, Teilband II, 1983, S. 17 [28-32]); siehe dazu auch unten in diesem Teil unter D II 3.

I. Eingriff in die Autonomie der Länder

Der Bund hat im Bereich der Verfassungsgerichtsbarkeit nur geringe Einwirkungsmöglichkeiten auf die Länder[355]. Das Grundgesetz gibt den Ländern vielmehr eine weite Autonomie zur Ordnung ihrer jeweiligen Landesverfassungsgerichtsbarkeit (Art. 28 Abs. 1 GG). Aus dem selbständigen und unabhängigen Nebeneinander der Verfassungsräume bzw. -bereiche von Bund und Ländern ergibt sich, daß das Bundesrecht und die Bundesorgane grundsätzlich nicht in die Ordnung der Landesverfassungsgerichtsbarkeit eingreifen dürfen, eine Ordnung, die zum Kern einer jeden Gliedstaatlichkeit und damit zum Kernbereich der gliedstaatlichen Verfassungsautonomie gehört. *Walter Leisner* bezeichnet die Landesverfassungsgerichtsbarkeit denn auch als "Wesenselement des Föderalismus"; Landesverfassungsgerichtsbarkeit sei für die "Eigenstaatlichkeit der Länder so wichtig wie die Verfassungshoheit, welche sie bewahrt."[356]

Früh betonte das Bundesverfassungsgericht die Bedeutung des Landesrechts und dessen weiten Spielraum für die Ausgestaltung der jeweiligen Landesverfassungsgerichtsbarkeit[357]. Im vierten Band bestätigte das Gericht eine landesrechtliche Regelung, die das "negative Entscheidungsmonopol" des Landesverfassungsgerichts auch auf vorkonstitutionelles Landesrecht erstreckte; Art. 100 Abs. 1 Satz 1 GG schließe eine derartige Landesregelung nicht aus[358]. Zur Begründung führte das Gericht allgemein aus: In dem föderativ gestalteten Bundesstaat des Grundgesetzes stünden die Verfassungsräume des Bundes und der Länder grundsätzlich selbständig nebeneinander. Das Grundgesetz gebe für die Verfassungen der Länder nur wenige Normativbestimmungen und im übrigen könnten die Länder ihr Verfassungsrecht und damit auch ihre Verfassungsge-

---

[355] Ebenso auch der Kommissionsbericht mit Blick auf das Verfahren der Verfassungsbeschwerde: Durch Bundesgesetz könne wegen der Verfassungsautonomie der Länder nicht geregelt werden, daß die Länder eine Verfassungsbeschwerde einführen müßten und wie sie diese im einzelnen ausgestalteten, welche Grundrechtsgewährleistungen sie in der Landesverfassung vorsähen und wie der Prüfungsumfang im Landesverfassungsbeschwerdeverfahren durch den Landesgesetzgeber oder die Rechtsprechung der Landesverfassungsgerichte bestimmt werde (Kommissionsbericht, a.a.O. S. 114).

[356] *Walter Leisner*, Landesverfassungsgerichtsbarkeit als Wesenselement des Föderalismus. Zur Theorie von der Eigenstaatlichkeit der Länder, in: Verfassung und Verfassungsrechtsprechung. Festschrift zum 25-jährigen Bestehen des Bayer. Verfassungsgerichtshofs, 1972, S. 183 (190). Ebenso *Herbert Bethge*, Verfassungsgerichtsbarkeit im Bundesstaat, BayVBl. 1985, 257 (261). Vgl. auch *Karl-Georg Zierlein*, Die Ersatzzuständigkeit des Bundesverfassungsgerichts in landesverfassungsgerichtlichen Organstreitverfahren, AöR Bd. 118 (1993), S. 66 (S. 68 m.w.N. in Fußn. 8 und S. 97).

[357] BVerfGE 4, 178 (189).

[358] BVerfGE 4, 178 (188 f.). Die angefochtene und aufrechterhaltene Regelung dehnte im Ergebnis die Prüfungs- und Entscheidungszuständigkeit des Landesverfassungsgerichts zu Lasten des richterlichen Prüfungsrechts der Landesfachgerichtsbarkeit aus.

richtsbarkeit nach eigenem Ermessen ordnen. Das Bundesverfassungsgericht leitete aus der Verfassungsautonomie der Länder insbesondere ab, daß "nicht anzunehmen [ist], daß das Grundgesetz eine in einem Land getroffene Regelung der Landesverfassungsgerichtsbarkeit antasten will, wenn es dies nicht ausdrücklich ausspricht oder diese Regelung ihrer Struktur nach mit dem Grundgesetz unverträglich ist."[359]

An der Befugnis des Landesgesetzgebers, die Verfassungsgerichtsbarkeit des Landes nach Ermessen zu ordnen, ändert sich vom Grundsatz her auch dann nichts, wenn das Verhältnis des Landesverfassungsgerichts zum Bundesverfassungsgericht in den Blick gerät. Der Spielraum für die landesverfassungsgerichtliche Kompetenzausstattung ist allerdings nicht unbeschränkt. Die insoweit maßgebliche Grenze findet sich - wie weiter unten in diesem Teil unter D II und III noch ausführlich darzustellen ist - in konkurrierenden Zuständigkeiten des Bundesverfassungsgerichts, denen der Vorrang gebührt.

Neben den Gesichtspunkt der Verfassungsautonomie der Länder tritt die grundsätzlich länderfreundliche Kompetenzverteilung nach *Art. 30 und 92 GG*. Aufgrund der Doppelnatur der deutschen Verfassungsgerichtsbarkeit als Verfassungsorgan auf der einen Seite und als *Gericht*[360] auf der anderen Seite ist für

---

[359] BVerfGE 4, 178 (189), BVerfG, NJW 1998, 293 (294 f.); BVerfGE 96, 345 (368 f.). In dem zuletzt genannten Beschluß heißt es zusammenfassend: In dem föderativ gestalteten Bundesstaat des Grundgesetzes stünden die "Verfassungsbereiche" des Bundes und der Länder grundsätzlich selbständig nebeneinander. Soweit das Grundgesetz für die Verfassungen der Länder keine Normativbestimmungen gebe, könnten die Länder ihr Verfassungsrecht und damit auch ihre Verfassungsgerichtsbarkeit selbst ordnen. Es lasse die in einem Land getroffene Regelung der Landesverfassungsgerichtsbarkeit unberührt, es sei denn, es regele ausdrücklich etwas anderes oder die Landesregelung wäre ihrer Struktur nach mit dem Grundgesetz unverträglich (a.a.O.).

[360] Daß die Landesverfassungsgerichte besondere Organe der rechtsprechenden Gewalt sind, dürfte im wesentlichen unbestritten sein. Das Bundesverfassungsgericht äußerte sich in der "Startbahn West"-Entscheidung zur Stellung des Hessischen Staatsgerichtshofs wie folgt: "Der Staatsgerichtshof ist ein besonderes Organ der rechtsprechenden Gewalt. Er ist Gericht und übt Rechtsprechung aus. Seine Mitglieder entscheiden in richterlicher Unabhängigkeit im Rahmen der dem Staatsgerichtshof durch Art. 131 [HessVerf] zugewiesenen Zuständigkeiten. Nach Art. 131 [HessVerf] i. V. m. § 44 StGHG ist der Staatsgerichtshof dazu berufen, als Rechtsprechungsorgan Verfassungsstreitigkeiten zu entscheiden" (BVerfGE 60, 175 [202 f.]). Daher könne der Staatsgerichtshof nicht "Streitteil" des vor dem Bundesverfassungsgericht fortgeführten Verfassungsstreits sein. - In der früheren Diskussion äußerte *Ernst Friesenhahn* noch Zweifel darüber, ob im Hinblick auf Art. 92 GG ein Staatsgerichtshof noch als Gericht anerkannt werden könne, wenn er überwiegend mit Mitgliedern besetzt sei, die zugleich aktive Verwaltungsbeamte oder Abgeordnete seien (Über Begriff und Arten der Rechtsprechung, in: Festschrift für Richard Thoma, 1950, S. 19 (31 ff.); dagegen bereits *Willi Geiger*, Die Bundesverfassungsgerichtsbarkeit in ihrem Verhältnis zur Landesverfassungsgerichtsbarkeit und ihre Einwirkung auf die Verfassungsordnung der Länder, in: Festschrift für Wilhelm La-

die vorliegende Kompetenzfrage neben Art. 28 Abs. 1 GG auch und gerade die grundsätzlich länderfreundliche Kompetenzverteilung nach Art. 30 und 92 GG von Bedeutung. Nach dem grundlegenden Verteilungsprinzip im grundgesetzlichen Bundesstaat sind im Zweifel die Länder und nicht der Bund zuständig (Art. 30, 70, 83, 92 GG). Dieses länderfreundliche Prinzip gilt insbesondere auch für die rechtsprechende Gewalt. Die Vorstellung der Landesverfassungsgerichte als "Gerichte der Länder" im Sinne des Art. 92 GG bestätigt den Rechtfertigungszwang für die Auffassungen, die auf die Landesverfassungsgerichtsbarkeit als solche bundeseinheitlich einwirken wollen. Für einige Mitglieder der "Entlastungskommission" ist es in erster Linie eine Länderaufgabe, eine Rechtsprechung ihrer Gerichte zu gewährleisten, die dem Landesverfassungsrecht und den Grundrechten des Grundgesetzes entspricht[361].

Für die Feststellung der landesverfassungsgerichtlichen Kompetenzen sind also nicht länderübergreifende Lösungen seitens des Bundes der richtige Ausgangspunkt, sondern zunächst die einschlägigen Bestimmungen des Landesrechts. Die Frage nach bundesrechtlichen Modifikationen (Beschränkungen bzw. Erweiterungen) und deren Rechtfertigung ist demgegenüber erst der zweite Schritt. Die Wahl dieser Vorgehensweise dürfte mehr sein als eine bloß akademische Frage zur Prüfungsreihenfolge oder eine methodologische Spitzfindigkeit. Kommt man nämlich zunächst zu dem Ergebnis, daß ein bestimmtes Landesrecht "seinem" Verfassungsgericht grundsätzlich etwa die Wahrung auch des *grundgesetzlichen* Rechtsstatus des Einzelnen gegenüber der Landesstaatsgewalt anvertraut, so wird der *Eingriffscharakter* eines generellen Prüfungsverbots seitens des Bundes deutlich. Umgekehrt wäre auch der bundeseinheitliche Rechtssatz, der sämtliche Landesverfassungsgerichte zur Prüfung und Entscheidung am Maßstab des Grundgesetzes verpflichtete (*Burmeister*), ein zentralistischer Eingriff in die Verfassungsautonomie der Länder, welcher der Rechtfertigung bedarf.

Das generelle Prüfungs*verbot* der herrschenden Auffassung einerseits wie auch das Prüfungs*gebot Burmeisters* andererseits stellen eine zentralistische Einmischung in das Landesverfassungsrecht dar. Der herrschende, als *bundes*rechtliches Gebot verstandene Grundsatz, daß die Landesverfassungsgerichte allein am Maßstab ihrer Landesverfassung judizieren dürfen, läßt sich vor der Verfassungsautonomie der Länder nur dann rechtfertigen, wenn für diesen Eingriff ein zwingender Grund vorliegt. Dies gilt umso mehr, als dieser Grundsatz der maßstabsbezogenen Prüfungslimitierung - wie weiter oben im Ersten Teil näher aus-

---

foret, 1952, S. 251 (253 f.).

361 Kommissionsbericht, a.a.O., S. 115. Die Länder trügen Mitverantwortung für die Beachtung der Grundrechte in der Rechtsprechung; die entsprechende Gewährleistungsaufgabe bestehe "zumindest primär".

geführt - insbesondere das Verfahren der Landesverfassungsbeschwerde[362] leerlaufen zu lassen droht. Ein derartiger zwingender Grund könnte sich etwa aus einer andernfalls eintretenden Usurpation bundesverfassungsgerichtlicher Zuständigkeiten ergeben[363].

Werden umgekehrt die Aufgaben und Befugnisse der Landesverfassungsgerichtsbarkeit "von außen her" positiv vorgeschrieben, handelt es sich also der Sache nach um "angeordnete Bundes(verfassungs)gerichtsbarkeit", so verliert Landesverfassungsgerichtsbarkeit ihren "Selbstand" und ist kein Ausdruck mehr von Eigenstaatlichkeit[364]. Deutlich wird dieser Verlust insbesondere, wenn *Burmeister* fragt, ob Landesrecht den "genuinen" Aufgabenkreis eines Landesverfassungsgerichts - gegebenenfalls in unzulässiger Weise - beschneide[365]. Demgegenüber ist es jedoch gerade das jeweilige Landesrecht selbst, dem die "genuine" kompetenzrechtliche Entscheidung anvertraut ist[366]. Ein zwingender Rechtfertigungsgrund für eine bundesrechtliche Einwirkung dürfte jedoch darin zu sehen sein, daß der Erlaß von bundesrechtswidrigen Entscheidungen eines Landesverfassungsgerichts vermieden werden muß. Dieses Ziel wird bereits

---

362 *Henning v. Olshausen* (Landesverfassungsbeschwerde und Bundesrecht, 1980, S. 57-74, insbes. S. 66-71) weist auf die Bedeutung des Instituts der Landesverfassungsbeschwerde als Element der Staatlichkeit der Länder hin. "[E]in (landes-) verfassungsgerichtliches Verfahren zur Verteidigung subjektiver (Landes-) Grundrechte [gehört] zum 'Hausgut der Länder'", das der konkurrierenden Zuständigkeit des Bundesgesetzgebers über das gerichtliche Verfahren (Art. 74 Nr. 1 GG) nicht unterfalle (a.a.O. S. 71). Ferner BVerfGE 96, 345 (368 ff. unter 5); vgl. dazu die knappe Zusammenfassung oben im Ersten Teil A II 1 a.

363 Vgl. unten in diesem Teil unter D II und III.

364 Vgl. *Walter Leisner*, Landesverfassungsgerichtsbarkeit als Wesenselement des Föderalismus. Zur Theorie von der Eigenstaatlichkeit der Länder, in: Verfassung und Verfassungsrechtsprechung, Festschrift zum 25-jährigen Bestehen des Bayerischen Verfassungsgerichtshofs, 1972, S. 183 (191).

365 *Joachim Burmeister*, Vorlagen an das Bundesverfassungsgericht nach Art. 100 Abs. 3 GG, in: Starck/Stern (Hrsg.), Landesverfassungsgerichtsbarkeit, Teilband II, 1983, S. 399 (441-443). Das einschlägige Landesrecht betrachtet er also nur abwehrend unter der Fragestellung, ob das Landesrecht die Landesverfassungsgerichte auf die Anwendung des Landesverfassungsrechts beschränkt und ob dies zulässig ist (a.a.O.).

366 Eine bundesrechtlich angeordnete Zuständigkeitserweiterung erscheint schon angesichts der dadurch ausgelösten Arbeitsbelastung der nur mit nebenamtlichen Richtern besetzten Landesverfassungsgerichte und der dadurch bedingten strukturellen Folgen untragbar. Vgl. dazu unten im Dritten Teil unter A III 3 (Stichwort: Kapazität); siehe ferner Kommissionsbericht, a.a.O., S. 116, und *Klaus Lange*, Kontrolle bundesrechtlich geregelter Verfahren durch Landesverfassungsgerichte?, NJW 1998, 1278 (1280-1282). - Für die Konstellation der vorbeugenden Normenkontrolle im Volksgesetzgebungsverfahren weist auch *Jochen Rozek* auf die entscheidende Bedeutung der *landes*rechtlichen Zuweisung der erweiterten Prüfungskompetenz hin (Das Grundgesetz als Prüfungs- und Entscheidungsmaßstab der Landesverfassungsgerichte, 1993, S. 264, 270 f. und 280 f.).

durch entsprechende Inzidentprüfungen auf der Vorfragenebene erreicht[367]; eine in einem Land getroffene Regelung, welche die entsprechende Vorfragenprüfung dem jeweiligen Landesverfassungsgericht entziehen wollte, wäre wohl "ihrer Struktur nach mit dem Grundgesetz unverträglich"[368].

II. Fehlende Eignung der starren, einfachen Modelle zur Erfassung der vielschichtigen Problematik - Vermengung materiell- und kompetenzrechtlicher Fragestellungen

Bezeichnend ist der leicht bedauernde Ton bei *Friesenhahn*[369], als er sich gezwungen sah, seine strikte These zu relativieren: "So einfach und einleuchtend zunächst dieser Grundsatz [der absoluten[370] Prüfungslimitierung] erscheint, so ist die Rechtslage in Wahrheit doch höchst kompliziert, und zwar vor allem deshalb, weil in der Bundesrepublik nicht eine so klare Trennung der beiden Sphären besteht wie in den Vereinigten Staaten von Amerika ..."[371].

Während *Friesenhahn* strikt unterscheidet zwischen Bundesstaatsgewalt und Bundesverfassung einerseits und Landesstaatsgewalt und Landesverfassung andererseits, betont *Burmeister* die Einbindung der Landesstaatsgewalt und der Landesverfassungen in das "überwölbende bundesrechtliche Rechts- und Organisationssystem"[372]. Diese *Einbindung* und nicht die strikte *Trennung* der Verfassungsräume von Bund und Ländern "durch deren jeweilige ausschließliche Zuordnung auf die Bundesverfassung einerseits und die Landesverfassungen andererseits" sei - so *Burmeister* - "wesenseigentümlich" für das bundesstaatliche Organisationsmodell des Grundgesetzes[373]. Für dieses Organisationsgefüge sei gerade "*die partielle Überwindung des Trennungsschemas*, der *Zusammenschluß* von Bundes- und Landesstaatsgewalt zu einem gesamtstaatlichen System und deren Einordnung in einen gesamtstaatlichen Wirkungszusammenhang

---

367 Vgl. oben in diesem Teil unter A III.

368 BVerfGE 96, 345 (369 oben) m.w.N.

369 *Ernst Friesenhahn*, Zur Zuständigkeitsabgrenzung zwischen Bundesverfassungsgerichtsbarkeit und Landesverfassungsgerichtsbarkeit, in: Starck (Hrsg.), Bundesverfassungsgericht und Grundgesetz, Erster Band, 1976, S. 748 (751 f., 756). Vgl. dazu bereits oben unter A III.

370 Damit ist gemeint, daß die Landesverfassungsgerichte in keiner Weise, auch nicht inzident auf der Vorfragenebene, Bundes(verfassungs)recht zum Gegenstand ihrer Entscheidung machen dürfen.

371 *Ernst Friesenhahn*, Zuständigkeitsabgrenzung, a.a.O. S. 751 f. Vgl. dazu bereits oben in diesem Teil unter A III.

372 *Joachim Burmeister*, Vorlagen an das Bundesverfassungsgericht nach Art. 100 Abs. 3 GG, in: Starck/Stern (Hrsg.), Landesverfassungsgerichtsbarkeit, Teilband II, 1983, S. 399 (435).

373 *Joachim Burmeister*, Vorlagen, a.a.O. S. 434.

kennzeichnend, in dem zwar die Eigenstaatlichkeit der Gliedstaaten erhalten bleibt, jedoch eingebettet in ein *die Einheit der Staatsgewalt* bewirkendes und gewährleistendes Normengefüge"[374]. Die komplizierten Verschränkungen des grundgesetzlichen Bundesstaates mit ihren zentrifugalen und -petalen Kräften vereinfachend, hebt *Friesenhahn* also die "staatenbündischen" Momente heraus, während *Burmeister* die "einheitsstaatlichen" Merkmale in den Vordergrund stellt.

Neben diesen kategorischen Positionsbestimmungen auf der Skala, die sich zwischen Staatenbund und zentralistischem Einheitsstaat spannt, legen beide einen bestimmten materiell-rechtlichen Befund zugrunde, aus dem sie jeweils (zu) weitgehende kompetenzrechtliche Folgerungen ziehen. Dies gilt nicht nur für die Konzeption *Burmeisters,* bei der dies etwa *Rozek* überzeugend dargelegt hat[375], sondern auch umgekehrt für den herrschenden Ansatz, der allein aus der Trennung der Verfassungsrechtskreise eine starres Gegenüber der verfassungsgerichtlichen Kompetenzbereiche deduziert. Denn diese Herleitung stellt einen nicht näher begründeten Sprung von einer *materiell*-rechtlichen Sphärentheorie zu einer *kompetenz*rechtlichen dar.

Friesenhahns Überlegungen haben - wie oben unter A I dargestellt - ihren Beginn in der Weimarer Zeit und orientierten sich dementsprechend ursprünglich an den engen Zuständigkeiten des Reichsstaatsgerichtshofs. Damit war das Verfahren des *Verfassungsorganstreits* prägend für seine Begriffs- und Modellbildung. Maßstabsrecht für diese klassischen Verfassungsstreitigkeiten ist das Staatsorganisationsrecht, das sich in erster Linie aus einer bestimmten Verfassung ergibt. *Friesenhahns* Vorstellung, daß die Landesverfassungsgerichte Bundesverfassungsrecht nicht zum Gegenstand ihrer Rechtsfindung machen, hat damit im Verfahren der Verfassungsstreitigkeit innerhalb eines Landes seinen Ursprung und insoweit seine eigentliche Berechtigung. Der Streit zwischen Verfassungsorganen eines Landes wurzelt im jeweiligen Staatsorganisationsrecht, aus dem sich die Rechte und Pflichten der Verfassungsorgane ergeben. Bundesverfassungsrecht hat für den Bereich der inneren Staatsorganisation eines Gliedstaates regelmäßig keine unmittelbare Bedeutung; es stellt in Art. 28 Abs. 1 GG lediglich einige Grundsatzanforderungen an die verfassungsmäßige Ordnung der Gliedstaaten. Damit wird ein Verfassungsstreit über eine staatsorganisationsrechtliche Frage innerhalb eines Landes grundsätzlich ausschließlich am Maßstab der jeweiligen Landesverfassung entschieden. Verfassungsstreitigkeiten, die demgegenüber das Bundesverfassungsgericht in originärer Zuständigkeit zu entscheiden hat, sind Verfassungsstreitigkeiten zwischen den Ländern, zwischen Bund und Ländern und zwischen Bundesverfassungsorganen. Die streitentschei-

[374] *Joachim Burmeister,* Vorlagen, a.a.O. S. 434 (Hervorhebungen im Original).

[375] Vgl. *Jochen Rozek,* Das Grundgesetz als Prüfungs- und Entscheidungsmaßstab der Landesverfassungsgerichte, 1993, S. 68-75, insbes. S. 69, und oben in diesem Teil unter B III 3.

denden Normen dieser "Bundesverfassungsstreitigkeiten" findet man ausschließlich im Grundgesetz, sei es bei den (bundesstaatlichen) Bestimmungen, die das Verhältnis zwischen Bund und Ländern sowie zwischen den Ländern regeln, sei es bei den (zentralstaatlichen) Bestimmungen, die das Verhältnis der Bundesverfassungsorgane untereinander regeln. Typisch für die genannten Verfassungsstreitigkeiten, die für *Friesenhahns* Konzeption prägend waren, ist also, daß für jedes dieser Streitverhältnisse nur ein bestimmter Verfassungsrechtskreis die entscheidungserheblichen Prüfungsmaßstäbe zur Verfügung stellt.

Umgekehrt steht für *Burmeister* - den heutigen ausgeweiteten verfassungsgerichtlichen Zuständigkeiten und ihrer praktischen Bedeutung entsprechend - die *Normenkontrolle* und in etwas schwächerem Umfang die Verfassungsbeschwerde im Mittelpunkt. Soweit der Akt einer Landesstaatsgewalt angefochten wird, können diese "Verfassungsstreitigkeiten" im weiteren Sinne grundsätzlich sowohl in der Bundesverfassung als auch zugleich in der jeweiligen Landesverfassung wurzeln. Typisch für diese Verfahrensarten ist also, daß grundsätzlich zwei Verfassungen entscheidungserheblich sein können.

Obwohl die Konzeption *Friesenhahns* ausgerichtet ist auf die traditionelle Zuständigkeit eines Verfassungsgerichts zur Entscheidung von Verfassungsorganstreitigkeiten[376], wurde sie unter der Geltung des Grundgesetzes verallgemeinert und als Universalmodell auf alle verfassungsgerichtlichen Zuständigkeiten übertragen[377]. Es nimmt nicht wunder, daß die Besonderheiten der "neuen" Zuständigkeiten sich in "Modifikationen und Durchbrechungen" des übertragenen Grundsatzes der absoluten Prüfungslimitierung niederschlugen. Das *Burmeister*-Modell ist von solchen Relativierungen[378] verschont geblieben, da der Praxis-Test ausblieb[379]. Dies hat zur Folge, daß im folgenden lediglich die Konzeption *Friesenhahns* mit ihren Ausnahmen behandelt wird.

---

[376] 1932 bleiben die Verfahren der Verfassungsbeschwerde und der Normenkontrolle, die heute die quantitativ und qualitativ herausragenden Verfahren der Verfassungsgerichtsbarkeit ausmachen, noch ausdrücklich ausgespart (*Ernst Friesenhahn*, Die Staatsgerichtsbarkeit, in: Anschütz/Thoma [Hrsg.], Handbuch des Deutschen Staatsrechts, Band 2, 1932, § 98, S. 523 [527]). Beide Verfahren stellten damals für *Friesenhahn* bereits begrifflich keine Staatsgerichtsbarkeit dar. Vgl. näher oben in diesem Teil unter A I.

[377] Siehe oben in diesem Teil unter A II.

[378] Ansatzpunkt für derartige Relativierungen wären insbesondere die von *Burmeister* selbst angedeuteten "Kontrollerstreckungsnormen" ausschließlichen Charakters: Damit meint er, daß ausnahmsweise die Kontrolle der Landesstaatsgewalt am Maßstab von Bundes(verfassungs)recht den Landesverfassungsgerichten aufgrund besonderer gesetzlicher Regelung entzogen und ausschließlich dem Bundesverfassungsgericht übertragen sein kann (*Joachim Burmeister*, Vorlagen, a.a.O. S. 437).

[379] Vgl. oben in diesem Teil unter B III 4.

Der Grundsatz der strikten maßstabsbezogenen Prüfungslimitierung erfährt Modifikationen und Durchbrechungen. Zahl und Art dieser *Ausnahmen* lassen das Bestehen eines rechtlich verbindlichen Grundsatzes, von dem nur ausnahmsweise abgewichen wird, zweifelhaft werden.

Wie oben unter A III dargestellt, wurde die ursprünglich von *Friesenhahn* geforderte absolute Prüfungslimitierung dahingehend relativiert, daß es den Landesverfassungsgerichten nicht verwehrt sein sollte, Bestimmungen des Bundes(verfassungs)rechts auf der *Vorfragenebene* heranzuziehen. Sie seien vielmehr zur Vermeidung bundesrechtswidriger Entscheidungen berechtigt und verpflichtet, zumindest darauf zu achten, daß sie ihren Entscheidungen nur *bundesrechtskonform* ausgelegte und angewendete Bestimmungen der Landesverfassung zugrunde legen[380]. Aber auch auf der Hauptfragenebene sind Konstellationen bekannt, in denen das Grundgesetz zum *prinzipalen* Prüfungsmaßstab eines Landesverfassungsgerichts wird. Überwiegend anerkannt ist dabei die Kompetenz der Landesverfassungsgerichte, bei der Norm*entwurfs*kontrolle im Verfahren der Volksgesetzgebung zu überprüfen, ob der Gesetzesentwurf mangels Gesetzgebungszuständigkeit des Landes mit Art. 70 ff. GG unvereinbar ist, und dementsprechend selbst zu entscheiden[381]. Diesen Befund beschreibt *Burmeister* kritisch damit, daß die Prüfungslimitierungsthese entgegen ihrer ständigen Wiederholung in der landesverfassungsgerichtlichen Judikatur "zahllos und sorglos" durchbrochen werde und sich das Schrifttum "in geradezu akrobatischen Verrenkungen" darum bemühe, diese Durchbrechungen des Grundsatzes dogmatisch zu bewältigen[382]. *Rozek* nennt weitere Beispiele für derartige "Relativierungen" des *Friesenhahnschen* Grundsatzes[383]; seine umfassende und materialreiche Auseinandersetzung[384] steht unter dem Ziel, diesen Durchbrechungen entgegenzuwirken.

---

[380] Vgl. etwa *Wolfgang Rüfner*, Zum Verhältnis von Bundes- und Landesverfassungsgerichtsbarkeit im Bereich der Grundrechte, DÖV 1967, 668; *Herbert Bethge*, Organstreitigkeiten des Landesverfassungsrechts, in: Starck/Stern (Hrsg.), Landesverfassungsgerichtsbarkeit, Teilband II, 1983, S. 17 (28 f.); *Jochen Rozek*, Das Grundgesetz als Prüfungs- und Entscheidungsmaßstab der Landesverfassungsgerichte, 1993, S. 55-61.

[381] Siehe dazu näher unten in diesem Teil unter D III 3 a.E sowie im Dritten Teil unter A I. Kompetenzbejahend auch *Herbert Bethge*, Organstreitigkeiten des Landesverfassungsrechts, in: Starck/Stern (Hrsg.), Landesverfassungsgerichtsbarkeit, Teilband II, 1983, S. 17 (30-32); *Jochen Rozek*, Das Grundgesetz als Prüfungs- und Entscheidungsmaßstab der Landesverfassungsgerichte, 1993, S. 240 ff. (insbes. 280 f.).

[382] *Joachim Burmeister*, Vorlagen, a.a.O. S. 433.

[383] *Jochen Rozek*, Das Grundgesetz als Prüfungs- und Entscheidungszuständigkeit der Landesverfassungsgerichte, 1993, S. 61-65 m.w.N.

[384] *Jochen Rozek*, a.a.O. Zur Frage der Überprüfung der fachgerichtlichen Anwendung von Bundesrecht im Verfahren der Landesverfassungsbeschwerde vgl. *dens.*, a.a.O., S. 190-200 einerseits und *dens.*, Landesverfassungsgerichtsbarkeit, Landesgrundrechte und die Anwendung von Bundesrecht, AöR Bd. 119 (1994), S. 450 (482) andererseits.

Die Durchbrechungen treten nicht immer so offen auf wie bei der soeben angeführten präventiven Normenkontrolle im Verfahren der Volksgesetzgebung. Die durch "Aufweichung" des Grundsatzes entstehende Unübersichtlichkeit[385] wird vielmehr noch verstärkt durch die Existenz *versteckter Ausnahmen*. Zu denken ist insoweit zunächst an die oben im Ersten Teil behandelten Ausweichkonstruktionen bei der Landesverfassungsbeschwerde; von diesen "kaschieren" jedenfalls zwei, nämlich die Parallel- und die Willkürkonstruktion, daß der eigentliche Schwerpunkt der Sachprüfung im Bundesrecht anzusiedeln ist. Zu nennen ist ferner die wechselvolle Rechtsprechung des Bayerischen Verfassungsgerichtshofs zum Verfahren der Normenkontrolle und zu den in diesem Verfahren zu prüfenden "Vorfragen"; eine erschöpfende Darstellung würde monographische Ausmaße annehmen, so daß an dieser Stelle ein knapper Hinweis genügen muß[386]. Im Mittelpunkt dieser Konstruktionen stehen der grundsätzlichen Idee nach das *Institut der Vorfragenkompetenz* und insbesondere die Frage, was alles als "Vorfrage" qualifiziert werden kann. Sind nämlich Hauptfragen zu Vorfragen deklariert, werden sie mit dem Hinweis justitiabel, daß den Landesverfassungsgerichten schließlich wie jedem anderen Gericht auch die Vorfragenkompetenz[387] obliege. Der Verdacht einer materiell-rechtlichen Ummäntelung zur Umgehung von Kompetenzgrenzen liegt nicht fern und ist durch *Rozek* für die bayerische Normenkontrollpraxis aus beachtlichen Gründen bejaht worden[388]. Ein besonderes Beispiel dieser Art ist das weiter unten noch ausführlich zu besprechende Inkorporationsverständnis der Einwirkungsrechtsprechung[389]. Durch die soeben geschilderte vielfältige Verschiebung materiell-rechtlicher Fragen des *Bundes*rechts auf die den Landesverfassungsgerichten jedenfalls zu-

---

[385] Es stellt sich die Frage, ob diese Unübersichtlichkeit Grund für das beharrliche Festhalten am Grundsatz ist, oder ob vielmehr umgekehrt der Grundsatz selbst es ist, der die Unübersichtlichkeit (mit-) bewirkt. Paradoxerweise können beide Fragen bejaht werden.

[386] Einen gerafften kritischen Überblick vermittelt *Walter Schmitt Glaeser/Hans-Detlef Horn*, Die Rechtsprechung des Bayerischen Verfassungsgerichtshofs, BayVBl. 1992, 673 (684 m.w.N.); mit beachtlicher Kritik in Anlehnung an BVerfGE 69, 112 *Jochen Rozek*, Das Grundgesetz als Prüfungs- und Entscheidungsmaßstab der Landesverfassungsgerichte, 1993, S. 212-240; aus der älteren Literatur vgl. insbesondere *Peter Lerche*, Probleme der Vorfragenkompetenz in der Judikatur des Bayerischen Verfassungsgerichtshofs, in: Bayer. Verfassungsgerichtshof (Hrsg.), Verfassung und Verfassungsrechtsprechung, Festschrift zum 25-jährigen Bestehen des Bayer. Verfassungsgerichtshofs, 1972, S. 247.

[387] Vgl. zur Vorfragenkompetenz nur *Ekkehard Schumann*, Verfassungsbeschwerde (Grundrechtsklage) zu den Landesverfassungsgerichten, in: Starck/Stern (Hrsg.), Landesverfassungsgerichtsbarkeit, Teilband II, 1983, S. 149 (201 m.w.N.).

[388] *Jochen Rozek*, a.a.O. S. 212-240. Die neuere Vorfragenjudikatur des Bayerischen Verfassungsgerichtshofs "lade" das landesverfassungsrechtliche Rechtsstaatsprinzip um bundesrechtliche Rechtsnormen "auf" (a.a.O., S. 227); vgl. auch *Joachim Burmeister*, Vorlagen, a.a.O. S. 459: "Umetikettierung der Gültigkeitsfrage in eine Vorfrage, was sie ohne Zweifel nicht ist und wozu sie auch nicht 'gemacht' werden kann".

[389] Siehe dazu unten im Dritten Teil unter A II 4.

gängliche Ebene des Landesrechts umgeht man das eigentliche Sachproblem: die Kompetenzfrage. Insbesondere erscheint nicht ausgeschlossen, daß diese juristische "Verdrängung" dazu führt, tatsächliche Kompetenzkonflikte nicht mehr wahrzunehmen.

Ergänzend sei angemerkt, daß das Bundesverfassungsgericht es bereits früh abgelehnt hat, für sich selbst entsprechende Kompetenzerweiterungen mittels *seiner* Vorfragenkompetenz in Anspruch zu nehmen. Das Gericht hält sich nicht für befugt, im Rahmen einer Verfassungsbeschwerde in Zusammenhang mit einer gerügten Verletzung von Art. 2 Abs. 1 GG die Vereinbarkeit von Landesrecht mit der Landesverfassung zu prüfen; andernfalls wäre die Verfassungsgerichtsbarkeit der Länder praktisch weitgehend ausgehöhlt[390].

Einfache und allein dadurch einleuchtende Idealmodelle stoßen sich stets an der komplizierteren Rechtswirklichkeit. Je größer jedoch die Zahl der Ausnahmen, desto schwächer und weniger überzeugend wird der Grundsatz. In einem qualitativen Sinne wird der Grundsatz der Sache nach letztlich aufgegeben, wenn die angenommenen "Ausnahmen" nicht mehr begründbar sind, sie also nicht mehr die Regel bestätigen, sondern willkürlich von dem Rechtssatz abweichen. Dieser hört damit auf, ein *rechtlich* verbindlicher Grundsatz zu sein. Er ist dann nicht mehr als eine erste Arbeitshypothese bzw. ein rein statistischer Wert.

Trotz dieser Durchlöcherung, ja Unkenntlichmachung des Grundsatzes der maßstabsbezogenen Prüfungslimitierung wird an diesem Grundsatz beharrlich festgehalten. Der Grund dafür dürfte darin liegen, daß es an einem ebenso einfachen und prima facie einleuchtenden Ersatz-Grundsatz fehlt. Angesichts der eben genannten offenen und versteckten Ausnahmen stellt sich aber die etwas ketzerische Frage, ob nicht vielmehr der Grundsatz *selbst* es ist, der aufgrund seines strikten Charakters einen Teil der Ausnahmen erst notwendig macht und damit die Unübersichtlichkeit (mit-)bewirkt.

---

390 BVerfGE 41, 88 (118-120). Vgl. ferner *Jochen Rozek*, Das Grundgesetz als Prüfungs- und Entscheidungsmaßstab der Landesverfassungsgerichte, 1993, S. 50 m.w.N.

D. Entwurf eines flexibleren Abgrenzungsmodells - Ersetzung des Ausschließlichkeitsprinzips durch das Vorrangigkeitsprinzip

Die soeben unter C vorgebrachten Argumente gegen zu starre und zugleich umfassende Modelle weisen den Weg zu einem differenzierteren Modell, das versucht, der Verfassungsautonomie der Länder hinsichtlich ihrer jeweiligen Verfassungsgerichtsbarkeit gerecht zu werden und gleichzeitig den Vorrang bundesverfassungsgerichtlicher Zuständigkeiten zu gewährleisten. Der Preis für die Flexibilität eines derartigen Modells, nämlich der Verzicht auf eine einfache und umfassende Grundformel, erscheint nicht allzu hoch angesichts der im Ergebnis auch gegenüber der *Friesenhahnschen* Prüfungslimitierung praktizierten Modifikationen und Durchbrechungen. Die folgenden Ausführungen, die sich eng an Rechtsprechungslinien des Bundesverfassungsgerichts und des Bayerischen Verfassungsgerichtshofs anlehnen, können - selbstverständlich - nur ein erster Schritt für eine umfassende Ausarbeitung sein.

Schlagwortartig läßt sich das Modell durch mehrere, sich zum Teil überschneidende Perspektivwechsel kennzeichnen: weg vom Bundesrecht hin zum Landesrecht, weg vom materiellen Recht hin zum Kompetenzrecht, weg von der starken Abstraktion hin zur konkreten Bestimmung der "Nahtstellen"[391]. Dies führt zur Prüfung der jeweils einschlägigen *landesrechtlichen Kompetenzzuweisungen* daraufhin, ob sie dem jeweiligen Landesverfassungsgericht in der bestimmten Verfahrenskonstellation die kompetentielle Befugnis zuweisen, am Maßstab grundgesetzlicher Regelungen zu prüfen und zu entscheiden. Zur ersten Illustration der sich dabei ergebenden Auslegungsfragen seien an dieser Stelle nur zwei Beispiele aus der Rechtsprechung genannt. Das erste Auslegungsbeispiel betrifft § 45 Abs. 1 BbgVerfGG, wonach sich die Landesverfassungsbeschwerde gegen die Verletzung eines "in der Verfassung gewährleisteten" Grundrechts richtet. Das Brandenburger Verfassungsgericht[392] stellte sich auf den Standpunkt, daß dadurch nur die durch die Landesverfassung geschützten Grundrechte angesprochen seien, so daß der Beschwerdeführer die Verletzung von Normen des Bundesverfassungsrechts nicht rügen könne. - Das zweite Beispiel stammt aus dem bayerischen Verfahren der Norm*entwurfs*kontrolle bei der Volksgesetzgebung. Nach Art. 65 Abs. 1 BayLWG (Art. 71 Abs. 1 BayLWG a.F.) hat das Staatsministerium des Innern "die gesetzlichen Voraussetzungen für die Zulassung des Volksbegehrens" zu prüfen; hält das Ministerium diese Voraussetzungen nicht für gegeben, führt es "darüber" eine Entscheidung des Bayerischen Verfassungsgerichtshofs herbei. Zunächst hatte der Verfassungsgerichtshof seine Prü-

[391] Treffendes Bild von *Klaus Stern*, Nahtstellen zwischen Bundes- und Landesverfassungsgerichtsbarkeit, BayVBl. 1976, S. 547 ff.

[392] Beschluß des Brandenburger Verfassungsgerichts vom 15. September 1994 - VfGBbg 10/93 -, NJW 1995, 1018 (1019).

fung dieser "gesetzlichen" Zulassungsvoraussetzungen darauf beschränkt, den vorgelegten Gesetzesentwurf nach Maßgabe des Landeswahlgesetzes und der Bayerischen Verfassung zu überprüfen[393]. Später jedoch hat der Gerichtshof seine Kontrolle des Gesetzesentwurfs auf die Vereinbarkeit mit Bundesrecht erstreckt[394], d. h. insbesondere auf die Vereinbarkeit mit den Kompetenzregelungen des Grundgesetzes zum Erlaß von Gesetzen sowie den Rahmengesetzen des Bundes. Dieser Kompetenzerstreckung lag eine extensive Auslegung der den Prüfungsmaßstab zuweisenden Vorschrift des Landeswahlgesetzes zugrunde. Eine vertiefende Darstellung der Auslegungsfragen, die hinsichtlich dieser und anderer kompetenzrechtlicher Begriffe und Vorschriften auftreten, findet sich unter besonderer Berücksichtigung der Verfahren der Landesverfassungsbeschwerde weiter unten im Dritten Teil unter A.

Der Schwerpunkt der sogleich folgenden Überlegungen liegt demgegenüber auf der Herleitung und generellen[395] Bestimmung der *Zuständigkeitsgrenzen*, die der Bund den Ländern bei der Ordnung ihrer jeweiligen Landesverfassungsgerichtsbarkeit zum Schutz der Entscheidungszuständigkeiten des Bundesverfassungsgerichts zieht[396]. Vereinfachend gesagt, geht es dieser Grenzziehung darum zu verhindern, daß aus konkurrierenden Zuständigkeiten des Bundes- und eines Landesverfassungsgerichts eine "Zuständigkeitskollision"[397] wird bzw. daß ein Landesverfassungsgericht Entscheidungskompetenzen der Bundesverfassungsgerichtsbarkeit "ursupiert"[398]. Dabei ist zwischen einem funktionsrechtlichen und einem kompetenzrechtlichen Ansatz zu unterscheiden, wobei beide Ansätze gleichermaßen zu berücksichtigen sind (siehe sogleich unter I.). Die Vorrangigkeit bundesverfassungsgerichtlicher Zuständigkeiten steht im Mittelpunkt des darauf folgenden Abschnitts; dabei wird es erforderlich sein, eine zentrale Entscheidung des Bundesverfassungsgerichts im 69. Band heranzuziehen und ausführlich zu besprechen. Die in dieser Entscheidung entwickelte Figur der *vorrangigen, aber nicht ausschließlichen* Prüfungs- und Entscheidungszuständigkeit des Bundesverfassungsgerichts für das Bundes(verfassungs)recht ist für das

---

393 BayVerfGHE 18, 85 (90 f.).

394 BayVerfGHE 38, 51 (57-59). Näher zu dieser Entscheidung unten in diesem Teil unter D III 3.

395 Die spezifischen Auswirkungen dieser Grundsätze für das Verfahren der Landesverfassungsbeschwerde sind weiter unten Gegenstand des Abschnitts B im Dritten Teil.

396 Hinsichtlich der erforderlichen Grenzziehungen zum Schutz der "Integrität" von Bundesstaatsgewalt und Fachgerichtsbarkeit sei auf die Ausführungen des Bundesverfassungsgerichts in seinem Beschluß vom 15. Oktober 1997 (BVerfGE 96, 345 (368-272)) verwiesen; dazu oben im Ersten Teil unter A II 1 a.

397 Vgl. BayVerfGHE 38, 51 (59) und insbesondere *Jochen Rozek*, Das Grundgesetz als Prüfungs- und Entscheidungsmaßstab der Landesverfassungsgerichte, 1993, S. 55.

398 *Herbert Bethge*, Organstreitigkeiten des Landesverfassungsrechts, in: Starck/Stern (Hrsg.), Landesverfassungsgerichtsbarkeit, Teilband II, 1983, S. 17 (29, 31); *Jochen Rozek*, Grundgesetz, a.a.O. S. 53.

Verhältnis des Gerichts zur Landesverfassungsgerichtsbarkeit von ausschlaggebender Bedeutung. Das (bloße) Vorrangigkeitsprinzip, das das Bundesverfassungsgericht gleichsam an die Stelle des (strikten) Ausschließlichkeitsprinzips von *Friesenhahn* setzt, führt dazu, daß es den Landesverfassungsgerichten grundsätzlich nicht verwehrt ist, auch Bestimmungen des Grundgesetzes zum Gegenstand ihrer Rechtsfindung zu machen (siehe unten unter II.). Die Vorrangigkeit realisiert sich aber bzw. wird gewährleistet durch die *abschließende* Entscheidungszuständigkeit des Bundesverfassungsgerichts für das Bundes(verfassungs)recht (siehe unten unter III.).

I. Die Auflösung von "Zuständigkeitskonkurrenzen" als Rechtfertigung für Zuständigkeitsbeschränkungen

Wie bereits oben unter C I dargelegt, verlangt die Verfassungsautonomie der Länder hinreichende Gründe für eine Einschränkung landesverfassungsgerichtlicher Prüfungs- und Entscheidungszuständigkeiten durch das Bundesrecht. Im Verhältnis der Landesverfassungsgerichte zum Bundesverfassungsgericht ergeben sich bundesrechtliche Kompetenzgrenzen für die Landesverfassungsgerichtsbarkeit aus der bundesstaatlichen Pflicht, konkurrierende Entscheidungszuständigkeiten des Bundesverfassungsgerichts zu respektieren. Entscheidungskompetenzen des Bundesverfassungsgerichts dürfen von keinem anderen staatlichen Organ, auch nicht von einem Landesverfassungsgericht, "usurpiert"[399] werden. Aus dieser abstrakten Anfangsüberlegung lassen sich allerdings unterschiedliche Folgerungen ziehen, je nach dem, welchen Begriff von "Zuständigkeit" man zugrunde legt und unter welchen Voraussetzungen eine "Zuständigkeitskonkurrenz" vorliegen soll.

Bei der daher erforderlichen Begriffspräzisierung ist zwischen *Funktion* und *Kompetenz* zu unterscheiden[400]. In einem funktionsrechtlichen Sinne kann man von dem Begriff und der Eigenart der Bundesverfassungsgerichtsbarkeit oder der Verfassungsgerichtsbarkeit eines Landes sprechen; kompetenzrechtlich beschäftigt man sich mit den konkreten, gesetzlich festgelegten Aufgaben und Befugnissen der Organe Bundesverfassungsgericht oder Verfassungsgericht eines Landes. Dem funktionsrechtlichen Ansatz entspricht ein "materieller" Begriff

---

[399] *Herbert Bethge*, Organstreitigkeiten, a.a.O. S. 17 (29, 31); *Jochen Rozek*, Grundgesetz, a.a.O. S. 53.

[400] Vgl. dazu die Unterscheidung bei *Konrad Hesse*, Grundzüge des Verfassungsrechts der Bundesrepublik Deutschland, 20. Aufl., 1995: Die Überschrift des 2. Abschnitts des Dritten Teils lautet bei *Hesse*: Funktionen - Rechtsprechung - Verfassungsgerichtsbarkeit (§ 14 III 3) und die Überschrift des darauf folgenden 3. Abschnitts: Organe und Kompetenzen - Bundesverfassungsgericht (§ 19).

von Zuständigkeit (einer Verfassungsgerichtsbarkeit), dem kompetenzrechtlichen Ansatz ein "formeller" Begriff von Zuständigkeit (eines Verfassungsgerichts)[401]. Beide Ansätze stehen in Wechselwirkung zueinander: aus den konkreten Kompetenzen ergeben sich induktiv materielle Aussagen; umgekehrt lassen sich aus der Funktion formelle Aussagen deduzieren[402].

1) Funktionsrechtlicher Ansatz

Dem funktionsrechtlichen Ansatz[403] ist *Friesenhahn* verpflichtet. Seine Betrachtung löst sich von den konkreten, gesetzlich festgelegten Zuständigkeiten; vielmehr folgert er aus dem "materiellen" Begriff und der Eigenart der Verfassungsgerichtsbarkeit deren ausschließliche Bezogenheit auf eine bestimmte Verfassung als deren alleinigen Kompetenzbereich[404]. Aufgabe und Befugnis von Verfassungsgerichtsbarkeit schlechthin sei es, in den verschiedenen Verfahren gerichtsförmigen Schutz der jeweiligen Verfassung zu gewährleisten[405]. Mit einem derartigen Zuständigkeitsbegriff entsteht eine positive Konflikt- und Kollisionssituation bereits dann, wenn ein Verfassungsgericht seinen Schutz auf die jeweils andere Verfassung ausdehnt.

Auch die Rechtsprechung des Bundesverfassungsgerichts greift diesen funktionsrechtlichen Ansatz auf. Die Verfassungsgerichtsbarkeiten in Bund und Ländern - so das Gericht[406] - ständen als unabhängige Instanzen selbständig nebeneinander und besäßen für ihren jeweiligen Rechtskreis die letztverbindliche Auslegungsautorität[407]. Hinsichtlich des "eigenen" Rechtskreises das "letzte

---

[401] Weiter unten unter III 2 wird sich zeigen, daß dem funktionsrechtlichen Ansatz die abschließende Entscheidungszuständigkeit im materiellen Sinn entspricht und dem kompetenzrechtlichen Ansatz die abschließende Entscheidungszuständigkeit im formellen Sinne.

[402] Kritisch insoweit *Ernst-Wolfgang Böckenförde* mit Blick auf die Ansätze funktionsrechtlicher Abgrenzungen zwischen Verfassungsgerichtsbarkeit und Fachgerichtsbarkeit. Dieser Gedanke verfange sich in sich selbst. "Die Funktion der Verfassungsgerichtsbarkeit läßt sich nicht unabhängig von den ihr zugewiesenen Kompetenzen, sondern erst aus ihnen heraus bestimmen. Mithin kommt es auf die konkreten, im Grundgesetz festgelegten Aufgaben und Befugnisse an." (Grundrechte als Grundsatznormen - Zur gegenwärtigen Lage der Grundrechtsdogmatik, Der Staat Bd. 29 [1990], S. 1 [26 f.]).

[403] Diese Herangehensweise macht deutlich, daß es nicht nur um eine abwehrende, ausgrenzende Abgrenzung von Kompetenzen geht, sondern auch um die positive Zuordnung, die Bestimmung der jeweiligen "Nahtstellen" (*Klaus Stern,* Nahtstellen zwischen Bundes- und Landesverfassungsgerichtsbarkeit, BayVBl. 1976, S. 547 ff.).

[404] Siehe oben in diesem Teil unter A I und II.

[405] Siehe oben in diesem Teil unter A II.

[406] Siehe zu dieser Entscheidung ausführlich unten in diesem Teil unter II und III.

[407] Für das Bundesverfassungsgericht haben die Verfassungsgerichte "für ihren jeweiligen

Wort" zu haben und zu behalten, gehört danach zum unentziehbaren "Wesensgehalt" der jeweiligen Verfassungsgerichtsbarkeiten in Bund und Ländern; und dies ist zugleich der wahre Kern der Sphärentheorie *Friesenhahns*[408]. Die Hüterstellung in Bezug auf eine bestimmte Verfassung beinhaltet nicht nur die abschließende Entscheidungszuständigkeit einer Verfassungsgerichtsbarkeit *innerhalb* "ihres" staatlichen Verbandes (also etwa die Zuständigkeit der Verfassungsgerichtsbarkeit eines Landes, die Landesverfassung gegenüber allen anderen staatlichen Organen des Landes verbindlich auszulegen), sondern auch die abschließende Entscheidungszuständigkeit gegenüber der jeweils anderen Verfassungsgerichtsbarkeit. Danach ist die Bundesverfassungsgerichtsbarkeit - im Gegensatz zur Auffassung *Friesenhahns* - nicht *alleiniger* Hüter des Grundgesetzes, sondern lediglich dessen *oberster* Hüter; das Ausschließlichkeitsprinzip von *Friesenhahn* wird zu einem Vorrangigkeitsprinzip entschärft. Dies wird ausführlich unten unter II. dargestellt.

2) Kompetenzrechtlicher Ansatz

In Gestalt des Bundesverfassungsgerichts und des Verfassungsgerichts eines Landes stehen sich zwei Entscheidungsinstanzen grundsätzlich selbständig und unabhängig nebeneinander, ohne daß es eine übergeordnete Instanz gibt. Daraus folgt die kompetentielle Notwendigkeit, den einzelnen Streitgegenstand *entweder* der einen *oder* der anderen Instanz zur autoritativen Klärung und Entscheidung zuzuordnen[409]. Andernfalls kann es zu *abweichenden* Ergebnissen kommen, die den rechtsstaatlichen Forderungen nach Rechtsklarkeit und Rechtssicherheit zuwiderlaufen; ferner drohten *vorgreifliche* Entscheidungen der einen Instanz, wenn und soweit es "Entscheidungen" bzw. "Streitgegenstände" gibt, die "eigentlich" oder "vorrangig" der anderen Instanz anvertraut sind.

Rechtskreis - das Bundesverfassungsgericht für das Bundes(verfassungs)recht und die Landesverfassungsgerichte für ihr jeweiliges Landes(verfassungs)recht - eine vorrangige Prüfungs- und Entscheidungszuständigkeit" (BVerfGE 69, 112 [117]). Jedem Verfassungsgericht komme in "seinem" Rechtskreis die Funktion als oberster Hüter des Rechts und die Aufgabe dessen letztverbindlicher Auslegung zu; sie sollten den Maßstab "ihrer" Verfassung auch dann noch zur Geltung bringen können, wenn ein anderes (Verfassungs-) Gericht diesen bereits angewendet habe (a.a.O.).

[408] Vgl. unten in diesem Teil unter II 6.

[409] Ausführlich zum Problem der Rechtsbehelfskonkurrenz *Ekkehard Schumann*, Verfassungsbeschwerde (Grundrechtsklage) zu den Landesverfassungsgerichten, in: Starck/ Stern (Hrsg.), Landesverfassungsgerichtsbarkeit, Teilband II, 1983, S. 149 (195-199).

Rozek macht diesen kompetenzrechtlichen Ansatz zur Grundlage seiner Überlegungen und leitet daraus seinen Grundsatz der relativen[410] Prüfungslimitierung ab. Ebenso ist der Bayerische Verfassungsgerichtshof verfahren[411], an dessen Konzept sich *Rozek* möglicherweise angelehnt hat. Dabei wird der Begriff der Zuständigkeitskonkurrenz entgegen der soeben unter 1) skizzierten materiellen Begriffsauffassung verstanden als Konkurrenz "formeller" Zuständigkeiten, d. h. als Konkurrenz der in Gesetz oder Verfassung konkret bestimmten Kompetenzen. Deutlich wird dieser Ansatz beispielsweise bei der Prüfung der Frage, ob der Bayerische Verfassungsgerichtshof bei der Normentwurfskontrolle auch das Grundgesetz als Prüfungsmaßstab heranziehen darf. *Rozek* bejaht dies mit dem Verfassungsgerichtshof[412], weil es keine (formelle) Kompetenz des Bundesverfassungsgerichts zur Prüfung von Normentwürfen gäbe; damit sei eine Kollision ausnahmsweise nicht zu besorgen[413].

II. Die Vorrangigkeit bundesverfassungsgerichtlicher Zuständigkeiten

Ausgangspunkt ist das allgemeine Verhältnis zwischen Bundes- und Landesverfassungsgerichtsbarkeit, das in der Entscheidung im 69. Band seine wohl ausführlichste Darstellung in der gesamten Rechtsprechung des Bundesverfassungsgerichts gefunden hat[414]. Als "Hüter" der jeweils eigenen Verfassung habe jedes Verfassungsgericht die "vorrangige Prüfungs- und Entscheidungszuständigkeit" für deren Auslegung und Anwendung. Diese vorrangige Zuständigkeit führt nach der bundesverfassungsgerichtlichen Konzeption jedoch nicht zu einer *ausschließlichen Prüfungs*zuständigkeit des jeweiligen Verfassungsgerichts, sondern lediglich zu dessen *abschließender Entscheidungs*zuständigkeit. Da diese Entscheidung wenig diskutiert wird, soll sie hier ausführlicher referiert werden.

---

[410] Grundsätzlich seien die Landesverfassungsgerichte auf die Landesverfassung als ihren einzigen Prüfungs- und Entscheidungsmaßstab verwiesen. Allerdings - und das ist *Jochen Rozeks* Relativierung (Grundgesetz, a.a.O. *passim*, insbes. S. 58 f.) - hätten die Landesverfassungsgerichte - wie andere Gerichte auch - auf die Vereinbarkeit ihres Prüfungs*maßstabes* mit höherrangigem Recht zu achten; sie müßten bei der Auslegung der für ihre Entscheidung *principaliter* maßgeblichen Normen der Landesverfassung *incidenter* stets darauf achten, daß der anzulegende Prüfungsmaßstab mit dem Grundgesetz vereinbar sei, dem die Landesverfassung "schließlich normenhierarchisch untergeordnet" sei.

[411] Vgl. dazu unten in diesem Teil unter D III 3.

[412] Vgl. BayVerfGHE 38, 51 (59).

[413] *Jochen Rozek*, Das Grundgesetz als Prüfungs- und Entscheidungsmaßstab der Landesverfassungsgerichte, 1993, S. 275-278, 280 f.

[414] BVerfGE 69, 112 (117 f.).

1) Die Leitentscheidung BVerfGE 69, 112

Streitfrage war, ob der Bayerische Verfassungsgerichtshof an die Auslegung der Landesverfassung durch den Bayerischen Verwaltungsgerichtshof im Verfahren der prinzipalen Normenkontrolle nach § 47 VwGO gebunden sei. Der Verwaltungsgerichtshof hatte eine Landesrechtsverordnung zur kommunalen Neugliederung mit dem Inhalt X für landesverfassungswidrig erklärt und eine Norm mit dem Inhalt Y für landesverfassungsmäßig geboten erachtet[415]. Eine Rechtsnorm entsprechenden Inhalts wurde erlassen. Aufgrund des Antrags einer nunmehr belasteten Gemeinde erklärte jedoch der Bayerische Verfassungsgerichtshof die "Y-Norm" für landesverfassungswidrig mit der Maßgabe, daß die Landesverfassung entgegen der Auffassung des Verwaltungsgerichtshofs den Erlaß gerade der früheren "X-Norm" gebiete[416]. Eine durch die "Y-Norm" begünstigte Gemeinde erhob Verfassungsbeschwerde zum Bundesverfassungsgericht und berief sich u.a. darauf, daß die Entscheidung des Verfassungsgerichtshofs gegen das Normwiederholungsverbot[417] verstoße, ein Verbot, das sich aus der ursprünglichen rechtskräftigen Nichtigkeitsentscheidung des Verwaltungsgerichtshofs ergebe.

Das Bundesverfassungsgericht wies die Verfassungsbeschwerde auch insoweit zurück, als eine Verletzung des Normwiederholungsverbots in Betracht kam. Die Entscheidung des Verwaltungsgerichtshofs entfalte keine Bindungswirkung gegenüber dem Landesverfassungsgericht, da diesem für die Auslegung der Landesverfassung die vorrangige Prüfungs- und Entscheidungszuständigkeit zukomme. Die Verfassungsgerichte seien dafür zuständig, ihr jeweiliges Verfassungsrecht letztverbindlich auszulegen. Sie könnten ihre Auffassung von der richtigen Auslegung des eigenen Verfassungsrechts auch dann noch zur Geltung bringen, wenn ein anderes Gericht diesen Maßstab bereits angewendet habe[418].

Das Bundesverfassungsgericht sah sich in der Begründung veranlaßt, das allgemeine Verhältnis der Verfassungsgerichtsbarkeiten untereinander zu betrachten

---

[415] Der Bayerische Verwaltungsgerichtshof erklärte die angefochtenen Vorschriften über die Bildung der Verwaltungsgemeinschaft für ungültig, weil die Gemeinden nach dem für kommunale Neugliederungen maßgeblichen Kriterium des öffentlichen Wohls wegen ihrer engen Verflechtung zu einer einheitlichen Gemeinde zusammengeschlossen werden müßten (vgl. BVerfGE 69, 112 [113]).

[416] Der Bayerische Verfassungsgerichtshof erklärte die Vorschriften über die Eingemeindung wegen Verletzung des kommunalen Selbstverwaltungsrechts für nichtig, weil der Normgeber sich mit dem weniger einschneidenden Mittel der Bildung einer Verwaltungsgemeinschaft hätte begnügen müssen (vgl. BVerfGE 69, 112 [114]).

[417] Vgl. dazu etwa *Steffen Detterbeck*, Streitgegenstand und Entscheidungswirkungen im Öffentlichen Recht - Grundlagen des Verfahrens vor den allgemeinen Verwaltungsgerichten und vor dem Bundesverfassungsgericht, 1995, S. 443 ff., 529 ff.

[418] BVerfGE 69, 112 (117).

und dabei auf die Verteilung der Prüfungskompetenzen zwischen Bundes- und Landesverfassungsgerichtsbarkeit grundsätzlich einzugehen. Die Normprüfungsentscheidungen anderer Gerichte - so das Bundesverfassungsgericht - entfalteten gegenüber den Verfassungsgerichten deshalb keine absolute Bindungswirkung, weil diese *für ihren jeweiligen Rechtskreis* - das Bundesverfassungsgericht für das Bundes(verfassungs)recht und die Landesverfassungsgerichte für ihr jeweiliges Landes(verfassungs)recht - *eine vorrangige Prüfungs- und Entscheidungszuständigkeit* hätten. Jedem Verfassungsgericht komme in "seinem" Rechtskreis die Funktion als oberster Hüter des Rechts und die Aufgabe dessen letztverbindlicher Auslegung zu; sie sollten den Maßstab "ihrer" Verfassung auch dann noch zur Geltung bringen können, wenn ein anderes (Verfassungs-) Gericht diesen bereits angewendet habe[419]. Zur Konkretisierung der Figur der "vorrangigen Prüfungs- und Entscheidungszuständigkeit" eines jeden Verfassungsgerichts für "seine" Verfassung führte das Bundesverfassungsgericht mit Blick aus das Verhältnis zwischen den Verfassungsgerichtsbarkeiten folgendes aus:

> "Bei dieser vorrangigen Zuständigkeit der Verfassungsgerichte handelt es sich allerdings nicht um eine ausschließliche *Prüfungs*zuständigkeit in dem Sinne, daß jedem anderen Gericht diese *Prüfung* verwehrt wäre. Schon aus Art. 100 Abs. 3 GG ergibt sich, daß die Prüfung am Maßstab des Grundgesetzes den Landesverfassungsgerichten nicht verwehrt ist: Die ihnen darin auferlegte Verpflichtung, die Entscheidung des Bundesverfassungsgerichts einzuholen, wenn sie bei der Auslegung des Grundgesetzes von einer Entscheidung des Bundesverfassungsgerichts oder eines anderen Landesverfassungsgerichts abweichen wollen, setzt voraus, daß ihnen die Zuständigkeit zur Prüfung am Maßstab des Grundgesetzes zusteht (vgl. BVerfGE 1, 208 [232]). Ferner gilt Art. 100 Abs. 1 GG auch für die Landesverfassungsgerichte: Kommen sie zu dem Ergebnis, daß ein für ihre Entscheidung maßgebliches Gesetz grundgesetz- oder bundesrechtswidrig ist, so müssen sie die Entscheidung des Bundesverfassungsgerichts einholen. Dies gilt gleichermaßen für Gesetze, die auf der 'Vorfragenebene' relevant sind, wie auch für solche, die den 'Gegenstand' des Normenkontrollverfahrens oder der Rechtssatzverfassungsbeschwerde bilden.
>
> Die Landesverfassungsgerichte und das Bundesverfassungsgericht haben aber für ihren jeweiligen Rechtskreis die *abschließende* Entscheidungszuständigkeit. Jedes Verfassungsgericht darf im Ausspruch (Tenor) seiner Entscheidungen nur die Vereinbarkeit oder Unvereinbarkeit einer Rechtsnorm mit 'seinem' Landesrecht bzw. mit Bundesrecht feststellen (vgl. den Tenor von BVerfGE 39, 334 [336][420];

---

419 BVerfGE 69, 112 (117).

420 Der Tenor dieser Entscheidung lautet: "§ 9 Absatz 1 Nummer 2 des Schleswig-Holsteinischen Landesbeamtengesetzes in der Fassung vom 10. Mai 1971 (Gesetz - und Verordnungsbl. S. 254) ist mit dem Grundgesetz und dem übrigen Bundesrecht vereinbar." Auf Vorlage des Verwaltungsgerichts hatte das Bundesverfassungsgericht zu überprüfen, ob die

BVerfGE 24, 289 [297][421]). Zugleich kann aber das Verfassungsgericht den Maßstab 'seiner' Verfassung und seine Auffassung von ihrer Auslegung auch dann noch zur Geltung bringen, wenn ein anderes Verfassungsgericht diesen Maßstab bereits angewendet und die geprüfte Rechtsnorm hiermit für vereinbar befunden hat."[422]

Obwohl diese Entscheidung die wohl ausführlichste Behandlung der Frage der Prüfungskompetenzen der Landesverfassungsgerichte seitens des Bundesverfassungsgerichts enthält, ist eine umfassende Würdigung und Auseinandersetzung im Schrifttum unterblieben. Eingehendere Anmerkungen finden sich jedoch bei *Rüdiger Zuck*[423], *Klaus Schlaich*[424], *Wolfgang Löwer*[425] und *Jochen Rozek*[426]. Auf deren jeweilige Interpretation und Bewertung dieser Entscheidung wird weiter unten noch im einzelnen kritisch einzugehen sein. Während *Zuck* und *Schlaich* die Entscheidung dabei durch eine jeweils restriktive Interpretation in bekannte Bahnen lenken möchten, zeigt *Löwer* das geradezu revolutionäre Potential dieser Entscheidung auf[427]. Schließlich tritt *Rozek* der Entscheidung als vehementer Kritiker entgegen[428].

2) Das Vorrangigkeitsprinzip und die abschließende Entscheidungszuständigkeit des Bundesverfassungsgerichts

Das Bundesverfassungsgericht sah sich durch die ihm vorgelegte Rechtsfrage nach der Bindungswirkung von fachgerichtlichen Normprüfungsentscheidungen gegenüber Verfassungsgerichten veranlaßt, vom Grundsätzlichen her auf die

---

soeben genannte Bestimmung des Landesbeamtengesetzes, wonach zum Referendar nur ernannt werden darf, wer die Gewähr dafür bietet, daß er jederzeit für die freiheitliche demokratische Grundordnung im Sinne des Grundgesetzes eintritt, mit dem Grundgesetz und mit § 7 Nr. 6 Bundesrechtsanwaltsordnung vereinbar ist.

421 Vgl. zu dieser Entscheidung oben im Ersten Teil unter C I 2 sowie unten in diesem Teil unter III 2 und 3.

422 BVerfGE 69, 112 (117 f.).

423 *Rüdiger Zuck*, Das Recht der Verfassungsbeschwerde, 2. Aufl., 1988, Rdnr. 229-232 mit Fußn. 87.

424 *Klaus Schlaich*, Das Bundesverfassungsgericht, 4. Aufl. 1997, Rdnr. 334 e, S. 228 f.

425 *Wolfgang Löwer*, Zuständigkeiten und Verfahren des Bundesverfassungsgerichts, in: Isensee/Kirchhof (Hrsg.), Handbuch des Staatsrechts der Bundesrepublik Deutschland, Band II, 1987, § 56 Rdnr. 126.

426 *Jochen Rozek*, Das Grundgesetz als Prüfungs- und Entscheidungsmaßstab der Landesverfassungsgerichte, 1993, S. 60 f., 75 ff. und 231 ff.

427 Vgl. unten in diesem Teil unter III 1.

428 Vgl. unten in diesem Teil unter II 4.

Prüfungszuständigkeit der Landesverfassungsgerichte einzugehen. Ausgehend vom Nebeneinander der Verfassungsgerichtsbarkeiten und ihrer Stellung als jeweils oberste Hüter des eigenen Rechtskreises folgerte das Gericht für das Verhältnis von Bundes- und Landesverfassungsgerichtsbarkeit die symmetrische Aufteilung der vorrangigen, nicht ausschließlichen Zuständigkeiten. Diese kompetenzrechtliche Ableitung ist ebenso wie ihre Begründung von *grundsätzlichem* Charakter und läßt sich - ebenso wie der hergebrachte und durchgängig in der Diskussion verwendete Begriff der Prüfungskompetenz der Landesverfassungsgerichte - nicht auf bestimmte Prüfungskonstellationen (etwa nur Inzidentprüfungen[429]) oder bestimmte Prüfungsgegenstände (etwa nur Rechtsnormen) reduzieren[430]. Aus der bundesrechtlichen Perspektive des Bundesverfassungsgerichts bestehen nur insoweit Grenzen für die Prüfungskompetenz der Landesverfassungsgerichte, als dem Bundesverfassungsgericht die abschließende Entscheidungszuständigkeit zukommt[431].

Der Beschluß des Zweiten Senats vom 15. Januar 1985 ist eine entschiedene Abkehr von der ursprünglichen strikten Konzeption *Friesenhahns*[432], die die Prüfungskompetenzen nach dem *Ausschließlichkeitsprinzip* zwischen den Verfassungsgerichtsbarkeiten aufgeteilt hatte. Dem setzt das Bundesverfassungsgericht ein *Vorrangigkeitsprinzip* entgegen. Jedes Verfassungsgericht habe - so das Bundesverfassungsgericht ausdrücklich - die vorrangige (Prüfungs- und Entscheidungs-) Zuständigkeit für seinen jeweiligen Rechtskreis[433]. Diese bloße Vorrangigkeit hat zur Folge, daß das Bundesverfassungsgericht gegenüber den

---

429 Vgl. dazu auch BVerfGE 96, 345 (375), wonach die von den Landesverfassungsgerichten inzident zu prüfenden Bundesgrundrechte gerade nicht als deren "Prüfungsmaßstab" bezeichnet werden.

430 Eine andere Frage ist die Beschränkung der Prüfungskompetenz als *Ergebnis* der - zunächst ergebnisoffenen - Prüfung, ob in dem konkreten landesverfassungsgerichtlichen Verfahren das Grundgesetz prinzipaler Prüfungsmaßstab sein kann. So ist es etwa den Landesverfassungsgerichten verwehrt, über die Vereinbarkeit oder Unvereinbarkeit einer *Rechtsnorm* mit dem Grundgesetz prinzipaliter und daher im Tenor zu entscheiden (BVerfGE 69, 112 [118]). Die weitere Auseinandersetzung wird zeigen, daß diese Aussage zwar stets für *Norm*prüfungsentscheidungen zutrifft, nicht aber ohne weiteres für gerichtliche Einzelfallentscheidungen, die mit der Urteilsverfassungsbeschwerde angefochten werden.

431 Weitere Grenzen bestehen mit Blick auf die bundesrechtlich geordnete Fachgerichtsbarkeit. Der Oktober-Beschluß des Bundesverfassungsgerichts hat die Bedingungen für eine zulässige Landesverfassungsbeschwerde gegen Entscheidungen dieser Fachgerichte genannt. Vgl. dazu oben im Ersten Teil unter A II 1 a.

432 *Ernst Friesenhahn*, Zum Verhältnis von Bundes- und Landesverfassungsgerichtsbarkeit ("Referat"), 1956, S. 2 ff.; *ders.*, Zur Zuständigkeitsabgrenzung zwischen Bundesverfassungsgerichtsbarkeit und Landesverfassungsgerichtsbarkeit, in: Starck (Hrsg.), Bundesverfassungsgericht und Grundgesetz, Erster Band, 1976, S. 748 (751, 755); vgl. dazu ausführlich oben in diesem Teil unter A.

433 BVerfGE 69, 112 (117): "vorrangige Prüfungs- und Entscheidungszuständigkeit", "vorrangigen Zuständigkeit der Verfassungsgerichte".

Landesverfassungsgerichten nicht die ausschließliche (Prüfungs-) Zuständigkeit, am Maßstab des Grundgesetzes zu prüfen, beansprucht. Vorrangig wird die bundesverfassungsgerichtliche Zuständigkeit dadurch, daß dem Bundesverfassungsgericht die abschließende (Entscheidungs-) Zuständigkeit zukommt.

Diese "Entdeckung" der *abschließenden Entscheidungszuständigkeit* des Bundesverfassungsgerichts für das Bundes(verfassungs)recht als *die* bundesrechtliche Grenze[434] für die Prüfungskompetenzen der jeweiligen Landesverfassungsgerichte ist der wesentliche dogmatische Ertrag der Entscheidung im 69. Band. Die Kompetenzgrenzen der Landesverfassungsgerichte werden vom Bundesverfassungsgericht nicht positiv aus der Aufgabe der Landesverfassungsgerichtsbarkeit hergeleitet[435], sondern negativ aus der Aufgabe der Bundesverfassungsgerichtsbarkeit. Dies entspricht der Verfassungsautonomie der Länder und der grundsätzlichen Unabhängigkeit der Verfassungsgerichtsbarkeiten voneinander. Leitet man aus der vorrangigen oder "primären" Zuständigkeit der Landesverfassungsgerichte, die Landesverfassung letztverbindlich auszulegen und anzuwenden, ab, daß diese auch grundsätzlich auf die jeweilige Landesverfassung als Prüfungsmaßstab beschränkt sind, so ist das eine mögliche Interpretation eines bestimmten Landesrechts, die auf eine "freiwillige", landesautonome Selbstbescheidung hinausläuft. Eine zwingende *bundes*rechtliche Beschränkung gleichen Inhalts läßt sich aber angesichts der Verfassungsautonomie der Länder nicht begründen[436]. Dementsprechend argumentiert das Bundesverfassungsgericht auch nicht mit der spezifischen Hüterstellung der Landesverfassungsgerichte, um deren Zuständigkeitsgrenzen zu bestimmen, sondern vielmehr mit der eigenen Aufgabe, als "oberster"[437] Hüter des Bundes(verfassungs)rechts dieses letztverbindlich auszulegen. Noch sehr unpräzise formuliert, aber den Kern der Sache treffend, beansprucht das Bundesverfassungsgericht nicht mehr und nicht weniger, als bei der Auslegung und Anwendung des Bundes(verfassungs)rechts im Rahmen seiner gesetzlichen Zuständigkeiten (vgl. § 13 BVerfGG) das *letzte Wort* zu haben[438]. Umgekehrt entnimmt das Gericht seine eigenen Kompetenz-

---

[434] Gemeint ist hier allein die Grenzziehung im Verhältnis zwischen Bundes- und Landesverfassungsgerichtsbarkeit. Daneben bestehen weitere Abgrenzungsfragen im Verhältnis der Landesverfassungsgerichte zur bundesrechtlich geordneten Fachgerichtsbarkeit (vgl. dazu oben im Ersten Teil unter A II 1 a).

[435] D. h. aber selbstverständlich nicht, daß ein Landesverfassungsgericht sich nicht selbst (weiteren) Beschränkungen kraft Landesrechts ausgesetzt sehen kann. Diese *landesrechtliche* Frage letztverbindlich zu entscheiden, obliegt nicht dem Bundesverfassungsgericht, sondern der Landesgesetzgebung und dem Verfassungsgericht des Landes (vgl. dazu z.B. oben im Ersten Teil unter A II 2 b).

[436] Siehe oben in diesem Teil unter C I.

[437] BVerfGE 69, 112 (117). Also beansprucht das Bundesverfassungsgericht nicht die alleinige Hüterstellung. Dem entspricht es, daß sich das Gericht nur die *letzt*verbindliche Entscheidung vorbehält.

[438] Vgl. ähnlich *Joachim Burmeister* (Vorlagen an das Bundesverfassungsgericht nach Art.

grenzen hinsichtlich der verbindlichen Auslegung des Landes(verfassungs)rechts nicht seiner Hüterstellung mit Bezug auf das Bundesverfassungsrecht, sondern vielmehr der Stellung der Landesverfassungsgerichte als oberste Hüter für deren jeweiligen Rechtskreis[439]. Dieser Ansatz harrt noch seiner detaillierten Ausarbeitung und Umsetzung. Die folgenden Ausführungen werden die allgemeinen Grundsätze weiter entfalten; im Dritten Teil werden Ergebnisse für das Verfahren der Landesverfassungsbeschwerde abgeleitet[440].

3) Der Unterschied zum Ansatz von *Herbert Bethge*

Der neue Ansatz des Bundesverfassungsgerichts dürfte in Auseinandersetzung insbesondere mit den Vorarbeiten von *Herbert Bethge* entstanden sein[441]. Auch *Bethge* scheint vom bloßen Vorrangigkeitsprinzip auszugehen: Es sei "primäre" Aufgabe der Landesverfassungsgerichtsbarkeit, das Landesverfassungsrecht zu

---

100 Abs. 3 GG, in: Starck/Stern [Hrsg.], Landesverfassungsgerichtsbarkeit, Teilband II, 1983, S. 399 [457]): "höchsten Autorität des Bundesverfassungsgerichts bei der Interpretation des Grundgesetzes"; "das letzte Wort zur maßgeblichen Deutung des Grundgesetzes".

439 In der abstrakten Argumentation des Bundesverfassungsgerichts, das sprachlich nicht zwischen sich und der Landesverfassungsgerichtsbarkeit unterscheidet, sondern übergreifend von der vorrangigen Zuständigkeit *der* Verfassungsgerichte für ihren jeweiligen Rechtskreis spricht, spiegelt sich ein weiteres Mal die prinzipielle Unabhängigkeit und Gleichberechtigung der Verfassungsgerichte von Bund und Ländern wider. Allerdings dürfte für das Bundesverfassungsgericht und seine Prüfungskompetenzen eine weitere und weitergehende Begrenzung daraus folgen, daß es *als Bundesgericht* die Auslegung und Anwendung von Landesrecht durch die Gerichte der Länder als letztverbindlich hinnehmen muß, wenn nicht Bundesrecht verletzt ist. Entsprechendes gilt für die Gerichte der Länder gerade nicht.

440 Dabei wird sich im Dritten Teil unter B zeigen, daß das Vorrangigkeitsprinzip für die Verfassungsbeschwerdeverfahren zu klaren und praxisnahen Ergebnissen führt, da die Landesverfassungsgerichte, die kraft Landesrechts für sich eine erweiterte Prüfungskompetenz in Anspruch nehmen wollen, nicht mehr gezwungen sind, das Ausschließlichkeitsdogma mit zum Teil rabulistischer Spitzfindigkeit zu umgehen (vgl. zu diesen Ausweichkonstruktionen und deren kritischen Bewertung oben im Ersten Teil unter B und C).

441 *Herbert Bethge*, Organstreitigkeiten des Landesverfassungsrechts, in: Starck/Stern (Hrsg.), Landesverfassungsgerichtsbarkeit, Teilband II, 1983, S. 17 (28 f.). Für das Verhältnis zwischen dem Bayerischen Verfassungsgerichtshof und dem Verwaltungsgerichtshof prägnant bereits *Helmut Kalkbrenner*, für den die Zuständigkeit des Verfassungsgerichtshofs gegenüber der des Verwaltungsgerichtshofs sowohl nach der Regelung des § 47 VwGO i. V. m. Art. 10 BayAGVwGO wie "im Hinblick auf die dem Verfassungsgerichtshof als Hüter der Verfassung zukommende Aufgabe vorrangig" ist (*ders.*, Rechtsverordnungen in der Prüfungszuständigkeit des Bayerischen Verfassungsgerichtshofs, in: Verfassung und Verfassungsrechtsprechung, Festschrift zum 25-jährigen Bestehen des Bayer. Verfassungsgerichtshofs, 1972, S. 329 [357]).

aktualisieren. Die Folgerung, die *Bethge* daraus zieht, unterscheidet sich aber grundlegend von der des Bundesverfassungsgerichts. Während das Gericht aus der vorrangigen Zuständigkeit eines Verfassungsgerichts Beschränkungen für die jeweils *andere* Verfassungsgerichtsbarkeit ableitet, führt bei *Bethge* die primäre Aufgabenstellung zur *Selbst*beschränkung: der "Erkenntnishorizont" der Landesverfassungsgerichte sei "prinzipiell an der jeweiligen Landesverfassung fixiert"; "entsprechend dürfen die Verfassungs- und Staatsgerichtshöfe der Länder im Tenor ihrer Entscheidung allein über die Auslegung von Landesverfassungsrecht befinden, während und weil die prinzipale Wahrung des Bundesverfassungsrechts dem allein zum Hüter des Grundgesetzes berufenen Bundesverfassungsgericht obliegt."[442]

Diesen gegensätzlichen Ausgangspunkten entspricht die völlig unterschiedliche Stellungnahme zu den landesverfassungsgerichtlichen Prüfungskompetenzen hinsichtlich der Bundesverfassung. Das Bundesverfassungsgericht geht davon aus, daß Bundesrecht es den Landesverfassungsgerichten grundsätzlich "nicht verwehrt", am Maßstab des Grundgesetzes zu prüfen (vgl. dazu ausführlich sogleich unter 4)). Somit verschiebt sich die *bundesrechtliche* Kompetenzfrage auf die Bestimmung der Voraussetzungen und des Inhalts der vorrangigen Zuständigkeit des Bundesverfassungsgerichts als *Begrenzung* einer bestehenden, anderweitig begründeten Prüfungskompetenz des jeweiligen Landesverfassungsgerichts. Demgegenüber geht *Bethge* den umgekehrten Weg: Unter der Prämisse, daß es den Landesverfassungsgerichten prinzipiell verwehrt sei, bei ihrer Rechtsfindung das Grundgesetz als Prüfungsmaßstab heranzuziehen, sucht er eine *bundesrechtliche*[443] *Begründung* für eine derartige Prüfungskompetenz.

Im Rahmen seines restriktiven Ansatzes begründet *Bethge* drei Ausnahmen. Zum einen verlangt er unter Bezugnahme auf Art. 100 Abs. 1 und Abs. 3 GG, daß die Landesverfassungsgerichte die Grundgesetzmäßigkeit bzw. -konformität ihres Prüfungsmaßstabes überprüfen und sicherstellen[444]. Neben dieser Mini-

---

[442] *Herbert Bethge*, Organstreitigkeiten des Landesverfassungsrechts, in: Starck/Stern (Hrsg.), Landesverfassungsgerichtsbarkeit, Teilband II, 1983, S. 17 (28).

[443] An diesem Punkt weicht *Jochen Rozek* ab und schließt sich der bayerischen Rechtsprechung zur präventiven Normenkontrolle im wesentlichen an. Diese Rechtsprechung begründet ihre Prüfungskompetenz - ebenso wie die hier vertretene Auffassung - mit *landesrechtlichen* Zuständigkeitsvorschriften (vgl. unten im Dritten Teil unter A I).

[444] Entscheidend sei - so *Bethge* -, "daß die Landesverfassungsgerichte ebenso wie jede andere Instanz der dritten Gewalt auf die Grundgesetzmäßigkeit ihres Prüfungsmaßstabs zu achten haben (arg. Art. 100 Abs. 1 GG). Sie haben daher bei der Auslegung der für ihre Entscheidung *principaliter* maßgeblichen Normen der Landesverfassung *incidenter* nicht nur das Grundgesetz in der vom Bundesverfassungsgericht authentisch interpretierten Form zu beachten (arg. Art. 100 Abs. 3 GG). Mittelbar muß darüber hinaus jedes andere (thematisch einschlägige) Bundesverfassungsrecht zur bundesverfassungskonformen Handhabung des unmittelbaren landesverfassungsrechtlichen Prüfungsmaßstabs herangezogen werden. Jede an-

malprüfungskompetenz stellt *Bethge* - ausgehend von den verfassungsgerichtlichen Entscheidungen im Volksgesetzgebungsverfahren "Keine Startbahn West" - folgenden allgemeinen Grundsatz auf: Ein Landesverfassungsgericht habe bei der Entscheidung bundesverfassungsrechtliche Regelungen heranzuziehen und auszulegen, "wenn die Rechtmäßigkeit der streitbefangenen Maßnahme eines Landesverfassungsorgans entscheidend von bundes(verfassungs)rechtlichen Gesichtspunkten abhängt und das Landesverfassungsgericht im Falle der Aussparung der bundesrechtlichen Aspekte Gefahr läuft, dem Landesverfassungsorgan einen vermeintlichen Verstoß gegen Landesverfassungsrecht zu attestieren, obwohl dem betreffenden Organ vom Grundgesetz her keine andere Entscheidung blieb."[445] Schließlich nennt er als unechte Ausnahme das Bundesverfassungsrecht, das wie Art. 21 GG in seinen Grundsätzen in den Ländern gelte, und zwar *als* Landesverfassungsrecht; das Phänomen der in die Landesverfassungsordnung hineinragenden oder hineinwirkenden Bundesverfassung habe zur Folge, daß Bundesverfassungsrecht zu Landesverfassungsrecht und damit auch zum unmittelbaren Prüfungsmaßstab für Verfassungsorganstreitigkeiten auf Landesebene avanciere[446]. Diese punktuellen Zugeständnisse bleiben weit hinter der bundesverfassungsgerichtlichen Konzeption zurück.

---

dere als eine grundgesetzkonforme Auslegung des landesverfassungsrechtlichen Prüfungsmaßstabs ist unmöglich. Eine unzulässig Usurpation von Entscheidungskompetenzen des Bundesverfassungsgerichts ist dadurch nicht zu besorgen." (*Herbert Bethge*, Organstreitigkeiten des Landesverfassungsrechts, in: Starck/Stern [Hrsg.], Landesverfassungsgerichtsbarkeit, Teilband II, 1983, S. 17 [28 f.] [Hervorhebungen im Original].) Ebenso *Jochen Rozek*, Das Grundgesetz als Prüfungs- und Entscheidungsmaßstab der Landesverfassungsgerichte, 1993, S. 58 f.

445 *Herbert Bethge*, Organstreitigkeiten des Landesverfassungsrechts, in: Starck/Stern (Hrsg.), Landesverfassungsgerichtsbarkeit, Teilband II, 1983, S. 17 (30). Später heißt es noch deutlicher: Ein Landesverfassungsgericht habe "jedenfalls" dann die "Pflicht, die Kompetenznormen des Grundgesetzes in den Maßstab seiner Kognition aufzunehmen, wenn nur auf diesem Wege die Gewähr besteht, das Handeln der Landesorgane umfassend zu rechtfertigen, und wenn im Verweigerungsfall dem Landesorgan ein Verstoß gegen Landesverfassungsrecht (Recht auf Volksbegehren) bescheinigt werden müßte, obwohl zwingendes Bundesrecht dem Landesorgan überhaupt keine andere Entscheidung offenließ." (A.a.O., S. 32.) Die entscheidende Frage dürfte hier sein, ob das im Volksgesetzgebungsverfahren zunächst zur Prüfung des Gesetzesentwurfs berufene Landesorgan (z.B. die Landesregierung) überhaupt zuständig ist, den Entwurf an den Kompetenzbestimmungen des Grundgesetzes zu überprüfen (ebenso in diese Richtung: *Jochen Rozek*, Das Grundgesetz als Prüfungs- und Entscheidungsmaßstab der Landesverfassungsgerichte, 1993, S. 266). Gerade die Problematik der "präventiven" Normenkontrolle, die darin begründet liegt, daß der Eingriff der Exekutive oder Judikative in ein Gesetzgebungsverfahren grundsätzlich bedenklich ist, verbietet es, die genannte Zuständigkeitsfrage ohne weiteres zu bejahen.

446 *Herbert Bethge*, Organstreitigkeiten des Landesverfassungsrechts, in: Starck/Stern (Hrsg.), Landesverfassungsgerichtsbarkeit, Teilband II, 1983, S. 17 (29 f.) Zur Auseinandersetzung mit diesem Verständnis der bundesverfassungsgerichtlichen "Einwirkungsrechtsprechung" siehe ausführlich unten im Dritten Teil unter A II.

Von offensichtlichem Einfluß auf die bundesverfassungsgerichtliche Konzeption im 69. Band war die Auffassung von *Bethge*, daß die letzte Grenze für die landesverfassungsgerichtlichen Prüfungskompetenzen sich aus dem Schutz der "Entscheidungskompetenzen" des Bundesverfassungsgerichts ergäben, die nicht "usurpiert" werden dürften[447]. Für *Bethge* war die Vermeidung einer derartigen unzulässigen Usurpation zwar lediglich ein Kontrollkriterium neben anderen, eine Art Endkontrolle, sofern ausnahmsweise aus anderen (nämlich den im vorgehenden Absatz genannten) Gründen eine erweiterte Prüfungskompetenz angenommen werden konnte[448]; für das Bundesverfassungsgericht hingegen rückt dieser Aspekt in den Mittelpunkt der Überlegungen. Während für *Bethge* aufgrund der Prämisse der prinzipiell ausschließlichen Zuständigkeitsverteilung erhebliche Schwierigkeiten entstehen, die offenbar erforderlichen Ausnahmen nachvollziehbar und systematisch aus der Funktion der Verfassungsgerichtsbarkeit und dem Grundverhältnis der Verfassungsgerichtsbarkeiten zueinander herzuleiten, fällt dem Bundesverfassungsgericht deren ausgewogene Zuordnung wesentlich leichter, weil es nicht auf dem Ausschließlichkeitsprinzip beharrt, sondern aus der Aufgabe der Verfassungsgerichte, oberste Hüter des eigenen Rechtskreises zu sein, "lediglich" deren *vorrangige* Prüfungs- und Entscheidungszuständigkeit ableitet[449]. Damit wird die Prüfungskompetenz von den Fesseln des sich selbst auferlegten Ausschließlichkeitsprinzips befreit und zugleich der maßgebliche Gesichtspunkt benannt, der eine heteronome[450] Beschränkung der verfassungsgerichtlichen Zuständigkeit rechtfertigt: die abschließende Ent-

---

[447] *Herbert Bethge*, Organstreitigkeiten des Landesverfassungsrechts, in: Starck/Stern (Hrsg.), Landesverfassungsgerichtsbarkeit, Teilband II, 1983, S. 17 (29, 31, 32). Zumindest bei den beiden ersten ("echten") Ausnahmen ist der Schutz der bundesverfassungsgerichtlichen Entscheidungskompetenzen für *Bethge* mitentscheidend. Zu beachten ist, daß diese Kontrolle bei der "unechten" Ausnahme, wonach in den Ländern geltendes Bundesverfassungsrecht zu Landesverfassungsrecht "wird", offenbar nicht stattfinden soll.

[448] Nicht frei von inhaltlichem Widerspruch erweitert *Jochen Rozek* dieses Kriterium auf der einen Seite zur allgemeinen Überlegung, daß allein die strikte Aufteilung der Prüfungskompetenzen und deren eindeutige Zuweisung der "abstrakten" Gefahr von "Zuständigkeitskollisionen" begegnen könne (*Jochen Rozek*, Das Grundgesetz als Prüfungs- und Entscheidungsmaßstab der Landesverfassungsgerichte, 1993, S. 55-58). Auf der anderen Seite begrenzt *Rozek* das Kriterium - im Einklang mit der bundesverfassungsgerichtlichen Rechtsprechung - auf das einzige und eigentliche (bundesrechtliche) Kriterium für die *konkrete* Verfahrenskonstellation (a.a.O., S. 275-278 für die Norm*entwurfs*kontrolle im Rahmen der Volksgesetzgebung).

[449] Erst mit dieser flexiblen Vorrangsregelung werden die in der Praxis angenommenen Prüfungszuständigkeiten (vgl. insbesondere die "Startbahn West" Entscheidung), die bisher als systemwidrige Durchbrechungen erschienen, aber gleichfalls - zum Teil ergebnisorientiert - vom ganz überwiegenden Teil bejaht worden sind, begründbar; inwieweit sie tatsächlich begründet sind, müssen genauere Untersuchungen zeigen. Unten wird dies für die Landesverfassungsbeschwerde versucht.

[450] Im Gegensatz zu den "autonomen" Regelungen etwa des Landes(verfassungs)rechts, die die Zuständigkeiten des Landesverfassungsgerichts begründen und zugleich begrenzen.

scheidungszuständigkeit der jeweils anderen Verfassungsgerichtsbarkeit für deren Rechtskreis[451].

4) Umfassende Prüfungskompetenz den Landesverfassungsgerichten nur insoweit durch Bundesrecht verwehrt, als die abschließende Entscheidungszuständigkeit des Bundesverfassungsgerichts entgegensteht

Die Vorrangigkeit der bundesverfassungsgerichtlichen Zuständigkeit ist als allgemeiner Begriff, der aus der obersten Hüterstellung abgeleitet ist, die maßgebliche übergreifende Beschreibung für das kompetenzrechtliche Grundverhältnis der Bundesverfassungsgerichtsbarkeit *zu anderen Gerichten überhaupt*. Diesem Begriff der (bloß) vorrangigen Zuständigkeit steht als Gegenbegriff die *ausschließliche* Prüfungszuständigkeit gegenüber[452], die anderen Gerichten die Prüfung am Maßstab des Grundgesetzes verwehren würde. Diese ausschließliche Prüfungszuständigkeit nimmt aber das Bundesverfassungsgericht als *oberster* Hüter nicht in Anspruch. Daß den Fachgerichten die Prüfung nach Maßgabe des Grundgesetzes nicht verwehrt ist, bedarf keiner weiteren Begründung[453]. Ausdrücklich begründet dies das Bundesverfassungsgericht jedoch für die Landesverfassungsgerichte. Daß sich insoweit angesichts der besonderen Stellung der Landesverfassungsgerichte und des besonderen Verhältnisses der Verfassungsgerichtsbarkeiten zueinander keine unterschiedliche Behandlung im Vergleich zur Fachgerichtsbarkeit ergibt, leitet das Bundesverfassungsgericht aus Art. 100 Abs. 3 und Abs. 1 GG ab; aus diesen Bestimmungen ergäbe sich, daß die Prüfung am Maßstab des Grundgesetzes auch den Landesverfassungsgerichten *nicht*

---

451 Zutreffend kommt es - zumindest für ein spezielles Verfahren - auch für *Rozek* "letztlich entscheidend darauf an, ob die landesverfassungsrechtlich vorgesehene oder einfachgesetzlich zugewiesene Zuständigkeit des Landesverfassungsgerichts zur Einbeziehung des Bundesrechts in seinen Kognitionshorizont mit höherrangigen Kontrollkompetenzen der Bundesverfassungsgerichtsbarkeit kollidiert und deshalb *von Bundesverfassungs wegen* intolerabel ist" (*Jochen Rozek*, Das Grundgesetz als Prüfungs- und Entscheidungsmaßstab der Landesverfassungsgerichte, 1993, S. 275 f. - Hervorhebungen im Original). Im Gedankengang von BVerfGE 69, 112 sind die "Kontrollkompetenzen" jedoch nicht *einseitig* "höherrangig" (Art. 31 GG?), sondern *wechselseitig* vorrangig wie umgekehrt auch die landesverfassungsgerichtliche Zuständigkeit für das jeweilige Landes(verfassungs)recht.

452 "Bei dieser vorrangigen Zuständigkeit der Verfassungsgerichte handelt es sich allerdings nicht um eine ausschließliche *Prüfungs*zuständigkeit in dem Sinne, daß jedem anderen Gericht diese *Prüfung* verwehrt wäre" (BVerfGE 69, 112 [117] - Hervorhebungen im Original). Beispiel für eine ausschließliche Zuständigkeit des Bundesverfassungsgerichts ist die Entscheidung über die Verfassungswidrigkeit einer politischen Partei (Art. 21 Abs. 2 Satz 2 GG i.V.m. §§ 13 Nr. 2, 43-47 BVerfGG).

453 Im Gegenteil obliegt es zuvörderst der Fachgerichtsbarkeit, gerade auch die Bundesgrundrechte zu effektuieren.

verwehrt sei. Angesichts der zum Teil vehementen Kritik von *Jochen Rozek*[454] sei auf diese Bestimmungen und den daraus gezogenen Schlußfolgerungen kurz eingegangen (siehe sogleich unter a) und b)). Im Anschluß daran sollen als zusätzliche Bestätigung Art. 99, 1. Var. GG und Art. 92 Abs. 1 Nr. 4, 3. Var. GG genannt werden, bei denen die weite Auslegung des Begriffs der "Verfassungsstreitigkeit innerhalb eines Landes" ein weiteres Mal belegt, daß die Prüfung am Maßstab des Grundgesetzes den Landesverfassungsgerichten nicht verwehrt ist (siehe unten unter c)).

a) Argumentation mit Art. 100 Abs. 3 GG

Will das Verfassungsgericht eines Landes - so Art. 100 Abs. 3 GG - bei der Auslegung des Grundgesetzes von einer Entscheidung des Bundesverfassungsgerichtes oder des Verfassungsgerichtes eines anderen Landes abweichen, so hat das Verfassungsgericht die Entscheidung des Bundesverfassungsgerichtes einzuholen[455]. Schon aus dieser Bestimmung ergebe sich - so das Bundesverfassungsgericht -, "daß die Prüfung am Maßstab des Grundgesetzes den Landesverfassungsgerichten nicht verwehrt ist"[456]. Die ihnen in dieser Vorschrift auferlegte Verpflichtung, die Entscheidung des Bundesverfassungsgerichts einzuholen, wenn sie bei der Auslegung des Grundgesetzes von einer Entscheidung des Bundesverfassungsgerichts oder eines anderen Landesverfassungsgerichts abweichen wollten, "setzt voraus, daß ihnen die Zuständigkeit zur Prüfung am Maßstab des Grundgesetzes zusteht (vgl. BVerfGE 1, 208 (232))."[457]

Rozek wirft dem Bundesverfassungsgericht insoweit vor, daß es aus der verfahrensrechtlichen Vorschrift des Art. 100 Abs. 3 GG eine Prüfungskompetenz der Landesverfassungsgerichte herleite[458]. Die Vorstellung, das Bundesverfassungsgericht begründe mit dieser Vorschrift eine generelle Befugnis der Landesverfassungsgerichte, am Maßstab des Grundgesetzes zu prüfen, beruht jedoch auf einem Mißverständnis der bundesverfassungsgerichtlichen Argumentation[459].

---

454 *Jochen Rozek*, Das Grundgesetz als Prüfungs- und Entscheidungsmaßstab der Landesverfassungsgerichte, 1993, S. 60 f., 75 ff. und 231 ff.

455 Zur Auslegung dieser Vorschrift siehe *Klaus Stern*, in: Bonner Kommentar, Art. 100 Rdnr. 262-309 (Zweitbearbeitung); zum Verhältnis zu § 31 BVerfGG insbesondere *Jochen Rozek*, Das Grundgesetz als Prüfungs- und Entscheidungsmaßstab der Landesverfassungsgerichte, 1993, S. 77-97.

456 BVerfGE 69, 112 (117).

457 BVerfGE 69, 112 (117).

458 *Jochen Rozek*, Das Grundgesetz als Prüfungs- und Entscheidungsmaßstab der Landesverfassungsgerichte, 1993, S. 61 bei Fußn. 34, S. 76, 99.

459 Mit dieser Interpretation der Rechtsprechung identifiziert *Rozek* sie mit der Auffassung von *Burmeister*, dessen Konzept jedoch vom Bundesverfassungsgericht - wie bereits erörtert - deutlich abgelehnt wird. Ursache dieses Mißverständnis ist wohl letztlich die generelle bun-

Schon der Wortlaut der Entscheidung ("nicht verwehrt") zeigt, daß das Bundesverfassungsgericht Art. 100 Abs. 3 GG nicht in der von *Rozek* vermuteten Weise überinterpretiert. Das Gericht stellt vielmehr lediglich fest, daß das Grundgesetz offenbar davon ausgeht, daß Landesverfassungsgerichte mit der Auslegung des Grundgesetzes befaßt werden *können*, wenn und weil es in Art. 100 Abs. 3 GG eine entsprechende Vorlagepflicht begründet. Und in der Tat wäre es widersprüchlich, wenn das Grundgesetz ein derartiges Vorlageverfahren zur Verfügung stellt, gleichzeitig aber den Landesverfassungsgerichten *grundsätzlich* verbieten würde, am Maßstab des GG zu prüfen. Ferner wäre es unverständlich, wie die Annahme einer *umfassenden* Prüfungskompetenz der Landesverfassungsgerichte kraft Art. 100 Abs. 3 GG mit der abschließenden Entscheidungszuständigkeit, die sich das Bundesverfassungsgericht ausdrücklich vorbehält, in Einklang gebracht werden könnte.

Der Hinweis des Gerichts auf die Entscheidung im ersten Band, die unten im Dritten Teil unter A II ausführlich behandelt werden wird, macht darauf aufmerksam, daß es sich hierbei um eine bekannte Argumentationslinie handelt. Das Zitat verweist auf eine Konstellation, in der die Zuständigkeit eines Landesverfassungsgerichts[460] zur Prüfung am Maßstab des Grundgesetzes (zur Entscheidung eines Verfassungsstreits innerhalb eines Landes über die richtige Auslegung des Grundgesetzes) tatsächlich gegeben war. In der Begründung dieser erweiterten Zuständigkeit kam dabei klar zum Ausdruck, daß die Befugnis, am Maßstab des Grundgesetzes zu prüfen, *nicht* aus Art. 100 Abs. 3 GG, sondern aus der Zuständigkeitsvorschrift des Landesrechts hergeleitet worden ist. Art. 100 Abs. 3 GG wurde in diesem Zusammenhang deshalb zitiert, um mögliche Bedenken gegen eine erweiterte Prüfungszuständigkeit eines Landesverfassungsgerichts zu zerstreuen[461]. Somit meint "Voraussetzen" nicht "Als-Gegeben-Voraussetzen" im Sinne von "Begründen", sondern "Als-Möglich-Voraussetzen".

Dieses Verständnis des Art. 100 Abs. 3 GG seitens des Bundesverfassungsgerichts wird auch durch die Entstehungsgeschichte bestätigt. In den Beratungen des Rechtspflegeausschusses wurde die Frage gestellt, inwieweit überhaupt das Verfassungsgericht eines Landes bei der Auslegung des Grundgesetzes von der Entscheidung des Verfassungsgerichts eines anderen Landes abweichen könne,

---

desrechtliche Sichtweise, die für die Frage der landesverfassungsgerichtlichen Prüfungskompetenzen lediglich Entweder-Oder-Lösungen bieten kann. -- Es dürfte ferner nicht frei von Widerspruch sein, die Einwirkungsrechtsprechung als Bestandteilstheorie zu interpretieren und zugleich BVerfGE 69, 112 so auszulegen, daß den Landesverfassungsgerichten eine Prüfungskompetenz kraft Bundesverfassungsrechts zugesprochen werde. Beide Entscheidungen stützen sich durchaus zentral auf Art. 100 Abs. 3 GG und sind im Zusammenhang zu sehen.

[460] Das Bundesverfassungsgericht wurde in BVerfGE 1, 208 als Verfassungsgericht für Schleswig-Holstein tätig (Art. 99, Alt. 1 GG).

[461] Siehe unten im Dritten Teil unter A II 2.

da es sich doch um Entscheidungen innerhalb des Landesrechts handele[462]. Der Abgeordnete Dr. *Strauß* gab zur Antwort: "Denken Sie an die Normativbestimmungen, die das Bundesrecht enthält. Es geht nur um das Bundesgrundgesetz." Der Vorsitzende des Ausschusses, der Abgeordnete Dr. *Zinn*, fügte hinzu: "*Sofern* es damit [gemeint ist das Landesverfassungsgericht mit der Auslegung des Grundgesetzes] befaßt wird, das ist der Sinn; *ob,* das können wir im Moment nicht übersehen. Hier ist nur der Fall geregelt, *wenn* es damit befaßt wird."[463] Aus dieser Entstehungsgeschichte läßt sich - trotz der Antwort von *Strauß* - nicht ableiten, daß den Landesverfassungsgerichten durch Art. 100 Abs. 3 GG eine besondere Befugnis zur Auslegung des Grundgesetzes eingeräumt werden sollte[464]. Vielmehr zeigt die ergänzende Antwort des Ausschußvorsitzenden *Zinn*, daß man nicht genau wußte, ob die Landesverfassungsgerichte mit der Auslegung des Grundgesetzes befaßt werden würden. Mit diesem Befund steht die Auslegung des Art. 100 Abs. 3 GG, wonach diese verfahrensrechtliche Vorschrift von einer anderweitig begründeten Kompetenz zur Heranziehung des Grundgesetzes durch die Landesverfassungsgerichte ausgeht, ohne eine solche Kompetenz eigenständig begründen zu wollen[465], in vollem Einklang.

b) Argumentation mit Art. 100 Abs. 1 GG

Hält ein Gericht - so Art. 100 Abs. 1 Satz 1 GG - ein Gesetz, auf dessen Gültigkeit es bei der Entscheidung ankommt, für verfassungswidrig, so ist das Verfahren auszusetzen und, wenn es sich um die Verletzung der Verfassung eines Landes handelt, die Entscheidung des für Verfassungsstreitigkeiten zuständigen Gerichtes des Landes, wenn es sich um die Verletzung dieses Grundgesetzes handelt, die Entscheidung des Bundesverfassungsgerichtes einzuholen. Dies gilt nach Satz 2 auch, wenn es sich um die Verletzung dieses Grundgesetzes durch Landesrecht oder um die Unvereinbarkeit eines Landesgesetzes mit einem Bundesgesetze handelt. In diesem Sinne vorlagepflichtig sind nach Auffassung des Bundesverfassungsgerichts auch die Landesverfassungsgerichte: Kämen sie zu dem Ergebnis, daß ein für ihre Entscheidung maßgebliches Gesetz grundgesetz- oder bundesrechtswidrig sei, so müßten sie die Entscheidung des Bundesverfassungsgerichts einholen[466]. "Dies gilt gleichermaßen für Gesetze, die auf der

---

[462] Abgeordneter Dr. *Greve* in der 7. Sitzung des Rechtspflegeausschusses am 6. 12. 1948 (Steno-Protokolle, Bl. 47-51); zitiert nach *Horst Eller,* Die Bindung der Landesverfassungsgerichte an die Entscheidungen des Bundesverfassungsgerichts und der anderen Landesverfassungsgerichte, 1963, S. 135.

[463] Die Antworten von *Strauß* und *Zinn* sind ebenfalls nach *Horst Eller* (a.a.O.) zitiert.

[464] Ebenso *Horst Eller* (a.a.O.) und *Jochen Rozek*, Das Grundgesetz als Prüfungs- und Entscheidungsmaßstab der Landesverfassungsgerichte, 1993, S. 98 f.

[465] Treffende Formulierung von *Jochen Rozek*, Das Grundgesetz, a.a.O. S. 98.

[466] BVerfGE 69, 112 (117 f.)

'Vorfragenebene' relevant sind, wie auch für solche, die den 'Gegenstand' des Normenkontrollverfahrens oder der Rechtssatzverfassungsbeschwerde bilden."[467] Die Landesverfassungsgerichte werden also mit Blick auf das sog. richterliche Prüfungsrecht nach Maßgabe des Bundes(verfassungs)rechts genauso behandelt wie die Fachgerichte; darüber hinaus muß ein Landesverfassungsgericht unter den Voraussetzungen des Art. 100 Abs. 1 GG eine Rechtsnorm auch dann dem Bundesverfassungsgericht vorlegen, wenn diese Norm selbst Prüfungs*gegenstand* des Ausgangsverfahrens vor dem Landesverfassungsgericht ist.

Die Verpflichtung der Landesverfassungsgerichte zur Vorlage auch der prüfungsgegenständlichen Rechtsnorm wird vehement von *Jochen Rozek* kritisiert[468]; denn wie *Herbert Bethge*[469] beschränkt *Rozek* die Prüfungskompetenz der Landesverfassungsgerichte auf die Vorfrage, was angesichts des Einwirkens des Bundes(verfassungs)rechts auf die Landesverfassung wirksamer Prüfungsmaßstab für das landesverfassungsgerichtliche Verfahren ist[470]. Ausdrücklich verwehrt *Rozek* den Landesverfassungsgerichten eine über die Vorfragenebene hinausgehende Erstreckung der Prüfungszuständigkeit auf den Prüfungsgegenstand selbst[471]; bei der Hauptfrage nach der Verfassungsmäßigkeit der unmittelbar angefochtenen Rechtsnorm sei Prüfungsmaßstab ausschließlich das Landes(verfassungs)recht. Es widerspräche der "Verfahrenstypik" des Art. 100 Abs. 1 GG, wenn infolge der Vorlage und einer (aufhebenden) Entscheidung im sog. Zwischenverfahren die eigentlich beantragte Entscheidung im Ausgangsverfahren vor dem Landesverfassungsgericht entfalle[472]. Die vom Bundesverfassungsgericht geforderte Vorlage sei im Ergebnis - so *Rozek* - auch verfahrensökonomisch unsinnig[473].

Ob die Kritik *Rozeks* zutrifft, kann hier offenbleiben. Die Argumentation des Bundesverfassungsgerichts geht - soweit hier maßgeblich - nämlich nicht dahin, den Landesverfassungsgerichten Prüfungskompetenzen kraft Bundesrechts zuzuweisen, sondern anhand der bestehenden Normen wie etwa des Art. 100 Abs. 1 GG zu zeigen, daß das Bundesrecht dem Bundesverfassungsgericht keine ausschließliche Prüfungskompetenz zuspricht, sondern entsprechenden Prüfungskompetenzen der Landesverfassungsgerichte offen gegenübersteht, sie zum Teil sogar voraussetzt. Folglich sind *Einzel*einwände gegen das Verständnis bestimmter grundgesetzlicher Vorschriften, d.h. insbesondere gegen die Reich-

---

[467] BVerfGE 69, 112 (118).

[468] *Jochen Rozek*, Das Grundgesetz, a.a.O. S. 60 f. und insbes. S. 235 ff.

[469] *Herbert Bethge*, Organstreitigkeiten des Landesverfassungsrechts, in: Starck/Stern (Hrsg.), Landesverfassungsgerichtsbarkeit, Teilband II, 1983, S. 28 f.

[470] *Jochen Rozek*, Das Grundgesetz, a.a.O. S. 234 f. (Bundesrecht als "Vorprüfungsmaßstab" [a.a.O., S. 235])

[471] *Jochen Rozek*, Das Grundgesetz, a.a.O. S. 231-237.

[472] *Jochen Rozek*, Das Grundgesetz, a.a.O. S. 236.

[473] *Jochen Rozek*, Das Grundgesetz, a.a.O. S. 236 f.

weite der Vorlagepflicht nach Art. 100 Abs. 1 GG[474], in diesem Zusammenhang unerheblich. Diese Einwände widerlegen nicht die Grundaussage, daß die Kompetenz des Bundesverfassungsgerichts, am Maßstab des Grundgesetzes zu prüfen, bereits deshalb keine ausschließliche Zuständigkeit sein kann, weil nicht nur Art. 100 Abs. 3 GG, sondern auch Art. 100 Abs. 1 GG, unter dessen Begriff des Gerichts auch die Landesverfassungsgerichte fallen, eine sich auf das Bundesrecht erstreckende Prüfungszuständigkeit der Landesverfassungsgerichte voraussetzt.

c) Argumentation mit Art. 99, 1. Var. GG und Art. 93 Abs. 1 Nr. 4, 3. Var. GG

Das Bundesverfassungsgericht nimmt bei seiner Argumentation mit Art. 100 Abs. 3 GG auf eine frühe Entscheidung im ersten Band Bezug[475]. Das Zitat verweist dabei auf eine Konstellation, in der das Bundesverfassungsgericht aufgrund landesrechtlicher Zuweisung als Verfassungsgericht für das Land Schleswig-Holstein tätig wird. Dem Bundesverfassungsgericht kann gemäß Art. 99, 1. Var. GG durch Landesgesetz die Entscheidung von Verfassungsstreitigkeiten innerhalb eines Landes zugewiesen worden. Mittels einer extensiven Auslegung des grundgesetzlichen Begriffs der "Verfassungsstreitigkeit innerhalb eines Landes" erstreckte das Gericht diesen Begriff auch auf landesinterne Streitigkeiten über Rechte und Pflichten von Landesorganen, die sich aus dem *Bundes*verfassungsrecht ergeben[476]. Damit übernimmt das Gericht die Rechtsprechung des Reichsstaatsgerichtshofs zu dem - soweit hier wesentlich - parallelen Art. 19 WRV[477].

Wenn das Grundgesetz in Art. 99 nicht allein Streitigkeiten über die Auslegung von *Landes*verfassungsrecht in Bezug nimmt, sondern in Anknüpfung an Art. 19 WRV schlechthin von Verfassungsstreitigkeiten innerhalb eines Landes spricht, macht es deutlich, daß es die Landesverfassungsgerichte nicht auf die Auslegung und Anwendung allein von Landesverfassungsrecht beschränken will[478]. Art. 99, 1. Var. GG enthält daher eine grundgesetzliche Aussage über die Landesverfassungsgerichtsbarkeit. Die Vorschrift erkennt aus bundesrechtlicher Perspektive

---

[474] Eine detaillierte Auseinandersetzung mit *Rozeks* Kritik erforderte ein sorgfältiges Eingehen auf die dogmatisch wie rechtspolitisch bedeutsame Frage nach der Vorfragenkompetenz der Landesverfassungsgerichte im Rahmen der Normenkontrolle und dabei insbesondere auf die einschlägige Rechtsprechung des Bayerischen Verfassungsgerichtshofs (vgl. etwa *Walter Schmitt Glaeser/Hans-Detlef Horn*, Die Rechtsprechung des Bayerischen Verfassungsgerichtshofs, BayVBl. 1992, 673 [684] und *Jochen Rozek*, Das Grundgesetz, a.a.O. S. 212-240).
[475] BVerfGE 1, 208. Vgl. dazu ausführlich unten im Dritten Teil unter A II.
[476] BVerfGE 1, 208 (227, 232 f.).
[477] Vgl. dazu unten im Dritten Teil unter A II 3.
[478] BVerfGE 1, 208 (232 f.).

an, daß Landesverfassungsgerichte im Rahmen der jeweiligen landesrechtlichen Verfahrens- und Zuständigkeitsordnung über "Verfassungsstreitigkeiten innerhalb eines Landes" entscheiden. Denn worüber das Bundesverfassungsgericht nach entsprechender landesrechtlicher Übertragung entscheiden kann, darüber müssen originär auch die Landesverfassungsgerichte entscheiden dürfen, sofern dies das landesrechtliche Zuständigkeitsrecht anordnet.

Ebenso ginge die Subsidiaritätsregelung in Art. 93 Abs. 1 Nr. 4, 3. Var. GG[479] teilweise ins Leere, wollte man die Landesverfassungsgerichte allein auf landesinterne Streitigkeiten über die Auslegung der jeweiligen *Landes*verfassung beschränken. Denn wenn das Grundgesetz dem Bundesverfassungsgericht die *subsidiäre* Zuständigkeit zur Entscheidung von landesinternen Streitigkeiten auch über die Auslegung von *Bundes*verfassungsrecht überträgt, so muß die *primäre* Zuständigkeit zur Entscheidung dieser landesinternen (Bundes-) Verfassungsstreitigkeiten grundsätzlich der Landesverfassungsgerichtsbarkeit zustehen[480] mit der Folge, daß diese Zuständigkeit durch das Landesrecht dem Landesverfassungsgericht zugewiesen werden kann. Andernfalls wäre nämlich die bundesrechtliche Anordnung der Subsidiarität unverständlich.

5) Kontinuität der bundesverfassungsgerichtlichen Rechtsprechung

Die Entscheidung im 69. Band fügt sich widerspruchsfrei in die sonstige Rechtsprechung des Gerichts ein. Sie knüpft an die Entscheidung im 1. Band an[481] und bildet selbst wieder einen Bezugspunkt für den Beschluß vom 15. Oktober 1997[482]. In dem genannten Oktoberbeschluß hatte das Bundesverfassungsgericht durch seinen ausdrücklichen Hinweis auf BVerfGE 69, 112 (117) bei der - verneinten - Frage, ob in der dortigen Prüfungskonstellation Bundesgrundrechte "Prüfungsmaßstab" der Landesverfassungsgerichte seien, möglicherweise selbst

[479] Nach Art. 93 Abs. 1 Nr. 4, 3. Var. GG entscheidet das Bundesverfassungsgericht "in anderen öffentlich-rechtlichen Streitigkeiten (...) innerhalb eines Landes, soweit nicht ein anderer Rechtsweg gegeben ist".

[480] Dementsprechend verneinte das Bundesverfassungsgericht in der Entscheidung im ersten Band seine Zuständigkeit *als Bundesverfassungsgericht* nach Art. 92 Abs. 1 Nr. 4, 3. Var. GG (§ 13 Nr. 8 BVerfGG), weil die Landesverfassung von Schleswig-Holstein i.V.m. Art. 99, 1. Var. GG (§ 13 Nr. 10 BVerfGG) einen anderen Rechtsweg eröffnete, und zwar übertrügen diese Bestimmungen ihm *als Verfassungsgericht für Schleswig-Holstein* den ganzen Verfassungsstreit einschließlich des Streits über die Auslegung des Grundgesetzes, d.h. ohne Vorbehalt oder Einschränkungen (BVerfGE 1, 208 [218]; vgl. dazu unten im Dritten Teil unter A II 2).

[481] BVerfGE 1, 208; vgl. dazu insbes. unten im Dritten Teil unter A II.

[482] BVerfGE 96, 345.

Lösungsmodelle im Auge, bei denen auch die *Bundes*grundrechte zulässiger Prüfungsmaßstab eines Landesverfassungsgerichts sein können[483]. Jedenfalls unterstreicht der gerichtliche Hinweis die herausgehobene Stellung dieser früheren Entscheidung zur Zuständigkeitsabgrenzung zwischen Bundes- und Landesverfassungsgerichtsbarkeit, deren Grundsätze der Zweite Senat damit zugleich bestätigt hat.

Demgegenüber wird jedoch häufig die Entscheidung im 69. Band als Fremdkörper innerhalb einer gegenläufigen Rechtsprechungslinie erachtet, welche angeblich den Landesverfassungsgerichten ausschließlich die Landesverfassung als zulässigen Prüfungsmaßstab zuweise. Verbreiteste Belegstelle für diese These[484] ist eine Entscheidung im 36. Band, in der es in der Tat heißt, daß die Landesverfassungsgerichte "als Maßstab ihrer Prüfung nur die Landesverfassung" besäßen[485]. Zentrale Aussage dieser Entscheidung ist, daß Bundesverfassungsrecht inhaltsgleiches Landesverfassungsrecht nicht gemäß Art. 31, 142 GG bricht[486]. Am Ende der Herleitung und Begründung dieser Aussage stellt das Bundesverfassungsgericht in einer Art von Ergebniskontrolle "bundesstaatliche Folgener-

---

483 BVerfGE 96, 345 (375). Der Hinweis auf BVerfGE 69, 112 erfolgt im Rahmen der für die Einheitlichkeit der Bundesverfassungsrechtsprechung zentralen Feststellung, daß sich die Vorlagepflicht der Landesverfassungsgerichte nach Art. 100 Abs. 3 GG auch auf solche Divergenzen bei der Auslegung des Grundgesetzes erstreckt, die auf der "Vorfragenebene" entstehen. Dabei heißt es wörtlich: "Bei der Prüfung der Vorfrage, zu welchen Ergebnissen die Anwendung des Grundgesetzes im Falle des Ausgangsverfahrens führen muß, hat das Landesverfassungsgericht das Grundgesetz auszulegen, *ohne daß dieses Prüfungsmaßstab ist (vgl. hierzu auch BVerfGE 69, 112 [117]; ...)*" (a.a.O. [Hervorhebungen vom Verfasser]). Während also bei der mehrstufigen Prüfung, die das Bundesverfassungsgericht bei der auf Landesgrundrechte gestützten Verfassungsbeschwerde gegen die Anwendung von Bundesrecht für veranlaßt sieht, die "inzidente" Anwendung und Auslegung des Grundgesetzes gerade *nicht* dazu führen soll, daß das Grundgesetz "Prüfungsmaßstab" wird, stellt das Gericht in der Entscheidung im 69. Band umgekehrt ausdrücklich fest, daß auch das Grundgesetz Prüfungsmaßstab für die Landesverfassungsgerichte sein könne. Bei der "vorrangigen Prüfungs- und Entscheidungszuständigkeit" des Bundesverfassungsgerichts für das Bundes(verfassungs)recht handele es sich nämlich nicht um eine "ausschließliche" Prüfungszuständigkeit in dem Sinne, daß jedem anderen Gericht (und damit auch den Verfassungsgerichten der Länder) diese Prüfung verwehrt wäre (BVerfGE 69, 112 [117]). Damit weist das Gericht möglicherweise daraufhin, daß es sich jenseits der bisherigen von einer strikten Prüfungslimitierung ausgehenden Konstruktionen andere Lösungen vorstellen kann, bei denen auch die *Bundes*grundrechte zum (prinzipalen) Prüfungsmaßstab der Landesverfassungsgerichte werden.

484 Vgl. nur *Ekkehard Schumann*, Verfassungsbeschwerde (Grundrechtsklage) zu den Landesverfassungsgerichten, in: Starck/Stern (Hrsg.), Landesverfassungsgerichtsbarkeit, Teilband II, 1983, S. 149 (201) und *Jochen Rozek*, Das Grundgesetz als Prüfungs- und Entscheidungsmaßstab der Landesverfassungsgerichte, 1993, S. 99, 223.

485 BVerfGE 36, 342 (368).

486 BVerfGE 36, 342 (Leitsatz 5).

wägungen" an[487]. Der Fortbestand inhaltsgleichen Landesverfassungsrechts lasse die Verfassungen der Länder unangetastet. Dies sei neben der Gesetzgebung, Verwaltung und Rechtsprechung der Länder insbesondere für die Landesstaatsgerichtshöfe von Bedeutung, "weil diese Verfassungsgerichte als Maßstab ihrer Prüfung nur die Landesverfassung besitzen und künftig also ihre Zuständigkeit und ihre materielle Prüfungsbefugnis auch aus den Landesverfassungsbestimmungen herleiten und entwickeln können, die mit Bestimmungen des Grundgesetzes inhaltlich übereinstimmen und keine Grundrechte sind."[488] Dagegen, daß mit dem zitierten Nebensatz das Bundesverfassungsgericht die Landesverfassungsgerichte auf die jeweilige Landesverfassung als alleinigen Prüfungsmaßstab beschränken wollte, sprechen mehrere Gründe. Zum einen ging es im Ausgangsverfahren um die Vereinbarkeit einer landesgesetzlichen Norm aus dem Beamten- und Besoldungsrecht mit der niedersächsischen Landesverfassung, d.h. um eine Normprüfungsentscheidung, bei der anerkanntermaßen die Landesverfassungsgerichte nur die Landesverfassung als Entscheidungsmaßstab besitzen. Daran will auch BVerfGE 69, 112 nichts ändern, wie sich aus dem dort formulierten Tenorierungsverbot bei Normprüfungsentscheidungen eindeutig ergibt. Zum anderen läßt sich die fragliche Bemerkung des Bundesverfassungsgerichts zwanglos auch dahin verstehen, daß das Gericht lediglich die Rechtsprechungspraxis der Landesverfassungsgerichte wiedergibt, ohne einen bundesrechtlichen Rechtssatz aufstellen zu wollen. Denn in der Entscheidung im 36. Band war nicht das *kompetenzrechtliche* Problem der Prüfungskompetenzen der Landesverfassungsgerichte selbst auf dem Prüfstand, sondern das materiellrechtliche Verhältnis zwischen Bundes- und Landesverfassungsrecht; das Bundesverfassungsgericht bestätigte sein für diese Rang- bzw. Kollisionsfrage gefundenes Ergebnis angesichts des *tatsächlichen* Befundes, daß sich die Landesverfassungsgerichte vom Grundsatz her allein auf ihre jeweilige Landesverfassung als ihren einzigen Prüfungsmaßstab beschränkt sehen.

Der fortschreitende Zusammenhang zwischen der Entscheidung im 36. Band und derjenigen im 69. Band wird auch aus folgendem deutlich: In der früheren Entscheidung hatte das Bundesverfassungsgericht mit Blick auf doppelspurige verfassungsgerichtliche Verfahren bereits festgestellt, daß sich seine Auffassung *letztlich* durchsetze, wenn Entscheidungen der Landesverfassungsgerichte und des Bundesverfassungsgerichts, die dieselbe Sache beträfen, einmal auseinandergingen[489]. Kritisch bemerkte *Ekkehard Schumann*[490] dazu, daß sich vielmehr jeweils die gegenüber dem Hoheitsakt *negative* Entscheidung, gleich von wem erlassen, durchsetze. Im 69. Band ergriff das Bundesverfassungsgericht die Ge-

---

[487] BVerfGE 36, 342 (367-369).

[488] BVerfGE 36, 342 (368).

[489] BVerfGE 36, 342 (368 f.).

[490] *Ekkehard Schumann*, Verfassungsbeschwerde (Grundrechtsklage) zu den Landesverfassungsgerichten, in: Starck/Stern (Hrsg.), Landesverfassungsgerichtsbarkeit, Teilband II, 1983, S. 149 (198).

legenheit, seine Auffassung vom "letzten Wort" bei Normprüfungsentscheidungen näher zu entwickeln und führte hierzu den Begriff der "abschließenden Entscheidungszuständigkeit" ein; diese Figur gewährleistet, daß sich hinsichtlich der Frage der Vereinbarkeit und der Unvereinbarkeit einer Rechtsnorm mit dem Bundes(verfassungs)recht die Auffassung des Bundesverfassungsgerichts stets durchsetzt[491].

Zur Festlegung der bundesverfassungsgerichtlichen Rechtsprechung auf den Standpunkt, daß die Landesverfassungsgerichte allein auf ihre Landesverfassung als ihren ausschließlichen Prüfungsmaßstab beschränkt seien, wird ferner eine Entscheidung im 10. Band zitiert[492]. In dieser Entscheidung heißt es offensichtlich in Anknüpfung an *Ernst Friesenhahn*[493], daß sich jede Verfassungsgerichtsbarkeit auf eine bestimmte Verfassung beziehe; deshalb - so der Zweite Senat[494] weiter - werde im Bundesstaat der Kompetenzbereich der Bundesverfassungsgerichtsbarkeit durch das Grundgesetz und der der Landesverfassungsgerichtsbarkeit durch die Landesverfassung begrenzt[495]. Diese Aussage läßt sich jedoch unproblematisch so verstehen, daß nach Auffassung des Bundesverfassungsgerichts der Kompetenzbereich eines Verfassungsgerichts, d.h. seine konkreten Aufgaben und Befugnisse, durch die jeweilige Verfassung festgelegt würden. In diesem spezifischen Bezug auf eine bestimmte Verfassung liege der besondere Charakter der Verfassungsgerichtsbarkeit begründet, der es grundsätzlich untersage, für die Verfassungsgerichtsbarkeit geltende Regelungen auf die übrigen Zweige der Gerichtsbarkeit zu übertragen[496]. Feststellungen zu den Grenzen landesverfassungsgerichtlicher Prüfungskompetenzen trifft das Bundesverfassungsgericht nicht. Die Behauptung der Diskontinuität in der bundesverfassungsgerichtlichen Rechtsprechung ist also auch insoweit nicht gerechtfertigt.

---

491 BVerfGE 69, 112 (118).

492 BVerfGE 10, 285 (293). Vgl. etwa *Ernst Friesenhahn*, Zur Zuständigkeitsabgrenzung zwischen Bundesverfassungsgerichtsbarkeit und Landesverfassungsgerichtsbarkeit, in: Starck (Hrsg.), Bundesverfassungsgericht und Grundgesetz. Festgabe aus Anlaß des 25jährigen Bestehens des Bundesverfassungsgerichts, Erster Band, 1976, S. 748 (751); *Jochen Rozek*, Das Grundgesetz als Prüfungs- und Entscheidungsmaßstab der Landesverfassungsgerichte, 1993, S. 99, 223.

493 *Ernst Friesenhahn*, Zum Verhältnis von Bundes- und Landesverfassungsgerichtsbarkeit ("Referat"), 1956, S. 2-4, 6; siehe dazu oben in diesem Teil unter A II.

494 *Ernst Friesenhahn* gehörte zum Zeitpunkt der fraglichen Entscheidung dem Zweiten Senat an.

495 BVerfGE 10, 285 (293 f.).

496 BVerfGE 10, 285 (294); vgl. auch BVerfGE 6, 376 (383). Im konkreten Fall war es nach Ansicht des Bundesverfassungsgerichts wegen der Besonderheit der Verfassungsgerichtsbarkeit nicht möglich, aus dem Zusammenhang der beiden in Art. 99 GG geregelten Fälle zu schließen, daß ebenso wie die Zuweisung von Verfassungsstreitigkeiten innerhalb eines Landes an das Bundesverfassungsgericht auch die Zuweisung von sonstigen Rechtssachen an die oberen Bundesgerichte nur durch den Landesgesetzgeber vorgenommen werden könne.

6) Die *Friesenhahnsche* Rechtskreislehre und ihre bleibende Bedeutung

Die Entscheidung im 69. Band, in der sich das Bundesverfassungsgericht im Verhältnis zu den Verfassungsgerichten der Länder nicht die ausschließliche, sondern nur die *vorrangige* Prüfungs- und Entscheidungszuständigkeit für die Auslegung und Anwendung des Bundes(verfassungs)rechts vorbehält, läßt sich zwanglos als *erneute Modifikation* der Grundthese von *Friesenhahn* auffassen. Damit zeigt sich erneut die Bedeutung und Kraft der *Friesenhahnschen* Rechtskreislehre für die Aufgabe, innerhalb der rechtsprechenden Gewalt Kompetenzen zwischen den Gerichtsbarkeiten abzugrenzen und einander zuzuordnen.

Ursprünglich verlangte *Friesenhahn* von den Landesverfassungsgerichten, daß diese Bundes(verfassungs)recht in keiner Weise zum Gegenstand ihrer Rechtsfindung machen. Auch eine inzidente Prüfung nach Maßgabe des Grundgesetzes war seiner Auffassung nach ausgeschlossen[497]. Aufgrund der Einordnung der Länder in den grundgesetzlichen Bundesstaat und der Durchgriffsgeltung bundes(verfassungs)rechtlicher Bestimmungen im Landesbereich sah man sich jedoch zu einer erheblichen *ersten* Modifikation gehalten, die das Verbot der *Inzidentprüfung* nach Maßgabe des Grundgesetzes aufhob, insbesondere um bundesrechtswidrige Entscheidungen der Landesverfassungsgerichte zu verhindern. In dieser modifizierten Fassung gebietet der Grundsatz der Prüfungslimitierung, daß Landesverfassungsgerichte als *prinzipalen* Prüfungsmaßstab *ausschließlich* die Landesverfassung besitzen[498].

Die Rechtsprechung des Bundesverfassungsgerichts im 69. Band läßt sich vor diesem Hintergrund als *zweite* Modifikation verstehen. Sie hält die Schärfe des Ausschließlichkeitsprinzips nicht aufrecht, sondern ersetzt dieses Prinzip durch das *Vorrangigkeitsprinzip*. Der Grundsatz der Prüfungslimitierung verbietet in dieser jüngsten Fassung nicht mehr, daß Landesverfassungsgerichte auch das Grundgesetz als prinzipalen Prüfungsmaßstab heranziehen, *wenn* die abschließende Entscheidungszuständigkeit und damit die vorrangige Prüfungs- und Entscheidungszuständigkeit des Bundesverfassungsgerichts jeweils hinsichtlich der Auslegung und Anwendung des Bundes(verfassungs)rechts respektiert und gewährleistet wird.

Der Begriff der *vorrangigen* Zuständigkeit für einen bestimmten Rechtskreis und die Zuordnung einer derartigen Zuständigkeit zu einer bestimmten Gerichtsbarkeit dient der Zuständigkeitsabgrenzung innerhalb der rechtsprechenden Gewalt schlechthin. Seit Errichtung des Bundesverfassungsgerichts mit seiner großen Kompetenzfülle trat das verfassungspolitische Problem der *Ausdehnung*

---

[497] *Ernst Friesenhahn,* Zum Verhältnis von Bundes- und Landesverfassungsgerichtsbarkeit ("Referat"), 1956, S. 4 f.; vgl. dazu oben in diesem Teil unter A II.

[498] Vgl. dazu oben in diesem Teil unter A III.

der Staats- und Verfassungsgerichtsbarkeit, das die Weimarer Diskussion beherrschte[499], in den Hintergrund; unter der Geltung des Grundgesetzes und mit quantitativ und qualitativ zunehmender Grundrechtsrechtsprechung[500] verlagerte sich das Problem vielmehr fort von der Begründung hin zur Begrenzung und Einordnung verfassungsgerichtlicher Kompetenzen. Innerhalb der rechtsprechenden Gewalt - unter Einschluß jedenfalls auch der verfassungsgerichtlichen Rechtsprechung in den Verfahren der Verfassungsbeschwerde gegen gerichtliche Entscheidungen - bedurfte es einer Kompetenzabgrenzung in zwei Richtungen. Zum einen galt und gilt es, die Fachgerichtsbarkeit und die Verfassungsgerichtsbarkeit eineinander kompetentiell zuzuordnen[501], was man als "vertikale" Beschränkung der Verfassungsgerichtsbarkeit und ihrer "Kontrolltiefe" veranschaulichen mag. Zum anderen bedarf auch das Verhältnis von Bundes- und Landesverfassungsgerichtsbarkeit einer kompetentiellen Abgrenzung (diesmal im Sinne einer "horizontalen" Beschränkung der jeweiligen Verfassungsgerichtsbarkeit und ihrer "Kontrollbreite").

Diese doppelte Kompetenzproblematik findet sich deutlich auch in der Entscheidung im 69. Band. Dort ging es in erster Linie um das Verhältnis zwischen Verfassungsgerichtsbarkeit und Fachgerichtsbarkeit, nämlich um das Verhältnis zwischen dem Bayerischen Verfassungsgerichtshof und dem Verwaltungsgerichtshof in Normprüfungssachen. Das Bundesverfassungsgericht ergriff jedoch die Gelegenheit, die Zuordnung der Verfassungsgerichtsbarkeit zu anderen Gerichtsbarkeiten allgemein zu klären, und betrachtete so schwerpunktmäßig auch das Verhältnis zwischen den Verfassungsgerichtsbarkeiten selbst. Als allgemeines Prinzip bestimmte das Gericht dabei die Zuordnung der *vorrangigen* Zuständigkeit[502] zur Auslegung und Anwendung des Rechts eines bestimmten Rechtskreises. Die Konkretisierung dieses Prinzips für das Verhältnis zwischen Fachgerichtsbarkeit und Verfassungsgerichtsbarkeit war der entscheidungstragende Gesichtspunkt in der genannten Entscheidung[503].

---

499 Vgl. oben in diesem Teil unter A I und II.

500 Spätestens seit der "Lüth"-Entscheidung (BVerfGE 7, 198 [205 ff.]) entspricht das Modell der separaten, überschneidungsfreien Rechtskreise nicht mehr der Wirklichkeit. Zur Entwicklung der Grundrechtsdogmatik und insbesondere zur "Entdeckung" des objektiv-rechtlichen Gehalts der Grundrechte vgl. nur *Ernst-Wolfgang Böckenförde*, Grundrechte als Grundsatznormen - Zur gegenwärtigen Lage der Grundrechtsdogmatik, Der Staat Bd. 29 (1990), S. 1 ff.

501 Vgl. etwa nur *Ernst-Wolfgang Böckenförde* (a.a.O.) und *Christian Starck*, Verfassungsgerichtsbarkeit und Fachgerichte, JZ 1996, 1033 ff.

502 Vgl. auch *Konrad Hesse*, Grundzüge des Verfassungsrechts der Bundesrepublik Deutschland, 20. Aufl., 1995, Rdnr. 84: zur Begründung und Reichweite des "Vorrangs" der verfassungsgerichtlichen Interpretation einfacher Gesetze.

503 BVerfGE 69, 112 (118): "Auch im Verhältnis zu den übrigen Gerichten haben die Verfassungsgerichte kraft ihrer Zuständigkeit zur letztverbindlichen Auslegung des Verfassungsrechts (des Landesverfassungsrechts durch die Landesverfassungsgerichte und des Grundge-

Die allgemeine Frage zur Zuständigkeitsabgrenzung im Verhältnis zwischen Fachgerichtsbarkeit und Verfassungsgerichtsbarkeit zeigt Stärke und Schwächen der Lehre von den Rechtskreisen auf. Klare Kompetenzaussagen lassen sich nur bei klar abgegrenzten, überschneidungsfreien Rechtskreisen treffen, was etwa der Fall sein dürfte hinsichtlich des Zivilrechtskreises und der Zivilgerichtsbarkeit auf der einen Seite und des Staatsorganisations(verfassungs)rechts und der "Verfassungsstreitgerichtsbarkeit"[504] auf der anderen Seite. Mit der Ausweitung des justiziablen Verfassungsrechts auf das Verwaltungsrechts- und Privatrechtsverhältnis verschmelzen bzw. überlagern sich jedoch bisher distinkte Rechtskreise. Der kompetenzabgrenzende Versuch, weiterhin zwischen dem Rechtskreis des Verfassungsrechts (insbesondere der Grundrechte) und dem des einfachen Rechts (etwa des Verwaltungs- oder Zivilrechts) zu unterscheiden, verwendet die Formel des "spezifischen Verfassungsrechts"[505]. Insoweit ist die Prüfungs- und Entscheidungszuständigkeit des Verfassungsgerichts nicht ausschließlich, aber *vorrangig*, d. h. das Verfassungsgericht kann sich mit seiner Auffassung von der richtigen Auslegung der Verfassung gegenüber der Auffassung der Fachgerichtsbarkeit durchsetzen. Die Fachgerichtsbarkeit[506] entscheidet jedoch bei der Auslegung und Anwendung des "einfachen" Fachrechts insoweit "abschließend", als spezifisches Verfassungsrecht keine Rolle spielt.

---

setzes durch das Bundesverfassungsgericht) die Kompetenz, nach deren Entscheidung noch den Maßstab 'ihrer' Verfassung und ihre Auffassung von deren Auslegung und Anwendung zur Geltung zu bringen. Entscheidungsaussprüche der Oberverwaltungsgerichte (Verwaltungsgerichtshöfe) im Verfahren gemäß § 47 VwGO können nicht der verfassungsrechtlichen Prüfung und Entscheidung der Verfassungsgerichte vorgreifen; sie enthalten noch keine *letztverbindliche* verfassungsrechtliche Aussage" (a.a.O. - Hervorhebung im Original).

[504] Gemeint ist damit unter Anknüpfung an den frühen *Friesenhahn* (vgl. oben in diesem Teil unter A I) diejenige Gerichtsbarkeit, die für die Entscheidung von Verfassungsstreitigkeiten zwischen Verfassungsorganen zuständig ist.

[505] So stellte das Bundesverfassungsgericht 1952 in einem Fall, in dem es um eine strafprozessualen Eingriff in die Freiheit der Person ging, folgendes fest: "Die Gestaltung des Verfahrens, die Feststellung und Würdigung des Tatbestandes, die Auslegung der Gesetze und ihre Anwendung auf den einzelnen Fall sind (. . .) grundsätzlich allein Sache der Strafgerichte und der Nachprüfung durch das Bundesverfassungsgericht entzogen, es sei denn, daß spezifisches Verfassungsrecht verletzt ist." (BVerfGE 1, 418 [420].) Siehe nur *Christian Starck*, Verfassungsgerichtsbarkeit und Fachgerichte, JZ 1996, 1033 (1034 f. m.w.N.).

[506] Hinsichtlich des (einfachen) Bundesrechts ist dies letztlich der Gemeinsame Senat der obersten Gerichtshöfe des Bundes. Zur Wahrung der Einheitlichkeit der Rechtsprechung entscheidet der Gemeinsame Senat, wenn ein oberster Gerichtshof in einer Rechtsfrage von der Entscheidung eines anderen obersten Gerichtshofs oder des Gemeinsamen Senats abweichen will (§ 2 Abs. 1 RsprEinhG). Die Entscheidung des Gemeinsamen Senats ist in der vorliegenden Sache für das erkennende Gericht bindend (§ 16 RsprEinhG).

III. Zur Ausgestaltung der "abschließenden Entscheidungszuständigkeit" des Bundesverfassungsgerichts für das Bundes(verfassungs)recht

Die Neuordnung des Verhältnisses von Bundes- und Landesverfassungsgerichtsbarkeit durch die Abgrenzung und Zuordnung der jeweiligen Prüfungszuständigkeiten nach Maßgabe des Vorrangigkeitsprinzips führt - wie soeben unter II gesehen - zunächst dazu, daß das Bundesrecht einer erweiterten Prüfungskompetenz der Landesverfassungsgerichte nicht grundsätzlich entgegensteht. Der Spielraum für die Ausgestaltung einer Landesverfassungsgerichtsbarkeit und deren Unabhängigkeit findet jedoch ihre äußere Grenze in der vorrangigen Zuständigkeit des Bundesverfassungsgerichts, die sich in dessen sogenannter abschließenden Entscheidungszuständigkeit für die Auslegung und Anwendung des Bundes(verfassungs)rechts niederschlägt.

Wo der grundsätzlich eröffneten[507] landesverfassungsgerichtlichen Prüfungszuständigkeit in Bezug auf das Grundgesetz Grenzen gesetzt sind, wo die "abschließende Entscheidungszuständigkeit" des Bundesverfassungsgerichts für "seinen" Rechtskreis beginnt und damit die Landesverfassungsgerichtsbarkeit verdrängt, ist noch nicht geklärt. Das Bundesverfassungsgericht hat allerdings die noch abstrakte Konzeption der "vorrangigen Prüfungs- und Entscheidungszuständigkeit" für Normprüfungsentscheidungen konkretisiert. Für die Kontrolle von Rechtsnormen spricht das Bundesverfassungsgericht gegenüber der Landesverfassungsgerichtsbarkeit ein klares Tenorierungsverbot aus: den Verfassungsgerichten in den Ländern sei es verwehrt, im Tenor ihrer Entscheidungen die Vereinbarkeit oder Unvereinbarkeit einer Rechtsnorm mit dem Bundes(verfassungs)recht festzustellen[508]. Zugleich könne das Bundesverfassungsgericht den Maßstab des Grundgesetzes und seine Auffassung von dessen Auslegung auch dann noch zur Geltung bringen, wenn ein Landesverfassungsgericht diesen Maßstab bereits angewendet und die geprüfte Rechtsnorm hiermit für vereinbar befunden habe[509].

---

[507] "Eröffnet" bedeutet hier, daß die entsprechende Zuständigkeit nicht durch Bundesrecht untersagt ist. Erforderlich ist aber stets eine positive Zuweisung durch das Landesrecht (vgl. dazu insbesondere unten im Dritten Teil unter A).

[508] BVerfGE 69, 112 (118). Dabei verweist das Bundesverfassungsgericht u. a. auf den Tenor einer früheren Entscheidung (BVerfGE 39, 334 [336]), der folgendermaßen lautet: "§ 9 Absatz 1 Nummer 2 des Schleswig-Holsteinischen Landesbeamtengesetzes in der Fassung vom 10. Mai 1971 (Gesetz - und Verordnungsbl. S. 254) ist mit dem Grundgesetz und dem übrigen Bundesrecht vereinbar." Auf Vorlage des Verwaltungsgerichts hatte das Bundesverfassungsgericht zu überprüfen, ob die soeben genannte Bestimmung des Landesbeamtengesetzes, wonach zum Referendar nur ernannt werden darf, wer die Gewähr dafür bietet, daß er jederzeit für die freiheitliche demokratische Grundordnung im Sinne des Grundgesetzes eintritt, mit dem Grundgesetz und mit § 7 Nr. 6 Bundesrechtsanwaltsordnung vereinbar ist.

[509] BVerfGE 69, 112 (118). Die gleichen Grundsätze gelten umgekehrt auch für die Landesverfassungsgerichte, weil und soweit sie die abschließende Entscheidungszuständigkeit für

Die Rechtsfigur der abschließenden Entscheidungszuständigkeit stößt auf eine uneinheitliche Resonanz. Klaus Schlaich etwa setzt sich mit dieser Rechtsfigur und ihren Besonderheiten nicht ausdrücklich auseinander; für ihn bestätigt die Entscheidung im 69. Band, daß das Grundgesetz bei der Entscheidung der Landesverfassungsgerichte zwar "Berücksichtigung" finde; es sei deshalb aber noch nicht landesverfassungsgerichtlicher "Prüfungsmaßstab"[510]. *Rüdiger Zuck* hingegen begreift die Figur der abschließenden Entscheidungszuständigkeit als eigenständig; er versucht sie mittels einer sehr engen Interpretation mit dem Verwerfungsmonopol der Verfassungsgerichte für Gesetze im Sinne des Art. 100 Abs. 1 GG gleichzusetzen[511]. *Wolfgang Löwer* schließlich erstreckt das aus der abschließenden Entscheidungszuständigkeit abgeleitete Tenorierungsverbot über die ausdrücklich genannten Rechtsnormen hinaus offenbar auf alle Akte der Staatsgewalt[512]. Nicht ausdrücklich problematisiert, aber der Sache nach berücksichtigt ist die beschränkende Wirkung der abschließenden Entscheidungszuständigkeit bei *Jochen Rozek*, wenn er - im Anschluß an die einschlägige Rechtsprechung insbesondere des Bayerischen Verfassungsgerichtshofs[513] - bei der Normentwurfskontrolle im Rahmen der Volksgesetzgebung eine erweiterte Zuständigkeit der Landesverfassungsgerichte von Bundesverfassungs wegen erlaubt[514]. In der Rechtsprechung des Bayerischen Verfassungsgerichtshofs wird

---

ihren jeweiligen Rechtskreis besitzen. So ist die Prüfungszuständigkeit der Landesverfassungsgerichte für ihr jeweiliges Landes(verfassungs)recht gegenüber dem Bundesverfassungsgericht keine ausschließliche Zuständigkeit; d.h. auch das Bundesverfassungsgericht kann landesrechtliche Bestimmungen auslegen und anwenden. Beispielsweise prüfte etwa das Bundesverfassungsgericht in BVerfGE 24, 289 (295-297) die Entscheidungswirkungen einer Entscheidung des Hessischen Staatsgerichtshofs inzidenter nach Maßgabe des Hessischen Landesrechts (vgl. zu dieser Entscheidung oben im Ersten Teil unter C I 2). Gleichwohl bleibt den Landesverfassungsgerichten insoweit die abschließende Entscheidungszuständigkeit, die nur unter dem Vorbehalt entgegenstehenden Bundesrechts steht. Vgl. dazu BVerfGE 42, 312 (325): "Zwar ist das Bundesverfassungsgericht an die Auslegung einer Vorschrift der Landesverfassung durch den Staatsgerichtshof gebunden. In dieser Auslegung kann aber das Landesverfassungsrecht dem Grundgesetz widersprechen: dies festzustellen, fällt in die Kompetenz des Bundesverfassungsgerichts. Beruht die Entscheidung des Landesstaatsgerichtshofs auf einer in der Auslegung des Staatsgerichtshofs mit dem Grundgesetz unvereinbaren Bestimmung der Landesverfassung, so entfällt jene Bindung mit der Folge, daß das Bundesverfassungsgericht auf Verfassungsbeschwerde die Entscheidung des Staatsgerichtshofs aufheben kann."

510 *Klaus Schlaich*, Das Bundesverfassungsgericht, 4. Aufl., 1997, Rdnr. 334 e, S. 228 f.

511 *Rüdiger Zuck*, Das Recht der Verfassungsbeschwerde, 2. Aufl., München 1988, Rdnr. 229-232 mit Fußn. 87.

512 *Wolfgang Löwer*, Zuständigkeiten und Verfahren des Bundesverfassungsgerichts, in: Isensee/Kirchhof (Hrsg.), Handbuch des Staatsrechts der Bundesrepublik Deutschland, Band II, 1987, § 56 Rdnr. 126.

513 Vgl. etwa BayVerfGHE 38, 51 (59); 43, 35 (56). Siehe dazu unten in diesem Teil unter III 3 und 4 jeweils a.E.

514 *Jochen Rozek*, Das Grundgesetz als Prüfungs- und Entscheidungsmaßstab der Landesver-

darüberhinaus offenbar von einem allgemeinen Verbot für die Verfassungsgerichte der Länder ausgegangen, das Grundgesetz oder andere Bundesgesetze "verbindlich auszulegen"[515].

1) Auseinandersetzung mit dem Schrifttum

Die Unterscheidung zwischen (nicht ausschließlicher) Prüfungs- und (abschließender) Entscheidungszuständigkeit dürfte zentral sein für das Verständnis der Rechtsprechung. Gleichwohl folgt etwa *Klaus Schlaich* nicht der bundesverfassungsgerichtlichen Ausdifferenzierung der "vorrangigen Prüfungs- und Entscheidungszuständigkeit" in eine nicht ausschließliche Prüfungszuständigkeit (im weiteren Sinne) und eine abschließende Entscheidungszuständigkeit (im engeren Sinne)[516]. *Schlaich* setzt sich mit den bundesverfassungsgerichtlichen Aussagen zur nicht ausschließlichen Prüfungszuständigkeit nicht ausdrücklich auseinander; das Ergebnis des Bundesverfassungsgerichts, daß "die Prüfung am Maßstab des Grundgesetzes den Landesverfassungsgerichten nicht verwehrt ist"[517], bleibt unkommentiert. Vielmehr folgert er aus der Passage im 69. Band, welche die abschließende Entscheidungszuständigkeit des Bundesverfassungsgerichts für das Bundes(verfassungs)recht einführt, daß "Prüfungsmaßstab" für die Landesverfassungsbeschwerde allein die Grundrechte der Landesverfassung seien[518].

Die begriffliche Unterscheidung in Prüfungszuständigkeit einerseits und (abschließende) Entscheidungszuständigkeit andererseits ist dem Bereich des richterlichen Prüfungsrechts, d.h. der Prüfung von Rechtsnormen an höherrangigem Recht, entlehnt. Während der begrifflichen Differenzierung jedoch dort die kompetenzrechtliche Abgrenzung und Zuordnung von Fachgerichtsbarkeit und Verfassungsgerichtsbarkeit korrepondiert, liegt hier das Verhältnis zwischen den Verfassungsgerichtsbarkeiten zugrunde. Die genannte Begriffsunterscheidung wird für dieses Verhältnis einen anderen, zumindest modifizierten Inhalt haben[519]. Dem entspricht es, daß es grundsätzlich untersagt ist, für die Verfas-

---

fassungsgerichte, 1993, S. 275-278. Eine Kompetenz des Landesverfassungsgerichts zur Vornahme der vorbeugenden Normenkontrolle am Maßstab des Grundgesetzes könne durch Landesrecht wirksam statuiert werden; mangels eines Gegenstücks im Bundesverfassungsprozeßrecht liege in dieser Normentwurfskontrolle "kein unzulässiger Übergriff auf Prüfungs- und Entscheidungszuständigkeiten des Bundesverfassungsgerichts" (a.a.O., S. 278).

515 BayVerfGHE 43, 35 (56). Siehe dazu unten in diesem Teil unter III 4 a.E.

516 *Klaus Schlaich*, Das Bundesverfassungsgericht, 4. Aufl., 1997, Rdnr. 334 e, S. 228 f.

517 BVerfGE 69, 112 (117).

518 *Klaus Schlaich*, Das Bundesverfassungsgericht, 4. Aufl., 1997, Rdnr. 334 e, S. 228.

519 Dem steht nicht entgegen, daß BVerfGE 69, 112 (117 f.) unmißverständlich auch die Landesverfassungsgerichte verpflichtet, wie ein Fachgericht gegebenenfalls dem Bundesverfas-

sungsgerichtsbarkeit geltende Regelungen auf die übrigen Zweige der Gerichtsbarkeit zu übertragen und umgekehrt[520].

Diese Ansicht teilt *Rüdiger Zuck*[521], der die Bedeutung der Entscheidung im 69. Band allein für den Bereich der Normenkontrolle beschreibt, nicht. Vielmehr identifiziert er den vom Bundesverfassungsgericht eingeführten Begriff der "abschließenden Entscheidungszuständigkeit" mit dem Begriff der Verwerfungskompetenz des Bundesverfassungsgerichts im Sinne des Art. 100 Abs. 1 GG. Diese Interpretation wird der neuen Konzeption des Bundesverfassungsgerichts nicht gerecht.

Nach *Zuck* hat das Bundesverfassungsgericht in dieser Entscheidung deutlich gemacht, daß der Beschränkung der Landesverfassungsgerichte allein auf den Prüfungsmaßstab der Landesverfassung ein Mißverständnis zugrunde liege; in Wahrheit sei ihnen nur untersagt, nach einem anderen Maßstab als dem der Landesverfassung in der Sache "negativ" zu entscheiden[522]. Hinsichtlich der Prüfung von Rechtsnormen und der darauf bezogenen Entscheidungskompetenz unterscheidet *Zuck* zwischen der "Bestätigungskompetenz" und der "Verwerfungskompetenz". Es sei irreführend - so fährt *Zuck* fort -, wenn das Bundesverfassungsgericht mit Bezug auf die Bestätigungskompetenz von einer *abschließenden* Entscheidungszuständigkeit spreche, da diese Zuständigkeit gerade bei bestätigenden Entscheidungen nicht abschließend sei[523]. Nur im "Bereich der realisierten *Verwerfungskompetenz*", also dann, wenn die Rechtsnorm endgültig und irreversibel für ungültig erklärt werde, sei - so *Zuck* weiter - eine abschließende Entscheidungszuständigkeit des kassierenden Verfassungsgerichts gegeben[524].

Entgegen der Auffassung von *Zuck* umfaßt die "abschließende Entscheidungszuständigkeit" für einen bestimmten Rechtskreis jedoch nicht nur die Verwerfungs-, sondern auch die Bestätigungsentscheidungen[525]. Das Bundesverfassungsgericht fordert unter dem Gesichtspunkt der abschließenden Entschei-

---

sungsgericht gemäß Art. 100 Abs. 1 GG vorlegen zu müssen. Schon die Existenz des Art. 100 Abs. 3 GG belegt das Bestehen eines Sonderverhältnisses zwischen Bundesverfassungsgericht und den Landesverfassungsgerichten.

520 BVerfGE 6, 376 (383); 10, 285 (294); vgl. dazu auch in diesem Teil oben unter II 5.

521 *Rüdiger Zuck*, Das Recht der Verfassungsbeschwerde, 2. Aufl., 1988, Rdnr. 229-232 mit Fußn. 87.

522 *Rüdiger Zuck*, a.a.O. Rdnr. 229 bei Fußn. 85.

523 *Rüdiger Zuck*, a.a.O. Rdnr. 231 f. mit Fußn. 87.

524 *Rüdiger Zuck*, a.a.O. Rdnr. 232.

525 Ebenso *Jochen Rozek*, Das Grundgesetz als Prüfungs- und Entscheidungsmaßstab der Landesverfassungsgerichte, 1993, S. 224 Fußn. 687. Angesichts der eindeutig ablehnenden Formulierungen von *Zuck* ist die Erstreckung auf bestätigende ("positive") Entscheidungen keine "Ergänzung" (so *Rozek* a.a.O. harmonisierend), sondern ein direkter Widerspruch.

dungszuständigkeit ausdrücklich, daß ein Verfassungsgericht im Tenor "nur die *Vereinbarkeit oder Unvereinbarkeit* einer Rechtsnorm mit 'seinem' Landesrecht bzw. mit Bundesrecht feststellen [darf]"[526]. Die "abschließende Entscheidungszuständigkeit" differenziert nicht nach dem Ergebnis der Entscheidung (Bestätigung oder Verwerfung), sondern nach der rechtlichen Grundlage dieser Entscheidung. *Zuck* reduziert gegen den eindeutigen Wortlaut des Bundesverfassungsgerichts den neuen Begriff der abschließenden Entscheidungszuständigkeit für den jeweils eigenen Rechtskreis auf das bekannte Verwerfungsmonopol der Verfassungsgerichte im Rahmen des richterlichen Prüfungsrechts. Die "vorrangige Prüfungs- und Entscheidungszuständigkeit" der Verfassungsgerichte für ihren Rechtskreis und damit auch die abschließende Entscheidungszuständigkeit gründen sich jedoch keineswegs - so die Herleitung im 69. Band - auf die Grundsätze des richterlichen Prüfungsrechts (vgl. Art. 100 Abs. 1 GG), sondern auf die besondere Stellung von Bundes- und Landesverfassungsgerichtsbarkeit und ihr Verhältnis zueinander. Zwar stellt das Bundesverfassungsgericht klar, daß auch die Landesverfassungsgerichte Gerichte im Sinne des Art. 100 Abs. 1 GG seien[527]. Die Folgerungen jedoch, die das Bundesverfassungsgericht aus seiner abschließenden Entscheidungszuständigkeit für das Bundes(verfassungs)recht zieht, gehen zum Teil über die Rechtsfolgen des Art. 100 Abs. 1 GG hinaus, zum Teil bleiben sie hinter diesen zurück. Das aus der abschließenden Entscheidungszuständigkeit abgeleitete "Tenorierungsverbot" erfaßt - anders als Art. 100 Abs. 1 GG - zum einen offenbar auch *unter*gesetzliche "Rechtsnormen" und zum anderen die Frage auch der *Ver*einbarkeit mit einer bestimmten Verfassung, beschränkt sich aber auf ein Tenorierungsverbot. Demgegenüber erfaßt das sich aus Art. 100 Abs. 1 GG folgende Verwerfungsmonopol nur formelle Gesetze und beschränkt sich nur auf die Frage der *Unver*einbarkeit. Art. 100 Abs. 1 GG erfaßt die *inzidente* Prüfung und "Entscheidung" über die fallbezogene Anwendbarkeit einer Rechtsnorm, während die Figur der abschließenden Entscheidungszuständigkeit entwickelt wurde, um Fragen bei der *prinzipalen* Normenkontrolle zu beantworten. Somit sind "abschließende Entscheidungszuständigkeit" und "Verwerfungsmonopol" hinsichtlich Herleitung, Anwendungsbereich und Rechtsfolgen ein *aliud*, so daß *Zucks* Versuch, die neue Konzeption des Bundesverfassungsgerichts auf bekannte Grundsätze des richterlichen Prüfungsrechts zurückzuführen, auf einem Mißverständnis beruht.

Gegenüber der "konservativen" Deutung durch *Zuck* zeigt *Wolfgang Löwer*[528] die mögliche Tragweite der erweiterten *Prüfungs*zuständigkeit der Landesver-

---

[526] BVerfGE 69, 112 (118) (Hervorhebungen vom Verfasser).

[527] BVerfGE 69, 112 (117 f.).

[528] *Wolfgang Löwer*, Zuständigkeiten und Verfahren des Bundesverfassungsgerichts, in: Isensee/Kirchhof (Hrsg.), Handbuch des Staatsrechts der Bundesrepublik Deutschland, Band II, 1987, § 56 Rdnr. 126.

fassungsgerichte auf. Er beschränkt sie erstens nicht auf das Verfahren der Normenkontrolle. Zweitens überlegt *Löwer*, ob die Rechtsprechung des Bundesverfassungsgerichts sich in letzter Konsequenz nicht dahin verstehen ließe, daß den Landesverfassungsgerichten die Prüfung von Akten der Landesstaatsgewalt am Maßstab sowohl der Landesverfassung als auch der Bundesverfassung zukommen könnte[529]. Dabei würde der Begriff der "Prüfung" nicht nur die bestätigende, sondern auch die aufhebende Entscheidung einschließlich eines Aussetzungs- und Vorlagebeschlusses enthalten. Die dadurch notwendig gewordene Abgrenzung der verfassungsgerichtlichen Zuständigkeiten zueinander würde - so *Löwer* weiter[530] - "nach der zentralstaatlichen und gliedstaatlichen Zugehörigkeit der zu beurteilenden Staatsakte" vorgenommen; Art. 100 Abs. 3 GG sicherte dabei die Einheitlichkeit der "plural angelegten Verfassungsgerichtsbarkeit über das Grundgesetz auf Bundes- und Landesebene". Ein derartiges *gegenstandsbezogenes* Modell zur Abgrenzung zwischen Bundes- und Landesverfassungsgerichtsbarkeit findet sich bereits in grundlegender Weise bei *Joachim Burmeister*[531].

Wolfgang Löwer tritt diesen weitreichenden Folgerungen aus der Entscheidung im 69. Band jedoch sogleich entgegen und kommt zum Ergebnis, daß die landesverfassungsgerichtliche Prüfung von Bundesverfassungsrecht "nur im Rahmen einer Vorfragenkompetenz" in Betracht komme. Seiner Auffassung nach spricht nämlich diese Entscheidung dem Bundesverfassungsgericht für das Bundes(verfassungs)recht "eine vorrangige Entscheidungszuständigkeit" zu. Das Bundesverfassungsgericht betone seine Hüterstellung und seine Aufgabe letztverbindlicher Auslegung des Grundgesetzes. Unter Hinweis auf Seite 118 der Entscheidung im 69. Band, also offenbar mit Bezug auf die Passage, die die Figur der "abschließenden Entscheidungszuständigkeit" einführt, kommt *Löwer* schließlich zum allgemeinen Ergebnis, daß "[r]echtskräftig (...) nur über die 'ei-

---

[529] *Löwer* nimmt dabei als Ausgangspunkt ein Zitat aus BVerfGE 60, 175 (206 f.), wonach Art. 100 Abs. 3 GG voraussetze, daß auch die "Auslegung des Grundgesetzes Gegenstand der Rechtsfindung des Verfassungsgerichts eines Landes" sein könne (Zuständigkeiten und Verfahren des Bundesverfassungsgerichts, in: Isensee/Kirchhof [Hrsg.], Handbuch des Staatsrechts der Bundesrepublik Deutschland, Band II, 1987, § 56, Rdnr. 126 bei Fußn. 587). In BVerfGE 69, 112 (117) heißt es dagegen noch prononcierter, daß sich schon aus Art. 100 Abs. 3 GG ergebe, daß die "Prüfung am Maßstab des Grundgesetzes den Landesverfassungsgerichten nicht verwehrt" sei; und daß die ihnen in dieser Vorschrift auferlegte Vorlageverpflichtung es voraussetze, daß ihnen die "Zuständigkeit zur Prüfung am Maßstab des Grundgesetzes zusteht (vgl. BVerfGE 1, 208 [232])".

[530] *Wolfgang Löwer*, Zuständigkeiten und Verfahren des Bundesverfassungsgerichts, in: Isensee/Kirchhof (Hrsg.), Handbuch des Staatsrechts der Bundesrepublik Deutschland, Band II, 1987, § 56 Rdnr. 126 bei Fußn. 588.

[531] *Joachim Burmeister*, Vorlagen an das Bundesverfassungsgericht nach Art. 100 Abs. 3 GG, in: Starck/Stern (Hrsg.), Landesverfassungsgerichtsbarkeit, Teilband II, 1983, S. 399 (433-437). Siehe dazu ausführlich in diesem Teil oben im Abschnitt B.

gene' Verfassung judiziert werden" könne[532]. Damit zeigt *Löwer* die absurden, weil widersprüchlichen, Folgen auf, die bei einer isolierenden Trennung von Prüfungszuständigkeit einerseits und Entscheidungszuständigkeit andererseits aufträten[533]. Allerdings läßt auch er die Frage des systematischen Zusammenhangs von (weiter) Prüfungs- und (enger) Entscheidungszuständigkeit letztlich offen.

Gegen die generelle, unterschiedslose Übertragung des Tenorierungsverbots[534] auf alle Verfahrenskonstellationen und -gegenstände bestehen jedoch durchgreifende Bedenken. In der Begründung der abschließenden Entscheidungszuständigkeit ist angesichts der Unabhängigkeit der Verfassungsgerichtsbarkeit von Bund und Ländern[535] und allgemeiner angesichts der Verfassungsautonomie der Länder, die diesen gerade in Bezug auf die Ordnung und die kompetentielle Ausstattung der eigenen Verfassungsgerichtsbarkeit zukommt[536], zugleich auch die *Begrenzung* der abschließenden Entscheidungszuständigkeit angelegt. Der Vorbehalt zugunsten der Bundesverfassungsgerichtsbarkeit ist als Beschränkung der Verfassungsgerichtsbarkeit in einem Land nur insoweit gerechtfertigt, als dem Bundesverfassungsgericht die letztverbindliche Entscheidung zukommt. Die positive Aussage : "Die Instanz X hat das letzte Wort." bedeutet keineswegs zwingend die negative Aussage: "Die Instanz Y hat deshalb nicht einmal zunächst oder niemals das Wort." Vielmehr wird die Instanz Y nur dann ausgeschlossen, wenn das Letztentscheidungsrecht der Instanz X gefährdet wäre. Ferner ist nicht einzusehen, warum die Stellung des Bundesverfassungsgerichts als oberster Hüter der Bundesverfassung die Begründung dafür liefern soll, daß die

---

[532] *Wolfgang Löwer*, Zuständigkeiten und Verfahren des Bundesverfassungsgerichts, in: Isensee/Kirchhof (Hrsg.), Handbuch des Staatsrechts der Bundesrepublik Deutschland, Band II, 1987, § 56 Rdnr. 126 a. E.; *ders.*, Kritische Anmerkungen zum Beschluß des Verfassungsgerichtshofes des Landes Berlin in Sachen Honecker, SächsVBl. 1993, 73 (77).

[533] Vgl. auch *Jochen Rozek*, Das Grundgesetz als Prüfungs- und Entscheidungsmaßstab der Landesverfassungsgerichte, 1993, S. 224, der auf die Sinnlosigkeit einer Prüfungskompetenz bei fehlender Entscheidungskompetenz und Vorlagemöglichkeit hinweist.

[534] D.h. des Verbots an die Landesverfassungsgerichte, das Bundesverfassungsrecht als *prinzipalen* Prüfungs- und Entscheidungsmaßstab heranzuziehen.

[535] Vgl. auch *Klaus Stern* (Nahtstellen zwischen Bundes- und Landesverfassungsgerichtsbarkeit, BayVBl. 1976, 547 [549 re. Sp.]; Das Staatsrecht der Bundesrepublik Deutschland, Band I, 2. Aufl., 1984, § 19 III 5 d ß, S. 708), für den die Unabhängigkeit der Bundes- und Landesverfassungsgerichtsbarkeit die Kompetenzen der jeweiligen Gerichte begründet und zugleich begrenzt. Zwar ist damit offenbar ein allgemeiner Begriff von Prüfungskompetenz gemeint, so daß - quasi als eine weitere Version der *Friesenhahnschen* Sphärentheorie - die Prüfungsmaßstäbe nach dem Ausschließlichkeitsprinzip entweder der Bundes- oder der Landesverfassungsgerichtsbarkeit zugeteilt sind. Die grundsätzliche Überlegung von *Stern*, wonach in der Begründung einer Kompetenz auch deren Begrenzung liegt, läßt sich jedoch - wie im Text geschehen - auch auf die "abschließende Entscheidungszuständigkeit" übertragen.

[536] Siehe dazu in diesem Teil oben unter C I.

Landesfachgerichte in bundesrechtlichen Fragen stets das letzte Wort gegenüber "ihrem" Landesverfassungsgericht haben sollen[537].

Sogleich soll versucht werden, die Konzeption der aus der "vorrangigen Prüfungs- und Entscheidungszuständigkeit" abzuleitenden "abschließenden Entscheidungszuständigkeit", die das Bundesverfassungsgericht lediglich für Normprüfungssachen konkretisiert hat, näher auszuführen. Diese Überlegungen bilden die Grundlage dafür, die noch abstrakte Konzeption für einzelne Verfahrenskonstellationen und -gegenstände nutzbar zu machen und konkrete Aussagen zu treffen. Im Dritten Teil wird im Abschnitt B ein solcher Anwendungsschritt für die Verfahren der Landesverfassungsbeschwerde gegen gerichtliche Entscheidungen versucht.

2) Der zweigliedrige Begriff der "Entscheidung"

Eine Klärung der Figur der abschließenden Entscheidungszuständigkeit beginnt mit dem Begriff der "Entscheidung". Dessen inhaltliche Bestimmung findet sich nicht ausdrücklich in der Entscheidung im 69. Band; vielmehr wird der dort zunächst zugestandenen Prüfungskompetenz der Landesverfassungsgerichte, auch am Maßstab des Grundgesetzes zu prüfen, recht schlagwortartig der Begriff der abschließenden Entscheidungszuständigkeit gegenüber- und entgegengestellt, wobei das Bundesverfassungsgericht den abschließenden Charakter, die Letztverbindlichkeit betont. Ausdrücklich benennt das Bundesverfassungsgericht nur zwei Ableitungen aus dieser abschließenden Entscheidungzuständigkeit. Für Normkontrollsachen folgert daraus das Gericht, daß (1) jedes Verfassungsgericht im Tenor nur die Vereinbarkeit oder Unvereinbarkeit der überprüften Rechtsnorm mit "seinem" Rechtskreis feststellen darf, und daß (2) ein Verfassungsgericht den Maßstab "seiner" Verfassung und seine Auffassung von ihrer Auslegung auch dann noch zur Geltung bringen kann, wenn ein anderes (Verfassungs-) Gericht diesen Maßstab bereits angewendet und die geprüfte Rechtsnorm hiermit für vereinbar befunden hat[538].

Diese beiden spezifischen Folgerungen für die Normprüfungsverfahren verweisen auf eine allgemeine inhaltliche Zweigliedrigkeit einer verfassungsgerichtlichen Entscheidung, die zum einen (1) ("formell") die Entscheidung der konkreten Streitigkeit darüber, ob der angegriffene Hoheitsakt mit einer bestimmten

---

537 Vgl. dazu auch die Ausführungen zur kompetenzrechtlichen Achillesferse der Ausweichkonstruktionen der Landesverfassungsgerichte im Verfahren der Verfassungsbeschwerde gegen die Anwendung von Bundesrecht oben im Ersten Teil unter C I 2, II 2 und III a.E.

538 BVerfGE 69, 112 (118).

Verfassung vereinbar ist oder nicht, und zum anderen (2) ("materiell") die letztverbindliche Auslegung der streitentscheidenden Verfassungsnorm enthält.

In der Entscheidung im 24. Band, auf die das Bundesverfassungsgericht Bezug nimmt[539], hat das Bundesverfassungsgericht diesen zweifachen Entscheidungsgehalt ausdrücklich herausgearbeitet[540]. Bei der Prüfung der durch Landesrecht angeordneten Rechtswirkung eines Urteils des Hessischen Staatsgerichtshofs über die Zulässigkeit des Schulgebets sah sich das Bundesverfassungsgericht zur näheren Bestimmung des Inhalts dieser Entscheidung veranlaßt, um die objektiven Grenzen der materiellen Rechtskraft inter omnes sowie die Reichweite der Bindung der Gerichte und Verwaltungsbehörden hinsichtlich dieser Entscheidung festzustellen[541]. Inhalt der Entscheidung des Staatsgerichtshofs sei - so das Bundesverfassungsgericht - über die formelle Aufhebung der angefochtenen Bescheide der Schulverwaltung wegen Verstoßes gegen die Landesverfassung hinaus lediglich die rechtliche Feststellung, daß das Schulgebet mit der Hessischen Verfassung unvereinbar sei, wenn ein Mitschüler widerspreche; dagegen habe der Staatsgerichtshof nicht darüber entschieden, ob die von ihm dargelegte Auslegung der Hessischen Verfassung auch mit dem Grundgesetz vereinbar sei[542] oder ob die Bescheide der Schulaufsicht Bundesgrundrechte verletzt hätten[543]. Die Aufhebung der Bescheide wegen Unvereinbarkeit mit der Landesverfassung ist dabei die "formelle" Entscheidung der konkreten Streitigkeit (1); die Feststellung, daß das Schulgebet mit der Hessischen Verfassung unvereinbar sei, wenn ein Mitschüler widerspreche, die "materielle" Entscheidung über die letztverbindliche Auslegung der Landesverfassung (2).

---

539 BVerfGE 69, 112 (118).

540 BVerfGE 24, 289 (296 f.). Das Bundesverfassungsgericht verwarf in diesem Beschluß Verfassungsbeschwerden gegen die Schulgebetsentscheidung des Hessischen Staatsgerichtshofs vom 27. Oktober 1965 (ESVGH 16, 1 - P. St. 388 -) als unzulässig, weil die Beschwerdeführer, die am Verfahren vor dem Staatsgerichtshof nicht beteiligt waren, durch das angefochtene Urteil nicht beschwert seien. Das Urteil habe für die Beschwerdeführer - so das Bundesverfassungsgericht - nur eine Gefährdung des von ihnen in Anspruch genommenen Rechts auf ein Schulgebet geschaffen, die aber für die Annahme einer Beschwer nicht bedeutsam genug sei, weil die Beschwerdeführer die Möglichkeit hätten, eine spätere tatsächliche Verletzung im Rechtsweg beseitigen zu lassen; dies folge aus der dem Urteil des Staatsgerichtshofs zukommenden Rechtswirkung (BVerfGE 24, 289 [295]).

541 BVerfGE 24, 289 (296 f.).

542 In dem Beschluß vom 16. Oktober 1979 (BVerfGE 52, 223 [245 ff., 255]) stellte der Erste Senat fest, daß die Entscheidung des Hessischen Staatsgerichtshofs mit Bundesverfassungsrecht nicht in Einklang stehe und aus diesem Grunde hinsichtlich ihrer Bindungswirkung gegenstandslos sei.

543 BVerfGE 24, 289 (297).

Diese "Doppelnatur" einer verfassungsgerichtlichen Entscheidung[544] schlägt sich auch in einer zweifachen Entscheidungswirkung nieder: zum einen tritt Rechtskraft im zu entscheidenden Fall ein bzw. wird das Fachgericht, an das bei Stattgabe einer Verfassungsbeschwerde zurückverwiesen wird[545], in der vorliegenden Sache gebunden; zum anderen tritt eine allgemeine Bindungswirkung für Verfassungsorgane, Gerichte und Behörden ein hinsichtlich der maßgeblichen Auslegung der jeweiligen Verfassung[546].

Die Zweigliedrigkeit des Begriffs der Entscheidung findet sich wieder in der Zweigliedrigkeit des Begriffs der abschließenden Entscheidungszuständigkeit:

(1) Zum einen umfaßt dieser Begriff - einen entsprechenden Antrag vorausgesetzt - das Anrecht des Bundesverfassungsgerichts auf das "letzte Wort" hinsichtlich der Auslegung und Anwendung des Grundgesetzes auf den konkreten Einzelfall, d.h. die Befugnis, im *Tenor* auszusprechen, daß der angegriffene Akt der öffenlichen Gewalt mit dem Bundes(verfassungs)recht vereinbar oder unvereinbar ist, und diesen Akt gegebenenfalls aufzuheben. Man könnte dies die abschließende Entscheidungzuständigkeit im *formellen* Sinne nennen.

(2) Zum anderen erstreckt sich der Begriff der abschließenden Entscheidungszuständigkeit auf die Befugnis, *Vorschriften des Grundgesetzes letztverbindlich auszulegen,* was man als abschließende Entscheidungszuständigkeit im *materiellen* Sinne bezeichnen könnte.

Diese Doppelnatur des Begriffs der abschließenden Entscheidungszuständigkeit findet seine Entsprechung in der weiter oben dargestellten[547] Ausdifferenzierung des allgemeinen Begriffs der verfassungsgerichtlichen Zuständigkeit in eine kompetenzrechtliche (formelle) Seite und in eine funktionsrechtliche (materielle) Seite.

---

544 Mit Blick auf das Bundesverfassungsgericht läßt sich unterscheiden zwischen der (formellen) Entscheidung des konkreten Einzelfalls nach Maßgabe des Grundgesetzes einerseits und der (materiellen) Entscheidung einer Rechtsfrage, die durch letztverbindliche Auslegung des Grundgesetzes endgültig beantwortet wird, andererseits.

545 Vgl. etwa § 95 Abs. 2 BVerfGG. Bei der Verfassungsbeschwerde gegen einen Einzelakt korrespondiert dem doppelten Entscheidungsgehalt auch die subjektive und die objektive Funktion dieses Verfahrens (subjektiver Rechtsschutz/Klärung einer verfassungsrechtlichen Frage).

546 Vgl. etwa § 31 Abs. 1 BVerfGG.

547 Siehe in diesem Teil oben unter D I. Entsprechend der Unterscheidung zwischen einer "kompetenzrechtlichen" und einer "funktionsrechtlichen" Herangehensweise an das Problem der Abgrenzung und Zuordnung der Verfassungsgerichtsbarkeiten kann die Untersuchung entweder *formell* an den gesetzlich festgelegten Aufgaben und Befugnissen (Kompetenzen) eines bestimmten Verfassungsgerichts anknüpfen oder *materiell* an der Eigenart von Verfassungsgerichtsbarkeit schlechthin (Funktion).

3) Abschließende Entscheidungszuständigkeit im *formellen* Sinne

Die abschließende Entscheidungszuständigkeit im formellen Sinne will sicherstellen, daß das Verfassungsgericht das "letzte Wort" im Rahmen seiner jeweiligen gesetzlichen Zuständigkeiten erhält und behält[548]; sie will gewährleisten, daß das Verfassungsgericht eine konkrete Streitsache, die in seine Zuständigkeit fällt, nach Maßgabe "seines" Rechtskreises entscheiden und insoweit formell abschließen kann. Für den Bereich der doppelspurigen Verfahren hat dies folgende Konsequenz: Sind mit der Prüfung der "gleichen Sache" (des identischen Angriffsgegenstandes) sowohl das Bundesverfassungsgericht als auch das Verfassungsgericht eines Landes beauftragt, so erzwingt die abschließende Entscheidungszuständigkeit des einen Verfassungsgerichts die Beschränkung des anderen Verfassungsgerichts auf dessen eigenen Rechtskreis. Insbesondere schließt in dieser Konstellation die abschließende Entscheidungszuständigkeit des Bundesverfassungsgerichts das parallel befaßte Landesverfassungsgericht davon aus, die "Sache" nach Maßgabe des Bundesverfassungsrechts zu entscheiden[549]. Trotz des identischen Angriffsgegenstandes (etwa eine landesrecht-

---

[548] Der Figur der abschließenden Entscheidungszuständigkeit begegnet man auch im Kommissionsbericht. So vertritt die Mehrheit der Kommissionsmitglieder gegenüber den Vorschlägen zur Einführung von Subsidiaritätsregelungen die - verfassungspolitische - Auffassung, "daß es allein Sache des Bundesverfassungsgerichts ist, die Frage der Verletzung der im Grundgesetz verbürgten Grundrechte abschließend zu prüfen" (Kommissionsbericht, a.a.O., S. 114).

[549] Die folgenden Ausführungen konzentrieren sich auf die abschließende Entscheidungszuständigkeit des *Bundes*verfassungsgerichts. Für die entsprechende Zuständigkeit der Landesverfassungsgerichte findet sich ein schönes Beispiel im Beschluß des Zweiten Senats vom 9. Juli 1997 - 2 BvR 389/94 -, Umdruck S. 18 f. unter B II 2 b der Gründe, NJW 1998, 293 (295), in dem sich das Bundesverfassungsgericht zur Frage äußert, ob gegen vom Landesverfassungsgericht entschiedene "landesverfassungsrechtliche Streitigkeiten" die Verfassungsbeschwerde zum Bundesverfassungsgericht eröffnet ist. Der Beschluß des Bundesverfassungsgerichts entnimmt Art. 93 Abs. 1 Nr. 4 GG, daß ein Land interne - grundrechtlich geschützte Rechte nicht berührende - Streitigkeiten unter Funktionsträgern der Staatsgewalt im Land aufgrund eigener Verfassungsgerichtsbarkeit - ohne jede bundesverfassungsgerichtliche Einwirkung - *in der Sache abschließend entscheiden* könne (Umdruck S. 19 unter Hinweis auf BVerfGE 41, 88 [119]). Der Beschluß erweitert nun diese - hier sogenannte - abschließende Entscheidungszuständigkeit im formellen Sinne dahingehend, daß die Kontrolle, ob im landesverfassungsgerichtlichen Verfahren zur Entscheidung jener landesinternen Verfassungsstreitigkeiten die auch für diese Verfahren geltenden grundrechtsgleichen Gewährleistungen wie das Recht auf den gesetzlichen Richter (Art. 101 Abs. 1 Satz 2 GG) beachtet worden seien, dem Bundesverfassungsgericht (derzeit) entzogen sei. Diese Kontrolle wäre ein "vermeidbarer" Übergriff der Verfassungsgerichtsbarkeit des Bundes auf die des Landes; ein solcher Übergriff sei - so der Zweite Senat - "nicht geboten, solange die Länder - wie dies in der Bundesrepublik Deutschland der Fall ist - bei der Einrichtung ihrer Landesverfassungsgerichte die Homogenitätsanforderungen des Art. 28 Abs. 1 GG beachten" (a.a.O.). Dazu gehöre, daß die Länder ihre Verfassungsgerichte mit Richtern besetzten, die im Sinne des Art. 97

liche Vorschrift oder eine [letztinstanzliche] Entscheidung eines Landesfachgerichts) ergeben sich zwei Verfahrensgegenstände mit jeweils unterschiedlicher normativer Ausrichtung; Verfahrensgegenstand ist dabei die Vereinbarkeit des angefochtenen Aktes mit einer bestimmten Verfassung[550].

Neben diese tatsächliche Verfahrenskonkurrenz tritt die Konstellation der *möglichen* Verfahrenskonkurrenz[551], womit die Fälle bezeichnet werden sollen, bei denen das Verfahren bereits bei einem Verfassungsgericht anhängig ist und ein entsprechendes, denselben Angriffsgegenstand betreffendes Verfahren vor dem anderen Verfassungsgericht noch eingeleitet werden *kann*. Beispiel für die *mögliche* Konkurrenz ist die in BVerfGE 69, 112 (116 f.) behandelte Verfahrenskonkurrenz bei der Normenkontrolle. Über die Vereinbarkeit und Unvereinbarkeit von Rechtsnormen mit dem Bundes(verfassungs)recht entscheidet das Bundesverfassungsgericht u.a. im Verfahren nach Art. 93 Abs. 1 Nr. 2 GG; §§ 13 Nr. 6, 76-79 BVerfGG; da die Einleitung dieses Verfahrens keiner Frist unter-

---

Abs. 1 GG unabhängig und nur dem Gesetz unterworfen seien, und daß sie ihre Verfassungsgerichtsbarkeit einer Bindung an die Prinzipien rechtsstaatlicher Verfahrensgestaltung unterwürfen (a.a.O.).

550 Vgl. zu diesem "normativen" Begriff des Streitgegenstands *Ekkehard Schumann*, Verfassungsbeschwerde (Grundrechtsklage) zu den Landesverfassungsgerichten, in: Starck/ Stern (Hrsg.), Landesverfassungsgerichtsbarkeit, Teilband II, 1983, S. 149 (193, 195); *Steffen Detterbeck*, Streitgegenstand und Entscheidungswirkungen im Öffentlichen Recht - Grundlagen des Verfahrens vor den allgemeinen Verwaltungsgerichten und vor dem Bundesverfassungsgericht, 1995, S. 309 (m.w.N. in Fußn. 33); wohl auch BVerfGE 24, 289 (297): "(. . .) kann sich die Bindung aber nur auf den Streitgegenstand beziehen, über den das Urteil entschieden hat. Der Staatsgerichtshof hat über die Verletzung von Bundesgrundrechten nicht entschieden. Er hat die Gerichte und Behörden des Landes Hessen nur hinsichtlich der Vereinbarkeit des Schulgebets mit der Hessischen Verfassung, jedoch nicht mit dem Grundgesetz gebunden." Die Begründung dafür, daß es sich um zwei verschiedene Verfahrensgegenstände handelt, fällt allerdings nicht leicht. Das Problem ist, daß im Ergebnis eine normative Ausrichtung erforderlich ist, daß aber zugleich der rein prozeßrechtliche Charakter des Streitgegenstandsbegriffs aufrechterhalten und nicht (wieder) ein materiell-rechtlicher Streitgegenstandsbegriff eingeführt werden soll (vgl. dazu insbesondere *Steffen Detterbeck*, a.a.O., S. 308-311; ferner einerseits *Erich Milleker*, Kompetenzkonflikt zwischen Bundesverfassungsgericht und einem Landesverfassungsgericht im Rahmen der Verfassungsbeschwerde, DVBl. 1969, 129 [131] [Identität der Streitgegenstände] und andererseits *Klaus Rennert*, in: Umbach/Clemens [Hrsg.], Bundesverfassungsgerichtsgesetz, 1992, § 95 Rdnr. 14 [Streitgegenstand sei neben dem Angriffsgegenstand auch die Rechtsbehauptung]). - Ein derartiger normativer "Einschlag" beim Begriff des Verfahrensgegenstandes der Verfassungsbeschwerde findet sich bereits in der Limitierung auf den Prüfungsmaßstab des spezifischen Verfassungsrechts unter Ausschluß des einfachen Rechts (vgl. oben in diesem Teil unter D II).

551 Der Verfasser knüpft hierbei an Ausführungen des Bayerischen Verfassungsgerichtshofs an (vgl. BayVerfGHE 38, 51 [59]).

liegt[552], kann das Bundesverfassungsgericht *jederzeit* mit der Normenkontrolle beauftragt werden. Mit dieser *latenten* Entscheidungskompetenz des Bundesverfassungsgerichts würde es kollidieren, wenn ein Landesverfassungsgericht über die gleichen Fragen judizieren würde.

Präventiv soll die Figur der abschließenden Entscheidungszuständigkeit im formellen Sinne also verhindern, daß Entscheidungskompetenzen des Bundesverfassungsgerichts durch andere Gerichte "usurpiert"[553] werden. Die konkrete Fallanschauung des Bundesverfassungsgerichts soll sich auf Antrag[554] hin durchsetzen. Die Beruhigung, daß sich die Auffassung des Bundesverfassungsgerichts *letztlich* durchsetzen werde, wird dem Gebot der abschließenden Entscheidungszuständigkeit im formellen Sinne schon deswegen nicht gerecht, da kassative Entscheidungen der Verfassungsgerichte[555] in der Regel nicht mehr rückgängig zu machen sind und damit abschließenden Charakter erhalten, was gerade nicht eintreten soll. Einer derartigen Prävention zugunsten des Bundesverfassungsgerichts bedarf es grundsätzlich, d.h. auch mit Blick auf bestätigende Entscheidungen der Landesverfassungsgerichte, deswegen, weil diese unter Abweichung von der sonstigen Gerichtsverfassung unabhängig vom Bundesverfassungsgericht sein sollen: Es liefe aber auf einen Übergriff der einen Verfassungsgerichtsbarkeit auf die andere hinaus, wenn das Landesverfassungsgericht zunächst den Angriffsgegenstand als vereinbar mit dem Bundesverfassungsrecht bestätigte, das Bundesverfassungsgericht aber später die Unvereinbarkeit feststellte.

Dabei ist die Gefahr der abweichenden Ergebnisse, die *tatsächlich* eintreten können, nur ein Ausschnitt des Gefährdungsszenariums, das sich dem Betrachter erst unter Berücksichtigung auch der *latenten* Entscheidungszuständigkeiten des

---

552 Ebensowenig unterliegt die Richtervorlage nach Art. 100 Abs. 1 GG einer Befristung. Ferner kann auch eine spätere Verfassungsbeschwerde, die sich gegen eine Einzelfallentscheidung richtet, zur Nichtigerklärung des zugrundliegenden Gesetzes führen (vgl. § 95 Abs. 3 Satz 2 BVerfGG).

553 Vgl. *Herbert Bethge*, Organstreitigkeiten des Landesverfassungsrechts, in: Starck/Stern (Hrsg.), Landesverfassungsgerichtsbarkeit, Teilband II, 1983, S. 17 (29).

554 Insbesondere muß die Antragstellung gerade durch Landesorgane möglich bleiben. Es liefe auf eine unzulässige mittelbare Beschneidung der bundesverfassungsgerichtlichen Zuständigkeiten hinaus, wenn die vom Bundesrecht genannten Antragsteller (wie etwa die Landesregierung als Antragsteller im Verfahren der abstrakten Normenkontrolle) kraft Bindungswirkung einer landesverfassungsgerichtlichen Entscheidung gehindert wären, ein Verfahren beim Bundesverfassungsgericht einzuleiten.

555 Hinsichtlich der Entscheidungen der Fachgerichtsbarkeit ergeben sich insoweit keine Beschränkungen, da es gerade und zuvörderst ihre Aufgabe ist, dem Grundgesetz Geltung zu verschaffen, und da die Einlegung der Bundesverfassungsbeschwerde *nach* Erschöpfung des Rechtswegs es dem Bundesverfassungsgericht ermöglicht, auf Antrag hin seine Auffassung letztverbindlich darzustellen und durchzusetzen.

Bundesverfassungsgerichts vollständig eröffnet. In den Kassationsfällen entfällt zwar mangels Angriffsgegenstandes grundsätzlich die Möglichkeit einer abweichenden Entscheidung in einem anschließend eingeleiteten Verfahren vor dem Bundesverfassungsgericht[556]. Dennoch würde ein Landesverfassungsgericht, das seine kassative Entscheidung auf das Grundgesetz stützt, in die Domäne des Bundesverfassungsgerichts eindringen, wenn die konkrete Streitigkeit bzw. der konkrete Angriffsgegenstand - einen entsprechenden Antrag vorausgesetzt - noch von dem Bundesverfassungsgericht entschieden werden *könnte*. Ein derartiger Eingriff in die Entscheidungskompetenz des Bundesverfassungsgerichts ist demnach allerdings nur dann zu besorgen, wenn das Bundesverfassungsgericht überhaupt eingeschaltet werden kann.

Als *Zwischenergebnis* ergibt sich also, daß ein *Vorbehalt* zugunsten der bundesverfassungsgerichtlichen Entscheidung in dieser Sache besteht, *weil und soweit* eine entsprechende Zuständigkeit des Bundesverfassungsgerichts für die konkrete Streitigkeit zu bejahen ist. Umgekehrt erlischt dieser Vorbehalt, wenn eine entsprechende Parallelzuständigkeit des Bundesverfassungsgerichts nicht gegeben ist.

Die folgenden zwei Beispiele möchten die abschließende Entscheidungszuständigkeit des Bundesverfassungsgerichts im formellen Sinne veranschaulichen und zugleich belegen, daß bereits jetzt Grenzen dieser Zuständigkeit zugunsten einer erweiterten Prüfungszuständigkeit der Landesverfassungsgerichte anerkannt sind.

Erstes Beispiel ist die Konstellation bei der subsidiären Zuständigkeit des Bundesverfassungsgerichts zur Entscheidung von Verfassungsstreitigkeiten innerhalb eines Landes[557]. Nach Art. 93 Abs. 1 Nr. 4, 3. Var. GG entscheidet das Bundesverfassungsgericht "in anderen öffentlich-rechtlichen Streitigkeiten ... innerhalb eines Landes, soweit nicht ein anderer Rechtsweg gegeben ist". Dabei geht es um die Entscheidung einer Verfassungsstreitigkeit innerhalb eines Landes, bei der auch Rechte und Pflichten eines Landesverfassungsorgans, die sich aus dem Grundgesetz ergeben, streitig sein können. Insoweit gab es für das Bundesverfassungsgericht keine Bedenken gegen eine landesverfassungsge-

---

[556] Die Aufhebung oder Nichtigerklärung des Angriffsgegenstandes durch ein Landesverfassungsgericht macht nämlich eine spätere Entscheidung des Bundesverfassungsgerichts in dieser Sache grundsätzlich unmöglich (vgl. BVerfGE 69, 112 [119]). Bei der landesverfassungsgerichtlichen Aufhebung einer Gerichtsentscheidung kommt allerdings die erstmalige Verletzung von Bundesgrundrechten eines Dritten in Betracht, die dieser mit der Bundesverfassungsbeschwerde rügen könnte. Auch die Nichtigerklärung einer Rechtsnorm könnte als Verletzung einer grundgesetzlichen Gesetzgebungspflicht (vgl. dazu die Kammerentscheidung vom 22. Oktober 1992 - 2 BvR 1188/87 -, NVwZ 1993, 1080 [1081]) in einem seltenen Ausnahmefall beim Bundesverfassungsgericht anfechtbar sein.

[557] Vgl. zur Schlüsselentscheidung BVerfGE 1, 208 unten im Dritten Teil unter A II.

richtliche Zuständigkeit zur Auslegung und Anwendung des Grundgesetzes, weil und soweit das Bundesverfassungsgericht unzuständig war (vgl. Art. 93 Abs. 1 Nr. 4, 3. Var. GG). Besteht keine Zuständigkeit des Bundesverfassungsgerichts (mehr), so muß auch dessen "abschließende Entscheidungszuständigkeit" nicht mehr besonders geschützt werden. Zur Sicherstellung der Einheit der Verfassungsrechtsprechung reicht Art. 100 Abs. 3 GG aus.

In BVerfGE 1, 208 lehnt das Bundesverfassungsgericht seine eigene (subsidiäre) Zuständigkeit nach Art. 93 Abs. 1 Nr. 4, 3. Var. GG gerade deshalb ab, weil das Verfassungsgericht des Landes nach entsprechend weiter Auslegung der landesrechtlichen Zuständigkeitsbestimmungen für sich beanspruchen kann, auch das Bundesverfassungsrecht zum Gegenstand seiner Rechtsfindung zu machen[558]. Dies zeigt klar und deutlich, daß die Frage, ob eine konkrete Zuständigkeit besteht, den Vorrang hat gegenüber der pauschalen Annahme, daß die Prüfungskompetenzen abstrakt und grundsätzlich nach dem Ausschließlichkeitsprinzip aufgeteilt sind.

Das zweite Beispiel betrifft die "präventive Normenkontrolle" im bayerischen Volksgesetzgebungsverfahren[559]. Der Bayerische Verfassungsgerichtshof stellte sich in der Entscheidung vom 14. Juni 1985[560] im Ergebnis auf den Standpunkt, daß er einen Gesetz*entwurf* auch daraufhin überprüfen könne, ob er mit dem Grundgesetz und einfachem Bundesrecht vereinbar sei. Dabei erhob der Verfassungsgerichtshof die Frage, ob ihm die Überprüfung des Gesetzentwurfs nach Maßgabe des Bundesrechts nicht etwa deswegen verschlossen sei, weil die Entscheidung über diese Frage womöglich dem Bundesverfassungsgericht *vorbehalten* sei. Der Sache nach problematisierte der Verfassungsgerichtshof also die abschließende Entscheidungszuständigkeit des Bundesverfassungsgerichts im formellen Sinne. Ein Vorbehalt zugunsten der bundesverfassungsgerichtlichen Entscheidung bestände jedoch nicht - so der Verfassungsgerichtshof -, da "zu dem Zeitpunkt vor dem Volksbegehren", in dem der Landesgesetzgeber eine (landes-) verfassungsgerichtliche Überprüfung ermöglichen wolle, weder das Bundesverfassungsgericht damit beauftragt werden könne noch zu diesem Zeit-

---

558 Besonders deutlich auch die "Auseinandersetzung" des Bundesverfassungsgerichts mit dem Staatsgerichtshof des Landes Baden-Württemberg in BVerfGE 6, 367 (374 f.) zur Frage der Antragsberechtigung politischer Parteien im Organstreit; vgl. dazu etwa die Hinweise bei *Hartmut Maurer*, Die politischen Parteien im Prozeß, JuS 1992, 296 (297 Fußn. 14 und 15).

559 Nach Art. 65 Abs. 1 BayLWG (Art. 71 Abs. 1 BayLWG a.F.) hat das Staatsministerium des Innern "die gesetzlichen Voraussetzungen für die Zulassung des Volksbegehrens" zu prüfen; hält das Ministerium diese Voraussetzungen nicht für gegeben, führt es "darüber" eine Entscheidung des Verfassungsgerichtshofs herbei. Vgl. dazu knapp im Dritten Teil unten unter A I; eine ausführliche Darstellung über die Entwicklung der Rechtsprechung bietet *Jochen Rozek*, Das Grundgesetz als Prüfungs- und Entscheidungsmaßstab der Landesverfassungsgerichte, 1993, S. 251-260.

560 BayVerfGHE 43, 35 (56) ("Bayerisches Abfallwirtschaftsgesetz").

punkt eine Vorlage an das Bundesverfassungsgericht durch den Bayerischen Verfassungsgerichtshof nach Art. 100 Abs. 1 GG in Betracht komme[561]. Im Einzelnen stellte der Verfassungsgerichtshof folgende Überlegungen an:

> "Weder aus dem Grundgesetz noch aus der Bayerischen Verfassung kann entnommen werden, daß der Verfassungsgerichtshof unter keinen Umständen und in keiner Verfahrensart befugt sein soll, auch Bundesrecht anzuwenden oder auszulegen. Art. 100 Abs. 3 GG setzt vielmehr ausdrücklich Fälle voraus, in denen auch ein Landesverfassungsgericht das Grundgesetz auslegt. Die grundsätzlich gegebene Begrenzung des Prüfungsmaßstabes des Landesverfassungsgerichts auf das Landesverfassungsrecht ergibt sich nicht wesensmäßig aus der Landesverfassung, sondern aus tatsächlichen oder möglichen Kollisionen mit der Gesetzgebungskompetenz des Bundes für die Bundesverfassungsgerichtsbarkeit und mit dem Verwerfungsmonopol des Bundesverfassungsgerichts. Weder der Landesgesetzgeber noch das Landesverfassungsgericht können Befugnisse ausüben, die dem Bundesgesetzgeber oder dem Bundesverfassungsgericht vorbehalten sind. Welche Einschränkungen sich daraus für andere Verfahrensarten des Bayer. Verfassungsgerichtshofs - etwa für Popularklagen oder Verfassungsbeschwerden - ergeben, braucht hier nicht zusammengestellt oder vertieft zu werden. Jedenfalls für das besondere Überprüfungsverfahren nach Art. 71 LWG betreffend die Zulassung eines Volksbegehrens sind Kollisionen mit Regelungen der Bundesverfassungsgerichtsbarkeit oder mit dem Verwerfungsmonopol des Bundesverfassungsgerichts nicht ersichtlich. Abweichende Ergebnisse sind in diesem Bereich allenfalls in der Weise denkbar, daß der Verfassungsgerichtshof zunächst ein Volksbegehren zuläßt, weil er keinen Verstoß gegen Bundesrecht annimmt, während später das Bundesverfassungsgericht das erlassene Gesetz für bundesrechtswidrig erachtet. Das ändert aber nichts daran, daß zu dem Zeitpunkt vor dem Volksbegehren, in dem der Landesgesetzgeber eine verfassungsgerichtliche Überprüfung ermöglichen will, kraft Landesrechts nur der Verfassungsgerichtshof damit beauftragt werden kann. Zu diesem Zeitpunkt kommt auch noch keine Vorlage an das Bundesverfassungsgericht durch den Bayer. Verfassungsgerichtshof in Betracht."[562]

Der Bayerische Verfassungsgerichtshof hielt später in seiner Entscheidung vom 27. März 1990 *grundsätzlich* daran fest, daß er im genannten Überprüfungsverfahren einen Gesetzentwurf auch nach Maßgabe des Bundesrechts überprüfen könne[563]. Die Prüfung an diesem Maßstab finde nämlich - so erneut der Bayerische Verfassungsgerichtshof - ihre Rechtfertigung in diesem Stadium des Gesetzgebungsverfahrens darin, daß eine Entscheidung des Bundesverfassungsge-

---

[561] BayVerfGHE 38, 51 (59) ("Nationalpark Bodenwöhrer Senke"); zustimmend *Jochen Rozek*, Das Grundgesetz, a.a.O. S. 275-278.

[562] BayVerfGHE 38, 51 (59).

[563] BayVerfGHE 43, 35 (56) ("Bayerisches Abfallwirtschaftsgesetz"). Diese Entscheidung erging *nach* der Entscheidung des Bundesverfassungsgerichts im 69. Band.

richts während der Entstehung eines bayerischen Gesetzes noch nicht herbeigeführt werden könne[564].

Diese spätere Entscheidung problematisiert allerdings noch einmal das Bestehen konkurrierender Entscheidungskompetenzen des Bundesverfassungsgerichts. Der Sache nach stellt sich der Verfassungsgerichtshof also erneut der kompetenzrechtlichen Frage, ob nicht einer derartig erweiterten Prüfungszuständigkeit der Vorbehalt zugunsten des Bundesverfassungsgerichts, der sich aus dessen abschließender Entscheidungszuständigkeit für das Bundes(verfassungs)recht im formellen Sinne ergibt, entgegenstehe. Offenbar beruhigt sich der Verfassungsgerichtshof nicht mehr ohne weiteres damit, daß zur Zeit seiner Entscheidung das Bundesverfassungsgericht nicht angerufen werden kann. Problematisch erscheint dem Gerichtshof insbesondere die Konstellation, daß der Verfassungsgerichtshof zunächst die Vereinbarkeit des Gesetzentwurfs mit dem Bundesrecht feststellt, später aber das Bundesverfassungsgericht die Unvereinbarkeit mit einer bundesrechtlichen Bestimmung feststellt, nachdem das Gesetzgebungsverfahren mit dem Erlaß des geplanten Gesetzes abgeschlossen worden ist. Der eher formalen Unterscheidung zwischen dem Entwurf und dem diesem entsprechenden zustandegekommenen Gesetzes steht in der Tat bei inhaltlicher Betrachtung die einheitliche Frage gegenüber, ob eine bestimmte abstrakt-generelle Regelung, sei es als Vorschlag, sei es als geltendes Recht, mit höherrangigem Recht vereinbar ist.

Der Bayerische Verfassungsgerichtshof sucht einen Kompromiß zwischen dem umfassenden Prüfungsauftrag, den er vom Landesgesetzgeber erhalten habe[565], auf der einen Seite und der abschließenden Entscheidungszuständigkeit des Bundesverfassungsgerichts gerade in Normenkontrollsachen auf der anderen Seite. Er könne, so sein vermittelndes Ergebnis, die Regelungen des Gesetzentwurfs am Maßstab des Bundesrechts nur daraufhin prüfen, ob sie dem Bundesrecht bei jeder vertretbaren Auslegung der einschlägigen bundesrechtlichen Vorschriften widersprächen; bei Zweifeln an der Vereinbarkeit mit Bundesrecht sei zugunsten der Zulassung des Volksbegehrens zu entscheiden[566]. Mit dem erklärten Ziel, dem Bundesverfassungsgericht nicht vorzugreifen, vermindert der

---

[564] BayVerfGHE 43, 35 (56).

[565] Vgl. zu dieser Auslegung der landesrechtlichen Zuständigkeitsvorschrift unten im Dritten Teil unter A I. Vgl. ferner ausführlich *Jochen Rozek*, Das Grundgesetz als Prüfungs- und Entscheidungsmaßstab der Landesverfassungsgerichte, 1993, S. 253-256.

[566] BayVerfGHE 43, 35 (56). Diese Ausführungen und der Hinweis darauf, daß sich dies auch aus dem Vorrang der Landeskompetenz (Art. 30 und 70 GG) ergebe, sprechen für eine Vermutung zugunsten der Zulassung. Nicht völlig außer Betracht sollten insoweit auch die gewaltenteilenden Bedenken gegenüber einer Vorabkontrolle der (Volks-) Gesetzgebung durch die Verfassungsgerichtsbarkeit bleiben.

Bayerische Verfassungsgerichtshof also seine "Prüfungsintensität"[567], ohne sich ganz einer Prüfung nach Maßgabe des Bundesrechts zu verweigern.

Die beiden Beispiele belegen, daß der Vorbehalt zugunsten einer bundesverfassungsgerichtlichen Entscheidung bereits jetzt anerkanntermaßen nicht besteht, wenn das Bundesverfassungsgericht mit der verfassungsgerichtlichen Prüfung nicht beauftragt werden kann. Das *Fehlen* bzw. der *Wegfall dieses Vorbehalts* findet sich zum einen bei der nur subsidiären Zuständigkeit des Bundesverfassungsgerichts für Verfassungsstreitigkeiten innerhalb eines Landes und zum anderen in der Rechtsprechung insbesondere des Bayerischen Verfassungsgerichtshofs zur Zulassung von Gesetzesentwürfen in Volksgesetzgebungsverfahren, d.h. also in einem Verfahren, bei dem es überhaupt keine direkte Parallelzuständigkeit des Bundesverfassungsgerichts gibt.

4) Abschließende Entscheidungszuständigkeit im *materiellen* Sinne

Die materielle Seite der abschließenden Entscheidungszuständigkeit löst sich von der einzelfallbezogenen Sichtweise und fragt nicht nach der konkreten Entscheidung in der Sache, sondern nach der letztverbindlichen Auslegung der entscheidungstragenden Bestimmung des Bundes(verfassungs)rechts[568]. Darin kommt - wie bereits oben angedeutet[569] - zugleich die Funktion bzw. Eigenart der Verfassungsgerichtsbarkeit zum Ausdruck, (oberster) Hüter des jeweiligen Verfassungsrechtskreises zu sein.

Dabei geht es zum einen um die Befugnis des Bundesverfassungsgerichts, die eigene Auffassung von der richtigen Auslegung des Grundgesetzes selbst dann

---

[567] BayVerfGHE 43, 35 (56). Diese Zurücknahme der Kontrolldichte erinnert an die Willkürrechtsprechung im Rahmen der Verfassungsbeschwerde, wonach der Bayerische Verfassungsgerichtshof gegenüber der Anwendung von Bundesrecht nur darüber befindet, ob das Landesgericht sich etwa von willkürlichen, d.h. objektiv sachfremden, Erwägungen hat leiten lassen (vgl. dazu oben im Ersten Teil unter A I 2 a, B III, C III). Sehr kritisch zur abgeschwächten Kontrolle bei der präventiven Normenkontrolle *Jochen Rozek*, Das Grundgesetz als Prüfungs- und Entscheidungsmaßstab der Landesverfassungsgerichte, 1993, S. 279 f.: Die Beschränkung der Prüfungsintensität grenze an Rechtsverweigerung und widerspreche der richterlichen Funktion.

[568] *Joachim Burmeister* meint in der Sache offenbar gleiches, wenn er von der "höchsten Autorität des Bundesverfassungsgerichts bei der Interpretation des Grundgesetzes" spricht (Vorlagen an das Bundesverfassungsgericht nach Art. 100 Abs. 3 GG, in Starck/Stern [Hrsg.], Landesverfassungsgerichtsbarkeit, Teilband II, 1983, S. 399 [457]). Vgl. auch den Bayerischen Verfassungsgerichtshofs, der sich nicht für befugt hält, "die Bestimmungen des Grundgesetzes oder anderer Bundesgesetze verbindlich auszulegen" (BayVerfGHE 43, 35 [56]).

[569] Vgl. oben in diesem Teil unter D III 2 a.E. und unter D I 1.

noch zur Geltung zu bringen, wenn ein anderes Gericht bereits darüber befunden hat. Diese Ausprägung der abschließenden Entscheidungszuständigkeit hat BVerfGE 69, 112 deutlich für die Normenkontrolle herausgearbeitet. Übertragen auf das Verhältnis zwischen Landesverfassungs- und Landesfachgerichtsbarkeit, war dies auch der entscheidungstragende Gesichtspunkt.

Eine weitere Konkretisierung dieser abschließenden Entscheidungszuständigkeit des Bundesverfassungsgerichts findet sich in Art. 100 Abs. 3 GG und § 31 Abs. 1 BVerfGG[570]. Hat das Bundesverfassungsgericht bereits eine bestimmte Auslegungsfrage mit Bezug auf das Bundes(verfassungs)recht entschieden, so dürfen (auch) die Landesverfassungsgerichte nicht davon abweichen[571]. Die Entscheidung der bundes(verfassungs)rechtlichen Rechtsfrage durch das Bundesverfassungsgericht ist abschließend und endgültig, bis es selbst - gegebenenfalls aufgrund einer Divergenzvorlage nach Art. 100 Abs. 3 GG - seine Rechtsprechung ändert. Eine Besonderheit des Art. 100 Abs. 3 GG ist es, daß Landesverfassungsgerichte auch nicht von den entsprechenden Entscheidungen eines anderen Landesverfassungsgerichts abweichen dürfen. Neben der Sicherung der einheitlichen Auslegung des Bundesrechts könnte man darin auch einen Beitrag zur abschließenden Entscheidungszuständigkeit des Bundesverfassungsgerichts sehen. Mangels Instanzenzugs[572] zwischen Landesverfassungsgerichten und Bundesverfassungsgericht ist das Vorlageverfahren nach Art. 100 Abs. 3 GG diejenige prozessuale Einrichtung, die dem Bundesverfassungsgericht Gelegenheit gibt, eine Auslegungsfrage zum Bundes(verfassungs)recht, die unter den Landesverfassungsgerichten umstritten ist, abschließend zu klären.

Die bisherigen Überlegungen dienten dazu, die bundesverfassungsgerichtliche Konzeption der aus der "vorrangigen Prüfungs- und Entscheidungszuständigkeit" abzuleitenden "abschließenden Entscheidungszuständigkeit" näher auszuführen und damit eine Grundlage für ihre Anwendung auf einzelne Verfahrenskonstellationen und -gegenstände zu schaffen. Im nun folgenden Dritten Teil wird im Abschnitt B ein solcher Anwendungsschritt für die Verfahren der Landesverfassungsbeschwerde gegen gerichtliche Entscheidungen versucht.

---

570 Zu diesen Vorschriften vgl. etwa *Klaus Stern*, in: Bonner Kommentar, Art. 100 (Zweitbearbeitung) Rdnr. 262 ff. und *Jochen Rozek*, Das Grundgesetz als Prüfungs- und Entscheidungsmaßstab der Landesverfassungsgerichte, 1993, S. 77-97.

571 Umgekehrt muß das Bundesverfassungsgericht die Auslegung respektieren, die das Landes(verfassungs)recht durch das jeweilige Landesverfassungsgericht gefunden hat, es sei denn, daß in dieser Auslegung das Landesrecht dem Bundesverfassungsrecht widerspricht (vgl. BVerfGE 42, 312 [325]).

572 Zu berücksichtigen ist allerdings auch die Bundesverfassungsbeschwerde gegen landesverfassungsgerichtliche Entscheidungen mit der Behauptung, das Landesverfassungsgericht habe ein Bundesgrundrecht verletzt (vgl. hierzu jüngst den Beschluß des Bundesverfassungsgerichts vom 9. Juli 1997 - 2 BvR 389/94 -, Umdruck S. 16 f. unter B II 2 a der Gründe, NJW 1998, 293 [294 f.]).

Dritter Teil:

Die Zuordnung der Prüfungszuständigkeiten nach dem Vorrangigkeitsprinzip und die Landesverfassungsbeschwerde

Die Aufteilung der Prüfungszuständigkeiten ist bisher praktisch nur nach Maßgabe des Ausschließlichkeitsprinzips erfolgt. Das strikte Verbot, daß Landesverfassungsgerichte keine Bundesgrundrechte als (prinzipalen) Prüfungsmaßstab heranziehen dürfen, führte - wie oben im Ersten Teil dargestellt - wegen des Vorrangs des Bundesrechts zu einer Entwertung der Verfahren der Landesverfassungsbeschwerde, und zwar umso mehr je weiter die Bundesgesetzgebung sich ausdehnte und intensivierte. Wendet man jedoch das vom Bundesverfassungsgericht im 69. Band entwickelte und dem Vorrangigkeitsprinzip verpflichtete Modell zur Zuordnung der Prüfungszuständigkeiten auf die Landesverfassungsbeschwerde an, so ändert sich das Bild grundlegend. Ein das Landesverfassungsgericht treffendes Verbot, den Beschwerdeführer keinesfalls mit der Behauptung zu hören, er sei in einem seiner Bundesgrundrechte verletzt, erscheint dann nämlich nicht mehr als axiomatischer, nicht zu bezweifelnder Ausgangspunkt, sondern vielmehr lediglich als das mögliche Resultat einer ergebnisoffenen Prüfung.

Entscheidend für die Begründung einer erweiterten Prüfungszuständigkeit der Landesverfassungsgerichte ist die Auslegung des Kompetenzrechts des jeweiligen Landes. Zu ermitteln ist, ob die einschlägigen Zuständigkeitsnormen dem Landesverfassungsgericht die Zuständigkeit zuweisen, einen Beschwerdeführer mit dessen Behauptung zu hören, er sei durch die öffentliche Gewalt des Landes in einem seiner Bundesgrundrechte verletzt. Häufig heißt es in den landesrechtlichen Vorschriften, daß jedermann mit der Behauptung, durch die öffentliche Gewalt des Landes in einem seiner in der "Verfassung des Landes" enthaltenen Rechte verletzt zu sein, die Verfassungsbeschwerde zum Landesverfassungsgericht erheben kann (vgl. § 49 Abs. 1 BerlVerfGHG). Daß der Begriff der "Landesverfassung", so wie ihn das jeweilige Zuständigkeitsrecht verwendet, auch eine Vorschrift der Bundesverfassung umfassen kann, erscheint zunächst sprachlich als ein Widerspruch in sich. Eine extensive, auch Vorschriften des Bundesverfassungsrechts umfassende Auslegung des kompetentiellen Begriffs der "Landesverfassung" findet sich jedoch bereits als feststehende Rechtsprechung in anderen Verfahren. Neben der präventiven Normentwurfskontrolle durch Landesverfassungsgerichte in Volksgesetzgebungsverfahren sei insbesondere die sog. Einwirkungsrechtsprechung des Bundesverfassungsgerichts genannt[573]. In Anlehnung an diese Rechtsprechungslinien soll gezeigt werden, daß

[573] Beginnend mit der Grundsatzentscheidung des Bundesverfassungsgerichts aus dem Jahr

auch die landesrechtlichen Zuständigkeitsvorschriften zur Landesverfassungsbeschwerde einer derartigen (weiten) Auslegung grundsätzlich zugänglich sind (vgl. sogleich unter A).

In einem zweiten Abschnitt sollen die bundesrechtlichen Grenzen, die sich unter dem Gesichtpunkt vorrangiger Zuständigkeiten des Bundesverfassungsgerichts ergeben können, für die Verfahren der Urteilsverfassungsbeschwerde dargelegt werden (siehe unten unter B).

1952 (BVerfGE 1, 208). Vgl. dazu ausführlich unten in diesem Teil unter A II.

A. Landesrechtliche Kompetenzzuweisungen - Zur Auslegung des kompetentiellen Begriffs der "Grundrechte der Landesverfassung"

Vom Grundsatz her ist es in der Tat nicht zu bezweifeln, daß die Begriffe der "Bundesverfassung" und der "Landesverfassung" dem natürlichen Sprachsinn nach zwei deutlich unterschiedene Gegenstände bezeichnen und daß jede verfassungsrechtliche Vorschrift des Bundesstaates *entweder* der Bundesverfassung *oder* einer Landesverfassung angehört. Diese strikte Trennung der Begriffe liegt etwa auch Art. 100 Abs. 1 Satz 1 GG zugrunde: Es handelt sich nicht um die "Verletzung der Verfassung eines Landes" im Sinne dieser Vorschrift mit der Folge einer Einholung der landesverfassungsgerichtlichen Entscheidung, wenn das Fachgericht ein entscheidungserhebliches Gesetz für grundgesetzwidrig hält. Ebenso unterscheidet Art. 31 GG zwischen Bundes- und Landesrecht streng nach formalen Kriterien[574]. Daraus folgt aber nicht, daß die inhaltliche Bestimmung des Begriffs der "Landesverfassung" und seiner Abgrenzung zum Begriff der "Bundesverfassung" in anderen Zusammenhängen nicht auch anders erfolgen könnte. Es ist ein juristischer Allgemeinplatz, daß der gleiche Begriff in einem anderen Zusammenhang nicht dasselbe bedeuten muß[575].

Der Begriff der "Verfassung des Landes" bzw. der der "Landesverfassung" wird auch in Zuständigkeitsregelungen anderer landesverfassungsgerichtlicher Verfahren verwendet. Dabei haben die entsprechenden Begriffe in den landesverfassungsgerichtlichen Verfahren zur Kontrolle von Normentwürfen im Rahmen der Volksgesetzgebung einerseits (vgl. sogleich unter I.) und in Verfahren zur Entscheidung von Verfassungsstreitigkeiten innerhalb eines Landes andererseits (vgl. unten unter II.) eine extensive, Bundesverfassungsrecht umfassende Deutung erfahren. Von zentraler Bedeutung ist dabei eine - Weimarer Rechtsprechungslinien fortschreibende - Begriffsbildung des Bundesverfassungsgerichts: "Die Verfassung der Gliedstaaten eines Bundesstaates ist (...) nicht in der Landesverfassungsurkunde allein enthalten, sondern in sie hinein wirken auch Bestimmungen der Bundesverfassung. Beide Elemente zusammen machen erst die Verfassung des Gliedstaates aus (...)."[576] Diese Konstruktionen im Bereich des

---

[574] Vgl. *Wolfgang März*, Bundesrecht bricht Landesrecht, 1989, S. 180.

[575] Vgl. die unterschiedliche Bestimmung des Begriffs der "verfassungsmäßigen Ordnung" in Art. 2 Abs. 1 GG (gesamte verfassungskonforme Rechtsordnung), Art. 20 Abs. 3 GG (Gesamtheit der Vorschriften des Grundgesetzes) und Art. 9 Abs. 2 GG (freiheitliche demokratische Grundordnung). Zur Mehrheit von Verfassungsbegriffen in der Verfassungslehre vgl. etwa die Systematisierung bei *Carl Schmitt*, Verfassungslehre, 8. Aufl., 1993, §§ 1 - 4, S. 1 - 41.

[576] BVerfGE 1, 208 (232). Diese Begriffsbestimmung wird - so die hier vertretene Auffassung - einer entsprechend weiten Auslegung des Begriffs der "Landesverfassung" in der einschlä-

jeweiligen Kompetenzrechts lassen sich grundsätzlich auch auf die Auslegung und Anwendung von landes(verfassungs)rechtlichen Zuständigkeitsvorschriften für die Verfahren der Landesverfassungsbeschwerde übertragen (siehe unten unter III.).

I. Der kompetentielle Begriff der "Verfassung" und ähnliche Begriffe in den Verfahren zur Kontrolle von Normentwürfen bei der Volksgesetzgebung

In deutlichster Ausprägung findet sich der kompetenzrechtliche Ansatz, d. h. die Auslegung der einschlägigen Zuständigkeitsvorschrift und des in ihr enthaltenen, den zulässigen Prüfungsmaßstab festlegenden Begriffs, in der Rechtsprechung des Bayerischen Verfassungsgerichtshofs zur sog. präventiven Normenkontrolle[577]. Die Kontrolle von Normentwürfen vor Abschluß des Volksgesetzgebungsverfahrens soll die institutionalisierte Überprüfung ersetzen, die im parlamentarischen Gesetzgebungsverfahren durch die daran beteiligten Staatsorgane gewährleistet ist; unter dem Gesichtspunkt der Rechtssicherheit und auch im Blick auf die hohen Kosten soll die Durchführung von Volksgesetzgebungsverfahren vermieden werden, wenn der Gesetzentwurf erkennbar gegen höherrangiges Recht verstößt[578]. Von besonderer Bedeutung sind dabei die Kompetenzregelungen des Grundgesetzes zum Erlaß von Gesetzen sowie Rahmengesetze des Bundes. Nach Art. 65 Abs. 1 BayLWG (Art. 71 Abs. 1 BayLWG a.F.) hat das Staatsministerium des Innern "die gesetzlichen Voraussetzungen für die Zulassung des Volksbegehrens" zu prüfen; hält das Ministerium diese Voraussetzungen nicht für gegeben, führt es "darüber" eine Entscheidung des Bayerischen Verfassungsgerichtshofs herbei. Der Gerichtshof beschränkt sich dabei nicht auf die Kontrolle, ob die Voraussetzungen nach Maßgabe des Landeswahl*gesetzes* vorliegen; seine Prüfung der "gesetzlichen" Zulassungsvoraussetzungen umfaßt vielmehr auch die Überprüfung des Gesetzentwurfs nach Maßgabe der Bayerischen Verfassung[579]. Seit der Leitentscheidung vom 14. Juni 1985 erstreckt der

gigen Zuständigkeitsvorschrift zugrundegelegt (kompetenzrechtlicher Ansatz). Demgegenüber plädiert ein erheblicher Teil der Literatur für eine materiell-rechtliche Lesart der Einwirkungsrechtsprechung. Sie nimmt an, daß das einwirkende Bundesverfassungsrecht zu Landesverfassungsrecht werde (Inkorporation). Vgl. dazu ausführlich unten in diesem Teil unter A II.

[577] Die bayerische Rechtsprechung referiert *Jochen Rozek,* Das Grundgesetz als Prüfungs- und Entscheidungsmaßstab der Landesverfassungsgerichte, 1993, S. 251-260.

[578] Allgemein zur landesverfassungsgerichtlichen Präventivkontrolle im Volksgesetzgebungsverfahren *Jochen Rozek,* Das Grundgesetz als Prüfungs- und Entscheidungsmaßstab der Landesverfassungsgerichte, 1993, S. 240-244.

[579] Vgl. etwa BayVerfGHE 18, 85 (90 f.).

Verfassungsgerichtshof[580] seine Kontrolle darüberhinaus auch auf die Vereinbarkeit des vorgelegten Gesetzentwurfs mit höherrangigen Normen schlechthin, d. h. auch auf die Vereinbarkeit mit Bundesrecht. Die sorgfältige Begründung des Bayerischen Verfassungsgerichtshofs[581] analysiert zunächst den Wortlaut sowie den Sinn und Zweck der landesgesetzlichen Zuweisungsvorschrift. Dann verneint der Gerichtshof die Frage, ob sich etwa aus der Landesverfassung eine Beschränkung des Gerichtshofs allein auf die Landesverfassung ergebe. Ob ein Volksbegehren zugelassen werden dürfe oder nicht - so der Verfassungsgerichtshof -, sei eine staatsrechtliche Frage im Sinne des Art. 60 BayVerf, deren Entscheidung dem Gerichtshof gemäß Art. 67 BayVerf übertragen werden könne. Dies sei durch Art. 71 BayLWG a.F. geschehen. Der Bayerischen Verfassung könne nicht entnommen werden, daß der Verfassungsgerichtshof unter keinen Umständen und in keiner Verfahrensart befugt sein solle, auch Bundesrecht anzuwenden oder auszulegen. Die grundsätzlich gegebene Begrenzung des Prüfungsmaßstabs des Landesverfassungsgerichts auf das Landesverfassungsrecht ergebe sich nicht wesensmäßig aus der Landesverfassung, sondern aus tatsächlichen oder möglichen Kollisionen mit der Gesetzgebungskompetenz des Bundes für die Bundesverfassungsgerichtsbarkeit und mit dem Verwerfungsmonopol des Bundesverfassungsgerichts[582]. Der damit angesprochene Vorbehalt vorrangiger Zuständigkeiten des Bundesverfassungsgerichts war bereits Gegenstand der Ausführungen oben im Zweiten Teil unter D III 3.

Auch der Baden-Württembergische Staatsgerichtshof, der Bremische Staatsgerichtshof und der Nordrhein-Westfälische Verfassungsgerichtshof gehen bei der Bestimmung des ihnen aufgetragenen Prüfungsumfangs bei der präventiven Normenkontrolle von den jeweiligen landesrechtlichen Zuständigkeitsregelungen aus[583]. Diesen Regelungen entnehmen sie jeweils die Kompetenzzuweisung, den Gesetzesentwurf auf seine Vereinbarkeit nicht nur mit dem Landesrecht, sondern auch mit Bundesrecht, d. h. jedenfalls mit den grundgesetzlichen Vorschriften zur Verteilung der Gesetzgebungskompetenzen zu überprüfen[584].

Gleiche Wege geht auch der Hessische Staatsgerichtshof, dem insoweit sogar eine Vorreiterstellung zukommem dürfte. Bereits im Beschluß vom 14./15. Januar 1982, der "Startbahn West"-Entscheidung, nahm der Staatsgerichtshof für sich in Anspruch, auch die Kompetenzvorschriften des Grundgesetzes als Prü-

---

[580] BayVerfGHE 38, 51 (57-59).
[581] BayVerfGHE 38, 51 (57-59).
[582] BayVerfGHE 38, 51 (59).
[583] BWStGH ESVGH 36, 161 (162 ff.); BremStGHE 4, 96 (102 ff.); NWVerfGH OVGE 39, 299 (301 ff.). Weitere Entscheidungen zu diesen Fragen sind aus den Ländern zu erwarten, die jüngst ebenfalls entsprechende Volksgesetzgebungsverfahren einschließlich verfassungsgerichtlicher Kontrollkompetenzen eingeführt haben.
[584] Vgl. dazu auch die zustimmende Darstellung bei *Jochen Rozek*, Das Grundgesetz als Prüfungs- und Entscheidungsmaßstab der Landesverfassungsgerichte, 1993, S. 248-251.

fungsmaßstab heranzuziehen[585]. Das Bundesverfassungsgericht bestätigte diese Entscheidung[586]. Wie die bereits genannten Landesverfassungsgerichte verfolgte auch der Hessische Staatsgerichtshof dabei einen kompetenzrechtlichen Ansatz. Nach dem Hessischen Landesgesetz über Volksbegehren und Volksentscheid muß der Antrag auf Zulassung des Volksbegehrens den "Bestimmungen der Verfassung" entsprechen[587]. Zu den "Bestimmungen der Verfassung" im Sinne dieser Landesvorschrift zählt der Staatsgerichtshof nicht nur die in der Hessischen Verfassung enthaltenen Vorschriften, sondern auch die in die Verfassung des Landes Hessen hineinwirkenden Bestimmungen des Grundgesetzes, zu denen jedenfalls die Vorschriften über die Verteilung der Gesetzgebungskompetenzen auf Bund und Länder gemäß Art. 70 ff. GG gehörten[588]. Dabei stützt sich der Staatsgerichtshof maßgeblich auf die - sogleich unter II ausführlich zu behandelnde - Einwirkungsrechtsprechung des Bundesverfassungsgerichts und insbesondere auf dessen extensive Deutung des kompetentiellen Begriffs der "Verfassung eines Gliedstaates".

Ebenso wie der Bayerische Verfassungsgerichtshof den kompetentiellen Begriff der "gesetzlichen Voraussetzungen" weit auslegt, versteht also auch der Hessische Staatsgerichtshof den für ihn maßgeblichen Begriff der "Bestimmungen der Verfassung" in extensivem Sinne. Kritiker wenden ein, daß die Hessische Kompetenzvorschrift nicht das Grundgesetz, sondern "ersichtlich nur die Hessische Landesverfassung ins Auge faßt"[589]. Wenn der Staatsgerichtshof gleichwohl die grundgesetzlichen Vorschriften über die Verteilung der Gesetzgebungskompetenzen als Prüfungsmaßstab heranziehe - so die Kritiker weiter -, so könne dem lediglich die verfehlte Inkorporationslehre zugrunde liegen, die die genannten Vorschriften des Grundgesetzes zu den in die Landesverfassung hineinwirkenden Bestimmungen der Bundesverfassung und damit (auch) zu Bestandteilen des Landesverfassungsrechts erklärt[590]. Diese Kritik ist konsequent, soweit sie die Konstruktion bzw. Fiktion einer Inkorporation von Bundesverfassungsrecht in

---

[585] ESVGH 32, 20.

[586] BVerfGE 60, 175 (202 ff.).

[587] Gemäß § 3 Abs. 1 des Gesetzes über Volksbegehren und Volksentscheid (GüVuV) beschließt die Landesregierung über den Antrag auf Zulassung eines Volksbegehrens, wobei nach § 3 Abs. 2 GüVuV dem Zulassungsantrag stattzugeben ist, wenn er die Voraussetzungen des § 2 GüVuV erfüllt und den "Bestimmungen der Verfassung" entspricht. Nach § 4 Satz 2 GüVuV steht den Vertrauenspersonen gegen den die Zulassung versagenden Beschluß der Landesregierung das Recht der Beschwerde an den Staatsgerichtshof zu.

[588] ESVGH 32, 20 (24).

[589] *Jochen Rozek*, Das Grundgesetz als Prüfungs- und Entscheidungsmaßstab der Landesverfassungsgerichte, 1993, S. 248, 123 f.

[590] *Jochen Rozek*, a.a.O. S. 248. Nach *Michael Sachs*, DÖV 1982, 595 (595 f.), schieden auf jeden Fall die grundgesetzlichen Vorschriften, die Kompetenzen zwischen Bund und Ländern verteilen, "wesensmäßig" als Inhalt einer Landesverfassung aus.

eine Landesverfassung angreift[591]. Allerdings geht ihr Angriff ins Leere, wenn man den rein kompetenzrechtlichen Charakter nicht nur der Bayerischen, sondern auch der Hessischen Rechtsprechung gebührend berücksichtigt[592].

II. Der kompetentielle Begriff der "Verfassung" in den Verfahren zur Entscheidung von Verfassungsstreitigkeiten innerhalb eines Landes

Eine extensive, d.h. auch das im Lande geltende Bundesverfassungsrecht umfassende Deutung hat auch der Begriff der "(Landes-) Verfassung" erfahren, so wie ihn die Kompetenz- und Zuständigkeitsordnungen für die Verfahren zur Entscheidung von Verfassungsstreitigkeiten innerhalb eines Landes verwenden. Die grundlegende Begriffsbildung des Bundesverfassungsgerichts hat hier ihren Ursprung: "Die Verfassung der Gliedstaaten eines Bundesstaates ist (...) nicht in der Landesverfassungsurkunde allein enthalten, sondern in sie hinein wirken auch Bestimmungen der Bundesverfassung. Beide Elemente zusammen machen erst die Verfassung des Gliedstaates aus, um deren Auslegung ein Verfassungsstreit entbrennen kann."[593]

Herbert Bethge und *Wolfgang Graf Vitzthum* bezeichnen die sog. Einwirkungs-Rechtsprechung als "wenig ausgelotet"[594]. Vielfach wird der Vorgang bzw. das Ergebnis dieser "Einwirkung" als Inkorporation gedacht: Bundesverfassungs-

---

[591] Vgl. dazu näher unten in diesem Teil unter A II 4.

[592] Dem entspricht auch, daß der Bayerische Verfassungsgerichtshof sich zur Stützung seiner (kompetenzrechtlichen) Rechtsprechung ausdrücklich auf die Startbahn-West-Entscheidungen des Hessischen Staatsgerichtshof und des Bundesverfassungsgerichts bezieht, welche "in gleichem Sinn" ergangen seien (BayVerfGHE 40, 94 [101]). Die Sonderbehandlung, die die Hessische Rechtsprechung durch *Jochen Rozek* (Das Grundgesetz als Prüfungs- und Entscheidungsmaßstab der Landesverfassungsgerichte, 1993, S. 247 f, 119 ff.) erfährt, steht und fällt mit dem Verständnis der Einwirkungsrechtsprechung (vgl. dazu sogleich unter II.). Es erscheint im übrigen zweifelhaft, die landesverfassungsgerichtliche Rechtsprechung zur präventiven Normenkontrolle danach einzuordnen, ob die jeweilige Zuständigkeitsvorschrift den Begriff der "gesetzlichen" Bestimmungen (Bayern) oder den der Bestimmungen der "Verfassung" (Hessen) enthält, und im ersten Fall eine - zulässige - rein kompetenzrechtliche Auslegung anzunehmen, im zweiten Fall aber ein - unzulässiges - materiell-rechtliches Vorgehen im Sinne einer Inkorporation zu sehen.

[593] BVerfGE 1, 208 (232)

[594] *Herbert Bethge,* Die Grundrechtssicherung im föderativen Bereich, AöR Bd. 110 (1985), S. 169 (197); *Wolfgang Graf Vitzthum,* Die Bedeutung gliedstaatlichen Verfassungsrechts in der Gegenwart, VVDStRL Heft 46 (1988), S. 7 (11).

recht werde zu Landesverfassungsrecht[595]. Diese Sichtweise und Interpretation der Rechtsprechung ist jedoch unter dem Gesichtspunkt der Verfassungsautonomie der Länder durchgreifenden Bedenken ausgesetzt[596]. Eine Analyse der Leitentscheidung im ersten Band wird ergeben, daß eine kompetenzrechtliche Lesart sehr viel näher liegt[597] (siehe sogleich unter 1). Von zentraler Bedeutung ist dabei die Unterscheidung des Begriffs der "Landesverfassung" im engeren Sinne und des der gliedstaatlichen Verfassungsordnung im weiteren Sinne[598] (siehe unten unter 2). Die hier vertretene Lesart der bundesverfassungsgerichtlichen Rechtsprechung setzt sie in Kontinuität zur grundlegenden Rechtsprechung des Reichsstaatsgerichtshofs (siehe unten unter 3). Letztlich dürfte die Inkorporationsthese der Notbehelf derjenigen sein, die die Landesverfassungsgerichte zwar strikt auf die jeweilige Landesverfassung als deren ausschließlichen Prüfungsmaßstab beschränken wollen, diese Prüfungslimitierung aber mit der Rechtsprechung, die den Kreis der landesverfassungsgerichtlichen Prüfungsmaßstäbe zweifelsohne ausweitet, in Einklang bringen müssen (siehe unten unter 4).

1) Zur Leitentscheidung der "Einwirkungsrechtsprechung" (BVerfGE 1, 208)

a) Darstellung der maßgeblichen Aussagen

In diesem Verfahren ist das Bundesverfassungsgericht u.a. auf Grund des Art. 99, 1. Var. GG i.V.m. §§ 13 Nr. 10, 73-75 BVerfGG angerufen worden. Nach

---

595 Vgl. nur *Ernst Friesenhahn*, Zur Zuständigkeitsabgrenzung zwischen Bundesverfassungsgerichtsbarkeit und Landesverfassungsgerichtsbarkeit, in: Festgabe zum 25jährigen Bestehen des Bundesverfassungsgerichts, Erster Band, 1976, S. 748 (760, 797); *Herbert Bethge*, Organstreitigkeiten des Landesverfassungsrechts, in: Starck/Stern (Hrsg.), Landesverfassungsgerichtsbarkeit, Teilband II, 1983, S. 17 (30); *Jochen Rozek*, Das Grundgesetz als Prüfungs- und Entscheidungsmaßstab der Landesverfassungsgerichte, 1993, S. 101.

596 Vgl. nur *Hartmut Maurer*, Die politischen Parteien im Prozeß, JuS 1992, 296 (297); *Jochen Rozek*, Das Grundgesetz als Prüfungs- und Entscheidungsmaßstab der Landesverfassungsgerichte, 1993, S. 179-182.

597 Ebenso *Christian Pestalozza*, Der "Honecker-Beschluß" des Berliner Verfassungsgerichtshofs, NVwZ 1993, 340 (341 f.).

598 Vgl. *Rolf Grawert*, Die Bedeutung gliedstaatlichen Verfassungsrechts in der Gegenwart, NJW 1987, 2329 (2331); *Richard Bartlsperger*, Das Verfassungsrecht der Länder in der gesamtstaatlichen Verfassungsordnung, in: Isensee/Kirchhof (Hrsg.), Handbuch des Staatsrechts der Bundesrepublik Deutschland, Bd. IV, 1990, § 96 Rdnr. 14 f., 25, S. 457 (466 f., 472 f.).

dieser Vorschrift kann dem Bundesverfassungsgericht durch Landesgesetz die Entscheidung von Verfassungsstreitigkeiten innerhalb eines Landes zugewiesen werden[599]. Von dieser Möglichkeit hat das Land Schleswig-Holstein, das kein eigenes Landesverfassungsgericht errichtet hat, Gebrauch gemacht[600].

Das Bundesverfassungsgericht hatte als Verfassungsgericht für Schleswig-Holstein zu entscheiden, ob eine Bestimmung des Landeswahlgesetzes über die Teilnahme der politischen Parteien am Verhältnisausgleich verfassungsmäßig war. Die fragliche Bestimmung hatte das Quorum für den Verhältnisausgleich von 5 v.H. auf 7,5 v.H. erhöht. Dagegen hatte sich eine kleinere Partei, der als politische Vertretung der dänischen Minderheit gegründete Südschleswigsche Wählerverband (SSW), im Verfahren nach Art. 99, 1. Var. GG gewandt[601]. Das Gericht stellte fest, daß die angegriffene Bestimmung gegen Art. 3 Abs. 1 der Landessatzung a.F. (nunmehr Art. 3 Abs. 1 SchlHVerf) verstößt, der die Gleichheit der Wahl zum Landtag vorschrieb[602].

---

599 Die "Entlastungskommission" empfiehlt die Aufhebung der bestehenden subsidiären Zuständigkeiten des Bundesverfassungsgerichts zur Entscheidung von Verfassungsstreitigkeiten innerhalb eines Landes (Kommissionsbericht, a.a.O., S. 19, 119). Die Kommission hat dabei vorrangig Streitigkeiten nach Art. 93 Abs. 1 Nr. 4, 3. Var. GG im Auge. Zu Art. 99, 1. Var GG, der nur für Schleswig-Holstein von Bedeutung sei, sollten - so die Kommission - die derzeitigen Bemühungen in Schlewig-Holstein um die Errichtung eines eigenen Verfassungsgerichts abgewartet werden (a.a.O.). Die bisherige Rechtsprechung des Bundesverfassungsgerichts zeigt, daß die überwiegende Zahl der Antragsteller bereits die Zulässigkeitsvoraussetzungen nicht erfüllen, so daß es zu einer materiellen Verfassungskontrolle durch das Bundesverfassungsgericht nicht kommen kann (vgl. *Dieter C. Umbach*, in: Umbach/Clemens (Hrsg.), Bundesverfassungsgerichtsgesetz, 1992, § 71 Rdnr. 40).

600 Art. 37 Nr. 1 der früheren Landessatzung für Schleswig-Holstein wies dem Bundesverfassungsgericht insbesondere die Entscheidung zu "über die Auslegung dieser Landessatzung aus Anlaß von Streitigkeiten über den Umfang der Rechte und Pflichten des Landtages oder der Landesregierung oder anderer Beteiligter, die durch diese Landessatzung oder in der Geschäftsordnung des Landtages oder der Landesregierung mit eigenen Rechten ausgestattet sind". Die Nachfolgebestimmung ersetzt den Begriff der "Landessatzung" durch den Begriff der "Verfassung". Nach Art. 44 Nr. 1 der Verfassung von Schleswig-Holstein entscheidet das Bundesverfassungsgericht "über die Auslegung dieser Verfassung aus Anlaß von Streitigkeiten über den Umfang der Rechte und Pflichten des Landtages oder der Landesregierung oder anderer Beteiligter, die durch diese Verfassung, die Geschäftsordnung des Landtages oder die Geschäftsordnung der Landesregierung mit eigenen Rechten ausgestattet sind".

601 Die Antragsteller im Verfassungsstreit stützten ihren Antrag auch auf Art. 93 Abs. 1 Nr. 4, 3. Var. GG; §§ 13 Nr. 8, 71 f. BVerfGG. Das Bundesverfassungsgericht ist danach nur subsidiär zuständig. Eine Zuständigkeit nach § 13 Nr. 8 BVerfGG verneinte das Gericht jedoch im Ergebnis, da § 13 Nr. 10 BVerfGG (Art. 99, 1. Var. GG; Art. 37 Nr. 1 LS a.F.) die Zuständigkeit des Gerichts "ohne Vorbehalt" begründe (BVerfGE 1, 208 [218]).

602 Zugleich hatten führende Mitglieder der antragstellenden Partei "stellvertretend für die Wähler" (BVerfGE 1, 208 [236]) die gesetzliche Anhebung des Quorums für den Verhält-

Von besonderem Interesse ist im vorliegenden Zusammenhang, in welcher Weise das Bundesverfassungsgericht in seiner Eigenschaft als Verfassungsgericht für das Land Schleswig-Holstein (Art. 99, 1. Var. GG) zur Zulässigkeit des Verfassungsstreitverfahrens und zum Kreis der in diesem Verfahren zulässigerweise zu prüfenden Verfassungsnormen Stellung genommen hat. Dem Gericht oblag es dabei in zweifacher Hinsicht, den Begriff der "Landesverfassung" bzw. den der "Landessatzung" inhaltlich zu bestimmen. Zum einen ging es um die Antragsberechtigung politischer Parteien im Landesorganstreit. Die Vorschrift des Art. 37 Nr. 1 der damaligen Schleswig-Holsteinischen Landessatzung begrenzte den Kreis der in diesem Verfahren zugelassenen Antragsteller auf den Landtag, die Landesregierung und andere Beteiligte, "die durch diese Landessatzung" mit eigenen Rechten ausgestattet sind. Die (geschriebene) Landessatzung ließ jedoch die politischen Parteien unerwähnt. Zum anderen war fraglich, ob es sich bei dem Streit über das neue Wahlrecht um eine Verfassungsstreitigkeit innerhalb des Landes Schleswig-Holstein handelte. Dem Streit über den neuen Verhältnisausgleich lag nämlich auch ein kontroverses Verständnis von Vorschriften des Grundgesetzes zugrunde. Fraglich war es, ob auch insoweit das Bundesverfassungsgericht - wie es Art. 37 Nr. 1 Landessatzung a.F. bestimmte - "über die Auslegung dieser Landessatzung als Anlaß von Streitigkeiten über den Umfang der Rechte und Pflichten" der beteiligten Landesverfassungsorgane entscheiden sollte.

Aufgrund der umstrittenen Interpretation und Bewertung dieser Entscheidung seien die Äußerungen des Bundesverfassungsgerichts im folgenden wörtlich zitiert. Hinsichtlich der Organstreitfähigkeit der politischen Parteien in einem Verfahren nach Art. 37 Nr. 1 Landessatzung a.F. (Art. 44 Nr. 1 SchlHVerf) führte das Gericht aus:

> "Gegen die Zulassung der politischen Parteien zum Verfassungsstreit in Schleswig-Holstein kann nicht eingewandt werden, daß die 'Beteiligten' im Sinne des Art. 37 Nr. 1 LS 'durch diese Landessatzung' mit eigenen Rechten ausgestattet sein müßten, und daß die Landessatzung die Parteien überhaupt nicht erwähne. Art. 21 GG gilt nicht nur für den Bereich des Bundes, sondern unmittelbar auch für die Länder; er ist also insoweit zugleich Bestandteil der Landesverfassung.

---

nisausgleich auch mit der Bundesverfassungsbeschwerde angegriffen und machten dabei unter Berufung auf Art. 3 Abs. 1 GG das Recht der einzelnen Wähler auf gleichen Erfolgswert der Stimmen bei der Landtagswahl geltend. Diese Rechtssatzverfassungsbeschwerde hatte ebenfalls Erfolg. Da die Gleichheit der Wahl ein Anwendungsfall des allgemeinen Gleichheitssatzes sei, stelle ein Verstoß gegen die Wahlgleichheit zugleich eine Verletzung des Art. 3 GG dar (BVerfGE 1, 208 [237, 242]).

Aber selbst wenn man diese weite Auslegung des Begriffs 'Landessatzung' in Art. 37 Nr. 1 LS bzw. 'Landesverfassung' in § 73 BVerfGG durch Hineinnahme der unmittelbar auf die Landesverfassungen einwirkenden Bestimmungen des Grundgesetzes ablehnt, so kann doch jedenfalls der Begriff der 'Landessatzung' bzw. 'Landesverfassung' nicht so ausgelegt werden, daß er nur die ausdrücklich in der Verfassungsurkunde niedergeschriebenen Sätze umfaßt. In seinem Urteil vom 23. Oktober 1951 - 2 BvG 1/51[603] - hat das Gericht bereits darauf hingewiesen, daß eine Verfassung eine innere Einheit darstellt, und daß aus ihrem Gesamtinhalt Grundsätze und Grundentscheidungen abgeleitet werden können, die ihr vorausliegen. Auch die Landessatzung für Schleswig-Holstein ist nun aber die Verfassung eines Parteienstaates. Sie muß die politischen Parteien als Faktoren des Verfassungslebens notwendig voraussetzen, auch wenn sie sie nicht nennt. Daß dies der Fall ist, zeigt deutlich das Landeswahlgesetz (. . .). Politische Parteien sind daher in Schleswig-Holstein mögliche Streitteile eines Verfassungsstreits nach Art. 37 Nr. 1 LS."[604]

Mit Blick auf Inhalt und Voraussetzungen des Begriffs der "Verfassungsstreitigkeit innerhalb eines Landes" führte das Bundesverfassungsgericht an späterer Stelle aus:

"Für eine Verfassungsstreitigkeit innerhalb des Landes Schleswig-Holstein ist begrifflich Voraussetzung, daß es sich um die Beurteilung eines in der *Landesverfassung* wurzelnden Rechtsverhältnisses handelt. Die Verfassung der Gliedstaaten eines Bundesstaates ist aber nicht in der Landesverfassungsurkunde allein enthalten, sondern in sie hinein wirken auch Bestimmungen der Bundesverfassung. Beide Elemente zusammen machen erst die Verfassung des Gliedstaates aus, um deren Auslegung ein Verfassungsstreit entbrennen kann.

Da es offenbar das Anliegen des Art. 37 Nr. 1 LS ist, den gesamten Komplex der Verfassungsstreitigkeiten innerhalb des Landes dem Bundesverfassungsgericht zu überweisen, wäre es sinnwidrig, davon die Fälle auszunehmen, in denen Rechte und Pflichten im Verfassungsleben des Landes durch Bundesrecht, insbesondere durch das Grundgesetz, bestimmt werden. Art. 100 Abs. 3 GG setzt geradezu voraus, daß auch die Auslegung des Grundgesetzes Gegenstand der Rechtsfindung des Verfassungsgerichts eines Landes sein kann, also insbesondere bei Verfassungsstreitigkeiten innerhalb eines Landes eine Rolle spielen kann (ebenso OVG

---

[603] BVerfGE 1, 14 ("Südweststaat").

[604] BVerfGE 1, 208 (227 f.).

Lüneburg aaO[605]). Man muß also 'Auslegung dieser Landessatzung' in Art. 37 Nr. 1 LS in diesem weiteren Sinne interpretieren."[606]

b) Interpretation der Entscheidung

Eine zentrale Frage der Entscheidung im ersten Band war es, ob und wie ein Landesverfassungsgericht verfassungsrechtliche Normen zum Gegenstand seiner Rechtsfindung machen kann, die nicht ausdrücklich in der geschriebenen Landesverfassung niedergelegt worden sind. Die Entscheidung entwickelt für diese "Entdeckung" ergänzender Prüfungsmaßstäbe zwei voneinander unabhängige Begründungsansätze[607]. Beide Argumentationslinien des Bundesverfassungsgerichts treten deutlich hervor, wenn man sich erneut die zwei Begründungen des Gerichts für die Bejahung der Frage betrachtet, ob im Verfahren des Verfassungsstreits im Land Schleswig-Holstein politische Parteien beteiligtenfähig sind. Problematisch war dies, weil Art. 37 Nr. 1 der früheren Landessatzung von Schleswig-Holstein - soweit hier maßgeblich - für den Organstreit verlangte, daß "Beteiligte" "durch diese Landessatzung" mit eigenen Rechten ausgestattet sein müssen, die (geschriebene) Landessatzung die Parteien jedoch unerwähnt ließ.

Die an *erster* Stelle genannte Begründung ist hier sehr knapp gehalten und liest sich wie folgt: "Art. 21 GG gilt nicht nur für den Bereich des Bundes, sondern unmittelbar auch für die Länder; er ist also insoweit zugleich Bestandteil der Landesverfassung."[608] Das Bundesverfassungsgericht bezeichnet dies als eine

---

[605] Gemeint ist damit die Entscheidung des OVG Lüneburg vom 19. Juni 1950 (AöR Bd. 76 [1950], S. 344-361), in der sich folgende Passage findet: "Bejaht man demnach das Vorliegen einer Verfassungstreitigkeit im anhängigen Rechtsstreit, so kann ebensowenig daran gezweifelt werden, daß sie 'innerhalb eines Landes' besteht. Die Prozeßparteien nehmen am Verfassungsleben des Landes Schleswig-Holstein teil. Ihr Streit betrifft zwar auch Bestimmungen des Bundesverfassungsrechts, aber nur insoweit, als Bestimmungen des Grundgesetzes auf das Landesrecht einwirken. Zum Begriff der Verfassungsstreitigkeit innerhalb eines Landes gehört somit nicht notwendig, daß um die Anwendung von Normen des Landesverfassungsrechts gestritten wird (ebenso RStGH, Urteil vom 15. 10. 1927: Lammers/Simons Bd. 1 S. 294 bis 295). Das wird auch durch Art. 100 Abs. 3 GG bestätigt" (a.a.O., S. 350). Zustimmende Anmerkungen bei *Ernst Forsthoff* (AöR Bd. 76 [1950], S. 369-376), Kritik bei *Hermann von Mangoldt* (Die Wahltaktik der schleswig-holsteinischen Landesregierung und das Lüneburger Oberverwaltungsgericht, DÖV 1950, 569 [570 f.]).

[606] BVerfGE 1, 208 (232 f.) (Hervorhebung im Original).

[607] Auf den doppelten Begründungsansatz weist jüngst auch *Thomas Discher* hin (Die Landesverfassungsgerichte in der bundesstaatlichen Rechtsprechungskompetenzordnung des Grundgesetzes, 1997, S. 66-69).

[608] BVerfGE 1, 208 (227). Diese Begründung erschließt sich einem erst durch die späteren

"weite Auslegung des Begriffs 'Landessatzung' in Art. 37 Nr. 1 LS bzw. 'Landesverfassung' in § 73 BVerfGG durch Hineinnahme der unmittelbar auf die Landesverfassungen einwirkenden Bestimmungen des Grundgesetzes"[609]. Die *zweite* davon unabhängige und die Entscheidung zugunsten der grundsätzlichen Antragsberechtigung politischer Parteien tragende[610] Argumentationslinie bezeichnet das Gericht ebenfalls als eine Interpretation des Begriffs der "Landesverfassung" im Sinne der genannten Zuständigkeitsregelungen[611]. Schwerpunkt ist jetzt aber eine verfassungsimmanente Auslegung[612]. So umfasse eine Verfassung auch ungeschriebene Sätze; aus dem Gesamtinhalt einer Verfassung, die stets eine innere Einheit darstelle, könnten Grundsätze abgeleitet werden, die ihr vorauslägen[613]. Nach Auffassung des Bundesverfassungsgerichts müsse die Landessatzung die politischen Parteien als Faktoren des Verfassungslebens notwendig voraussetzen (und damit mit eigenen Rechten ausstatten). Die zwei genannten Begründungsansätze werden im Leitsatz 3 der Entscheidung in umgekehrter Reihenfolge folgendermaßen zusammengefaßt: "Für die Auslegung einer Landesverfassung und die Bestimmung der Rechte, mit denen sie Beteiligte ausstattet, ist nicht nur die geschriebene Landesverfassung, sondern das gesamte, in dem Land geltende Verfassungsrecht zugrunde zu legen. Dazu gehören die aus dem Gesamtinhalt der Verfassung abzuleitenden Grundsätze und Grundentscheidungen und die Verfassungssätze des Grundgesetzes, die in die Landesverfassung hineinwirken."[614]

Ausführungen des Gerichts zum weiten Begriff der "Verfassungs eines Gliedstaates" (siehe dazu weiter unten). Die Kürze der Darstellung ist dadurch bedingt, daß dieser Aspekt an dieser Stelle nicht entscheidungstragend ist. Allerdings führte diese Kürze zu Mißverständnissen. Gerade die im Text zitierte Aussage wird von denjenigen, die der Rechtsprechung die Inkorporationslehre zugrundelegen, isoliert zitiert und als Beleg für ihre Interpretation der Rechtsprechung herangezogen (vgl. etwa *Jochen Rozek*, Das Grundgesetz als Prüfungs- und Entscheidungsmaßstab der Landesverfassungsgerichte, 1993, S. 103).

609 BVerfGE 1, 208 (227) (Hervorhebung vom Verfasser).

610 Dies wird aus dem Zusammenhang und der Verwendung des Worts "jedenfalls" deutlich.

611 Letztlich geht es im ersten Fall um eine Ausdehnung des kompetenzrechtlichen Begriffs der "Landesverfassung" über sich hinaus auf das "hineinwirkende" Bundesverfassungsrecht, während im zweiten Fall eine immanente Ausdehnung und der inneren Einheit verpflichteten Vervollständigung der Verfassung aus sich selbst heraus gemeint ist. Man könnte auch das Begriffspaar der heteronomen und der autonomen Ergänzung zur Beschreibung verwenden.

612 Daher könnte man in zugespitzter Form die erste Begründungslinie als Auslegung des *Begriffs* der Landesverfassung bezeichnen und die zweite Begründungslinie als Auslegung der *Landesverfassung* selbst.

613 BVerfGE 1, 208 (227 f.).

614 BVerfGE 1, 208 (208 f.). Die Aufforderung an die Landesverfassungsgerichte, aus dem Gesamtinhalt der Landesverfassung Grundsätze und Grundentscheidungen abzuleiten, dürfte im Zusammenhang mit der anfänglichen Selbstbeschränkung mancher Verfassungsgerichte auf das "positive" Verfassungsrecht zu sehen sein. Vgl. die Hinweise auf die ablehnende Haltung in Bayern und Hessen, "überpositives Recht" bei der Normenkontrolle heranzuziehen, bei *Otto Bachof/Dietrich Jesch*, Die Rechtsprechung der Landesverfassungsgerichte in

Der erste Begründungsstrang stellt die eigentliche "Einwirkungsrechtsprechung" dar. Zu unterscheiden sind dabei zwei ineinandergreifende Linien[615]: Materiell-bundesrechtlich geht es um die Geltung von Bundesverfassungsrecht im Landesbereich[616], d. h. um die unmittelbare Geltung von bundesverfassungsrechtlichen Bestimmungen gegenüber der Landesstaatsgewalt; kompetentiell-landesrechtlich geht es um die Auslegung des Begriffs der "Landesverfassung" in der Zuständigkeitsvorschrift des Landesrechts[617].

Die dogmatische Vorstellung des "Hineinwirkens" von bundesverfassungsrechtlichen Bestimmungen in die Verfassungsordnung des Gliedstaates, welche das Bundesverfassungsgericht bei der Frage der Antragsberechtigung politischer Parteien nur angedeutet hatte[618], erhielt ihre eigentliche Entfaltung bei der Bestimmung des allgemeinen Begriffs der "Verfassungsstreitigkeit innerhalb des Landes Schleswig-Holstein". Es galt zu bestimmen, ob und inwieweit der Streit um das neue Wahlrecht diesem Begriff und somit dem Verfahren nach Art. 37 Nr. 1 der früheren Landessatzung zu unterstellen war, obwohl dem Streit ein kontroverses Verständnis insbesondere grundgesetzlicher Vorschriften etwa zur Chancengleichheit politischer Parteien zugrunde lag. Im Ergebnis bejahte das Bundesverfassungsgericht als Landesverfassungsgericht diese Frage umfassend[619]; *die genannte Zuständigkeitsvorschrift der Landessatzung überweise ihm "den gesamten Komplex" eines landesinternen Verfassungsstreits einschließlich der "Fälle [. . .], in denen Rechte und Pflichten im Verfassungsleben des Landes*

---

der Bundesrepublik Deutschland, JöR Bd. 6 (1957), S. 47 (56).

615 Deutlich benannt bereits von *Christian Pestalozza,* Der "Honecker-Beschluß" des Berliner Verfassungsgerichtshofs, NVwZ 1993, 340 (341 f.); vgl. auch *Thomas Discher,* Die Landesverfassungsgerichte in der bundesstaatlichen Rechtsprechungskompetenzordnung des Grundgesetzes, 1997, S. 66, 68 f.

616 "Art. 21 GG gilt nicht nur für den Bereich des Bundes, sondern unmittelbar auch für die Länder; (...)." (BVerfGE 1, 208 [227]).

617 Art. 21 GG sei also "insoweit zugleich Bestandteil der Landesverfassung", wobei das Bundesverfassungsgericht dies sogleich als eine "weite Auslegung des Begriffs 'Landessatzung' in Art. 37 Nr. 1 LS" bezeichnet (BVerfGE 1, 208 [227]).

618 BVerfGE 1, 208 (227).

619 BVerfGE 1, 208 (233). Als Folge davon entfiel das Verfahren nach Art. 93 Abs. 1 Nr. 4, 3. Var. GG; § 13 Nr. 8 BVerfGG (Zuständigkeit des Bundesverfassungsgerichts "in [. . .] öffentlich-rechtlichen Streitigkeiten [. . .] innerhalb eines Landes, soweit nicht eine anderer Rechtsweg gegeben" ist), da Art. 99, 1. Var., § 13 Nr. 10 BVerfGG die Zuständigkeit des Gerichts - so das Bundesverfassungsgericht - "ohne Vorbehalt" begründe (BVerfGE 1, 208 [218] sowie Leitsatz 1). Die *vorbehaltlose* Zuständigkeit, die Art. 37 Nr. 1 LS a.F. i.V.m. § 13 Nr. 10 BVerfGG demnach dem Bundesverfassungsgericht in seiner Eigenschaft als Verfassungsgericht für Schleswig-Holstein zuweist, kann nur bedeuten, daß dem Gericht die Entscheidung des *ganzen* Streits einschließlich des Streits über die Auslegung des Grundgesetzes, d.h. ohne Vorbehalt oder Einschränkungen hinsichtlich des Entscheidungsmaßstabs, übertragen ist. Deshalb war kein Raum mehr für die subsidiäre Zuständigkeit des Bundesverfassungsgerichts nach Art. 93 Abs. 1 Nr. 4, 3. Var. GG.

durch Bundesrecht, insbesondere durch das Grundgesetz, bestimmt werden."[620] Dem naheliegenden Einwand, daß in einem Verfahren nach Art. 99, 1. Var. GG, in dem das Bundesverfassungsgericht *als Landesverfassungsgericht* tätig wird, die Auslegung des Grundgesetzes nicht Gegenstand seiner Rechtsfindung, d. h. nicht "Gegenstand der Rechtsfindung des Verfassungsgerichts eines Landes", sein könne, hielt das Gericht Art. 100 Abs. 3 GG entgegen, der dies geradezu voraussetze[621].

Zur Begründung seiner weiten Auslegung der genannten Zuständigkeitsvorschrift der Landessatzung betrachtete das Gericht zunächst den Begriff der "Verfassungsstreitigkeit innerhalb des Landes Schleswig-Holstein". Begrifflich setze eine Verfassungsstreitigkeit innerhalb eines Landes voraus - so das Bundesverfassungsgericht -, daß es sich um "die Beurteilung eines in der *Landesverfassung* wurzelnden Rechtsverhältnisses" handele[622]. Dann folgt die vielzitierte Passage: "Die Verfassung der Gliedstaaten eines Bundesstaates ist aber nicht in der Landesverfassungsurkunde allein enthalten, sondern in sie hinein wirken auch Bestimmungen der Bundesverfassung. Beide Elemente zusammen machen erst die Verfassung des Gliedstaates aus, um deren Auslegung ein Verfassungsstreit entbrennen kann."[623] Nach dieser begrifflichen Vorarbeit zur "Verfassung des Landes im weiteren Sinne" wendet sich das Bundesverfassungsgericht der konkreten landesrechtlichen Zuständigkeitsvorschrift zu und interpretiert die Formulierung "Auslegung dieser Landessatzung" in Art. 37 Nr. 1 der früheren Landessatzung von Schleswig-Holstein "in diesem weiteren Sin-

---

620 BVerfGE 1, 208 (232).

621 Dies greift die Argumentation in der zitierten Entscheidung des OVG Lüneburg auf und findet sein späteres Echo in BVerfGE 69, 112 (117) (vgl. dazu oben im Zweiten Teil unter D II 1). Bemerkenswert ist der Versuch von *Ernst Friesenhahn*, BVerfGE 1, 208 in Einklang mit seiner Grundthese von der limitierten Prüfungskompetenz der Landesverfassungsgerichte zu bringen (Zum Verhältnis von Bundes- und Landesverfassungsgerichtsbarkeit ["Referat"], 1956, S. 7). Für ihn besteht eine derartige Beschränkung auf den Maßstab der Landesverfassung dann nicht, wenn das Bundesverfassungsgericht "gemäß Art. 93 Abs. 1 Nr. 4 oder Art. 99 GG als Verfassungsgericht *für* ein Land - nicht als Verfassungsgericht *des* Landes -" tätig werde. Da das Bundesverfassungsgericht immer eine Bundesinstanz bleibe, könne es - so *Friesenhahn* - in keinem Falle genötigt sein, bundesrechtswidriges Landesrecht seinen Entscheidungen zugrunde zu legen. Träfe *Friesenhahns* restriktive Interpretation der Rechtsprechung zu, so wäre allerdings der Hinweis des Gerichts auf Art. 100 Abs. 3 GG überflüssig, wenn nicht widersprüchlich. Auch die Gleichsetzung der Stellung und Funktion des Bundesverfassungsgerichts im Verfahren nach Art. 93 Abs. 1 Nr. 4, 3. Var. GG einerseits und der im Verfahren nach Art. 99, 1. Var. GG andererseits muß auf Bedenken stoßen. Schließlich - und das allein spricht maßgeblich gegen *Friesenhahns* Harmonisierungsversuch - fordert das Gericht in anderen Entscheidungen die Landesverfassungsgerichte ausdrücklich als solche auf, seine im Verfahren des Art. 99, 1. Var. GG vertretenen Auffassungen zu übernehmen (vgl. etwa BVerfGE 6, 367 [374 f.]).

622 BVerfGE 1, 208 (232) (Hervorhebung im Original).

623 BVerfGE 1, 208 (232).

ne"[624]. Mit der Erweiterung des Begriffs des Verfassungsstreits innerhalb eines Landes auf Streitigkeiten über die Auslegung von bestimmten Vorschriften des Grundgesetzes ist zugleich festgestellt, daß das Landesverfassungsgericht, dem die Entscheidung über diesen Verfassungsstreit übertragen ist, grundsätzlich auch die streitbefangenen grundgesetzlichen Vorschriften als Prüfungs- und Entscheidungsmaßstab heranziehen darf und muß[625]. Wichtig ist also die Beobachtung, daß es nicht nur um die verfahrensrechtliche Erweiterung des Kreises der Beteiligten geht[626], sondern auch - kompetenzrechtlich - um die Zuständigkeit zur Auslegung und Anwendung von Bestimmungen des Grundgesetzes, über die innerhalb des Landes gestritten wird[627].

Vertritt man demgegenüber die *Inkorporationstheorie*[628] als Lesart der Rechtsprechung, läßt man also Bundesverfassungsrecht sich in Landesverfassungs-

---

[624] BVerfGE 1, 208 (232 f.).

[625] Im folgenden (BVerfGE 1, 208 [233]) listet das Bundesverfassungsgericht die Rechtssätze auf, um deren Auslegung die Beteiligten des konkreten Verfassungsstreits streiten und die den Prüfungsmaßstab im Begründetheitsteil ergeben: Bindung der Landesgesetzgebung an die verfassungsmäßige Ordnung (BVerfGE 1, 208 [233, 238 f.]), Völkerrechtlicher Minderheitenschutz (BVerfGE 1, 208 [233, 239-241)], Grundsatz der Wahlgleichheit (BVerfGE 1, 208 [233, 241- 260]) usw. Es nicht immer ganz klar, welche Rechtsgrundlage diese Maßstäbe haben (systematische Auslegung der Landesverfassung selbst oder grundgesetzliche Durchgriffsnormen). Das Gericht spricht insbesondere auch den Gleichheitssatz an, der in Art. 3 GG geschriebenes Verfassungsrecht geworden sei (BVerfGE 1, 208 [233]). Man kann diese Äußerung des Gerichts im Rahmen der Prüfung der Reichweite des Begriffs der Verfassungsstreitigkeit innerhalb eines Landes nur so verstehen, daß auch über die Auslegung dieses *Bundes*grundrechts ein vom Landesverfassungsgericht zu entscheidender "Landesverfassungsstreit" entbrennen kann.

[626] BVerfGE 1, 208 (227).

[627] BVerfGE 1, 208 (232 f.).

[628] *Ernst Friesenhahn,* Zur Zuständigkeitsabgrenzung zwischen Bundesverfassungsgerichtsbarkeit und Landesverfassungsgerichtsbarkeit, in: Festgabe zum 25jährigen Bestehen des Bundesverfassungsgerichts, Erster Band, 1976, S. 748 (760, 797); *Horst Eller,* Die Bindung der Landesverfassungsgerichte an die Entscheidungen des Bundesverfassungsgerichts und der anderen Landesverfassungsgerichte, 1963, S. 147-150; *Herbert Bethge,* Organstreitigkeiten des Landesverfassungsrechts, in: Starck/Stern (Hrsg.), Landesverfassungsgerichtsbarkeit, Teilband II, 1983, S. 17 (30); *Jochen Rozek,* Das Grundgesetz als Prüfungs- und Entscheidungsmaßstab der Landesverfassungsgerichte, 1993, S. 101; *Hartmut Maurer,* Die politischen Parteien im Prozeß, JuS 1992, 296 (297); *Wolfgang März,* Bundesrecht bricht Landesrecht, 1989, S. 180 ("Implantation"); gegen dieses Verständnis der bundesverfassungsgerichtlichen Rechtsprechung *Wolfgang Graf Vitzthum,* Die Bedeutung gliedstaatlichen Verfassungsrechts in der Gegenwart, VVDStRL 46 (1988), S. 7 (11), *Rolf Grawert,* Die Bedeutung gliedstaatlichen Verfassungsrechts in der Gegenwart, NJW 1987, 2329 (2330 f.), *Christian Pestalozza* (Der "Honecker-Beschluß" des Berliner Verfassungsgerichtshofs, NVwZ 1993, 340 [341 f.]) und *Dietrich Franke,* Verfassungsgerichtsbarkeit der Länder - Grenzen und Möglichkeiten, in: Festschrift für Mahrenholz, 1994, S. 923 (928).

recht verwandeln, sind entscheidende Passagen der Entscheidung im ersten Band nicht nur unverständlich, sondern auch widersprüchlich. Wenn das Bundesverfassungsrecht feststellt, daß Art. 21 GG nicht nur für den Bereich des Bundes, sondern unmittelbar auch für die Länder gelte, interpretiert es Art. 21 GG als sog. Durchgriffsnorm[629]. Art. 21 GG, heißt es weiter, sei "also insoweit [d.h. soweit dieser Artikel unmittelbar auch für die Länder gilt] zugleich Bestandteil der Landesverfassung". Dieser Begriff der "Landesverfassung" wird sogleich spezifiziert: dies sei eine "weite Auslegung des Begriffs 'Landessatzung' in Art. 37 Nr. 1 LS bzw. 'Landesverfassung' in § 73 BVerfGG durch Hineinnahme der unmittelbar auf die Landesverfassungen einwirkenden Bestimmungen des Grundgesetzes" dar[630]. Dieser klärende Zusatz, der zur zweiten Begründungslinie überleitet, wird von den Vertretern der Inkorporationstheorie nicht in hinreichendem Maße berücksichtigt.

Wenn Art. 21 GG "zugleich" Landesverfassungsrecht im engeren Sinne geworden wäre, wäre eine "*weite* Auslegung des Begriffs 'Landessatzung' in Art. 37 Nr. 1 LS" nicht erforderlich. Mindestens ebenso deutlich heißt es später, daß die genannte Zuständigkeitsvorschrift dem Verfassungsgericht "den gesamten Komplex" eines landesinternen Verfassungsstreits überweise einschließlich der "Fälle [. . .], in denen Rechte und Pflichten im Verfassungsleben des Landes durch Bundesrecht, insbesondere durch das Grundgesetz, bestimmt werden"[631].

Vollends zeigt die Argumentation mit Art. 100 Abs. 3 GG, der es "geradezu" voraussetze, daß die Auslegung des Grundgesetzes "Gegenstand der Rechtsfindung des Verfassungsgerichts eines Landes" sein könne[632], daß das Gericht die kompetentielle Problematik deutlich erkannt hat. Wenn es ausdrücklich Art. 100 Abs. 3 GG anführt und im Satz vorher einen Streit über die Auslegung von Bundesverfassungsrecht in den Begriff der Verfassungsstreitigkeit innerhalb eines Landes hineinnimmt, will das Gericht an der formellen Einordnung als Bundesverfassungsrecht offenbar nicht rühren[633].

Ferner kann die Inkorporationsthese eine Doppelspurigkeit des Verfassungsrechtsschutzes bei Verfassungsstreitigkeiten innerhalb eines Landes nicht verhindern. Damit wird sie als Erklärungsversuch von BVerfGE 1, 208 dieser Entscheidung nicht gerecht, da sie die ausdrücklich vom Bundesverfassungsgericht angenommene *alleinige* Zuständigkeit nach Art. 99, 1. Var. GG nicht zu begründen vermag. Dieser Einwand beruht darauf, daß eine bundesrechtliche Verfassungsbestimmung nicht aufhört, als Bundesrecht zu existieren, und daß daher

[629] Zu dem Begriff der Durchgriffsnorm und den diesen umschließenden Oberbegriff der Einwirkungsnorm siehe sogleich unter 2).

[630] BVerfGE 1, 208 (227).

[631] BVerfGE 1, 208 (232).

[632] BVerfGE 1, 208 (232).

[633] Vgl. auch BVerfGE 6, 367 (375).

die Beteiligten des Verfassungsstreits weiterhin auch über die Auslegung von *Bundes*verfassungsrecht streiten. Welche genaue Ausgestaltung man einer Inkorporation auch geben mag, das hineinwirkende Bundesverfassungsrecht (z.B. Art. 21 GG) gilt weiterhin "zumindest" auch als Bundesrecht unmittelbar verpflichtend auf der Landesebene, und es ist im Hinblick auf seine Auslegung und Anwendung keineswegs einer Streitigkeit zwischen Landesverfassungsorganen entzogen. Die Inkorporationstheorie mag zwar die Zuständigkeit auch einer kompetenzrechtlich beschränkten Landesverfassungsgerichtsbarkeit schaffen; nach ihren eigenen Voraussetzungen ist diese Zuständigkeit aber keine vorbehaltlose, den ganzen Komplex des Verfassungsstreits umfassende Zuständigkeit, so daß im Widerspruch zur bundesverfassungsgerichtlichen Rechtsprechung die Zuständigkeit des Bundesverfassungsgerichts nach Art. 93 Abs. 1 Nr. 4, 3. Var. GG nicht entfällt[634]. Daher wäre auf der Grundlage eines Inkorporationsverständnisses stets auch die bundesverfassungsgerichtliche Zuständigkeit gegeben, was in der Entscheidung im ersten Band gerade verneint wurde. Denn da das Landesverfassungsgericht nach dieser Auffassung nicht über den (bleibenden) bundesverfassungsrechtlichen Aspekt des Streits entscheiden könnte, wäre insoweit stets der Rechtsweg zum Bundesverfassungsericht nach Art. 93 Abs. 1 Nr. 4, 3. Var. GG eröffnet.

Die hier vertretene kompetenzrechtliche Lesart der Einwirkungsrechtsprechung wird auch durch die Folgerechtsprechung des Bundesverfassungsgerichts bestätigt, ohne daß hier allerdings eine vertiefte Darstellung und Auseinandersetzung geleistet werden kann. Zum einen ermöglicht diese Lesart der Einwirkungsrechtsprechung, die Entscheidung im 69. Band widerspruchsfrei einzubeziehen[635]. Zum anderen hat das Bundesverfassungsgericht in BVerfGE 66, 107 sehr deutlich gemacht, daß das Grundgesetz zum Prüfungs- und Entscheidungsmaßstab in Landesorganstreitigkeiten werden kann. Es sei jedoch daran erinnert, daß Landesverfassungsgerichte generell daran gehindert sind, in ihrem Entscheidungsausspruch Rechtsnormen für vereinbar und für unvereinbar mit dem Bundes(verfassungs)recht zu erklären[636]. Dieses Verbot muß auch im Rahmen eines landesverfassungsgerichtlichen Organstreitverfahrens gelten[637]. In der Entschei-

---

[634] BVerfGE 1, 208 (218).

[635] BVerfGE 69, 112. Siehe oben im Zweiten Teil unter D II ausführlich zu dieser Grundsatzentscheidung zum Verhältnis von Bundes- und Landesverfassungsgerichtsbarkeit und insbesondere zur Prüfungskompetenz der Landesverfassungsgerichte, eine Entscheidung, deren Verweis (BVerfGE 69, 112 [117]) auf die Entscheidung im ersten Band kaum nachzuvollziehen wäre, wenn man insoweit eine Inkorporation unterstellte.

[636] BVerfGE 69, 112 (118).

[637] Dem entspricht es, daß das Bundesverfassungsgericht in BVerfGE 1, 208 die Unvereinbarkeit der angefochtenen Wahlrechtsbestimmung mit *Art. 3 GG* nur im Verfahren der Bundesverfassungsbeschwerde feststellte, während das Gericht in seiner Eigenschaft als Verfassungsgericht für Schleswig-Holstein zum Schluß gelangt, daß die Wahlrechtsbestimmung gegen Art. 3 Abs. 1 *der Landesverfassung* verstößt. In BVerfGE 66, 107 war Streitgegenstand

dung im 66. Band wandte sich die baden-württembergische Landespartei "DIE GRÜNEN" gegen die landesfinanzbehördliche Behandlung von Berufsverbänden, die ihre Einnahmen politischen Parteien und Wahlfonds zuwendeten. Die Antragstellerin sah in deren Befreiung von der Körperschaftssteuer ihr Recht als politische Partei verletzt, chancengleich an der politischen Willensbildung des Volkes mitzuwirken. Das Bundesverfassungsgericht verwarf jedoch den Antrag nach Art. 93 Abs. 1 Nr. 4, 3. Var. GG als unzulässig, da die Antragstellerin den Staatsgerichtshof für das Land Baden-Württemberg hätte anrufen können und müssen[638]. Im Anschluß an die Leitentscheidung im ersten Band heißt es:

> "(. . .) handelt es sich um einen Streit über ein in der Landesverfassung wurzelndes Rechtsverhältnis. Die Verfassung der Gliedstaaten eines Bundesstaates ist nicht in der Landesverfassungsurkunde allein enthalten; in sie hinein wirken auch Bestimmungen der Bundesverfassung. Beide Elemente zusammen machen erst die Verfassung des Gliedstaates aus, um deren Auslegung ein Verfassungsstreit entbrennen kann (vgl. BVerfGE 1, 208 [232]). Art. 21 GG, der die politischen Parteien als verfassungsrechtlich notwendige Instrumente für die politische Willensbildung des Volkes anerkannt und ihnen einen verfassungsrechtlichen Status zuerkannt hat (. . .), gilt nicht nur für den Bereich des Bundes, sondern unmittelbar auch für die Länder (. . .). Der den politischen Parteien durch Art. 21 GG verliehene verfassungsrechtliche Status kommt ihnen daher auch in der Verfassungsordnung der Länder zu. Er umfaßt das Recht der politischen Parteien auf gleiche Behandlung bei dem Wettbewerb um die Erlangung von Spenden (. . .)"[639]

In aller Deutlichkeit hebt das Bundesverfassungsgericht hervor, daß der Organstreit zwischen der Antragstellerin und der Landesregierung seinen Charakter als Verfassungsstreitigkeit innerhalb eines Landes nicht dadurch verlöre, daß die Antragstellerin die Verletzung von Normen des Grundgesetzes rüge und das Verfahren beim Bundesverfassungsgericht anhängig gemacht habe[640]. Diese Feststellung gilt gleichermaßen für den bundesrechtlichen Begriff der landesinternen Verfassungsstreitigkeit im Sinne des Art. 93 Abs. 1 Nr. 4, 3. Var. GG sowie für die landesrechtliche Entsprechung in Art. 68 Abs. 1 Satz 2 Nr. 1 BWVerf[641].

---

keine Rechtsnorm, sondern eine bestimmte Rechtsanwendung bzw. Verwaltungspraxis. Vgl. auch *Jochen Rozeks* Hinweis auf die insoweit zurückhaltende Praxis in der Bayerischen Rechtsprechung zu Art. 21 GG (*Jochen Rozek*, Das Grundgesetz als Prüfungs- und Entscheidungsmaßstab der Landesverfassungsgerichte, 1993, S. 171).

638 BVerfGE 66, 107 (113-115).

639 BVerfGE 66, 107 (114).

640 BVerfGE 66, 107 (114). Ebenso bereits BVerfGE 27, 10 (17).

641 Ausgehend davon, daß Landesverfassungsgerichte ausschließlich Landesverfassungsrecht als Prüfungs- und Entscheidungsmaßstab haben, kann *Jochen Rozek* diese Rechtsprechung nicht adäquat erklären. Die Rechtsprechung läßt sich ersichtlich nicht mit dem Grundsatz der

2) Die begriffliche Unterscheidung zwischen "Landesverfassung" und "Verfassung des Gliedstaates" - Bundesgrundrechte als Durchgriffsnormen Bestandteile der gliedstaatlichen Verfassungsordnung im weiteren Sinne

Von zentraler Bedeutung ist die Unterscheidung zwischen den Begriffen der "Landesverfassung" (im Sinne des Landesverfassungsrechts, das in der Landesverfassungsurkunde enthalten oder zumindest "verankert"[642] ist) einerseits und dem "Verfassungsrecht des Gliedstaates"[643] (im Sinne des gesamten, im Lande geltenden Verfassungsrechts [Bundes- und Landesverfassungsrechts]) andererseits. Die Prägung des Begriffs des "Verfassungsrechts des Gliedstaates", der als Oberbegriff den Begriff der "Landesverfassung" umfaßt, ist kein künstliches Spiel mit Begriffen, sondern entspricht einem Perspektivwechsel. Der engere Begriff der "Landesverfassung" bestimmt sich über den *Urheber* der (bzw. den Verfügungsberechtigten über die) Landesverfassungsurkunde: die verfassungsgebende Gewalt des Landes und der verfassungsändernde Landesgesetzgeber.

---

strikten Prüfungslimitierung in Einklang bringen. *Rozek* stimmt der Rechtsprechung zwar noch insoweit zu, als das Bundesverfassungsgericht im Rahmen seiner Kompetenz nach Art. 93 Abs. 1 Nr. 4, 3. Var. GG Landes- und Bundesverfassungsrecht als Entscheidungsmaßstab heranziehen könne; der Entscheidungsmaßstab sei kein "begriffsbestimmendes Merkmal" einer Verfassungsstreitigkeit im Sinne des Art. 93 Abs. 1 Nr. 4, 3. Var. GG (*Jochen Rozek*, Das Grundgesetz als Prüfungs- und Entscheidungsmaßstab der Landesverfassungsgerichte, 1993, S. 161, 177). Aufgrund dieser weiten Zuständigkeit des Bundesverfassungsgerichts sei es jedoch nicht erforderlich, politischen Parteien mittels der "Bestandteil-Theorie" den Rechtsweg zum Landesverfassungsgericht zu ebnen und auf diese Weise den Subsidiaritätsvorbehalt von Art. 93 Abs. 1 Nr. 4, 3. Var. GG zu aktivieren; die politischen Parteien fielen in kein "Rechtsschutzloch" (a.a.O., S. 178; vgl. kritisch insoweit *Thomas Discher*, Die Landesverfassungsgerichte in der bundesstaatlichen Rechtsprechungskompetenzordnung des Grundgesetzes, 1997, S. 121). Gleiches gilt nach *Rozek* sogar für die Zuständigkeit des Bundesverfassungsgerichts gemäß Art. 99 GG i.V.m. Art. 44 Nr. 1 SchlHVerf, die den Subsidiaritätsvorbehalt in Art. 93 Abs. 1 Nr. 4, 3. Var. GG von vornherein nicht auslösen könne (a.a.O., S. 178). - Während *Rozek* also an der Prüfungslimitierung der Landesverfassungsgerichte festhält und als Folge davon die Rechtsprechung des Bundesverfassungsgerichts in mehrfacher Hinsicht "korrigieren" muß, versucht die hier vertretene kompetenzrechtliche Lesart ein stimmiges Verständnis der Rechtsprechung zu entwickeln.

[642] Diese Formulierung läßt ausdrücklich Raum für die verfassungsimmanente Entwicklung bzw. Entdeckung von Grundsätzen.

[643] Bereits *Willi Geiger* (Die Bundesverfassungsgerichtsbarkeit in ihrem Verhältnis zur Landesverfassungsgerichtsbarkeit und ihre Einwirkung auf die Verfassungsordnung der Länder, in: Festschrift für Wilhelm Laforet, 1952, S. 251 [264]) machte deutlich, daß es neben der Landesverfassung die "Verfassungsordnung der Glieder des Bundes" gebe, die "zu einem wesentlichen Teil aus dem Bundesverfassungsrecht besteht ..." Die zitierte Äußerung fiel im Zusammenhang mit *Geigers* Plädoyer für eine verstärkte Subsidiarität bundesverfassungsgerichtlicher Verfahren gegenüber entsprechenden Verfahren vor der Landesverfassungsgerichtsbarkeit; es ging ihm darum, auf die umfassenden Prüfungsmaßstäbe der Landesverfassungsgerichte hinzuweisen.

Der weite Begriff des "Verfassungsrechts des Gliedstaates" hingegen definiert sich über den *Adressaten* dieser verfassungsrechtlichen Bestimmungen: nämlich über die Landesstaatsgewalt, die durch das "gesamte, im Land geltende Verfassungsrecht"[644] organisiert, gesteuert und begrenzt wird. Das Bundesverfassungsgericht spricht anschaulich von den *Elementen* der gliedstaatlichen Verfassungsordnung, d.h. auf der einen Seite von der Landesverfassung und auf der anderen Seite von der hineinwirkenden Bundesverfassung[645]; beide Normschichten bilden zwar zusammen die gliedstaatliche Verfassungsordnung, sie bleiben aber - wie die Elemente einer chemischen Verbindung - von einander getrennt und trennbar, und gehen nicht unter Verlust ihrer Identität und Eigenständigkeit in dem jeweils anderen Element oder in etwas Neuem und Drittem auf. Was in diesem Sinne *integraler Bestandteil der gliedstaatlichen Verfassungsordnung* ist, ohne zugleich Bestandteil der Landesverfassung (im engeren Sinne) zu sein oder zu werden, ist das hineinwirkende Bundesverfassungsrecht, also ein Teil der Bundesverfassung.

Das "Verfassungsrecht eines Gliedstaats" umfaßt also nicht nur die vom Verfassungs(gesetz)geber selbst gesetzten, autonomen Verfassungsnormen, die den "Verfassungsraum" des Landes ausmachen bzw. diesen ausfüllen, sondern erstreckt sich darüber hinaus auch auf die grundgesetzlichen, heteronomen Bestimmungen, die, ohne ihre rein bundesrechtliche Qualität in irgendeiner Weise zu verändern oder sogar aufzugeben, in den Landesbereich hineinwirken bzw. auf die Verfassungsordnung des Landes einwirken, nämlich diese unmittelbar ergänzen oder dieser mittelbar Vorgaben machen[646]. Somit kennt die verfassungsrechtliche Grundordnung der Länder, das gliedstaatliche Verfassungsrecht, zwei Rechtsquellen; es macht die Summe derjenigen verfassungsrechtlichen Normen aus, die die staatliche Gewalt des Landes organisiert, steuert und begrenzt[647]. Einwirkendes Bundesverfassungsrecht gehört also nicht zur Landes-

---

[644] BVerfGE 1, 208 (208 f. - Leitsatz 3).

[645] Das "hineinwirkende" Bundesverfassungsrecht, das zweite Element der Verfassungsordnung aller Gliedstaaten ließe sich als "gemeinsame Verfassungsordnung" bezeichnen (vgl. BVerfGE 13, 54 [79-81]). *Rolf Grawert* verwendet dafür die treffende Beschreibung der "verfassungsrechtlichen Konkordanzmasse des Grundgesetzes, die den Staat insgesamt, in seiner funktionellen und institutionellen Vielfalt, angeht"; er spricht insoweit auch vom "Landesverfassungsrecht in einem weiteren, unitarischen Sinne" (*Rolf Grawert,* Die Bedeutung gliedstaatlichen Verfassungsrechts in der Gegenwart, NJW 1987, 2329 [2331]).

[646] Ebenso *Rolf Grawert,* Die Bedeutung gliedstaatlichen Verfassungsrechts in der Gegenwart, NJW 1987, 2329 (2331); *Richard Bartlsperger,* Das Verfassungsrecht der Länder in der gesamtstaatlichen Verfassungsordnung, in: Isensee/Kirchhof (Hrsg.), Handbuch des Staatsrechts der Bundesrepublik Deutschland, Bd. IV, 1990, § 96 Rdnr. 14 f., 25, S. 457 (466 f., 472 f.).

[647] Zum Ergänzungsverhältnis der Verfassungsordnungen von Bund und Ländern vgl. auch *Rainer Wahl,* Grundrechte und Staatszielbestimmungen im Bundesstaat, AöR 112 (1987), S. 26 (29-33). Er lehnt die Aufnahme einer Kultur-Klausel in das Grundgesetz mit der Begründung ab, daß das Fehlen einer grundgesetzlichen Regelung kein Defizit sei, sondern vielmehr

verfassung im engeren Sinne. Beides, Landesverfassungsrecht und Bundesverfassungsrecht, muß seiner Herkunft und seiner Ranghöhe entsprechend voneinander getrennt gesehen werden, damit das heterogen zusammengesetzte Gebilde erkannt wird, das die gliedstaatliche Verfassung ausmacht. Bei der näheren Analyse der Grundsatzentscheidung des Bundesverfassungsgerichts im ersten Band wurde deutlich, daß genau dieses Begriffsverständnis und diese Begriffsunterscheidung der Rechtsprechung zugrunde liegt[648]. Daher geht auch die Kritik von *Wolfgang März*[649], das Bundesverfassungsgericht werde Opfer einer Verwechselung, ins Leere. Nach Auffassung von *März* verwechsele das Gericht "Verfassung" im Sinne einer bundesstaatlich eindeutig zurechenbaren Summe von Normen bestimmter Ranghöhe und äußerlich feststellbarer Urheberschaft mit "Verfassung" als Umschreibung der Gesamtgestaltung einer politischen Einheit, wenn es von der landesrechtlichen Qualität grundgesetzlicher Vorgaben handele[650]. Dadurch identifiziere das Gericht formelle Kennzeichnung einerseits und funktionale Wirkung andererseits[651]. Dieses Verständnis von *März* wird der

---

Respekt vor den Landesverfassungen zum Ausdruck bringe. Auf S. 33 faßt *Wahl* zusammen: "(1) Im Bundesstaat hat 'die Verfassung' zusammengesetzten Charakter; die 'Gesamtverfassung' des Bundesstaates besteht aus Bundes- und Landesverfassungen zusammen. (2) Gemäß diesem zusammengesetzten Charakter sind die Landesverfassungen inhaltlich unvollständig im Hinblick auf die Bundesverfassung [*Wahl* verweist auf den bundesverfassungsgerichtlichen Begriff der "Verfassung des Gliedstaates" in BVerfGE 1, 208, 232; 27, 44, 55]; ebenso kann aber auch die Bundesverfassung unvollständig sein im Hinblick auf die Landesverfassungen und sie ist es regelmäßig in der deutschen Tradition. (3) Was für das Ganze des Bundesstaates (Bund und Länder zusammen) wichtig ist, kann entweder in den Grundsatzbestimmungen der Bundesverfassung geregelt sein oder aber gegenständlich auf die Bundes- und die Landesverfassungen gemäß den Aufgabenschwerpunkten von Bund und Ländern aufgeteilt sein."

648 Bereits *Rolf Grawert* hat, allerdings abgelöst vom kompetenzrechtlichen Zusammenhang, die weite Auslegung des Begriffs "Landesverfassung" in BVerfGE 1, 208 deutlich herausgestellt (Die Bedeutung gliedstaatlichen Verfassungsrechts in der Gegenwart, NJW 1987, 2329 [2331]). Den kompetenzrechtlichen Zusammenhang hat *Christian Pestalozza* klar und deutlich herausgearbeitet: Ob Normen, die von draußen in die Landesverfassung "hineinwirkten", Prüfungsmaßstab im Landesverfassungsprozeß seien, hänge vom Landesprozeßrecht ab. Das "Hineinwirken" - so *Pestalozza* weiter - sei notwendige, aber allein nicht hinreichende Voraussetzung der Prüfungsmaßstäblichkeit der "hineinwirkenden" Normen (*Christian Pestalozza,* Der "Honecker-Beschluß" des Berliner Verfassungsgerichtshofs, NVwZ 1993, 340 [341]). Vgl. auch *Thomas Discher,* Die Landesverfassungsgerichte in der bundesstaatlichen Rechtsprechungskompetenzordnung des Grundgesetzes, 1997, S. 68 f., der ebenfalls annimmt, daß grundgesetzliche Normen Bestandteile der Landesverfassung im landesverfassungsprozessualen Sinne sein können.

649 *Wolfgang März,* Bundesrecht bricht Landesrecht, 1989, S. 180 f.; zustimmend *Jochen Rozek,* Das Grundgesetz als Prüfungs- und Entscheidungsmaßstab der Landesverfassungsgerichte, 1993, S. 179 f.

650 *Wolfgang März,* a.a.O. S. 180 f.

651 *Wolfgang März,* a.a.O. S. 181.

Rechtsprechung jedoch nicht gerecht. Das Gericht unterscheidet - wie bereits ausführlich dargestellt - deutlich zwischen einem engen und einem weiten Begriff von "Landesverfassung". Dabei bezieht das weite Begriffsverständnis des Bundesverfassungsgerichts ("Verfassung des Gliedstaates") die Einwirkungsnormen des Bundesverfassungsrechts mit ein, ohne an deren bundesrechtlicher Qualität etwas zu ändern. Das weite Begriffsverständnis ist auch nicht "funktionaler" Art in der Weise, wie *März* dies in Anlehnung an den positiven Verfassungsbegriff bei *Carl Schmitt* darstellt[652]. Schließlich ist *März* entgegenzuhalten, daß er durch formale Kategorisierungen geprägte Begriffsbestimmungen aus dem bundesstaatlichen Kollisionsrecht (Art. 31 GG) verallgemeinert und ohne weitere Begründung auf bestimmte Zuständigkeitsvorschriften des Landesrechts zwingend übertragen will.

Der Umstand, daß Vorschriften des Grundgesetzes in den Landesbereich hineinwirken und damit das Verfassungsrecht des Gliedstaates ergänzen, steht im Einklang mit dem Fundamentalsatz der bundesstaatlichen Ordnung des Grundgesetzes, daß die *Verfassungsräume* von Bund und Ländern selbständig und unabhängig nebeneinander stehen. Unabhängig davon, ob man den Begriff des "Verfassungsraums" alternativ oder kumulativ versteht als *Autonomiebereich* für den Landes(verfassungs)gesetzgeber nach Maßgabe des Art. 28 GG oder als Summe der Rechtssätze, die das *Ergebnis der wahrgenommenen Landesautonomie* sind, bringt die Vorstellung des "hineinwirkenden Bundesverfassungsrechts" sowie der Terminus der gliedstaatlichen Verfassungsordnung lediglich bereits Bestehendes zur Anschauung und auf den Begriff[653]. Was später *Bethge* abstrakt dahingehend formuliert hat, daß das selbständige Nebeneinanderstehen der Verfassungsräume des Bundes und der Länder "nicht als totale Bezugslosig-

---

[652] Der "positive" Begriff von Verfassung im Sinne von *Carl Schmitt* bezeichnet die Gesamtentscheidung über Art und Form der politischen Einheit, die grundlegende politische Entscheidung des Trägers der verfassunggebenden Gewalt (Verfassungslehre, 8. Aufl., 1993, § 3, S. 20 ff., 23). Der genannte weite Begriff des Bundesverfassungsgerichts entspricht dem aber nicht; er dürfte vielmehr - wenn man eine Zuordnung will - dem "relativen" Verfassungsbegriff von *Carl Schmitt* (a.a.O., § 2, S. 11 ff.: Verfassung ist das Verfassungs*gesetz*) zuzuordnen sein. Die Bestimmungen, die nach dieser Systematisierung unter den Begriff der "Verfassung des Gliedstaates" fielen, wären neben den Verfassungsgesetzen des Landesverfassungsgebers die Verfassungsgesetze des Bundes, die in den Landesbereich einwirken, unabhängig davon, ob sie unter "materiellen", "funktionalen" oder "absoluten" Gesichtspunkten besondere inhaltliche Anforderungen erfüllen.

[653] So bereits *Willi Geiger*, Die Bundesverfassungsgerichtsbarkeit in ihrem Verhältnis zur Landesverfassungsgerichtsbarkeit und ihre Einwirkung auf die Verfassungsordnung der Länder, in: Festschrift für Wilhelm Laforet, 1952, S. 251 (264): "Über die Betonung der im Bundesstaat nötigen Unterscheidung zwischen Bundesstaatsgewalt und Bundesverfassung einerseits und Landesstaatsgewalt und Landesverfassung andererseits, blieb die Tatsache zu wenig beachtet, daß die Verfassungsordnung der Glieder des Bundes zu einem wesentlichen Teil aus dem Bundesverfassungsrecht besteht, das auf die Landesverfassungen einwirkt."

keit aufgefaßt" werden dürfe[654], hatte *Friesenhahn* in drei Klassen unterteilt[655]. Daran anknüpfend könnte man vielleicht heute vorläufig folgendermaßen unterteilen: (1) Die materiellen Bestimmungen der Bundesverfassung, insbesondere die Grundrechte, sind auch für die Organe der Länder verbindlich (die sog. Durchgriffsnormen); (2) auch einfaches Bundesrecht geht im Kollisionsfall den Bestimmungen der Landesverfassungen zumindest für den jeweiligen Einzelfall vor (Art. 31 GG); und (3) das Grundgesetz enthält Normen für das Verhältnis zwischen Bundesgewalt und Landesstaatsgewalten (z. B. über die Verteilung der Gesetzgebungskompetenzen), Normen für das Verhältnis der Länder untereinander und Normen, die verpflichtend für das Land gelten (z. B. die den Landesverfassungsgeber bindenden Grundsätze des Art. 28 GG), sofern sie nicht schon unter (1) fallen.

Unter dem Stichwort des "(Hin-)Einwirkens" werden also nicht neue Beschränkungen der Verfassungsautonomie der Länder begründet, sondern allenfalls bereits bestehende und anerkannte Gemengelagen und "Ingerenzen" zwischen Bundes- und Landesrecht in anschaulicher Weise zusammengefaßt. Damit ergänzt die - so verstandene - Einwirkungsrechtsprechung den bundesstaatlichen Trennungsgrundsatz in harmonischer Weise.

Die soeben aufgeführte erste Einwirkungskategorie umfaßt also auch die *Bundesgrundrechte*, die als Durchgriffsnormen unmittelbar im Land gelten (Art. 1 Abs. 3 GG). Ganz allgemein sind Durchgriffsnormen, wie etwa auch Art. 21 Abs. 1 GG, auch Einwirkungsnormen im Sinne der Einwirkungsrechtsprechung, d. h. Normen der Bundesverfassung, die auf den Landesbereich einwirken oder in den Landesbereich hineinwirken und damit die Landesverfassung im engeren Sinne ergänzen bzw. Bestandteil der gliedstaatlichen (Gesamt-)Verfassung im weiteren Sinne werden[656]. Daß Bundesgrundrechte Bestandteil der gliedstaatli-

---

654 *Herbert Bethge*, Organstreitigkeiten des Landesverfassungsrechts, in: Starck/Stern (Hrsg.), Landesverfassungsgerichtsbarkeit, Teilband II, 1983, S. 17 (28).

655 *Ernst Friesenhahn*, Zur Zuständigkeitsabgrenzung zwischen Bundes- und Landesverfassungsgerichtsbarkeit, in: Festgabe zum 25jährigen Bestehen des Bundesverfassungsgerichts, Erster Band, 1976, S. 748 (752). Vgl. dazu näher oben im Zweiten Teil unter A III. Allerdings verwendete auch *Friesenhahn* nicht den Begriff der "Einwirkung" im Sinne der Einwirkungsrechtsprechung als Oberbegriff für alle drei Einwirkungskategorien, sondern ordnete ihn und die Rechtsprechung allein der dritten Klasse zu. - In vier Klassen, im übrigen aber der Sache nach übereinstimmend, differenziert *Dietrich Franke*, Verfassungsgerichtsbarkeit der Länder - Grenzen und Möglichkeiten, in: Festschrift für Ernst Gottfried Mahrenholz, 1994, S. 923 (928-931).

656 Ebenso auch *Rolf Grawert* (Die Bedeutung gliedstaatlichen Verfassungsrechts in der Gegenwart, NJW 1987, 2329 [2331]), für den u.a. auch die Grundrechte gemäß Art. 1 Abs. 3 GG unmittelbare, nicht transformations- oder inkorporationsbedürftige Einwirkungen haben.

chen Verfassung sind, ist in der Rechtsprechung des Bundesverfassungsgerichts bereits für das Bundesgrundrecht der Rundfunkfreiheit (Art. 5 Abs. 1 Satz 2 GG) anerkannt[657].

Durchgriffsnorm und Einwirkungsnorm stehen also nicht, wie *Rozek* offenbar meint[658], in einem *aliud*-Verhältnis; vielmehr stellt der Begriff der "Einwirkungsvorschrift" den Oberbegriff dar, der unter anderem die Durchgriffsnormen umfaßt. Die plastische Offenheit des Begriffs der "Einwirkung" erlaubt es - ohne daß es hier Aufgabe sein kann, die Begriffe abschließend zu bestimmen -, auch Normativbestimmungen wie etwa Regelungen in Art. 28 GG zu subsumieren. Sicher ausscheiden dürften aber Bestimmungen des Grundgesetzes, die ausschließlich im Bundesbereich verbleiben und die Landesstaatsgewalt von vornherein nicht binden können, wie etwa Art. 38 GG, der die Wahl zum Bundestag regelt[659]. Dieses Verständnis des Begriffs der Einwirkungsnorm wird bestätigt durch die unverkennbaren Übereinstimmungen mit der Einwirkungsrechtsprechung des Staatsgerichtshofs für das Deutsche Reich, welcher neben der Normativbestimmung des Art. 17 WRV insbesondere auch Reichsgrundrechte als Einwirkungs- und Ergänzungsnormen qualifizierte (siehe dazu sogleich unter 3 a).

3) Fortschreibung der Rechtsprechung des Staatsgerichtshofs für das Deutsche Reich zu Art. 19 Abs. 1 Weimarer Reichsverfassung

Die grundgesetzliche Regelung zu der Zuständigkeit, Verfassungsstreitigkeiten innerhalb eines Gliedstaates zu entscheiden, ist keineswegs neu, sondern im engen Zusammenhang mit der Zuständigkeitsregelung zu sehen, die bereits die Weimarer Reichsverfassung für das Verhältnis zwischen dem Staatsgerichtshof für das Deutsche Reich und den damaligen Staatsgerichtshöfen der Länder vorsah. Dabei sind die Zuständigkeiten für die Entscheidung von "Verfassungsstreitigkeiten innerhalb eines Landes" in auffälliger Weise übereinstimmend geregelt, ein Umstand, der zu einem Vergleich herausfordert. Nach der grundgesetzlichen Regelung entscheidet das Bundesverfassungsgericht "in anderen öffentlich-rechtlichen Streitigkeiten zwischen dem Bunde und den Län-

---

657 BVerfGE 13, 54 (79 f.); vgl. auch *Jochen Rozek*, Das Grundgesetz als Prüfungs- und Entscheidungsmaßstab der Landesverfassungsgerichte, 1993, S. 181 m.w.N.

658 *Jochen Rozek*, Das Grundgesetz als Prüfungs- und Entscheidungsmaßstab der Landesverfassungsgerichte, 1993, S. 179: Bundesgrundrechte müßten nicht "einwirken", sie gälten ja "(schon) als Bundesverfassungsrecht" unmittelbar.

659 Siehe BVerfGE 1, 208 (233) hinsichtlich der in Art. 38 GG gewährleisteten Gleichheit des Wahlrechts zum Bundestag; zu Art. 29 GG und Art. 69 Abs. 2 GG vgl. ferner BVerfGE 13, 54 (79-81) und BVerfGE 27, 44 (55).

dern, zwischen verschiedenen Ländern oder innerhalb eines Landes, soweit nicht ein anderer Rechtsweg gegeben ist" (Art. 93 Abs. 1 Nr. 4, 3. Var. GG); gemäß Art. 19 Abs. 1 der Weimarer Reichsverfassung (WRV) entschied über "Verfassungsstreitigkeiten innerhalb eines Landes, in dem kein Gericht zu ihrer Erledigung besteht, sowie über Streitigkeiten nichtprivatrechtlicher Art zwischen verschiedenen Ländern oder zwischen dem Reiche und einem Lande (. . .) auf Antrag eines der streitenden Teile der Staatsgerichtshof für das Deutsche Reich, soweit nicht ein anderer Gerichtshof das Reichs zuständig ist"[660]. Im folgenden soll die Rechtsprechung des Staatsgerichtshofs für das Deutsche Reich[661] (des Reichsstaatsgerichtshofs) schlaglichtartig skizziert werden, soweit sie Normen der Reichsverfassung, die auf die Landesverfassung einwirken, unter den Art. 19 Abs. 1, 1. Var. WRV fallen läßt, und zwar sogleich unter a) aus der Reichsperspektive und später unter b) aus der Länderperspektive. Vor dem Hintergrund dieser Rechtsprechungstradition ist die Einwirkungsrechtsprechung des Bundesverfassungsgerichts zu sehen (siehe unten unter c)).

a) Die subsidiäre Zuständigkeit des Reichsstaatsgerichtshofs nach Art. 19 Abs. 1 WRV für "Verfassungsstreitigkeiten innerhalb eines Landes", welche Vorschriften der *Reichs*verfassung betreffen

Die Leitentscheidung des Reichsstaatsgerichtshofs[662] zu Art. 19 WRV, die die Kompetenzen der Staatsgerichtsbarkeit erheblich ausweitete[663], erging am 15.

---

[660] *Jochen Rozek*, Das Grundgesetz als Prüfungs- und Entscheidungsmaßstab der Landesverfassungsgerichte, 1993, S. 137, sieht in Art. 19 Abs. 1 WRV die Vorläuferbestimmung und in Art. 93 Abs. 1 Nr. 4 GG die Nachfolgebestimmung.

[661] Vgl. näher etwa *Rudolf Hoke*, Verfassungsgerichtsbarkeit in den deutschen Ländern in der Tradition der deutschen Staatsgerichtsbarkeit, in: Starck/Stern (Hrsg.), Landesverfassungsgerichtsbarkeit, Teilband I, 1983, S. 25 (80 ff.), sowie *Jochen Rozek*, Das Grundgesetz, a.a.O. S. 135-157.

[662] Entscheidung des Reichsstaatsgerichtshofs vom 15. Oktober 1927, in: Lammers/Simons (Hrsg.), Die Rechtsprechung des Staatsgerichtshofs für das Deutsche Reich und des Reichsgerichts auf Grund Artikel 13 Absatz 2 der Reichsverfassung, Band I, 1929, S. 292 ff. Streitgegenstand war die Verpflichtung des Landes Sachsen zur Aufwertung von Leistungen an die evangelisch-lutherische Landeskirche Sachsen vor dem Hintergrund des Art. 173 WRV (Staatsleistungen an Religionsgesellschaften). Weitere Nachweise etwa bei *Carl Schmitt*, Der Hüter der Verfassung, 4. Aufl. 1996, S. 57 Fußn. 5.

[663] Die besondere Bedeutung dieser Entscheidung wird vor dem Hintergrund deutlich, daß der Reichsstaatsgerichtshof keine Zuständigkeit für Reichsverfassungsstreitigkeiten bzw. Normenkontrollen besaß; mit dieser Entscheidung erschloß sich der Gerichtshof die Möglichkeit, auf vielen Gebieten das geltende Reichsverfassungsrecht auszulegen (*Jochen Rozek*, Das Grundgesetz als Prüfungs- und Entscheidungsmaßstab der Landesverfassungsgerichte, 1993, S. 146).

Oktober 1927. Erstmals nahm der Gerichtshof ausdrücklich von der Auffassung Abstand, daß lediglich Bestimmungen der *Landes*verfassung Gegenstand einer "Verfassungsstreitigkeit innerhalb eines Landes" im Sinne des Art. 19 WRV sein könne; vielmehr könne ein derartiger Verfassungsstreit - so der Gerichtshof - auch über diejenigen Normen der *Reichs*verfassung entstehen, "die auf die Landesverfassung oder landesverfassungsrechtliche Normen einwirken und insoweit eine Ergänzung der Landesverfassung bilden"[664]. Zur Begründung wandte sich der Reichsstaatsgerichtshof nach Hinweis auf seine Hüterstellung hinsichtlich der Reichsverfassung dem Wortlaut der Zuständigkeitsregelung des Art. 19 WRV zu:

> "Da dieser [Art. 19 WRV] schlechthin von Verfassungsstreitigkeiten ohne Einschränkung spricht, so muß man darunter sowohl Streitigkeiten, die in der Landesverfassung als auch solche, die in der Reichsverfassung wurzeln, verstehen. Denn beides sind Verfassungsstreitigkeiten. Es ist auch nicht etwa anzunehmen, daß durch den Zusatz 'innerhalb eines Landes' die Streitigkeiten auf solche beschränkt werden sollten, die auf der nur innerhalb eines Landes geltenden Verfassung, also der Landesverfassung, beruhen. Der gedachte Zusatz enthält vielmehr offenbar nur eine örtliche Abgrenzung dahin, daß die Zuständigkeit des Staatsgerichtshofs für solche Verfassungsstreitigkeiten begründet sein sollte, die 'innerhalb eines Landes', d. h. zwischen Stellen eines Landes entstehen. Dagegen folgt wieder aus dem Begriff 'Streitigkeiten', daß darunter nicht bloße Meinungsverschiedenheiten über die Auslegung der Verfassung (Reichs- oder Landesverfassung), sondern nur solche zu begreifen sind, die bei der Anwendung reichs- oder landesrechtlicher Verfassungsvorschriften durch die eine Landesstelle die Belange der anderen berühren. Und da auch die Anwendung von reichsrechtlichen Verfassungsvorschriften durch eine Landesstelle immer nur auf Grund der die Zuständigkeit dieser Landesstelle begründenden Landesverfassung oder anderer landesverfassungsrechtlicher Vorschriften erfolgt, so können tatsächlich nur solche Normen der Reichsverfassung unter den Art. 19 fallen, die auf die Landesverfassung oder landesverfassungsrechtliche Normen einwirken und insoweit eine Ergänzung der Landesverfassung bilden (vgl. hierzu L a m m e r s in J.W. 1927 S. 457 Anm. 1). Im vorliegenden Falle handelt es sich insofern, als der in seiner Auslegung streitige Artikel 173 in der Reichsverfassung enthalten ist, um eine Streitigkeit über die Reichsverfassung, er stellt aber weiter, da er die Länder zu Staatsleistungen zwingt, die diese entsprechend ihrer Landesverfassung und durch die landesverfassungsmäßigen Organe vorzunehmen haben, eine Ergänzung der Landesverfassung dar."[665]

---

664 RStGH, in: Lammers/Simons, a.a.O. Bd. I, 1929, S. 292 (295).

665 RStGH, in: Lammers/Simons, a.a.O. Bd. I, 1929, S. 292 (295) (Hervorhebung im Original).

Dieser Grundsatzentscheidung folgten weitere Entscheidungen, die zahlreichen Bestimmungen der Reichsverfassung bescheinigten, daß sie auf die Landesverfassung einwirkten und insoweit eine Ergänzung der Landesverfassung bildeten[666]. Aus dieser Folgerechtsprechung wird deutlich, daß - ohne dies hier vertiefen zu können - der Begriff der "Einwirkung" sehr weit verstanden wurde und unterschiedliche Einwirkungsmöglichkeiten erfaßte. So erfaßte der Oberbegriff der Einwirkung neben Bestimmungen zum Reich-Länder-Verhältnis wie etwa Art. 6 ff. WRV (Verteilung der Gesetzgebungskompetenzen zwischen Reich und Ländern)[667] Reichsvorschriften wie etwa Art. 142 Satz 2 WRV (Freiheit von Kunst und Wissenschaft), Art. 153 WRV (Eigentum), Art. 158 WRV (Schutz geistigen Eigentums) oder Art. 173 WRV (Staatsleistungen an Religionsgesellschaften)[668]. Auch die "Normativbestimmung" des Art. 17 WRV (Verfassungsmäßige Ordnung der Länder, Wahlrechtsgrundsätze) wurde als Einwirkungs- und Ergänzungsnorm qualifiziert[669].

b) Die Zuständigkeit der Staatsgerichtshöfe der Länder auch für solche "Verfassungsstreitigkeiten innerhalb eines Landes", die *reichs*verfassungsrechtliche Einwirkungs- und Ergänzungsnormen zum Gegenstand haben

Die Ausdehnung der subsidiären Zuständigkeit des Reichsstaatsgerichtshofs fand seine Entsprechung in der Ausdehnung der landesstaatsgerichtlichen Zuständigkeiten zur Entscheidung landesinterner Verfassungsstreitigkeiten. In der Entscheidung vom 12. Februar 1930[670] stellte der Bayerische Staatsgerichtshof in einem Verfassungsstreitverfahren nach § 70 der Bayerischen Verfassungsurkunde fest, daß Vorschriften des Landeswahlgesetzes gegen die *Reichs*verfassung verstießen[671]. Der Staatsgerichtshof für das Deutsche Reich hatte sich zu-

---

[666] Vgl. die Zusammenstellung bei *Jochen Rozek*, Das Grundgesetz, a.a.O. S. 145 f.

[667] Vgl. die Rechtsprechungsnachweise bei *Jochen Rozek*, Das Grundgesetz, a.a.O, S. 145 Fußn. 385.

[668] Vgl. die Rechtsprechungsnachweise bei *Jochen Rozek*, Das Grundgesetz, a.a.O. S. 145 f. Fußn. 393, 395, 396, 397.

[669] Vgl. die Rechtsprechungsnachweise bei *Jochen Rozek*, Das Grundgesetz, a.a.O. S. 145 Fußn. 384, S. 151-154.

[670] BayStGH, in Lammers/Simons, a.a.O. Bd. III, 1931, S. 111 ff.

[671] Dabei handelte es sich um einen Verstoß gegen den Grundsatz der Unmittelbarkeit der Wahl gemäß Art. 17 WRV durch Vorschriften, aufgrund derer durch die Volkswahl nur noch die Zahl der auf die Parteien entfallenden Landesabgeordneten bestimmt wird, ihre Person aber durch den Willen einzelner Parteivertreter (BayStGH, in: Lammers/Simons, a.a.O. Bd. III, 1931, S. 111 [122-124, 129-132]). Zwar enthielt auch die Bayerische Verfassungsurkunde den wahlrechtlichen Unmittelbarkeitsgrundsatz; der entsprechende § 26 Abs. 1 der Urkunde wiederholte jedoch lediglich die Vorschrift des Art. 17 Abs. 1 WRV und hatte damit nach der herrschenden Auslegung des Art. 13 WRV, wonach Reichs(verfassungs)recht auch gleich-

vor in dieser Sache mit der Begründung für unzuständig erklärt[672], daß nicht nur Streitigkeiten über die Auslegung und Anwendung einer Landesverfassung, sondern auch Streitigkeiten über Auslegung und Anwendung reichsrechtlicher Verfassungsvorschriften, die auf das Landesverfassungsrecht einwirkten und es ergänzten, als Verfassungsstreitigkeiten innerhalb eines Landes im Sinne des Art. 19 WRV anzuerkennen seien[673]. Dieser Rechtsauffassung schloß sich der

---

lautendes Landes(verfassungs)recht brach, keine Geltung.

672 Entscheidung des Reichsstaatsgerichtshofs vom 19. Januar 1929, in: Lammers/Simons, a.a.O. Bd. II, 1930, S. 117 ff. Der Reichsstaatsgerichtshof hatte bereits in der Entscheidung vom 12. Mai 1928 die Zuständigkeitsvorschrift eines anderen Landes mit folgender Begründung extensiv ausgelegt: "Nach § 66 Abs. 1 Satz 1 der Verfassung des Freistaates Mecklenburg-Schwerin vom 17. Mai 1920 (. . .) entscheidet der Staatsgerichtshof (. . .) auch über Verfassungsstreitigkeiten. Der Antragsteller will hier unter Verfassungsstreitigkeiten nur Streitigkeiten über Auslegung und Anwendung von Normen der Landesverfassung verstehen. Dem kann nicht beigepflichtet werden. Art. 19 RVerf. läßt die Übertragung der Entscheidung über Verfassungsstreitigkeiten innerhalb eines Landes auf ein Gericht dieses Landes unbeschränkt zu. Mit dem zweifelsfreien Wortlaut der Vorschrift würde man in Widerspruch treten, wollte man die (. . .) Verfassungsstreitigkeiten innerhalb eines Landes, die aus dem Reichsverfassungsrecht entspringen, dem Staatsgerichtshof für das Deutsche Reich ausschließlich vorbehalten. Auch in § 66 der Verfassung für den Freistaat Mecklenburg-Schwerin kann ein derartiger Unterschied nicht hineingelegt werden. Er will ersichtlich die durch Art. 19 RVerf. begründete Zuständigkeit des Staatsgerichtshofs für das Deutsche Reich ausschließen. Daraus folgt, daß er den Ausdruck 'Verfassungsstreitigkeiten innerhalb eines Landes' im gleichen Sinne gebraucht" (RStGH, in: Lammers/Simons, a.a.O. Bd. I, 1929, S. 352 [354]).

673 Im einzelnen argumentierte der Reichsstaatsgerichtshof wie folgt: "Mit der Bestimmung des § 70 BayVerf-Urk., daß über Verfassungsstreitigkeiten der Staatsgerichtshof entscheidet, wollte der bayerische Verfassungsgesetzgeber von der in Art. 19 Abs. 1 RVerf. den Ländern gegebenen Ermächtigung Gebrauch machen. Er wollte die dort begründete Zuständigkeit des Staatsgerichtshof für das Deutsche Reich ausschließen und an seine Stelle ein bayerisches Gericht, den bayerischen Staatsgerichtshof, treten lassen. Ebenso wie das (. . .) für § 66 der Verfassung des Freistaates Mecklenburg-Schwerin angenommen worden ist, muß auch für § 70 BayVerfUrk. anerkannt werden, daß er den Ausdruck 'Verfassungsstreitigkeiten' in demselben Sinne gebraucht wie Art. 19 RVerf. Es ist schlechterdings kein Grund ersichtlich, aus dem Bayern einen Teil seiner innerstaatlichen Verfassungsstreitigkeiten, für die die Reichsverfassung ein gerichtliches Verfahren vorgeschrieben hat, dem Staatsgerichtshof für das Deutsche Reich belassen haben könnte. Gerade einem Lande wie Bayern, das auf Wahrung seiner Eigenstaatlichkeit in jeder Hinsicht aufs Äußerste bedacht ist, das die ihm vom Reich belassenen Zuständigkeiten stets voll ausnutzt, kann nicht zugetraut werden, daß es irgendwelche seiner innerstaatlichen Verfassungsstreitigkeiten durch ein Reichsorgan hat entscheiden lassen wollen (. . .). Bei diesem aus der Sache selbst sich ergebenden Zusammenhang zwischen Art. 19 RVerf. und § 70 BayVerfUrk. ist es unerheblich, daß letzterer den Begriff der Verfassungsstreitigkeit nicht besonders umschreibt, auch keinen ausdrücklichen Hinweis auf die ihm zu Grunde liegende Vorschrift der Reichsverfassung enthält. Die Übernahme des Wortes 'Verfassungsstreitigkeiten' aus der Reichsverfassung hat dem § 70 BayVerfUrk. den objektiven Inhalt gegeben, der in dieser Hinsicht dem Artikel 19 Abs. 1 RVerf. zukommt. Die Auslegung, die der Begriff der Verfassungsstreitigkeit für letzteren gefunden hat, erstreckt

Bayerische Staatsgerichtshof an und erklärte sich für zuständig[674].

Bereits dieser oberflächliche Blick auf die Weimarer Rechtsprechung zeigt, daß die Staatsgerichtshöfe des Reichs und der Länder ihre erweiterten Prüfungszuständigkeiten durch eine extensive Auslegung der Kompetenzvorschriften begründeten[675]. Der kompetentielle Begriff der "Verfassungsstreitigkeit innerhalb eines Landes" (Art. 19 Abs. 1 WRV) bzw. der der "Verfassungsstreitigkeit" (§ 66 Abs. 1 Satz 1 der Verfassung des Freistaates Mecklenburg-Schwerin; § 70 der Bayerischen Verfassungsurkunde) werden unter Einbeziehung der reichsverfassungsrechtlichen Ergänzungsnormen extensiv ausgelegt und angewendet.

c) Kontinuität der Rechtsprechung zu Art. 93 Abs. 1 Nr. 4, 3. Var. GG und Art. 99, 1. Var. GG

Die Rechtsprechung des Bundesverfassungsgerichts steht erkennbar in der Tradition der Rechtsprechung des Staatsgerichtshofs für das Deutsche Reich zu der vergleichbaren Zuständigkeitsvorschrift des Art. 19 WRV. Vergleicht man die einschlägigen Begründungen der jeweiligen Leitentscheidungen[676], so drängt sich ihre enge Verwandtschaft geradezu auf. Der Reichsstaatsgerichtshof spricht von Streitigkeiten über die "Auslegung der Verfassung (Reichs- oder Landesverfassung)" und von "Streitigkeiten, die in der Landesverfassung als auch solche[n], die in der Reichsverfassung wurzeln", verwendet also wie das Bundesverfassungsgericht eine extensive Auslegung des kompetenzrechtlichen Begriffs der "Verfassungsstreitigkeit". Die reichsverfassungsrechtlichen Einwirkungsnormen sind - so der Staatsgerichtshof - eine "Ergänzung der Landesverfassung", während die bundesverfassungsrechtlichen Einwirkungsnormen - in der

---

sich daher ohne weiteres auch auf § 70 BayVerfUrk" (RStGH, in: Lammers/Simons, a.a.O. Bd. II, 1930, S. 117 [122 f.]).

674 BayStGH, in: Lammers/Simons, a.a.O. Bd. III, 1931, S. 111 (119).

675 Ebenso auch *Jochen Rozek* (Das Grundgesetz als Prüfungs- und Entscheidungsmaßstab der Landesverfassungsgerichte, 1993, S. 156 f.), für den der Rechtsprechung des Reichsstaatsgerichtshofs ein "spezifisch kompetenzrechtlicher Ansatz" zugrunde lag. Ausdrücklich erstreckt *Rozek* diese Einschätzung auch auf die korrespondierende Rechtsprechung der Landesverfassungsgerichte: "Zu einer Einbeziehung reichsverfassungsrechtlicher Normen in die Entscheidungsgrundlage der Landesverfassungsgerichtsbarkeit gelangte er [d. h. der Reichsstaatsgerichtshof] nicht durch eine (Um-)Etikettierung dieser Normen zu Landesverfassungsrecht, sondern über eine weite, an Art. 19 Abs. 1 WRV orientierte Auslegung der landesverfassungsrechtlichen Kompetenzzuweisungen an die Landesverfassungsgerichte zur Erledigung von Verfassungsstreitigkeiten." (*Jochen Rozek*, a.a.O., S. 156.)

676 Vgl. einerseits RStGH, in: Lammers/Simons, a.a.O. Bd. I, 1929, S. 292 (295), dessen Ausführungen soeben wörtlich wiedergegeben worden sind, und andererseits BVerfGE 1, 208 (232 f.).

bundesverfassungsgerichtlichen Formulierung - "Bestandteil" oder "Element" der "gliedstaatlichen Verfassung" sind. Diese unterschiedliche Begrifflichkeit verweist nicht auf einen sachlichen Unterschied, sondern lediglich auf einen Perspektivwechsel: Versteht man die gliedstaatliche Verfassung als Oberbegriff, der neben der Landesverfassung auch die einwirkenden Bestimmungen des Bundesverfassungsrechts umfaßt[677], so ist es nur folgerichtig, hinsichtlich des einwirkenden Reichs- oder Bundesverfassungsrechts einerseits von einem Bestandteil oder Element der gliedstaatlichen Verfassung und andererseits von einer Ergänzung der Landesverfassung im engeren Sinne zu sprechen. Beide Beschreibungen ("Bestandteil" bzw. "Ergänzung") widersprechen sich also nicht.

Jochen Rozek versucht gleichwohl einen scharfen Bruch und Argumentationswechsel seitens des Bundesverfassungsgerichts gegenüber der Weimarer Rechtsprechung zu konstruieren. Den - auch von ihm anerkannten - kompetenzrechtlichen Charakter der Weimarer Rechtsprechung stellt *Rozek* die angeblich materiell-rechtliche, inkorporierende Sichtweise des Bundesverfassungsgerichts[678] gegenüber; beide Rechtsprechungslinien seien inkommensurabel: "Denn anders als der Staatsgerichtshof für das Deutsche Reich, der die reichsverfassungsrechtliche Kompetenznorm des Art. 19 Abs. 1 WRV extensiv auslegte, um materielle reichsverfassungsrechtliche Normen *als Reichsverfassungsrecht* mit in die Entscheidungsgrundlage einbeziehen zu können, sucht das Bundesverfassungsgericht kompetenzrechtliche Begrenzungen dadurch zu umgehen, daß es materielles Bundesverfassungsrecht (Art. 21 Abs. 1 GG) zusätzlich *als Landesverfassungsrecht* qualifiziert."[679]

Dabei ist allerdings nicht nachzuvollziehen, warum *Rozek* auf der einen Seite die erweiterte Zuständigkeit der Landesstaatsgerichtshöfe unter der Geltung der Weimarer Reichsverfassung unproblematisch findet und deren Begründung überzeugenderweise als kompetenzrechtlichen Ansatz deutet und als solchen gutheißt[680], auf der anderen Seite aber die entsprechende Argumentation unter der Geltung des Grundgesetzes als materiell-rechtliche Umetikettierung zur Umgehung von engen Kompetenzvorschriften begreift, welche offenbar keiner derartigen extensiven Auslegung - wie das bei ihren Weimarer Vorgängerbestimmungen der Fall war - zugänglich sein sollen. Mit der genannten Gegenüberstellung vertauscht *Rozek* offenbar auch Zuständigkeitsfragen, die einerseits

---

677 Vgl. soeben unter 2.

678 Die Inkorporationstheorie wird jedoch - wie sich bei der Entscheidungsanalyse soeben unter 1 b gezeigt hat - der Einwirkungsrechtsprechung nicht gerecht und taugt nicht zu ihrer Erklärung. Diese Theorie ist darüber hinaus an und für sich nicht tragfähig, insbesondere stellt sie einen erheblichen Eingriff in die Verfassungsautonomie der Länder dar (vgl. sogleich unter 4).

679 *Jochen Rozek*, Das Grundgesetz als Prüfungs- und Entscheidungsmaßstab der Landesverfassungsgerichte, 1993, S. 176 (Hervorhebungen im Original).

680 Siehe soeben unter 3 b.

auf der Reichs- bzw. Bundesebene und andererseits auf der jeweiligen gliedstaatlichen Ebene angesiedelt sind. Er vergleicht nämlich die Rechtsprechung und Argumentation des Reichsstaatsgerichtshofs zu dessen *eigener* (subsidiärer) Zuständigkeit nach Art. 19 Abs. 1 WRV mit der Rechtsprechung und Argumentation des Bundesverfassungsgerichts zu dessen Zuständigkeit *als Verfassungsgericht für das Land* Schleswig-Holstein nach Art. 37 Nr. 1 *Landessatzung* a.F. i.V.m. Art. 99, 1. Var. GG. Diese Gegenüberstellung ist schief[681] und bietet keine eigenständige Begründung für die behauptete Diskontinuität in der Rechtsprechung[682].

Auch der Versuch *Rozeks*, *Hans-Heinrich Lammers*[683] als ersten Vertreter der Inkorporationstheorie darzustellen[684], kann nicht überzeugen. Zum einen ist eine Inkorporation von Reichsrecht in das Landesrecht unter der Geltung der Weimarer Reichsverfassung konstruktiv nicht möglich, vergegenwärtigt man sich das absolut herrschende Verständnis zu Art. 13 Abs. 1 WRV. Diese Vorschrift, nach der Reichsrecht Landesrecht bricht, fand nach herrschender Auffassung auch Anwendung auf gleichlautendes Landes(verfassungs)recht[685]. Aufgrund dieses

---

[681] Man muß vielmehr entweder die Aussagen des Reichsstaatsgerichtshofs zum Bestehen und zur Reichweite seiner eigenen (subsidiären) Zuständigkeit (siehe soeben unter 3 a) vergleichen mit den Aussagen des Bundesverfassungsgerichts zum Bestehen und zur Reichweite seiner eigenen (subsidiären) Zuständigkeit zur Entscheidung "in anderen öffentlichrechtlichen Streitigkeiten" nach Art. 93 Abs. 1 Nr. 4, 3. Var. GG; oder man muß die Rechtsprechung des Reichsstaatsgerichtshofs und der Staatsgerichtshöfe der Länder zu deren *eigener* Landeszuständigkeit nach Maßgabe der landesrechtlichen Zuständigkeitsvorschriften (siehe soeben unter 3 b) in Beziehung setzen mit den verfassungsgerichtlichen Aussagen zu den Zuständigkeiten der Landesverfassungsgerichte unter der Geltung des Grundgesetzes.

[682] Umgekehrt könnte man mit gleicher Begründung sagen, daß anders als das Bundesverfassungsgericht, das die grundgesetzliche Kompetenznorm des Art. 93 Abs. 1 Nr. 4, 3. Var. GG extensiv auslegt, um materielle bundesverfassungsrechtliche Normen *als Bundesverfassungsrecht* mit in die Entscheidungsgrundlage einbeziehen zu können, der Reichsstaatsgerichtshof kompetenzrechtliche Begrenzungen dadurch zu umgehen sucht, daß er materielles Reichsverfassungsrecht zusätzlich *als Landesverfassungsrecht* qualifiziert.

[683] *Hans-Heinrich Lammers,* Anmerkung zu Entscheidungen des Reichsstaatsgerichtshofs vom 13. März 1926, JW 1927, 456.

[684] *Jochen Rozek,* Das Grundgesetz als Prüfungs- und Entscheidungsmaßstab der Landesverfassungsgerichte, 1993, S. 148. Damit soll vermutlich ein Gewährsmann für die angeblich im Sinne der Inkorporationstheorie zu verstehende Rechtsprechung des Bundesverfassungsgerichts gefunden werden, ein Gewährsmann, der die These vom vollständigen Bruch des Bundesverfassungsgerichts mit der Weimarer Rechtsprechungstradition dadurch erträglicher hätte machen können, daß die neue Rechtsprechung wenigstens in die Tradition "einiger Ansätze der Weimarer Staatsrechtslehre" (*Jochen Rozek,* Das Grundgesetz, a.a.O., S. 156, 148 Fußn. 408) hätte gestellt werden können.

[685] Vgl. nur *Gerhard Anschütz,* Kommentar, 14. Aufl. 1933, Anm. 3 zu Art. 13 WRV, S. 103 f.; weitere Nachweise etwa bei *Henning von Olshausen* (Landesverfassungsbeschwerde und Bundesrecht, 1980, S. 110 Fußn. 15).

strengen Kollisionsrechts ist es nicht vertretbar zu behaupten, daß einwirkendes Reichsverfassungsrecht in irgendeiner Weise Landesverfassungsrecht kreiert; dieses notwendigerweise gleichlautende Landesrecht würde nämlich nie in Geltung treten können, da es vom gleichlautenden Reichsrecht wegen Art. 13 WRV sofort wieder verdrängt würde. Schon deshalb kann *Rozeks* Interpretation von *Lammers* nicht richtig sein. Zum anderen stützt sich der Reichsstaatsgerichtshof in seiner oben unter a) zitierten Leitentscheidung ausdrücklich auf *Lammers*, der offenbar der geistige Vater der (kompetenzrechtlichen) Einwirkungs- und Ergänzungsrechtsprechung gewesen ist[686].

4) Weitere Einwände gegen die Deutung der (kompetenzrechtlichen) Rechtsprechung mit Hilfe des Inkorporationsgedankens

Die Inkorporations- oder "Bestandteil"- Theorie versteht das Phänomen der in die Landesverfassungsordnung hineinwirkenden Bundesverfassung *materiell-rechtlich* in dem Sinne, daß einwirkende Bundesverfassungsbestimmungen wie etwa Art. 21 Abs. 1 GG nicht nur für den Bereich des Bundes gelten würden, sondern auch in den Ländern und zwar als *Landesverfassungsrecht*. Bundesverfassungsrecht avanciere - so in klassischer Weise *Herbert Bethge*[687] - zu Landesverfassungsrecht und damit auch zum unmittelbaren (d. h. prinzipalen) Prüfungsmaßstab für Verfassungsorganstreitigkeiten auf Landesebene.

Die oben[688] durchgeführte Analyse der Entscheidung im ersten Band hat gezeigt, daß Wortlaut und Gedankenführung der Entscheidung eine Deutung mit Hilfe dieses Inkorporationsgedankens ausschließen dürften. Das Bundesverfassungsgericht versucht gerade nicht, einer - angeblich bestehenden - Limitierung der Landesverfassungsgerichte allein auf die Landesverfassung mit der fragwürdigen Figur einer (materiell-rechtlichen) Inkorporation auszuweichen. Vielmehr stellt sich das Bundesverfassungsgericht der *kompetenzrechtlichen* Frage nach dem zulässigen Prüfungsmaßstab für Verfassungsstreitigkeiten innerhalb des Landes Schleswig-Holstein und erstreckt den Prüfungsumfang auch auf (hineinwirkendes) *Bundes*verfassungsrecht[689]. Diese Rechtsprechung des Bun-

---

[686] Vgl. auch *Jochen Rozek*, Das Grundgesetz, a.a.O. S. 147. Diese klärende Bezugnahme des Reichsstaatsgerichtshofs auf *Lammers* an zentraler Stelle ist bei *Rozeks* ausführlichem Wortlautzitat der Rechtsprechung ausgeblendet (a.a.O., S. 144).

[687] *Herbert Bethge*, Organstreitigkeiten des Landesverfassungsrechts, in: Starck/Stern (Hrsg.), Landesverfassungsgerichtsbarkeit, Teilband II, 1983, S. 17 (30).

[688] Vgl. die Ausführungen oben in diesem Teil unter A II 1 b.

[689] Das Bundesverfassungsgericht legt es den Verfassungsgerichten anderer Länder in späteren Entscheidungen ausdrücklich nahe, ebenso weitreichende Prüfungskompetenzen zu beanspruchen. Vgl. insbes. den "Dialog" mit dem Baden-Württembergischen Staatsgerichthof (BVerfGE 6, 367 [374 f.])

desverfassungsgerichts steht - wie soeben gezeigt - in der Tradition der Rechtsprechung des Staatsgerichtshofs für das Deutsche Reich zu der vergleichbaren Zuständigkeitsvorschrift des Art. 19 WRV, deren kompetenzrechtlichen Charakter *Rozek* zurecht erneut aufgezeigt hat[690].

Die Inkorporationstheorie ist auch für sich genommen wenig befriedigend. Zum einen bleibt unklar, welchen Status und welche Rangstufe das in das Landesverfassungsrecht implantierte Bundesverfassungsrecht innerhalb der Rechtsordnung des Landes einnehmen soll. Man wird wohl mit *Michael Sachs*[691] davon ausgehen müssen, daß einwirkendes Bundesverfassungsrecht lediglich zu *materiellem* Landesverfassungsrecht wird. An diese Einordnung schließen sich weitere Fragen, die sich kaum zufriedenstellend beantworten lassen[692]. So fragt sich, ob nicht auch in diesem Zusammenhang das formelle Landesverfassungsrecht dem bloß materiellen im Rang vorgeht und ob nicht sogar der einfache Landesgesetzgeber durch nachfolgende Gesetzgebung modifizieren oder sogar aufheben kann. Letztlich dürfte es zur Begründung eines Bestandsschutzes unvermeidbar sein, auf die höherrangige Parallelnorm im Bundesrecht zu verweisen und aus dieser einen Schutz der auf der Landesebene reproduzierten Norm abzuleiten. Dadurch würde die inkorporierte Rechtsnorm im Ergebnis zu einer Art "höherem" Landesverfassungsrecht[693], eine höchst fragwürdige dogmatische Figur. Deutlich wird dies etwa bei den Grundrechten. Hier könnte es zu *drei* Grundrechtsschichten kommen, bestehend aus dem originären Bundesgrundrecht, aus dem in ein Landesgrundrecht "mutiertes" Bundesgrundrecht sowie aus einem originären Landesgrundrecht[694]. Diese redundante Selbstreproduktion von Normen kann nicht richtig sein.

Zum anderen handelt es sich bei dem Phänomen der in die Landesverfassung hineinwirkenden Bundesverfassung um eine grundgesetzlich nicht vorgesehene "Ingerenz" in den Landesverfassungsbereich. *Jochen Rozek* hat in überzeugender Weise dargetan, daß die Inkorporationstheorie und eine derart verstandene Einwirkungsrechtsprechung nicht in der Lage sind, sich mit dem bundesstaatli-

---

690 *Jochen Rozek*, Das Grundgesetz als Prüfungs- und Entscheidungsmaßstab der Landesverfassungsgerichte, 1993, S. 156 f.

691 *Michael Sachs*, Die Landesverfassung im Rahmen der bundesstaatlichen Rechts- und Verfassungsordnung, ThürVBl. 1993, 121 (121). Landesverfassungsrecht im formellen Sinne werde man nicht anerkennen können, weil diese Kategorie nur bei einer Beschränkung auf die in der Landesverfassungsurkunde verankerten Rechtssätze sinnvoll erscheine (a.a.O.)

692 Vgl. jüngst auch *Thomas Discher*, Die Landesverfassungsgerichte in der bundesstaatlichen Rechtsprechungskompetenzordnung des Grundgesetzes, 1997, S. 67.

693 Überlegungen in dieser Richtung allerdings für den Fall der *Rezeption* von Bundesverfassungsrecht bei *Ernst Friesenhahn*, Zum Verhältnis von Bundes- und Landesverfassungsgerichtsbarkeit ("Referat"), 1956, S. 12.

694 Gleichermaßen kritisch auch *Jochen Rozek*, Das Grundgesetz als Prüfungs- und Entscheidungsmaßstab der Landesverfassungsgerichte, 1993, S. 181.

chen Fundamentalsatz des selbständigen Nebeneinanders der Verfassungsräume bzw. Verfassungsbereiche von Bund und Ländern ins Benehmen zu setzen, und daß sie in sehr bedenklicher Weise in die grundgesetzlich gewährleistete Verfassungsautonomie der Länder eingreift[695].

Die eben genannten Argumente lassen es als sehr fraglich erscheinen, ob die Inkorporationstheorie noch zu vertreten ist. Denn angesichts der deutlichen Ausführungen in der bundesverfassungsgerichtlichen Leitentscheidung im ersten Band, angesichts der - anerkanntermaßen kompetenzrechtlichen - Weimarer Rechtsprechung zu Art. 19 WRV, die erkennbar Vorbild und Pate für die Rechtsprechung des Bundesverfassungsgerichts war, und schließlich angesichts der erheblichen verfassungsrechtlichen Bedenken, die sich unter dem Gesichtspunkt der Verfassungsautonomie der Länder ergeben, sollte man davon Abstand nehmen, weiterhin die Vorstellung der Inkorporation, der Implementation, der Rechtsmutation zu propagieren oder als Rechtsauffassung des Bundesverfassungsgerichts zu deklarieren. Die Inkorporationsthese kann nicht allein mit der zum Teil abkürzenden[696] oder mit der zum Teil etwas drängenden bis ungeduldigen[697] Ausdrucksweise des Bundesverfassungsgerichts in späteren Entscheidungen erklärt werden. Dieser Teil des Schrifttums ist vielmehr entscheidend motiviert durch die weitere Annahme, daß Bundesverfassungsrecht als Maßstab für die Rechtsfindung der Landesverfassungsgerichte grundsätzlich ausscheide[698].

Das Inkorporationsverständnis trifft man verständlicherweise bei denjenigen, die die Landesverfassungsgerichte ausschließlich auf Vorschriften der Landesverfassung als Prüfungsmaßstab beschränken wollen. Sie sind geneigt, den Widerspruch zwischen ihrer restriktiven kompetenzrechtlichen Behauptung einerseits

---

695 *Jochen Rozek*, Das Grundgesetz, a.a.O. S. 179-182; ferner auch *Hartmut Maurer*, Die politischen Parteien im Prozeß, JuS 1992, 296 (297 f.); *Wolfgang Löwer*, Kritische Anmerkungen zum Beschluß des Verfassungsgerichtshofes des Landes Berlin in Sachen Honecker, SächsVBl. 1993, 73 (75) und *Eckart Klein/Andreas Haratsch*, Landesverfassung und Bundesrecht, JuS 1994, 559 (562).

696 Z.B. BVerfGE 1, 208 (227): "Art. 21 GG gilt nicht nur für den Bereich des Bundes, sondern unmittelbar auch für die Länder; er ist also insoweit zugleich Bestandteil der Landesverfassung." Mißverständlich ist in der Tat BVerfGE 60, 53 (61), wonach die in Art. 21 GG niedergelegten Grundsätze "unmittelbar auch in den Ländern als Landesverfassungsrecht" gälten. Diese kurze Einlassung des Bundesverfassungsgerichts dürfte aber die Problematik nicht erschöpfend behandeln.

697 Z.B. BVerfGE 6, 367 (374 f.).

698 Deutlich insbesondere *Hartmut Maurer*, Die politischen Parteien im Prozeß, JuS 1992, 296 (297). Das Bundesverfassungsgericht - so *Maurer* - umgehe die Schwierigkeit [der streng limitierten Prüfungskompetenz der Landesverfassungsgerichte] mit dem Hinweis, Art. 21 Abs. 1 GG gelte auch im Landesbereich, und zwar als Landesverfassungsrecht; dies sei jedoch schwerlich haltbar (a.a.O., S. 297 f.).

und der extensiven Rechtsprechung andererseits, welche dazu führt, daß Landesverfassungsgerichte Verfassungsstreitigkeiten auf der Grundlage von bundesverfassungsrechtlichen Vorschriften entscheiden, mit einer Fiktion aufzulösen. Diese Fiktion besteht darin, die Vorschriften der hineinwirkenden Bundesverfassung, um deren Auslegung und Anwendung sich der Organstreit innerhalb des Landes dreht, sich "irgendwie" in "Landesverfassungsrecht" verwandeln zu lassen, so daß diese Vorschriften *als solche* wieder tauglicher Prüfungs- und Entscheidungsmaßstab für das jeweilige Landesverfassungsgericht werden. Dieser Vorgang und sein Ergebnis wird als Inkorporation bezeichnet und als Rechtsauffassung des Bundesverfassungsgerichts dargestellt[699].

---

[699] Für diesen engen Zusammenhang zwischen dem Inkorporationsverständnis der Rechtsprechung und der Annahme einer strikten Prüfungslimitierung der Landesverfassungsgerichte seien als weitere Beispiele insbesondere genannt: *Ernst Friesenhahn* (Zur Zuständigkeitsabgrenzung zwischen Bundesverfassungsgerichtsbarkeit und Landesverfassungsgerichtsbarkeit, in: Festgabe zum 25jährigen Bestehen des Bundesverfassungsgerichts, Erster Band, 1976, S. 748 [755; 760, 797]) und sein Schüler *Horst Eller* (Die Bindung der Landesverfassungsgerichte an die Entscheidungen des Bundesverfassungsgerichts und der anderen Landesverfassungsgerichte, 1963, S. 137; 147-150) sowie *Herbert Bethge* (Organstreitigkeiten des Landesverfassungsrechts, in: Starck/Stern [Hrsg.], Landesverfassungsgerichtsbarkeit, Teilband II, 1983, S. 17 [30]) und sein Schüler *Jochen Rozek* (Das Grundgesetz als Prüfungs- und Entscheidungsmaßstab der Landesverfassungsgerichte, 1993, S. 55-58; 101). Die Identifikation von Einwirkungsrechtsprechung und Inkorporationstheorie führt *Rozek* zur Konsequenz, die Einwirkungsrechtsprechung für unhaltbar zu erklären (a.a.O., S. 100 f., 182).

III. Der kompetentielle Begriff der "Verfassung" in den Verfahren der Landesverfassungsbeschwerde

1) Möglichkeit extensiver Auslegung

In den beiden vorangegangenen Abschnitten I und II sahen wir, daß es in zwei Verfahrensarten der Landesverfassungsgerichtsbarkeit bereits Realität ist, Bestimmungen der Bundesverfassung als Prüfungs- und Entscheidungsmaßstab heranzuziehen, wenn und weil die von den landesrechtlichen Zuständigkeitsvorschriften verwendeten, den Prüfungsmaßstab bestimmenden Begriffe wie "gesetzliche Bestimmungen", "Zulässigkeit", "Verfassung", "Landesverfassung" usw. einer entsprechend extensiven, d.h. auch grundgesetzliche Vorschriften umfassenden, Auslegung zugänglich sind[700]. Das Bundesverfassungsgericht sah sich in der soeben unter II ausführlich behandelten Entscheidung im ersten Band nicht daran gehindert, selbst den sehr spezifischen Begriff der "Landessatzung" extensiv auszulegen und einen Streit über die Auslegung des Grundgesetzes als einen Streit über die Auslegung der Landessatzung von Schleswig-Holstein zu bezeichnen[701]. Auch *Jochen Rozek*, der jüngste Verfechter einer streng limitierten Prüfungskompetenz der Landesverfassungsgerichte, begrüßt diese extensive Auslegung landesrechtlicher Kompetenzvorschriften für den Fall der präventiven Normenkontrolle[702].

Soweit eine Individualverfassungsbeschwerde beim Landesverfassungsgericht erhoben werden kann[703], muß der Beschwerdeführer überwiegend behaupten, durch die öffentliche Gewalt des Landes in "einem in der Verfassung gewährleisteten Grundrecht" verletzt zu sein (Berlin, Brandenburg, Hessen, Rheinland-Pfalz). Die Skala reicht im übrigen von sehr weiten Regelungen, die schlicht von den "verfassungsmäßigen Rechte[n]" (Bayern) oder von den "Grundrechte[n]" (Saarland, Thüringen) sprechen, hin zu recht spezifischen Zuständigkeitsvorschriften, welche die rügefähigen Grundrechte enumerativ aufzählen (Sachsen, Mecklenburg-Vorpommern). Im einzelnen ergibt sich folgender Befund:

Der Bayerische Verfassungsgerichtshof entscheidet gemäß Art. 66 BayVerf über Beschwerden wegen Verletzung der "verfassungsmäßigen Rechte" durch eine Behörde. Art. 120 BayVerf bestimmt, daß jeder Bewohner Bayerns, der sich durch eine Behörde in "seinen ver-

---

[700] Zur Gewährleistung der vorrangigen Zuständigkeiten des Bundesverfassungsgerichts siehe oben im Zweiten Teil unter D III 3.

[701] BVerfGE 1, 208 (232 f.).

[702] Die Ausnahme, die *Rozek* für das Land Hessen macht, beruht letztlich auf seiner Interpretation der Einwirkungsrechtsprechung. Vgl. dazu näher oben in diesem Teil unter A I.

[703] Dies ist der Fall in Bayern, Berlin, Brandenburg, Hessen, Rheinland-Pfalz, Mecklenburg-Vorpommern, dem Saarland, Sachsen und Thüringen. Siehe für Nachweise oben im Ersten Teil unter A I 1.

fassungsmäßigen Rechten" verletzt fühlt, den Schutz des Bayerischen Verfassungsgerichtshofs anrufen kann. Gemäß Art. 51 Abs. 1 Satz 1 Halbs. 2 BayVerfGHG sollen in der Beschwerde die "Bestimmungen der Verfassung, deren Verletzung behauptet wird", angeführt werden.

Der Berliner Verfassungsgerichtshof entscheidet gemäß Art. 72 Abs. 2 Nr. 4 BerlVerf über "Verfassungsbeschwerden". Gemäß § 49 Abs. 1 BerlVerfGHG kann jedermann mit der Behauptung, durch die öffentliche Gewalt des Landes Berlin "in einem seiner in der Verfassung von Berlin enthaltenen Rechte" verletzt zu sein, die Verfassungsbeschwerde zum Verfassungsgerichtshof erheben.

Das Verfassungsgericht des Landes Brandenburg entscheidet gemäß Art. 113 Nr. 4 BbgVerf über "Verfassungsbeschwerden (Artikel 6 Absatz 2)". Nach Art. 6 Abs. 2 Satz 1 BbgVerf kann jeder mit der Behauptung, durch die öffentliche Gewalt in "einem in dieser Verfassung gewährleisteten Grundrechte" verletzt zu sein, Verfassungsbeschwerde beim Landesverfassungsgericht erheben. Gemäß § 45 Abs. 1 Bbg.VerfGG kann jeder mit der Behauptung, durch die öffentliche Gewalt des Landes Brandenburg in "einem in der Verfassung gewährleisteten Grundrecht" verletzt zu sein, Verfassungsbeschwerde beim Verfassungsgericht erheben.

Der Hessische Staatsgerichtshof entscheidet nach Art. 131 Abs. 1 HessVerf über die Verfassungsmäßigkeit der Gesetze, "die Verletzung der Grundrechte", bei Anfechtung des Ergebnisses einer Volksabstimmung, über Verfassungsstreitigkeiten sowie in den in der Verfassung und den Gesetzen vorgesehenen Fällen. Der Staatsgerichtshof entscheidet über "Grundrechtsklagen" (§ 15 Nr. 5 HessStGHG). Gemäß Art. 43 Abs. 1 HessStGHG kann den Staatsgerichtshof anrufen, wer geltend macht, durch die öffentliche Gewalt in "einem durch die Verfassung des Landes Hessen gewährten Grundrecht" verletzt worden zu sein.

Das Verfassungsgericht des Landes Mecklenburg-Vorpommern entscheidet gemäß Art. 53 Abs. 7 MeckVVerf über Verfassungsbeschwerden, die jeder mit der Behauptung erheben kann, durch die öffentliche Gewalt in "einem seiner in Artikel 6 bis 10 dieser Verfassung gewährten Grundrechte" verletzt zu sein. Nach § 57 Abs. 1 MeckVVerfGG kann jeder mit der Behauptung, durch die öffentliche Gewalt in "einem seiner in den Artikeln 6 bis 10 der Landesverfassung gewährten Grundrechte" verletzt zu sein, Verfassungsbeschwerde zum Landesverfassungsgericht erheben.

Verfassungsbeschwerde zum Verfassungsgerichtshof von Rheinland-Pfalz kann jeder mit der Behauptung erheben, durch die öffentliche Gewalt des Landes in "einem seiner in der Verfassung für Rheinland-Pfalz enthaltenen Rechte" verletzt zu sein (§ 44 Abs. 1 RhPfVerfGHG). Die Verfassungsbeschwerde ist unzulässig, soweit die öffentliche Gewalt des Landes Bundesrecht ausführt oder anwendet; dies gilt nicht, wenn die "Landesverfassung" weiterreichende Rechte als das Grundgesetz gewährleistet (§ 44 Abs. 2 RhPfVerfGHG).

Der Saarländische Verfassungsgerichtshof entscheidet gemäß § 9 Nr. 13 SaarlVerfGHG über "Verfassungsbeschwerden". Die Verfassungsbeschwerde kann von jedermann mit der Behauptung erhoben werden, durch die saarländische öffentliche Gewalt in "einem seiner Grundrechte oder sonstigen verfassungsmäßigen Rechte" verletzt zu sein (§ 55 Abs. 1 SaarlVerfGHG).

Der Sächsische Verfassungsgerichtshof entscheidet nach Art. 81 Abs. 1 Nr. 4 SächsVerf über Verfassungsbeschwerden, die von jeder Person erhoben werden können, die sich durch die öffentliche Gewalt in "einem ihrer in dieser Verfassung niedergelegten Grundrechte (Artikel 4, 14 bis 38, 41, 78, 91, 102, 105 und 107)" verletzt fühlt.

Der Thüringische Verfassungsgerichtshof entscheidet schließlich über Verfassungsbeschwerden, die von jedermann mit der Behauptung erhoben werden können, durch die öffentliche Gewalt in "seinen Grundrechten, grundrechtsgleichen Rechten oder staatsbürgerlichen Rechten" verletzt zu sein (Art. 80 Abs. 1 Nr. 1 ThürVerf).

Eine konkrete Auslegung der einzelnen Vorschriften kann hier nicht erfolgen[704]. Vielmehr sollen nur Möglichkeiten aufgezeigt werden. Die folgenden Ausführungen beziehen sich daher abstrakt auf den Begriff der "Grundrechte der Landesverfassung"[705]; sie knüpfen dabei an die Argumentation des Bundesverfassungsgerichts in BVerfGE 1, 208 (232 f.) an.

Die Verfassungen der Gliedstaaten im grundgesetzlichen Bundesstaat und damit auch die Grundrechte dieser gliedstaatlichen Verfassungen sind nicht in den jeweiligen Landesverfassungsurkunden allein enthalten, sondern in die gliedstaatliche Verfassungsordnung hinein wirken auch Bestimmungen der Bundesverfassung. Wegen der unmittelbaren Geltung der Bundesgrundrechte im Landesbereich, d.h. auch gegenüber der Landesstaatsgewalt (Art. 1 Abs. 3 GG), treten diese "ergänzend" neben die eigentlichen, in der Landesverfassungsurkunde enthaltenen Landesgrundrechte[706]. Das verfassungsrechtliche Rechtsverhältnis zwi-

---

[704] Hinzuweisen ist etwa auf den Beschluß des Brandenburger Verfassungsgerichts vom 15. September 1994 - VfGBbg 10/93 -, NJW 1995, 1018 (1019). In dieser Entscheidung legte das Verfassungsgericht die landesrechtliche Zuständigkeitsvorschrift restriktiv aus. Wenn § 45 Abs. 1 BbgVerfGG für die Zulässigkeit der Verfassungsbeschwerde verlange, daß sich die Verfassungsbeschwerde gegen die Verletzung eines "in der Verfassung gewährleisteten" Grundrechts richte, seien damit die durch die Landesverfassung geschützten Grundrechte angesprochen. Nicht rügefähig sei die Verletzung von Normen des Bundesverfassungsrechts. Eine derartige enge Auslegung ist allerdings nicht durch den Wortlaut erzwungen.

[705] Soweit in Mecklenburg-Vorpommern und Sachsen Grundrechtsartikel der Landesverfassung enumerativ aufgezählt werden, scheint eine extensive Auslegung kaum möglich. Gleichwohl ist es nicht ausgeschlossen, daß diese Zuständigkeitsvorschriften jedenfalls auch diejenigen Bundesgrundrechte erfassen wollen, die mit den aufgezählten Landesgrundrechten inhaltsgleich sind.

[706] Mußte in BVerfGE 1, 208 noch ausdrücklich festgestellt werden, daß Art. 21 GG auch unmittelbar in den Ländern gilt und damit eine sog. Durchgriffsnorm darstellt, ergibt sich die Durchgriffsgeltung der Bundesgrundrechte nach einhelliger Auffassung direkt aus Art. 1 Abs. 3 GG. Somit wirkt nicht nur Art. 21 GG in den Landesbereich ein, sondern auch die Bundesgrundrechte. Das Bundesverfassungsgericht stellte dementsprechend eine derartige Einwirkung für die Rundfunkfreiheit des Art. 5 Abs. 1 Satz 2 GG ausdrücklich fest (BVerfGE 13, 54

schen dem Einzelnen und der Landesstaatsgewalt wird sowohl von den Bundesgrundrechten als auch von den Landesgrundrechten geprägt. Wenn beide Elemente zusammen erst den verfassungsmäßigen Rechtsstatus des Einzelnen in dem jeweiligen Gliedstaat (und der öffentlichen Gewalt des Landes gegenüber) ausmachen, so umfassen die verfassungsmäßigen Rechte der gliedstaatlichen Verfassungsordnung neben den Landesgrundrechten im formellen Sinne auch die Bundesgrundrechte. Jede Behörde und jedes Gericht des Landes hat diesen zusammengesetzten Rechtsstatus zu beachten[707]. Es ist daher nicht ausgeschlossen, daß der Landesgesetzgeber den Schutz des grundrechtlichen Status des Einzelnen in seiner Gesamtheit dem Landesverfassungsgericht übertragen wollte. Versteht man also unter den "Grundrechten der Landesverfassung" in einem umfassenderen Sinne die "Grundrechte der Verfassung des Gliedstaates", so kann der Einzelne auch die Verletzung von Bundesgrundrechten durch die öffentliche Gewalt des Landes mit der Verfassungsbeschwerde beim Verfassungsgericht des Landes rügen.

2) Argumente für und gegen eine erweiterte Prüfungszuständigkeit der Landesverfassungsgerichte

Bei einem entsprechend weiten Verständnis des Begriffs der "Landesverfassung" als gliedstaatliche Verfassung(sordnung) ist es *begrifflich möglich*, unter den kompetentiellen Begriff der "Grundrechte der Landesverfassung" auch Bundesgrundrechte zu subsumieren. Die folgenden Ausführungen möchten denkbare sachlich-inhaltliche Argumente vorstellen und dabei auch verfassungspolitische Gesichtspunkte aufgreifen. Die Überlegungen bleiben abstrakt und ergebnisoffen; sie beanspruchen in keiner Weise, die Kompetenzausstattung eines *bestimmten* Landesverfassungsgerichts bei der Verfassungsbeschwerde näher zu umreißen[708].

---

[80]). Vgl. dazu oben in diesem Teil unter A II 2 a.E.

707 Allerdings spiegelt sich das grundsätzlich komplementäre Verhältnis von Bundes- und Landesverfassungen nicht in einer vergleichbaren Wirksamkeit von Bundes- und Landesgrundrechten; allein die Bundesgrundrechte können dem Einzelnen Schutz vor solchen Entscheidungen gewährleisten, die auf der Anwendung von Bundesrecht beruhen. Angesichts der Dominanz der Bundesgesetzgebung haben die Landesgrundrechte mehr und mehr ihre Bedeutung eingebüßt. Der effektive verfassungsrechtliche Rechtsstatus des Einzelnen besteht daher überwiegend allein aus den Rechtspositionen, die die Grundrechte des Grundgesetzes gewährleisten.

708 Daher treten hier systematische Gesichtspunkte, die auf den konkreten landesrechtlichen Zusammenhang abstellen, zurück und bleiben entstehungsgeschichtliche Aspekte ganz außer Betracht. Für eine schulmäßige Auslegung einer landesrechtlichen Zuständigkeitsregelung vgl. BayVerfGHE 38, 51 (57-59) und die zustimmende Darstellung bei *Jochen Rozek*, Das Grundgesetz als Prüfungs- und Entscheidungsmaßstab der Landesverfassungsgerichte, 1993,

Zentral für die Annahme oder Ablehnung einer erweiterten Prüfungszuständigkeit sind Fragen der Kapazität und des Selbstverständnisses der Landesverfassungsgerichte. Der Gesichtspunkt der *Kapazität* soll dabei die vielfältigen Faktoren umfassen, die die tatsächliche Leistungsfähigkeit des jeweiligen Verfassungsgerichts beeinflussen[709]. Die Entscheidung darüber, ob das Landesverfassungsgericht die angefochtenen Gerichtsentscheidungen auch nach Maßgabe der Bundesgrundrechte überprüft, hat nämlich erhebliche Folgen für die Arbeitsbelastung des Verfassungsgerichts. Mit der Annahme der erweiterten Prüfungszuständigkeit kann grundsätzlich *jede* letztinstanzliche Entscheidung eines Landesfachgerichts mit der Verfassungsbeschwerde vor dem Landesverfassungsgericht angegriffen werden. Demgegenüber konnten sich die Landesverfassungsgerichte bisher bei gerichtlichen Entscheidungen, welche auf der Auslegung und Anwendung von *Bundes*recht beruhen, und damit bei den meisten Entscheidungen auf ihre grundsätzliche Unzuständigkeit berufen. Die bisherige Begründung dieser Unzuständigkeit mit dem Höherrangigkeitsargument, wonach nicht nur die Bundesnorm selbst, sondern auch deren Auslegung und Anwendung durch die Fachgerichte wegen Art. 31 GG nicht am Maßstab der Landesverfassung überprüft werden darf, ginge jedoch bei Annahme einer erweiterten Prüfungszuständigkeit ersichtlich ins Leere, da dem jeweiligen Landesverfassungsgericht nunmehr auch die Bundesgrundrechte als höherrangiger und damit geeigneter Prüfungsmaßstab zur Verfügung stünden. Die daher für die Arbeitsbelastung so folgenreiche Entscheidung über die eigene Prüfungszuständigkeit muß sich eng an der Belastbarkeit des jeweiligen Gerichts orientieren. Die Leistungsfähigkeit eines Verfassungsgerichts zur Bewältigung einer sprunghaften Zunahme der eingehenden Verfassungsbeschwerden wird von vielen Faktoren beeinflußt: Insbesondere sind dabei personelle, sachliche und verfahrens- und organisationsrechtliche Voraussetzungen[710] zu nennen. Die Bewertung dieser Voraussetzun-

---

S. 253-257, 270-275, 280 f.

[709] Vgl. dazu auch den Kommissionsbericht (a.a.O., S. 116) bei der Bewertung der Auswirkungen einer Subsidiaritätsregelung zugunsten des Bundesverfassungsgerichts auf die "Struktur" der Landesverfassungsgerichte. Allerdings setzen die Erwägungen der Kommission offenbar voraus, daß mit Einführung der Subsidiarität der Bundesverfassungsbeschwerde die Landesverfassungsgerichte zu einer erweiterten Prüfung gehalten sind. Nach der hier vertretenen Auffassung ist die Entscheidung über die Reichweite der materiellen Prüfungszuständigkeit jedoch ureigene Entscheidung der Landesgesetzgebung und der Landesverfassungsgerichte. Falls sich nämlich ein Landesverfassungsgericht - vielleicht gerade aus Kapazitätsgründen - nicht für umfassend zuständig erklärte, bliebe es bei der Auffangzuständigkeit des (nach diesem Vorschlag subsidiär zuständigen) Bundesverfassungsgerichts (vgl. insoweit ähnlich Art. 93 Abs. 1 Nr. 4, 3. Var. GG)

[710] Mit Blick auf die *personellen* Voraussetzungen ist etwa auf die - etwas versteckt geregelte - Möglichkeit in Berlin und Brandenburg hinzuweisen, das jeweilige Verfassungsgericht teilweise zu "professionalisieren". Grundsätzlich sind die Berliner Verfassungsrichter ehrenamtlich tätig (§ 3 Abs. 3 Satz 1 BerlVerfGHG). Sofern der Geschäftsanfall es jedoch als erforderlich erscheinen läßt, können auf Vorschlag bzw. Antrag des Gerichts bis zu vier Verfassungs-

gen obliegt dabei primär dem jeweiligen Gericht selbst, wobei es mit Blick auf die bisherige Arbeit und Funktionsweise des Bundesverfassungsgerichts und die zu dessen Entlastung bereits erfolgten Reformen sowie die nunmehr vorliegenden Entlastungsvorschläge auf reiches Anschauungsmaterial zurückgreifen kann. Kapazitätsfeststellungen sind zwar zunächst Feststellungen rein tatsächlicher Umstände; diese beruhen jedoch auf gesetzgeberischen Entscheidungen, so daß daraus durchaus rechtliche Folgerungen für den Umfang der Prüfungszuständigkeit gezogen werden können. Man darf nämlich vermuten, daß der (Verfassungs-) Gesetzgeber die Zuweisung von Kompetenzen auf der einen Seite und die Bereitstellung von Ressourcen für das zuständige Organ auf der anderen Seite derart ausgewogen vornimmt, daß dieses Organ nicht an den Rand der Funktionsunfähigkeit geführt wird.

Das *Selbstverständnis*[711] eines Landesverfassungsgerichts umfaßt seine Auffassung von seiner spezifischen Eigenart und Funktion im Verfassungsgefüge des Gliedstaates im allgemeinen und die Bestimmung von Sinn und Zweck der Landesverfassungsbeschwerde im besonderen. Immer hinein spielt auch die landesverfassungsgerichtliche Bewertung seines - gerade auch durch das Landesrecht beeinflußten - Verhältnisses zum Bundesverfassungsgericht. Im folgenden werden mögliche Argumente für ein restriktives (-) bzw. für ein extensives (+) Verständnis der jeweiligen landesrechtlichen Zuständigkeitsregelungen vorgestellt.

---

richter für die Dauer ihrer Amtszeit zu "hauptamtlichen" Verfassungsrichtern ernannt werden (§ 13 Abs. 4 Satz 1 BerlVerfGHG; § 9 Abs. 3 Satz 1 BbgVerfGG); die Ernennung erfolgt durch den Präsidenten des Abgeordnetenhauses auf Grund eines mit Zweidrittelmehrheit gefaßten Beschlusses des Abgeordnetenhauses bzw. nach Beschluß des Landtages durch dessen Präsidenten (§ 13 Abs. 4 Satz 2 BerlVerfGHG; § 9 Abs. 3 Satz 2 BbgVerfGG). -- In *verfahrensrechtlicher* Hinsicht ist an vereinfachte Prüfungs- und Annahmeverfahren zu denken. So sieht etwa § 34 Abs. 1 ThürVerfGHG die Vorprüfung von Verfassungsbeschwerden durch einen "Dreierausschuß" auf Unzulässigkeit oder offensichtliche Unbegründetheit vor. § 30 Abs. 6 SächsVerfGHG läßt die Übertragung der Entscheidung auf eine "Dreierkammer" (vgl. § 9 SächsVerfGHG) zu, wenn die Verfassungsbeschwerde die Klärung einer verfassungsrechtlichen Frage nicht erfordert und die Angelegenheit nicht von besonderer Bedeutung ist.

711 Die zunächst befremdliche Subjektivität des Begriffs des Selbstverständnisses sowie seine eher deskriptive als normative Natur sollen deutlich machen, daß bei der Verfassungsgerichtsbarkeit neben den "objektiven" Rechtsbegriffen der Aufgabe und Befugnis, der Funktion und Eigenart in besonderem Maße Momente der Tradition und Entscheidung durch das jeweilige Gericht bedeutsam sind. Insbesondere kommt den Landesverfassungsgerichten für "ihr" jeweiliges Landes(verfassungs)recht und damit auch für die Bestimmung der landesrechtlich zugewiesenen Zuständigkeiten die abschließende Entscheidungszuständigkeit zu. *Ernst-Wolfgang Böckenförde* bezeichnet die Verfassungsgerichtsbarkeit denn auch soziologisch als "selbstreferentielles System" (Die Überlastung des Bundesverfassungsgerichts, ZRP 1996, 281 [284]).

- Der Landesgesetzgeber könne es mit der Verwendung des Begriffs der "Grundrechte der Landesverfassung" kaum deutlicher machen: gemeint seien damit nur Landesgrundrechte. Angesichts der jahrzehntelangen gefestigten Rechtsprechung müsse jedenfalls der Landesgesetzgeber im Wege der Verfassungsänderung tätig werden.

+ Das Wortlautargument greife zu kurz; der erweiterte Begriff der Verfassung des Gliedstaates erfasse auch das im Lande geltende Bundesverfassungsrecht und damit auch die Bundesgrundrechte. Dem Einwand einer (gewohnheitsrechtlichen) Selbstbindung und Selbstbeschränkung sei entgegenzuhalten, daß bisher die Kompetenzlimitierung im wesentlichen bundesrechtlich begründet worden sei. Stehe jedoch nunmehr fest, daß das Bundesrecht eine erweiterte Prüfungszuständigkeit der Landesverfassungsgerichte nicht grundsätzlich verbiete, könne das Landesrecht insoweit seine Entfaltung finden. Darüber hinaus seien die gegenwärtig akut werdende Arbeitsüberlastung des Bundesverfassungsgerichts sowie die erwogene erhebliche Zurückschneidung des Individualverfassungsrechtsschutzes auf Bundesebene jeweils triftige Gründe zur Korrektur der bisherigen Rechtsprechung auf Landesebene.

+ Mit fortschreitender Dominanz der Bundesgesetzgebung verkümmere der Anwendungsbereich der Landesgrundrechte. Gerade im Verhältnis des Einzelnen gegenüber der Landesstaatsgewalt komme es daher einem Rechtsschutzverzicht gleich, wenn sich das Landesverfassungsgericht allein auf die Prüfung nach Maßgabe der Landesgrundrechte beschränke und die grundgesetzlichen Grundrechtspositionen gänzlich außer acht lasse. Denn gegenüber der Bundesrecht anwendenden Landesstaatsgewalt seien die Erfolgsaussichten einer Landesverfassungsbeschwerde wegen Art. 31 GG sehr gering, wenn man den Beschwerdeführer ausschließlich auf die Landesgrundrechte verweise. Gründe sich also der verfassungsrechtliche Status des Einzelnen auch der Landesstaatsgewalt gegenüber ganz überwiegend allein auf die Bundesgrundrechte, so dürfe dieser Umstand bei der Landesverfassungsbeschwerde nicht außer Betracht gelassen werden. Solle das Verfahren der Verfassungsbeschwerde zum Landesverfassungsgericht es dem Einzelnen ermöglichen, seine verfassungsmäßigen Rechte gegenüber der Landesstaatsgewalt durchzusetzen, so dürfe das Verfahren der Landesverfassungsbeschwerde nicht das Schicksal der Landesgrundrechte teilen. Diesem bereits bestehenden Leerlauf lasse sich nur begegnen, wenn man die Landesverfassungsbeschwerde seiner Eigenart nach verstehe als ein landesrechtliches Beschwerdeverfahren beim Landesverfassungsgericht zur Rüge von Verletzungen der Grundrechte (der Landes- und Bundesgrundrechte).

- Die Überdehnung der landesverfassungsgerichtlichen Prüfungszuständigkeiten lasse sich nicht mit der Dominanz der Bundesgesetzgebung rechtfertigen. Entweder entspricht diese Dominanz voll der Kompetenzverteilung des Grundgesetzes und dann ist es angesichts des bestehenden Rechtsschutzes durch das

Bundesverfassungsgericht nicht Sache der Landesverfassungsgerichte, sich derart fragwürdig zu exponieren. Daß der Landesverfassungsbeschwerde nicht die gleiche Bedeutung zukomme wie der Bundesverfassungsbeschwerde, sei schlichte Folge der allgemeinen Kompetenzverlagerung von der Landes- auf die Bundesebene. Landesverfassungsgerichte hätten sich dem ebenso zu fügen wie die Landtage. Wenn aber die Dominanz der Bundesgesetzgebung nicht der vom Grundgesetz vorausgesetzten föderalen Ausbalancierung entsprechen sollte, dann könne dies kaum eine "kompensierende" Kompetenzanmaßung seitens der Landesverfassungsgerichte rechtfertigen. Vielmehr sei das Defizit, wenn es denn überhaupt bestehe, "an Ort und Stelle" zu beheben, nämlich insbesondere mittels Durchsetzung der grundsätzlich länderfreundlichen Bestimmungen zur Verteilung der Gesetzgebungskompetenzen (Art. 70 ff. GG).

- Die Zusammenschau der enumerativ genannten Zuständigkeiten ergebe ein bestimmtes Bild der konkreten Landesverfassungsgerichtsbarkeit; danach sei und bleibe das Verfassungsgericht unmittelbar und spezifisch mit der ihm anvertrauten Landesverfassung verbunden[712]. Die Tätigkeit eines Landesverfassungsgerichts müsse diesen Zusammenhang immer erkennen lassen. Die bisher vorsichtig anerkannten erweiterten Kompetenzen (Verfassungsstreitigkeit innerhalb eines Landes und präventive Normenkontrolle) seien dagegen lediglich Ausnahmen. Landesinterne Streitigkeiten über Bundesverfassungsrecht zu entscheiden, gehöre zu den klassischen *staats*rechtlichen bzw. *staatsorganisations*rechtlichen Zuständigkeiten der (Landes-) Verfassungsgerichtsbarkeit[713]; häufig stritten hier Landesorgane zugleich und zumeist primär über Landesverfassungsrecht, ein Zusammenhang, der nicht unberücksichtigt bleiben dürfe. Demgegen-

---

712 Diese Sichtweise, die die Bezogenheit eines Landesverfassungsgerichts ausschließlich auf "seine" Verfassung betont, wiederholt den oben im Zweiten Teil unter A dargestellten *Friesenhahnschen* Ansatz, der die Landesverfassungsgerichtsbarkeit schlechthin betraf, nunmehr als Aussage eines bestimmten Landesrechts. Vgl. etwa für ein enges Verständnis der Begriffe der "Landesverfassung" und der "Verfassungsstreitigkeit innerhalb eines Landes" im Sinne von Art. 19 WRV bereits *Carl Schmitt,* Der Hüter der Verfassung, 4. Aufl., 1996, S. 56-58. Allerdings ist diese - die Zuständigkeit des Reichsstaatgerichtshofs beschränkende - Interpretation vor dem Hintergrund der Auffassung von *Schmitt* zu sehen, daß die Justiz aufgrund ihrer Eigengesetzlichkeit insbesondere in Krisenzeiten weniger als Hüter der Verfassung in Frage komme als ein demokratisch unmittelbar legitimierter Reichspräsident, der als *pouvoir neutre* und mit seiner Handlungsfähigkeit (Verordnungsgebung, Beamtentum, Militär) "Unabhängigkeit" im pluralistischen Parteienstaat zeigen könne (a.a.O., insbes. S. 36 ff., 132 ff.).

713 Vgl. etwa *Thomas Discher,* Die Landesverfassungsgerichte in der bundesstaatlichen Rechtsprechungskompetenzordnung des Grundgesetzes, 1997, S. 120-124, der die landesverfassungsgerichtliche Anwendung von Bundesverfassungsrecht bei Streitigkeiten zwischen den Verfassungsorganen der Länder bejaht; die Landesverfassungsgerichte fungierten insoweit nicht als "Hüter des Bundesverfassungsrechts", sondern als "Hüter eines funktionsfähigen Landesverfassungslebens".

über sei bei einer Verfassungsbeschwerde gegen eine gerichtliche Entscheidung, die auf Bundesrecht beruhe, allein das Bundesverfassungsrecht die maßgebliche Entscheidungsgrundlage; jeder Zusammenhang mit Landesverfassungsrecht fehle. -- Bei der präventiven Normenkontrolle im Volksgesetzgebungsverfahren werde das Landesverfassungsgericht nur als Ersatz für die fehlende Rechtskontrolle tätig, welche bei den sonstigen staatlichen Beteiligten am Gesetzgebungsverfahren gewährleistet sei. Demgegenüber könne der Beschwerdeführer grundsätzlich immer das Bundesverfassungsgericht anrufen, so daß für die fragliche Kompetenzausweitung auf Landesebene kein Bedürfnis bestehe.

+ Sinn und Zweck des Verfahrens der Verfassungsbeschwerde zum Landesverfassungsgericht sei vielmehr der Schutz des Einzelnen vor Maßnahmen der Landesstaatsgewalt, die ihn in seinen verfassungsmäßigen Rechten (Bundes- und Landesgrundrechten) verletzten. Wenn der Landesgesetzgeber die Landesverfassungsbeschwerde einführe, so müsse man zunächst davon ausgehen, daß er - bei Kenntnis der Dominanz der Bundesgesetzgebung - einen *effektiven* Rechtsbehelf schaffen wolle. Andernfalls müßte man dem Gesetzgeber unterstellen, daß er dem Einzelnen - angesichts der bestehenden Gesetzgebungskompetenzen der Länder insbesondere im Verwaltungsrecht - nur dann die Beschwerdemöglichkeit gebe, wenn sich dieser durch eine letztinstanzliche Entscheidung der Landes*verwaltungs*gerichtsbarkeit auf dem Gebiete des Landesrechts in seinen verfassungsmäßigen Rechten verletzt fühle. Sei die Landesverfassungsbeschwerde vom gesetzgeberischen Modell und dem äußeren Bild her der Bundesverfassungsbeschwerde ähnlich, sollte es keine Vermutung zugunsten einer restriktiven Kompetenzpraxis geben. Wollte man ein Landesverfassungsgericht nach dem Bild des Bundesverfassungsgerichts geformt, so spreche einiges dagegen, das Landesverfassungsgericht auf die Rolle eines "obersten Landesverwaltungsgerichts" zu beschränken, welches zudem nur den Einfluß der Landesgrundrechte auf das Verwaltungsrecht des Landes berücksichtigen dürfe.

- In wohlverstandenem Eigeninteresse sollte ein Landesverfassungsgericht auf seinem angestammten Platze bleiben. Die Unabhängigkeit der Landesverfassungsgerichtsbarkeit begründe und begrenze zugleich ihre Kompetenzen. Wer mit dem Bundesverfassungsgericht "konkurrieren" wolle, verliere dabei mehr, als er zu gewinnen sucht. Der Hüter der Landesverfassung dürfe überdies nicht zum "Hilfssenat" des Bundesverfassungsgericht werden[714]. Seien für den Beschwerdeführer - wie bisher - nur die in der Landesverfassung niedergelegten Grundrechte vor dem Landesverfassungsgericht rügefähig, entspreche dies der

---

[714] Zum Vorschlag der "relativen" Subsidiarität meint die Kommission kritisch, daß dadurch ein zweistufiger Verfassungsrechtsweg entstünde und die Landesverfassungsgerichte in die Rolle einer 'Vorprüfungsinstanz' für das Bundesverfassungsgericht gedrängt würden; eine solche Hilfsfunktion werde jedoch der Stellung der Landesverfassungsgerichte im Verfassungsgefüge der Bundesrepublik Deutschland nicht gerecht (Kommissionsbericht, a.a.O., S. 116 f.).

Stellung des Gerichts als Hüter der Landesverfassung und der in ihr enthaltenen Grundrechte.

+ Aus der Unabhängigkeit der Landesverfassungsgerichtsbarkeit sei lediglich zu folgern, daß der Bereich der Verfassungsgerichtsbarkeit der Länder von der Bundesverfassungsgerichtsbarkeit unangetastet bleiben müsse und die Landesverfassungsgerichtsbarkeit von der Bundesverfassungsgerichtsbarkeit nicht in größere Abhängigkeit gebracht werden dürfe, als es nach dem Bundesverfassungsrecht unvermeidbar sei[715]. Dies begrenze also die Bundesverfassungsgerichtsbarkeit, nicht aber die Landesverfassungsgerichtsbarkeit[716]. Die Gefahr, in eine mit der Stellung der Landesverfassungsgerichtsbarkeit unvereinbare dienende Rolle als bloße Vorinstanz zu geraten, bestehe nicht, da mit dieser Sache das Bundesverfassungsgericht grundsätzlich nicht mehr befaßt werden könne[717]. Damit bleibt ein Landesverfassungsgericht nicht nur abstrakter Hüter der Landesverfassung, sondern übernimmt die Verantwortung des Hüters und Garanten des allgemein-grundrechtlichen Status des Einzelnen gegenüber der Landesstaatsgewalt. Angesichts der Dominanz der Bundesgesetzgebung bedeute der Rückzug in die Unabhängigkeit letztlich den Verzicht auf Rechtsschutzgewährung. Das Institut der Landesverfassungsbeschwerde laufe leer und werde bedeutungslos. Die Immigration ins sichere Reservat führe zur vornehmen oder auch selbstgenügsamen Unkenntlichkeit einer staatlichen Instanz, die - wie das Beispiel des Bundesverfassungsgerichts zeigt - hohe intellektuelle und moralische Ausstrahlungskraft erwerben kann. Von herausragender Bedeutung für den Respekt, ja die Autorität des Bundesverfassungsgerichts sei gerade seine Rechtsprechung im Verfahren der Verfassungsbeschwerde. Dies sei bei der schwindenden Gesetzgebungskompetenz der Landtage und der Diffusität des administrativen Apparates von besonderer Bedeutung für das Selbstverständnis und -bewußtsein eines Landes der Bundesrepublik. Verstehe man Landesverfassungsgerichtsbarkeit als wesentliches Attribut der Eigenstaatlichkeit der Länder,

---

715 Vgl. BVerfGE 36, 342 (356); 41, 88 (119); 60, 175 (209) sowie der Beschluß des Zweiten Senats vom 9. Juli 1997 - 2 BvR 389/94 -, Umdruck S. 16 unter B II 2 a der Gründe, NJW 1998, 293 (294).

716 Ein weiterer Einwand gegen die Annahme einer Pflicht zur Selbstbeschränkung wäre, daß dadurch im Namen der Verfassungsautonomie der Länder, also im Namen ihrer eigenständigen Bedeutung als Gliedstaaten, die Kompetenzen der Landesverfassungsgerichtsbarkeit (ebenfalls Ausdruck der föderalen Unabhängigkeit) eingeschnürt würden; von der Theorie her rein und klar führte dies in der Praxis zu einem weiteren Verschwinden von Landesverfassungsgerichtsbarkeit.

717 Sollte neben der uneingeschränkt zulässigen Bundesverfassungsbeschwerde eines durch die landesverfassungsgerichtliche Entscheidung erstmals beschwerten Dritten überhaupt eine (weitere Bundes-) Verfassungsbeschwerde des Beschwerdeführers selbst möglich sein, dann wohl nur unter sehr engen Voraussetzungen (etwa mit der Rüge der Verletzung des Rechts auf den gesetzlichen Richter aufgrund einer unterlassenen Vorlage gemäß Art. 100 Abs. 3 GG). Vgl. auch die Ausführungen unten im Ausblick.

als ein Konstitutivelement des bundesdeutschen Föderalismus, verstehe man das jeweilige Landesverfassungsgericht als Hüter der staatlichen Identität[718], so biete gerade das Verfahren der Landesverfassungsbeschwerde den geeigneten Raum für die erforderliche landesverfassungsgerichtliche Profilierung[719].

- Könnten Landesverfassungsgerichte im Verfassungsbeschwerdeverfahren nach Maßgabe der Bundesgrundrechte entscheiden, wäre die Homogenität der Rechtsprechung zum Bundesverfassungsrecht gefährdet. Die Rechtseinheit drohte zu zersplittern[720]. Wenn dagegen die Vorlageverpflichtung nach Art. 100 Abs. 3 GG ins Feld geführt werde, dürfe die Eignung dieses Vorlageverfahrens nicht überschätzt werden: man betrachte nur die - verschwindend geringe - Zahl der bisherigen Verfahren nach Art. 100 Abs. 3 GG.

+ Eine Gefährdung der Homogenität der Rechtsprechung zum Bundesverfassungsrecht sei deshalb nicht zu besorgen, weil dem Bundesverfassungsgericht die abschließende Entscheidungszuständigkeit des Bundesverfassungsgerichts für die Auslegung und Anwendung des Bundes(verfassungs)recht zukomme und erhalten bleibe[721]. Die - zudem durch das Recht auf den gesetzlichen Richter abgesicherte - Vorlageverpflichtung des Art. 100 Abs. 3 GG[722] gewährleiste die

---

[718] Vgl. dazu das Plädoyer von *Walter Leisner*, Landesverfassungsgerichtsbarkeit als Wesenselement des Föderalismus, in: Festschrift zum 25-jährigen Bestehen des Bayerischen Verfassungsgerichtshofs, 1972, S. 183 ff.

[719] Auch *Konrad Hesse* (Verfassungsrechtsprechung im geschichtlichen Wandel, JZ 1995, 265 [269]) weist daraufhin, daß eine stärkere Aktivierung der Landesverfassungsbeschwerde, wofür gute Gründe sprächen, die *Eigenständigkeit der Länder* kräftigen und die Wirksamkeit der Grundrechte in der bundesstaatlichen Ordnung des Grundgesetzes stärken könne.

[720] Der gleiche Einwand wird auch gegen den Vorschlag erhoben, die Bundesverfassungsbeschwerde gegenüber der Landesverfassungsbeschwerde subsidiär auszugestalten (vgl. Kommissionsbericht, a.a.O., S. 114).

[721] Somit sind auch die diesbezüglichen Bedenken der Entlastungskommission gegen die Einführung der Subsidiarität der Bundesverfassungsbeschwerde für die vorliegende Konstellation ausgeräumt. Unter dem Gesichtspunkt der Gefährdung der Homogenität der Verfassungsrechtsprechung stellt sich die Mehrheit der Kommission auf den Standpunkt, daß es allein Sache des Bundesverfassungsgerichts sei, die Frage der Verletzung der im Grundgesetz verbürgten Grundrechte "abschließend" zu prüfen (Kommissionsbericht, a.a.O., S. 114). Die Letztentscheidung wegen der Verletzung von Bundesgrundrechten müsse im Bereich des Bundes bleiben; die bundesstaatliche Klammer der Länder sei das Grundgesetz; der Bund dürfe dessen authentische Interpretation nicht aus der Hand geben (a.a.O., S. 115).

[722] Vgl. bereits *Ernst Friesenhahn*, Zur Zuständigkeitsabgrenzung zwischen Bundesverfassungsgerichtsbarkeit und Landesverfassungsgerichtsbarkeit, in: Starck (Hrsg.), Bundesverfassungsgericht und Grundgesetz, Erster Band, 1976, S. 748 (762), der Entscheidungen über die Vereinbarkeit von Landesgesetzen mit der Garantie der kommunalen Selbstverwaltung grundsätzlich der alleinigen Zuständigkeit der Landesverfassungsgerichte übertragen möchte. "Die hier andeutungsweise versuchte 'Arbeitsteilung' zwischen Bundesverfassungsgericht und Landesverfassungsgericht würde wegen Art. 100 Abs. 3 GG keine Gefahr für die einheitliche

Übereinstimmung in der Spruchpraxis der Verfassungsgerichte in ausreichender Weise. Die in der Tat geringe Inanspruchnahme dieses Vorlageverfahrens in der Vergangenheit beruhe u.a. darauf, daß sich die Landesverfassungsgerichte bisher gerade nicht zur prinzipalen Anwendung und Auslegung des Grundgesetzes berechtigt gesehen hätten. Hinzutrete die Überlegung, daß eine behutsame Pluralisierung der Rechtsprechung zu den Grundrechten in positiver Weise als "Chance zu einem fruchtbaren Grundrechtsdiskurs"[723] bewertet werden könne[724].

+ Sollte der Vorschlag der "Entlastungskommission" (Beschwerdeannahme nach Ermessen) Wirklichkeit werden, so werde dies - wie bei korrespondierenden Röhren - zu einer vermehrten Inanspruchnahme der Landesverfassungsgerichte kommen[725]. Die Verfassungsgerichte der Länder würden sich gehalten sehen, der faktisch eintretenden Verfahrensverlagerung nachzugeben und aktiv in die entstandene Rechtsschutzlücke zu treten. Gebe es so etwas wie eine "Arbeitsteilung" zwischen Bundes- und Landesverfassungsgerichtsbarkeit (*Friesenhahn, Häberle*)[726], einen "Gesamtzusammenhang deutscher Verfas-

---

Auslegung und Anwendung der Grundsätze des Art. 28 heraufbeschwören" (a.a.O.). Vgl. ferner *Klaus Schlaich,* Das Bundesverfassungsgericht, 4. Aufl., 1997, S. 234-236 m.w.N. Auch die Vertreter der Parallelkonstruktion müssen sich mit dem Einwand der Rechtszersplitterung auseinandersetzen (vgl. etwa den Beschluß des Berliner Verfassungsgerichtshofs vom 2. Dezember 1993 - "Mielke" -, NJW 1994, 436 [438]).

723 So ausdrücklich ein Teil der Mitglieder der "Entlastungskommission" (Kommissionsbericht, a.a.O., S. 114 f.).

724 Ebenso etwa *Walter Leisner,* Landesverfassungsgerichtsbarkeit als Wesenselement des Föderalismus, in: Festschrift zum 25-jährigen Bestehen des Bayerischen Verfassungsgerichtshofs, 1972, S. 183 (192: "Dialog mit Karlsruhe") und *Philip Kunig,* Die rechtsprechende Gewalt in den Ländern und die Grundrechte des Landesverfassungsrechts, NJW 1994, 687 (690: "Konzert der Verfassungsgerichtsbarkeit"). *Klaus Stern,* in: Bonner Kommentar, Art. 100 Rdnr. 266 (Zweitbearbeitung) weist auf die Bedeutung des Art. 100 Abs. 3 GG für die "Fortentwicklung" insbesondere des Verfassungsrechts hin. Da die Verfassungsgerichte faktisch keinem Kontrollorgan verantwortlich seien, sei hier ein wichtiges Instrument einer gegenseitigen Überprüfung der Verfassungsgerichte geschaffen, vornehmlich um "Erstarrungen und Versteinerungen der Verfassungsrechtsprechung" zu vermeiden (a.a.O.). Unter Anknüpfung an *Friesenhahns* Gedanken der "Arbeitsteilung" sieht *Peter Häberle* die Landesverfassungsgerichtsbarkeit und ihre Rechtsprechung sich entfalten "sowohl - in vertikaler Hinsicht - als ein Stück Pluralismus 'unterhalb' des Bundesverfassungsrechts als auch - in horizontaler Hinsicht - als Entwicklungsfaktor 'gemeindeutschen Verfassungsrechts'" (Recht aus Rezensionen, in: ders., Verfassungsgerichtsbarkeit zwischen Politik und Rechtswissenschaft, Zwei Studien, 1980, S. 39).

725 Wenn der Gesetzgeber - so der Kommissionsbericht - die Annahme nach Ermessen einführe, werde in der Praxis auch ohne gesetzliche Regelung eine Verlagerung auf Landesverfassungsgerichte erfolgen, weil die Beschwerdeführer dort eher mit einem Erfolg rechnen könnten als beim Bundesverfassungsgericht (a.a.O., S. 117).

726 *Ernst Friesenhahn,* a.a.O.; *Peter Häberle,* Recht aus Rezensionen, a.a.O. S. 38.

sungsgerichtsbarkeit" (*Leisner*)[727], eine "gesamt-verfassungsgerichtliche Kontrolltätigkeit" (*Burmeister*)[728], gebe es insbesondere eine gemeinsame Aufgabe und Verpflichtung der Verfassungsgerichtsbarkeit, einen effektiven Kontrollstandard beim Schutz der Grundrechte im sensiblen Bereich des Verhältnisses der Staatsgewalt zum Bürger zu gewährleisten[729], so obliege es den Landesverfassungsgerichten - in den Grenzen ihrer jeweiligen Belastbarkeit -, die Verringerung des Grundrechtsschutzes des Einzelnen vor dem Bundesverfassungsgericht zu kompensieren und die gleichbleibende Wirksamkeit der Grundrechte in der bundesstaatlichen Ordnung des Grundgesetzes zu gewährleisten. Die Ausdünnung der subjektiven Funktion der Verfassungsbeschwerde auf Bundesebene sei daher mit einer entsprechenden Intensivierung des Individualrechtsschutzes vor den Landesverfassungsgerichten zu begegnen. Auch Mitglieder der "Entlastungskommission" forderten ausdrücklich eine Stärkung des Instituts der Landesverfassungsbeschwerde[730].

---

727 *Walter Leisner*, Landesverfassungsgerichtsbarkeit als Wesenselement des Föderalismus, in: Festschrift zum 25-jährigen Bestehen des Bayerischen Verfassungsgerichtshofs, 1972, S. 183 (192).

728 *Joachim Burmeister*, Vorlagen an das Bundesverfassungsgericht nach Art. 100 Abs. 3 GG, in: Starck/Stern (Hrsg.), Landesverfassungsgerichtsbarkeit, Teilband II, 1983, S. 399 (435). Vgl. dazu oben im Zweiten Teil unter B II.

729 Vgl. *Konrad Hesse*, Verfassungsrechtsprechung im geschichtlichen Wandel, JZ 1995, 265 (269): Wichen Landesverfassungsgerichte von der bisher vorherrschenden zurückhaltenden Linie ab und aktivierten sie stattdessen die Landesverfassungsbeschwerde, wofür gute Gründe sprächen, so würde dabei die Eigenständigkeit der Länder gekräftigt und die *Wirksamkeit der Grundrechte* in der bundesstaatlichen Ordnung des Grundgesetzes gestärkt werden. Zugleich verbinde sich indessen - so *Hesse* (a.a.O.) weiter - mit der neuen Föderalisierung der Verfassungsrechtsprechung eine Teilverlagerung der Wahrnehmung der Aufgaben der Verfassungsgerichtsbarkeit vom Bundesverfassungsgericht hin zu einer Mehrzahl von Landesverfassungsgerichten.

730 Im Rahmen der Prüfung des - im Ergebnis mehrheitlich abgelehnten - Vorschlags, die Bundesverfassungsbeschwerde gegenüber den entsprechenden Landesverfahren subsidiär auszugestalten, befürwortet eine Minderheit in der Kommission ausdrücklich eine Stärkung des Instituts der Landesverfassungsbeschwerde und sieht in ihr die Chance, in gewissem Umfang die Einschränkung des subjektiven Grundrechtsschutzes auszugleichen, die mit der Einführung einer Annahme nach Ermessen beim Bundesverfassungsgericht verbunden sei (Kommissionsbericht, a.a.O., S. 113). Diese Minderheit hält aber aus eher pragmatischen Gründen ein Tätigwerden des Bundesgesetzgebers zur Zeit nicht für empfehlenswert; sie setzt vielmehr auf die Entwicklung der Gesetzgebung und der verfassungsgerichtlichen Rechtsprechung in den Ländern (a.a.O.). - Mitglieder der "Entlastungskommission" weisen ferner auf die Mitverantwortung der Länder für die Beachtung der Grundrechte in der Rechtsprechung hin (Kommissionsbericht, a.a.O., S. 115). "Es sei - zumindest primär - eine Aufgabe der Länder, eine Rechtsprechung ihrer Gerichte zu gewährleisten, die dem Landesverfassungsrecht und den Grundrechten des Grundgesetzes entspricht." Unabhängig davon wäre die Arbeits- und Funktionsfähigkeit des Bundesverfassungsgerichts ein gesamtstaatliches Ziel, zu dessen Verwirklichung die Länder beitragen müßten (a.a.O.).

- Lasse ein Landesverfassungsgericht die Rüge der Verletzung von Bundesgrundrechten zu, so könnte das Gericht in unkontrollierter Weise mit einer Beschwerdeflut konfrontiert werden, die seine strukturelle Belastbarkeit bei weitem zu überfordern drohte. Die Annahme der erweiterten Prüfungszuständigkeit eines Landesverfassungsgerichts sei den dringend erforderlichen Differenzierungen nicht zugänglich. Demgegenüber vermeide die gegenwärtige Praxis Entweder-Oder-Lösungen, in dem sie ein abgestuftes System bereitstelle, das allein der unterschiedlichen Belastbarkeit der Verfassungsgerichte gerecht werde. Gerade etwa die - unterschiedlich intensiv praktizierte - Willkürrechtsprechung in Bayern und Hessen ermögliche einen flexiblen Zugriff und ähnele im Ergebnis einer - nun auch auf Bundesebene erwogenen - Ermessensannahme.

+ Die landesrechtlichen Zuständigkeitsordnungen ließen weitere Flexibilisierungen der landesverfassungsgerichtlichen Kontrollreichweite, welche sich auf die Arbeitsbelastung unmittelbar auswirke, durchaus zu. Entweder-Oder-Entscheidungen seien vermeidbar, weil bei entsprechender Auslegung des landesrechtlichen Zuständigkeitsrechts Abstufungen hinsichtlich der landesverfassungsgerichtlichen Kontrolle auch dann möglich seien, wenn eine erweiterte Prüfungszuständigkeit grundsätzlich angenommen werde. Zum einen könne nämlich die landesverfassungsgerichtliche Zuständigkeit, nach Maßgabe auch der Bundesgrundrechte zu prüfen, durch Einschränkungen der Kontrolldichte modifiziert werden. Zum anderen könne sich die Anerkennung einer erweiterten Prüfungszuständigkeit auf bestimmte Bundesgrundrechte beschränken (Modifikation der "Kontrollbreite"). Diese Ansätze bedürften weiterer Überlegungen; nur vorläufig ließe sich an dieser Stelle folgendes sagen. Differenzierungen hinsichtlich der "Kontrollbreite" seien insofern denkbar, als ein konkreter kompetentieller Begriff der "Grundrechte der Landesverfassung" nur diejenigen Bundesgrundrechte umfassen könnte, denen gleichlautende bzw. inhaltsgleiche Landesgrundrechte korrespondierten. Denn nur insoweit, als gleichlautende bzw. inhaltsgleiche Landesgrundrechte in der Landesverfassung enthalten seien, - so könnte die Begründung lauten - habe das Landes(verfassungs)recht die Landesstaatsgewalt gegenüber dem Einzelnen binden wollen, und allein hinsichtlich *dieser* grundrechtlichen Standards sei dem Einzelnen der Schutz durch die Verfassungsbeschwerde zum Landesverfassungsgericht zur Verfügung gestellt. Diese Konstruktion, die auf der Auslegung des jeweiligen Landesrechts beruhe, sei im Ergebnis mit der Parallelkonstruktion des Berliner Verfassungsgerichtshofs vergleichbar, vermeide aber die im Ersten Teil ausgeführten grundsätzlichen Bedenken gegen diese Rechtsprechung. - Differenzierungen hinsichtlich der Kontrolltiefe könnten sich daraus ergeben, daß Abgrenzung und Zuordnung der Kompetenzen im Verhältnis zwischen einem bestimmten Landesverfassungsgericht und der Fachgerichtsbarkeit in dem jeweiligen Land nicht notwendigerweise identisch sein müssen mit der Abgrenzung im Verhältnis zwischen Bundesverfassungsgerichtsbarkeit und Fachgerichtsbarkeit. Der Landesgesetzgeber könne vielmehr die Kontrollreichweite eines Landesverfassungsgerichts praktisch beliebig weit beschneiden. Habe der Landesgesetzgeber nämlich die freie Entscheidung darüber, ob er überhaupt eine Landesverfassungsbeschwerde einführe, so habe er im Rahmen der Befugnis, den Inhalt und Umfang der materiellen Prüfungszuständigkeit zu bestimmen, auch die Möglichkeit, die letztinstanzliche Auslegung und Anwendung von Bundesrecht durch die Landesfachgerichte derart "aufzuwerten", daß das Landesverfassungsgericht nur dann korrigierend eingreifen dürfe, wenn die Rechtsanwendung des Fachgerichts willkürlich sei. Diese Konstruktion, die auf der Auslegung des jeweiligen Landesrechts beruhe, sei im Ergebnis mit der Willkürrechtsprechung des Bayerischen Verfassungsgerichtshofs und des Hessischen Staatsgerichtshofs vergleichbar, vermeide aber die im Ersten Teil ausgeführten grundsätzlichen Bedenken gegen diese Rechtsprechung.

B. Bundesrechtliche Zuständigkeitsbeschränkungen aufgrund der abschließenden Entscheidungszuständigkeit des Bundesverfassungsgerichts

Die extensive Auslegung landesrechtlicher Zuständigkeitsvorschriften, die den Landesverfassungsgerichten auch Bundesgrundrechte als (prinzipalen) Prüfungsmaßstab zuweisen würde, darf nicht durch die grundgesetzliche Kompetenzordnung oder durch Bundesrecht überhaupt ausgeschlossen sein. Dabei geht es im folgenden allein um die kompetenzrechtlichen Grenzen, die sich aus dem *Verhältnis zur Bundesverfassungsgerichtsbarkeit* ergeben. Weitere Beschränkungen bleiben hier ausgeblendet, da die diesen zugrundeliegenden Problemstellungen in ganz ähnlicher Weise auch bei der Parallelkonstruktion bestehen. Die meisten dieser Fragen hat jüngst der Beschluß des Bundesverfassungsgerichts vom 15. Oktober 1997 behandelt und vom Grundsatz her zugunsten einer Ausweitung landesverfassungsgerichtlicher Zuständigkeiten beantwortet[731]. Von diesen Erkenntnissen profitiert auch das hier vertretene Lösungsmodell.

Äußere Grenzen für landesverfassungsgerichtliche Zuständigkeiten ergeben sich aus der - oben im Zweiten Teil unter D dargestellten - Vorrangigkeit bundesverfassungsgerichtlicher Prüfungs- und Entscheidungszuständigkeiten. Diese Vorrangigkeit verwehrt es den Landesverfassungsgerichten zwar nicht grundsätzlich, den angefochtenen Hoheitsakt auch am Maßstab der Bundesgrundrechte zu überprüfen. Gleichwohl *kann* die abschließende Entscheidungszuständigkeit es ausschließlich dem Bundesverfassungsgericht vorbehalten, in der jeweiligen Sa-

---

[731] Das Bundesverfassungsgericht befaßte sich in einem Beschluß vom 15. Oktober 1997 ausführlich mit der Abgrenzung zwischen den Kompetenzbereichen des Bundes aus Art. 74 Abs. 1 Nr. 1 GG und des Landes zur Regelung seiner Verfassungsgerichtsbarkeit (BVerfGE 96, 345 (368-372); vgl oben im Ersten Teil unter A II 1 a und 2 b). Das Recht des Bundes zur konkurrierenden Gesetzgebung auf den Gebieten der Gerichtsverfassung und des gerichtlichen Verfahrens (Art. 74 Abs. 1 Nr. 1 GG) sei von vornherein durch die Berechtigung der Länder zur Regelung einer Verfassungsbeschwerde begrenzt. Soweit es zur Verwirklichung des Zwecks der Verfassungsbeschwerde unerläßlich sei, könnten die Länder ihren Verfassungsgerichten die Befugnis einräumen, Entscheidungen der Landesgerichte aufzuheben, die nach den bundesrechtlichen Verfahrensordnungen formell und materiell rechtskräftig seien (a.a.O. S. 370). Die Verfassungsbeschwerde zum Landesverfassungsgericht sei jedoch unzulässig, wenn ein Bundesgericht den Streitgegenstand des Ausgangsverfahrens rechtlich schon geprüft habe oder wenn der Beschwerdeführer einen von den Verfahrensordnungen des Bundes eröffneten Rechtsweg nicht ordnungsgemäß erschöpft habe (a.a.O. S. 371 f.). - Die Gefahr einer drohenden Zersplitterung des Bundes(verfassungs)rechts und seiner Anwendung thematisierte das Bundesverfassungsgericht in dem genannten Beschluß zwar nicht ausdrücklich. Der Hinweis des Zweiten Senats auf die Vorlagepflicht nach Art. 100 Abs. 3 GG (BVerfGE 96, 345 (375)) macht aber deutlich, daß das Gericht darin offenbar das geeignete Instrument sieht, die einheitliche Auslegung des Grundgesetzes zu gewährleisten. Vgl. hierzu auch *Klaus Schlaich*, Das Bundesverfassungsgericht, 4. Aufl., 1997, Rdnr. 334 f., S. 234-236 m.w.N.

che über die Auslegung und Anwendung des Bundes(verfassungs)rechts zu entscheiden. Eine entsprechende Zuständigkeit des Landesverfassungsgerichts wäre in diesem Fall ausgeschlossen; die Zuständigkeitsvorschrift des Landes müßte entsprechend restriktiv ausgelegt werden, wenn sie nicht bereits ausdrücklich diesen Vorbehalt enthielte. Im folgenden sollen die allgemeinen Aussagen zur Vorrangigkeit der bundesverfassungsgerichtlichen Zuständigkeit auf das Verfahren der Landesverfassungsbeschwerde hin konkretisiert werden.

Um das Ergebnis vorwegzunehmen: Die Auflösung der "Zuständigkeitskonkurrenz" zwischen Bundes- und Landesverfassungsgerichtsbarkeit bei der Verfassungsbeschwerde bedarf einer differenzierten Antwort. Die Zuständigkeit des Landesverfassungsgerichts, über die Rüge des Beschwerdeführers zu entscheiden, daß er durch eine landesgerichtliche Entscheidung in einem seiner Bundesgrundrechte verletzt worden sei, ist nicht von vornherein pauschal ausgeschlossen[732]. Vielmehr muß eine entsprechende Prüfungs- und Entscheidungszuständigkeit des Landesverfassungsgerichts nur dann zurücktreten, wenn eine *konkrete* Verfahrenskonkurrenz besteht, wenn also auch das Bundesverfassungsgericht bereits mit der Prüfung und Entscheidung dieser Angelegenheit beauftragt worden ist oder ein entsprechendes Verfahren noch vor diesem eingeleitet werden könnte[733]. Diese Prüfungslimitierung ist Folge des Vorbehalts zugunsten einer Entscheidung des Bundesverfassungsgerichts, ein Vorbehalt, der auf der abschließenden Entscheidungszuständigkeit des Gerichts im *formellen* Sinne beruht (siehe sogleich unter I.). Darüberhinaus führt die dem Bundesverfassungsgericht zustehende abschließende Entscheidungszuständigkeit im *materiellen* Sinne stets zu einer eingeschränkten Verbindlichkeit der landesverfassungsgerichtlichen Entscheidung. Die Entscheidung des Landesverfassungsgerichts über die Auslegung und Anwendung des Bundes(verfassungs)recht bindet allein in der vorliegenden Sache (siehe unten unter II.).

[732] Im Sprachgebrauch von BVerfGE 69, 112 (117): Aus der *vorrangigen* Prüfungs- und Entscheidungszuständigkeit des Bundesverfassungsgerichts für das Bundes(verfassungs)recht folgt nicht dessen *ausschließliche* Zuständigkeit.

[733] Dies wurde oben im Zweiten Teil unter D III 3 als tatsächliche bzw. "latente" Verfahrenskonkurrenz bezeichnet, wobei die latente Konkurrenz Konstellationen beschreiben soll, in denen das Verfahren vor dem Bundesverfassungsgericht zwar bisher nicht eingeleitet worden ist, das Gericht aber noch mit der Sache befaßt werden kann.

I. Kein landesverfassungsgerichtliches Vorgreifen - Vorbehalt zugunsten der Entscheidung des Bundesverfassungsgerichts (nur) dann, wenn diesem im zu entscheidenden Fall (noch) die abschließende Entscheidungszuständigkeit im formellen Sinne zukommt

Die abschließende Entscheidungszuständigkeit des Bundesverfassungsgerichts will in ihrer formellen Ausprägung sicherstellen, daß das Bundesverfassungsgericht seine Auffassung von der richtigen Auslegung und Anwendung des Grundgesetzes *im konkreten Streitfall* abschließend zur Geltung bringen kann[734]. Dazu bedarf es eines Vorbehalts für die bundesverfassungsgerichtliche Entscheidung und eines entsprechenden Verbots für die Verfassungsgerichte der Länder, nach Maßgabe des Grundgesetzes zu entscheiden und damit dem Bundesverfassungsgericht auf die eine oder andere Weise vorzugreifen. Dieser Vorbehalt zugunsten einer Entscheidung des Bundesverfassungsgerichts setzt aber das Bestehen einer - zumindest latenten - Zuständigkeit des Bundesverfassungsgerichts *für den konkreten Streitfall* voraus; ein Eingriff in die (formelle) Entscheidungskompetenz des Bundesverfassungsgerichts ist nämlich nur dann zu besorgen, wenn das Gericht überhaupt eingeschaltet werden kann. Ohne eine bestehende Zuständigkeit zur Entscheidung in der Sache verliert die Forderung nach der abschließenden Entscheidungszuständigkeit im formellen Sinne ihre innere Rechtfertigung[735]. Damit erlischt der Vorbehalt für die bundesverfassungsgerichtliche Entscheidung in dem Zeitpunkt, in dem das Bundesverfassungsgericht mit *dieser* Sache nicht mehr befaßt werden kann.

Dem läßt sich nicht allgemein entgegenhalten, daß eine durch Bundesgesetz dem Bundesverfassungsgericht übertragene Zuständigkeit eine grundsätzliche Sperrwirkung für entsprechende Verfahren vor einem Landesverfassungsgericht entfalte, eine Sperrwirkung, die stets und ohne Einzelfallprüfung anzunehmen sei, es sei denn, daß die bundesverfassungsgerichtliche Zuständigkeit subsidiär ausgestaltet worden sei. Dieser Einwand will also bereits eine *abstrakte* Verfahrenskonkurrenz für den Ausschluß der Landesverfassungsgerichtsbarkeit ausreichen lassen[736]. Aus den folgenden drei Gründen ist dieser Einwand aber nicht triftig. Vielmehr ist eine Beschränkung der Verfassungsgerichte der Länder zugunsten des Bundesverfassungsgerichts nur dann geboten, wenn eine *konkrete* Verfahrenskonkurrenz vorliegt.

---

[734] Vgl. oben im Zweiten Teil unter D III 3.

[735] Die Figur der abschließenden Entscheidungszuständigkeit soll und kann keine Zuständigkeiten der Verfassungsgerichte schaffen, die nicht schon gesetzlich festgelegt wären. Sie moderiert und koordiniert lediglich *bestehende* gesetzliche Kompetenzen.

[736] In diese Richtung wohl *Jochen Rozek*, Das Grundgesetz als Prüfungs- und Entscheidungsmaßstab der Landesverfassungsgerichte, 1993, S. 55.

Gegen den genannten Einwand spricht zunächst, daß er in der Konsequenz die abschließende Entscheidungszuständigkeit des Bundesverfassungsgerichts zu einem umfassenden Entscheidungs*monopol* ausweiten würde. Dafür gibt es aber keine ausreichenden Anhaltspunkte im Grundgesetz; im Gegensatz dazu finden sich ausschließliche Zuständigkeiten des Bundesverfassungsgerichts nur in bestimmten Fällen: etwa bei Verfassungsstreitigkeiten zwischen Bundesverfassungsorganen, zwischen Bund und Land und zwischen den Ländern sowie hinsichtlich der Verwirkung von Bundesgrundrechten[737] und hinsichtlich des Verbots politischer Parteien[738]. Es ist aber nicht einsichtig, warum gerade die Verfassungsgerichte der Länder kraft Bundesrechts generell davon ausgeschlossen sein sollten, Verletzungen von Bundesgrundrechten durch Landesgerichte im Verfahren der Landesverfassungsbeschwerde rückgängig zu machen, während diese Befugnis selbstverständlich jedem anderen Landes- oder Bundesorgan mit Kontrollkompetenz zukommt. Mangels gegenteiliger Anhaltspunkte bleibt es bei der Vermutung zugunsten der Verfassungsautonomie der Länder[739]. Zudem sei auf die grundsätzliche Mitverantwortung der Länder für die Beachtung der Grundrechte in der Rechtsprechung hingewiesen[740].

Zweitens liegt § 90 Abs. 3 BVerfGG erkennbar die Absicht zugrunde, dem Verfahren der Landesverfassungsbeschwerde größtmögliche Entfaltungsmöglichkeit zu geben. Nach dieser Vorschrift bleibt das Recht, eine Verfassungsbeschwerde an das Landesverfassungsgericht nach dem Recht der Landesverfassung zu erheben, unberührt. Die Entstehungsgeschichte des § 90 Abs. 3 BVerfGG zeigt, daß die bundesverfassungsgerichtliche Zuständigkeit nicht entsprechende Rechtsbehelfe in den Ländern verdrängen will[741].

---

737 Art. 18 Abs. 2 GG.

738 Art. 21 Abs. 2 Satz 2 GG. Vgl. etwa auch: Art. 41 Abs. 2; Art. 61 Abs. 1 S. 1, Art. 84 Abs. 4 S. 2; Art. 98 Abs. 5 S. 3 GG.

739 Siehe oben im Zweiten Teil unter C I.

740 In diesem Sinne auch Mitglieder der "Entlastungskommission": "Es sei - zumindest primär - eine Aufgabe der Länder, eine Rechtsprechung ihrer Gerichte zu gewährleisten, die dem Landesverfassungsrecht und den Grundrechten des Grundgesetzes entspricht" (Kommissionsbericht, a.a.O., S. 115). Unabhängig davon wäre die Arbeits- und Funktionsfähigkeit des Bundesverfassungsgerichts ein gesamtstaatliches Ziel, zu dessen Verwirklichung die Länder beitragen müßten (a.a.O.). Hinzuzufügen ist, daß bei Bestehen eines derartigen gesamtstaatlichen Ziels kein Grund zur Annahme besteht, der Bundesgesetzgeber wolle die Landesverfassungsbeschwerde möglichst weit zugunsten der Bundesverfassungsbeschwerde zurückdrängen.

741 Vgl. etwa *Hans Schäfer*, Das Verhältnis zwischen Bundes- und Landesverfassungsgerichtsbarkeit, JZ 1951, 199 (203), und den Kommissionsbericht, a.a.O., S. 107 m.w.N. Vielmehr wurde im Gesetzgebungsverfahren ein subsidiäres Zurücktreten der *Bundes*verfassungsbeschwerde erwogen.

Der Einwand, daß bereits die abstrakte Verfahrenskonkurrenz einen Bundesgrundrechtsschutz durch die Landesverfassungsgerichten ausschalten müsse, läuft drittens Gefahr, den besonderen Charakter *gerichtlicher* Zuständigkeiten nicht ausreichend zu berücksichtigen. Diese sind wesentlich formaler und enger umgrenzt als die Kompetenzen der anderen staatlichen Organe. Während diesen Organen bei der Ausübung ihrer Kompetenzen grundsätzlich ein Initiativrecht zukommt, wird ein Gericht nur auf Antrag hin tätig[742], wobei dieser Antrag zumeist der Verfristung unterliegt. Ob ein Gericht einen Streitfall entscheiden kann und damit seine "Kompetenz ausübt", hängt also von einem (fristgerechten) Antrag durch den Einzelnen ab. Der Gesetzgeber, der eine Befristung des Rechtsbehelfs anordnet, entscheidet sich damit zugleich dafür, daß nach Ablauf der Einlegungsfrist der Rechtsbehelf grundsätzlich unzulässig ist. Zu berücksichtigen ist auch, daß der Einzelne selbst es ist, der seine Rechtsbehelfsmöglichkeiten nicht ausschöpft. Selbst wenn der Rechtsbehelf nach Verfristung noch eingelegt wird, darf das Gericht in der Sache nicht entscheiden; es hat insoweit seine Zuständigkeit zur Entscheidung des konkreten Streitfalls endgültig verloren. Diese allgemeine Überlegung gilt auch für das Verfahren der Bundesverfassungsbeschwerde, bei der § 93 Abs. 1 Satz 1 BVerfGG bestimmt, daß die Verfassungsbeschwerde binnen eines Monats zu erheben ist. Aufgrund der Entscheidung des Bundesgesetzgebers ist das Bundesverfassungsgericht also nicht (mehr) "zuständig", wenn die genannte Einlegungsfrist verstrichen ist, ohne daß die Beschwerde erhoben ist. Ist demnach die Entscheidungskompetenz des Bundesverfassungsgerichts hinsichtlich eines konkreten Einzelfalls durch den Bundesgesetzgeber ausgeschlossen, steht einer entsprechenden Landeskompetenz nichts entgegen; der (unzulässige) Eingriff in die Entscheidungskompetenz des Bundesverfassungsgerichts setzt nämlich voraus, daß eine derartige Zuständigkeit noch besteht oder noch entstehen könnte.

Entscheidend für die Kompetenz eines Landesverfassungsgerichts, im Verfahren der Urteilsverfassungsbeschwerde ein Bundesgrundrecht als Entscheidungsgrundlage heranzuziehen, ist also die Prüfung, ob das Bundesverfassungsgericht mit der Entscheidung über den konkreten Verfahrensgegenstand beauftragt worden ist oder noch beauftragt werden kann. Eine auch die Bundesgrundrechte umfassende Entscheidungsbefugnis der Landesverfassungsgerichte kann nur dann bejaht werden, wenn eine (konkrete) Verfahrenskonkurrenz weder tatsächlich vorliegt noch eintreten kann[743]. In diesem Fall kann ein Landesverfassungsgericht unter der Voraussetzung einer entsprechenden landesrechtlichen Zuweisung im Tenor aussprechen, daß die angefochtene Entscheidung des Landes-

---

742 "Wo kein Kläger, da kein Richter."

743 Die gerade in Kompetenzfragen so bedeutsame Forderung nach Rechtsklarheit bleibt gewährleistet angesichts des leicht feststellbaren Umstandes, ob Verfassungsbeschwerde beim Bundesverfassungsgericht eingelegt worden ist oder noch werden kann.

fachgerichts mit einem Bundesgrundrecht vereinbar ist oder nicht, und diese Entscheidung gegebenenfalls aufheben.

Unter dem Gesichtspunkt der abschließenden Entscheidungszuständigkeit im formellen Sinne und des entsprechenden Vorbehalts zugunsten des Bundesverfassungsgerichts sind das gänzliche Fehlen einer bundesverfassungsgerichtlichen Kompetenz (wie für die Norm*entwurfs*kontrolle bei der Volksgesetzgebung), die Subsidiarität der bundesverfassungsgerichtlichen Kompetenz gegenüber der eines Landesverfassungsgerichts (wie für die Entscheidung von Verfassungsstreitigkeiten innerhalb eines Landes gemäß Art. 93 Abs. 1 Nr. 4, 3. Var. GG) und das Entfallen einer ursprünglich bestandenen Zuständigkeit des Bundesverfassungsgerichts durch Zeitablauf (wie bei Verfristung der Bundesverfassungsbeschwerde) gleichzubehandeln. In allen drei Fällen ist die Einleitung eines Verfahrens vor dem Bundesverfassungsgericht unzulässig (geworden) und das Bundesverfassungsgericht nicht (mehr) befugt, seine Auffassung von der richtigen Anwendung des Grundgesetzes auf den konkreten Fall, seine Fallanschauung, zur Geltung zu bringen. Ursache für die genannte Unzuständigkeit ist in allen drei Fällen die jeweilige Entscheidung des Bundesgesetzgebers, die sei es generell, sei es für den Einzelfall einen Verzicht auf eine bundesverfassungsgerichtliche Sachentscheidung darstellt. Mit dem sicheren Fehlen oder Wegfall der bundesverfassungsgerichtlichen Kompetenz zur Entscheidung des Einzelfalls überhaupt entfällt auch zwingend die *abschließende* Entscheidungszuständigkeit des Bundesverfassungsgerichts im formellen Sinne. In gleichem Maße öffnet sich für die Länder die Möglichkeit, ihren Verfassungsgerichten entsprechende Kompetenzen zuzuweisen.

Dies gilt jedoch nicht für Normprüfungsentscheidungen[744]. Zwischen den Verfahren der Normenkontrolle, bei denen das Bundesverfassungsgericht ein striktes Tenorierungsverbot für die Verfassungsgerichte der Länder ausgesprochen hat[745], und dem Verfahren der Verfassungsbeschwerde gegen richterliche Entscheidungen bestehen erhebliche Unterschiede[746]. Entscheidender Unterschied ist hier die Einlegungsfrist für die Verfassungsbeschwerde zum Bundesverfassungsgericht nach § 93 Abs. 1 BVerfGG, während die Einleitung des Verfahrens der sog. abstrakten Normenkontrolle nach Art. 93 Abs. 1 Nr. 2 GG; §§ 13 Nr. 6,

---

[744] Einschließlich der Rechtssatzverfassungsbeschwerde.

[745] BVerfGE 69, 112 (118). Vgl. oben im Zweiten Teil unter D II und III.

[746] Das in BVerfGE 69, 112 ausgesprochene Tenorierungsverbot in Normprüfungsverfahren erhält eine weitere inhaltliche Rechtfertigung unter dem Gesichtspunkt der innergliedstaatlichen Gewaltenteilung, ein Gesichtspunkt, der für Verfahren der Urteilsverfassungsbeschwerde jedenfalls so nicht greift. Stellt nämlich ein Landesverfassungsgericht die Unvereinbarkeit einer Landesvorschrift mit dem Grundgesetz fest, entzieht es sich praktisch jedem horizontalem "Check". Der Landesgesetzgeber ist dem Verdikt der Grundgesetzwidrigkeit gegenüber machtlos. Er kann nicht - wie der Bundesgesetzgeber gegenüber dem Bundesverfassungsgericht - durch Verfassungsänderung neue rechtliche Voraussetzungen schaffen.

76-79 BVerfGG keiner Frist unterliegt. Ferner ist es das Vorrecht der Verfassungsgerichtsbarkeit, die zunächst bloß inzidente Prüfung einer entscheidungserheblichen Rechtsnorm zur prinzipalen Prüfung zu erheben und nicht nur den ursprünglichen Antrag des Beschwerdeführers zu bescheiden, sondern im Tenor auch über die Vereinbarkeit oder Unvereinbarkeit dieser Rechtsnorm zu entscheiden[747]. Steht damit bei einer (letztinstanzlichen) richterlichen Entscheidung grundsätzlich nach einem Monat fest[748], daß die Verfassungsbeschwerde zum Bundesverfassungsgericht wegen Verfristung unzulässig geworden ist und damit der Bundesgesetzgeber die Entscheidungszuständigkeit des Bundesverfassungsgerichts für diesen konkreten Einzelfall beendet hat, unterliegt die Überprüfung einer Rechtsnorm durch das Bundesverfassungsgericht keiner Verfristung[749] und kann für die Zukunft nicht ausgeschlossen werden. Deshalb bleibt die Entscheidung über die Vereinbarkeit oder Unvereinbarkeit einer Rechtsnorm mit dem Bundes(verfassungs)recht - im Gegensatz zur Urteilsverfassungsbeschwerde - allein dem Bundesverfassungsgericht vorbehalten[750].

II. Keine letztverbindliche Auslegung des Grundgesetzes - Beschränkte Wirkungen landesverfassungsgerichtlicher Entscheidungen als Folge der fehlenden abschließenden Entscheidungszuständigkeit im materiellen Sinne

Die abschließende Entscheidungszuständigkeit des Bundesverfassungsgerichts im *materiellen* Sinne will sicherstellen, daß das Gericht seine Auffassung von der richtigen Auslegung des Grundgesetzes letztverbindlich durchsetzt[751]. Ausdruck und Folge dieser Zuständigkeit ist u.a. die besondere Bindungswirkung einer verfassungsgerichtlichen Entscheidung. Demgemäß ordnet § 31 Abs. 1 BVerfGG einfachgesetzlich an, daß die Entscheidungen des Bundesverfassungsgerichts die Verfassungsorgane des Bundes und der Länder sowie alle Gerichte und Behörden binden. Das Landesrecht kennt entsprechende Vorschriften zur Verbindlichkeit landesverfassungsgerichtlicher Entscheidungen[752].

---

747 Vgl. § 95 Abs. 3 Satz 2 BVerfGG.

748 Wird Wiedereinsetzung nach § 93 Abs. 2 BVerfGG beantragt, verschiebt sich zwar der Zeitpunkt, zu dem die Unzuständigkeit des Bundesverfassungsgerichts klar feststeht, nach hinten. Dies dürfte jedoch kein praktisches Problem darstellen; insbesondere ist schwerlich vorstellbar, daß über längere Zeit hin in der Person des Beschwerdeführers ein "Hindernis" für die Erhebung der Verfassungsbeschwerde zum Bundesverfassungsgeericht besteht, zugleich aber fristgerecht Verfassungsbeschwerde beim Landesverfassungsgericht eingelegt worden ist.

749 Die Jahresfrist des § 93 Abs. 3 BVerfGG betrifft nur den Sonderfall der direkten Rechtssatzverfassungsbeschwerde.

750 BVerfGE 69, 112 (118).

751 Vgl. oben im Zweiten Teil unter D III 4.

752 Vgl. etwa § 30 BerlVerfGHG, der wie folgt lautet: "Wirkungen der Entscheidung. (1) Die

Fehlt umgekehrt die abschließende Entscheidungszuständigkeit im materiellen Sinne muß insoweit die weitreichende Bindungswirkung entfallen. Mangelt es den Landesverfassungsgerichten also an der abschließenden Entscheidungszuständigkeit hinsichtlich der letztverbindlichen Auslegung des Bundes(verfassungs)rechts, so entfalten deren "Entscheidungen" (d.h. Tenor und gegebenenfalls tragende Entscheidungsgründe[753]) dann nicht die besondere Rechtswirkung über den Einzelfall hinaus, wenn und soweit die Entscheidung auf der Auslegung von Bundes(verfassungs)recht beruht[754]. Hat demgemäß ein Landesverfassungsgericht über eine Urteilsverfassungsbeschwerde nach Maßgabe der Bundesgrundrechte entschieden, sind die Behörden und Fachgerichte in *anderen* Verfahren nicht an die Auslegung des Grundgesetzes durch das Landesverfassungsgericht gebunden.

Eine derartige beschränkte Entscheidungswirkung ist - wie gleich zu zeigen ist - möglich und sinnvoll. Landesverfassungsgerichtliche Entscheidungen im Verfahren der Verfassungsbeschwerde sind im Gegensatz zu Normenkontrollentscheidungen nicht zwingend allgemeinverbindlich. Wenn das Landesverfassungsgericht im Tenor die angefochtene Entscheidung des Fachgerichts wegen Verletzung eines bestimmten Bundesgrundrechts aufhebt und die Sache zurückverweist, so ist es möglich und sinnvoll, daß die Rechtskraft dieser Entscheidung nur für den Einzelfall besteht und die Entscheidung keine Bindungswirkung darüberhinaus entfaltet. Zum Schutz des Beschwerdeführers reicht es aus, daß das Landesverfassungsgericht die angefochtene Entscheidung aufhebt und zurückverweist. Das Verfahren der Verfassungsbeschwerde erfüllt seine subjektive Funktion, wenn das Landesverfassungsgericht Kassationsbefugnis besitzt und das Fachgericht, an das zurückverwiesen wird, an die Rechtsauffassung des Landesverfassungsgerichts gebunden ist[755]. Demgegenüber war der Umstand,

---

Entscheidungen des Verfassungsgerichtshofes binden die Verfassungsorgane sowie alle Gerichte und Behörden des Landes Berlin. (2) In den Fällen des § 14 Nr. 4 [abstrakte Normenkontrolle] und 5 [Richtervorlage] hat die Entscheidung des Verfassungsgerichtshofes Gesetzeskraft. Das gilt auch in den Fällen des § 14 Nr. 6 [Verfassungsbeschwerde], wenn der Verfassungsgerichtshof ein Gesetz als mit der Verfassung von Berlin vereinbar oder unvereinbar oder für nichtig erklärt. Soweit ein Gesetz als mit der Verfassung von Berlin vereinbar oder unvereinbar oder für nichtig erklärt wird, ist die Entscheidungsformel im Gesetz- und Verordnungsblatt für Berlin zu veröffentlichen."

753 Vgl. zur Reichweite der Entscheidungswirkungen nur *Jochen Rozek*, Das Grundgesetz als Prüfungs- und Entscheidungsmaßstab der Landesverfassungsgerichte, 1993, S. 82 ff. (93 ff.) m.w.N. insbes. in Fußn. 120, 124, 127.

754 Allerdings begründet Art. 100 Abs. 3 GG eine Bindung der *anderen* Landesverfassungsgerichte in Gestalt einer Vorlagepflicht bei abweichender Auffassung zur Auslegung des Grundgesetzes.

755 Im Zusammenspiel mit Art. 100 Abs. 3 GG dürfte eine entsprechende Rechtsprechung der Landesverfassungsgerichte zugleich über den individuellen Rechtsschutz hinaus auch zur allgemeinen Klärung einer bundesverfassungsrechtlichen Rechtsfrage beitragen, so daß zwar die

daß keine Bindung des Fachgerichts an die Rechtsauffassung des - prüfungslimitierten - Landesverfassungsgerichts hinsichtlich dessen Auslegung und Anwendung von Bundes(verfassungs)recht besteht, ein wichtiger Einwand gegen die ganz zu Beginn dargestellten Ausweichkonstruktionen mancher Landesverfassungsgerichte[756].

Die Landesregelungen über Rechtskraft und Bindungswirkung der landesverfassungsgerichtlichen Entscheidungen bedürfen daher einer restriktiven Auslegung, welche sich exemplarisch bereits bei *Theodor Meder* in seiner Kommentierung zur bayerischen Verfassung findet[757]. Damit der Bayerische Verfassungsgerichtshof seiner Aufgabe gerecht werden könne - so *Meder* -, hätten seine Entscheidungen für die anderen Verfassungsorgane, für alle Gerichte und die sonstigen Behörden bindende Kraft (Art. 29 BayVfGHG). Diese erstrecke sich auch auf die tragenden Entscheidungsgründe, "soweit sie die Auslegung und Anwendung der Bayerischen Verfassung betreffen"[758]. Die Entscheidung des Landesverfassungsgerichts ist aber *in der vorliegenden Sache bindend für das Fachgericht*, an das die Sache im Kassationsfalle zurückverwiesen wird.

Demgegenüber sind Normprüfungsentscheidungen, welche den Gegenstand von BVerfGE 69, 112 bildeten, keiner beschränkten Entscheidungswirkung fähig, unabhängig davon, ob die Rechtsnorm als vereinbar oder unvereinbar oder für nichtig erklärt wird. Entscheidungen im prinzipalen Normenkontrollverfahren sind nämlich *ihrer Natur nach allgemeinverbindlich*[759]. Besonders deutlich wird dies bei der Nichtigkeitserklärung. Im übrigen ordnen die Landesvorschriften

---

sog. subjektive Funktion derartiger Beschwerdeverfahren vor den Landesverfassungsgerichten im Vordergrund steht, diese Verfahren jedoch zugleich auch eine "objektive" Funktion behalten. Denn die Entscheidung eines Landesverfassungsgerichts hinsichtlich einer bestimmten Auslegung des Grundgesetzes wirkt *rechtlich* über die Landesgrenzen insofern hinaus, als Art. 100 Abs. 3 GG die anderen Landesverfassungsgerichte verpflichtet, bei einer beabsichtigten abweichenden Auslegung des Grundgesetzes die Rechtsfrage dem Bundesverfassungsgericht vorzulegen (vgl. vorherige Fußnote). Damit trägt die ursprüngliche Entscheidung des Landesverfassungsgerichts über den Einzelfall hinaus zur Klärung einer bundesverfassungsrechtlichen Frage bei. Entweder setzt sich nämlich unter den Landesverfassungsgerichten eine einheitliche Linie durch oder das Bundesverfassungsgericht entscheidet nach Vorlage abschließend.

756 Vgl. zu dieser kompetenzrechtlichen "Achillesferse" oben im Ersten Teil unter C I 2, II 2 und III a.E.

757 *Theodor Meder*, Die Verfassung des Freistaates Bayern - Handkommentar, 4. Aufl., 1992, Vorbem. vor Art. 60 Rdnr. 4.

758 *Theodor Meder*, a.a.O.

759 Vgl. bereits *Ernst Friesenhahn* (Die Staatsgerichtsbarkeit, in: Anschütz/Thoma [Hrsg.], Handbuch des Deutschen Staatsrechts, 2. Band, 1932, § 98, S. 523 [526]), für den die Normenkontrollentscheidung notwendigerweise Gesetzeskraft hat. Die Entscheidung gehöre in den Bereich der materiellen Staatsfunktion Gesetzgebung und sei "gesetzgeberischer Akt besonderer Art".

vielfach - wie § 31 Abs. 2 BVerfGG - an, daß die Normenkontrollentscheidung Gesetzeskraft hat. Stellt eine Entscheidung prinzipaliter fest, daß eine Landesrechtsnorm mit dem Grundgesetz vereinbar ist, so wirkt diese Entscheidung *per se* im Land allgemeinverbindlich[760], es sei denn, man wollte an den Entscheidungsausspruch überhaupt keine Wirkungen knüpfen[761].

---

[760] Eine prinzipale Entscheidung über die Rechtmäßigkeit einer abstrakt-generellen Regelung ist gleichsam selbst abstrakt-generell. Allein bei einer inzidenten Überprüfung einer Rechtsnorm wird nicht abstrakt-generell entschieden, sondern nur über die Anwendbarkeit der Norm bezogen auf das konkrete Verfahren befunden. Vgl. etwa *Helmut Kalkbrenner* zur Abgrenzung der Prinzipalprüfung von der Inzidenzprüfung einer Rechtsnorm durch die Fachgerichte: "Von der Normenkontrolle durch den Verfassungsgerichtshof unterscheidet sich dieses allgemeine richterliche Prüfungsrecht [d.h. die Inzidenzprüfung] dadurch, daß mit ihm nur über die Anwendbarkeit einer Norm im Einzelfall befunden und dabei ggf. als Vorfrage auch ihre Verfassungsmäßigkeit geprüft wird, ohne daß dabei eine recht[s]kräftige oder gar allgemeinverbindliche Entscheidung über ihren Fortbestand getroffen wird, während bei der Normenkontrolle als Hauptfrage über die Gültigkeit der Norm allgemeinverbindlich und gesetzeskräftig entschieden wird." (*Helmut Kalkbrenner*, Rechtsverordnungen in der Prüfungszuständigkeit des Bayerischen Verfassungsgereichtshofs, in: Verfassung und Verfassungsrechtsprechung, Festschrift zum 25-jährigen Bestehen des Bayer. Verfassungsgerichtshofs, 1972, S. 329 [359]).

[761] Als weitere Folge dieser Allgemeinverbindlichkeit dürften Landesfachgerichte nicht mehr nach Art. 100 Abs. 1 GG dem Bundesverfassungsgericht vorlegen, die Landesregierung wäre gehindert, beim Bundesverfassungsgericht das Verfahren der abstrakten Normenkontrolle nach Art. 93 Abs. 1 Nr. 2 GG einzuleiten. Dadurch würden wichtige Instanzen, die ein entsprechendes Normenkontrollverfahren vor dem Bundesverfassungsgericht einleiten könnten, ausgeschaltet; dies dürfte einen unzulässigen mittelbaren Eingriff in die bundesrechtlich vorausgesetzte Funktionsfähigkeit bundesverfassungsgerichtlicher Verfahren darstellen.

Schluß

A. Ausblick

Die bisherigen Ausführungen können nur einen Beginn darstellen. Vertritt man entgegen der herrschenden Meinung die Auffassung, daß bei der Landesverfassungsbeschwerde auch Bundesgrundrechte zum Entscheidungsmaßstab werden können, wird es unumgänglich werden, viele Fragestellungen zur Landesverfassungsgerichtsbarkeit neu zu überdenken. Dies konnte im Rahmen dieser Arbeit nicht geleistet werden. Zwei Fragen drängen sich allerdings besonders auf. Sie stellen sich *mutatis mutandis* etwa auch bei der Parallelkonstruktion.

1) Kann der Beschwerdeführer, der vor dem Landesverfassungsgericht erfolglos war, seine Beschwerde vor dem Bundesverfassungsgericht weiterverfolgen, und zwar insbesondere mit der Behauptung, daß die Entscheidung des Landesverfassungsgerichts ihn in seinen Bundesgrundrechten verletzt?[762]

Diese Frage muß wohl vom Grundsatz her verneint werden. Die Landesverfassungsgerichte entscheiden in letzter Instanz. Der Beschwerdeführer muß daran festgehalten werden, daß er sich gegen die fristgerechte Erhebung der Verfassungsbeschwerde beim Bundesverfassungsgericht entschieden hat. Die Monatsfrist des § 93 BVerfGG darf nicht umgangen werden. Im übrigen würde eine Aufhebung der landesverfassungsgerichtlichen Entscheidung durch das Bundesverfassungsgericht dem Beschwerdeführer keinen Vorteil bringen, weil die ihn belastenden fachgerichtlichen Entscheidungen bestehen blieben; die ursprünglich angefochtenen Gerichtsentscheidungen sind nicht Verfahrensgegenstand der "zweiten Verfassungsbeschwerde" zum Bundesverfassungsgericht. Nach allem wird es dem Beschwerdeführer nicht möglich sein, seine dem Landesverfassungsgericht vorgetragene Verletzungsrüge vor dem Bundesverfassungsgericht zu wiederholen. Erforderlich ist eine *neue* Grundrechtsverletzung durch das Landesverfassungsgericht, die sich nicht in der Bestätigung der bisher vorliegenden Akte der Landesstaatsgewalt erschöpft, sondern eine eigenständige Verletzung eines Bundesgrundrechts darstellt. Zu denken ist insbesondere an die Rüge der unterlassenen Divergenzvorlage nach Art. 100 Abs. 3 GG, die den Be-

---

[762] Vgl. zur bisherigen Rechtslage bei prüfungslimitierten Landesverfassungsgerichten jüngst *Ekkehard Schumann*, Verfassungsbeschwerden zum Bundesverfassungsgericht gegen Entscheidungen des Bayerischen Verfassungsgerichtshofs, in: Verfassung als Verantwortung und Verpflichtung, Festschrift zum 50-jährigen Bestehen des Bayerischen Verfassungsgerichtshofs, 1997, S. 201 (insbes. 212 ff.). Siehe ferner den Beschluß des Bundesverfassungsgerichts vom 9. Juli 1997 - 2 BvR 389/94 -, Umdruck S. 16-20 unter B II 2 der Gründe, NJW 1998, 293 (294 f.).

schwerdeführer seinem gesetzlichen Richter entziehen kann (Art. 101 Abs. 1 Satz 2 GG).

2) Welche Auswirkungen hätte die Umsetzung der von der "Entlastungskommission" mehrheitlich vorgeschlagenen Beschwerdeannahme nach Ermessen?

Sie würde anders als die von der Kommission ebenfalls erwogene, aber verworfene Einführung der Subsidiarität der Bundesverfassungsbeschwerde zwar keine strukturelle Veränderung des Verhältnisses zwischen Bundes- und Landesverfassungsgerichtsbarkeit herbeiführen, soweit es um die grundsätzliche Doppelspurigkeit der Verfassungsbeschwerdeverfahren geht. Daher blieben die in dieser Untersuchung entwickelten Beschränkungen der Landesverfassungsgerichtsbarkeit unberührt. Zur Vermeidung von Zuständigkeitskollisionen müßte die vorrangige Prüfungs- und Entscheidungszuständigkeit des Bundesverfassungsgerichts für die Auslegung und Anwendung des Bundes(verfassungs)rechts in gleicher Weise gewährleistet werden.

Gleichwohl würde eine Ermessensannahme auf Bundesebene wie bei korrespondierenden Röhren zwangsläufig tatsächliche Auswirkungen auf diejenigen Landesverfassungsgerichte haben, die mit der Landesverfassungsbeschwerde angerufen werden können. Die Kompetenzverengung auf Bundesebene und die damit verbundene Minderung der Erfolgsaussichten einer Bundesverfassungsbeschwerde wird einen Teil der "Verfahrensflut" veranlassen, sich einen anderen Weg zu suchen. Auch der Kommissionsbericht sieht eine entsprechende Zunahme der Inanspruchnahme der Landesverfassungsgerichte voraus[763].

Neben dieser auf der Entscheidung der Beschwerdeführer beruhenden Verfahrensverlagerung könnten sich allerdings die Verfassungsgerichte der Länder selbst gehalten sehen, aktiv in eine entstehende Rechtsschutzlücke zu treten. Gibt es eine gemeinsame Aufgabe und Verpflichtung der deutschen Verfassungsgerichtsbarkeit, die Grundrechte im Wege einer "gesamtverfassungsgerichtliche Kontrolltätigkeit" wirksam zu schützen[764], so könnte es den Landesverfassungsgerichten obliegen, die Verringerung des verfassungsgerichtlichen Rechtsschutzes des Einzelnen zu kompensieren. Der Ausdünnung der subjektiven Funktion der Verfassungsbeschwerde auf Bundesebene wäre dann mit einer entsprechenden Intensivierung des Individualrechtsschutzes auf Lan-

[763] Wenn der Gesetzgeber - so der Kommissionsbericht - die Annahme nach Ermessen einführe, werde in der Praxis auch ohne gesetzliche Regelung eine Verlagerung auf Landesverfassungsgerichte erfolgen, weil die Beschwerdeführer dort eher mit einem Erfolg rechnen könnten als beim Bundesverfassungsgericht (a.a.O. S. 117).

[764] Siehe hierzu die Ausführungen und Hinweise oben im Dritten Teil unter A III 2 a.E.

desebene zu begegnen. Denkbar wäre eine Arbeitsteilung in der Weise, daß das Bundesverfassungsgericht seine Rechtsprechung in erster Linie an der objektiv-rechtlichen Funktion des Verfahrens der Verfassungsbeschwerde ausrichtet und sich auf die Klärung grundsätzlicher Rechtsfragen konzentriert, während sich die Verfassungsgerichte in den Ländern insbesondere an der subjektiv-rechtlichen Funktion des Verfahrens orientieren und die Aufhebung der grundrechtsverletzenden Einzelakte der öffentlichen Gewalt des jeweiligen Landes sicherstellen. Ungeachtet dessen, daß der Bericht der „Benda"-Kommission auf eine gewisse Zurückhaltung gestoßen ist[765] und damit die Einführung einer Ermessensannahme jedenfalls nicht unmittelbar bevorstehen dürfte[766], spricht für die dargestellte Arbeitsteilung bereits die akute Arbeitsüberlastung des Bundesverfassungsgerichts.

Ein Gesamtzusammenhang zwischen Landes- und Bundesgerichtsbarkeit und eine entsprechende Verpflichtung auf einen gemeinsamen Zweck hin ist auch von einer herausragenden Richterpersönlichkeit in den Vereinigten Staaten betont worden: *Justice William J. Brennan*. Der vergleichende Blick über den Atlantik sei hier auch deswegen gestattet, weil die Überlegungen der "Entlastungskommission" sich dem Vorbild der amerikanischen "Verfassungsgerichtsbarkeit" zuwenden und dabei an die Grundgedanken des Annahmeverfahrens des U.S. Supreme Court anknüpfen[767].

Mit Blick auf Veränderungen in der Rechtsprechung des Supreme Court unter dem Vorsitz von *Chief Justice Warren E. Burger*, Veränderungen, die mit dem Schlagwort des "New Federalism" bezeichnet werden und sich insbesondere in einer größeren Zurückhaltung der Grundrechtsrechtsprechung gegenüber der Landesstaatsgewalt ("*Burger* Court's deference to state actions and local government decisions") äußerten[768], forderte *Brennan* die Landesgerichte ("state

---

[765] Vgl. beispielsweise *Hans H. Klein*, Überlegungen zu einer Entlastung des Bundesverfassungsgerichts, in: Der verfaßte Rechtsstaat - Festgabe für Karin Graßhof, 1998, S. 367 (381-387).

[766] Vgl. etwa *Christian Kirchberg*, Was wird aus dem Bericht der Benda-Kommission?, NVwZ 1999, 375 (376).

[767] Hierzu ausführlich der Kommissionsbericht, a.a.O., S. 43 ff. m.w.N.; vgl. ferner *Ernst-Wolfgang Böckenförde*, Die Überlastung des Bundesverfassungsgerichts, ZRP 1996, 281 (283 f.) und *Ernst Benda*, Gegenwind und Kreuzseen, NJW 1997, 560. Die "Entlastungskommission" hat ausdrücklich die Kompetenz des Supreme Court im Auge, sein "Entscheidungsprogramm" ohne Bindung an nähere gesetzliche Voraussetzungen selbst festzulegen und sich dabei vorrangig an seiner objektiv-rechtlichen Funktion zur Klärung grundsätzlicher Rechtsfragen zu orientieren (Kommissionsbericht, a.a.O., S. 50 f.).

[768] Vgl. *Donald P. Kommers*, Die Verfassungsgerichtsbarkeit in den Gliedstaaten der Vereinigten Staaten von Amerika, in: Starck/Stern (Hrsg.), Landesverfassungsgerichtsbarkeit, Teilband I, 1983, S. 461 (495), und *Ute Sacksofsky*, Landesverfassungen und Grundgesetz - am Beispiel der Verfassungen der neuen Bundesländer, NVwZ 1993, 235 (240).

courts") auf, ihre eigene Grundrechtsrechtsprechung zu forcieren und in die durch den teilweisen Rückzug des Supreme Court entstandene Rechtsschutzlükke zu treten ("to step into the breach")[769]:

> "Under the banner of vague, undefined notions of equity, comity and federalism the Court has condoned both isolated and systematic violations of civil liberties (...). Adopting the premise that state courts can be trusted to safeguard individual rights, the Supreme Court has gone on to limit the protective role of the federal judiciary. But in so doing, it has forgotten that one of the strengths of our federal system is that it provides a double source of protection for the rights of our citizens. Federalism is not served when the federal half of that protection is crippled.
>
> Yet, the very premise of the cases that foreclose federal remedies constitutes a clear call to state courts to step into the breach. With the federal locus of our double protections weakened, our liberties cannot survive if the states betray the trust the Court has put in them. And if that trust is, for the Court, strong enough to override the risk that some states may not live up to it, how much more strongly should we trust state courts whose manifest purpose is to expand constitutional protections. With federal scrutiny diminished, the state courts must respond by increasing their own."[770]

---

[769] Der Rückzug des Supreme Court, sei er Ausdruck einer neuen "konservativen" Richtermehrheit, sei er Korrektur einer "aktivistischen und zentralistischen" Rechtsprechung unter dem früheren *Chief Justice Earl Warren*, äußerte sich - soweit hier wesentlich - in einem Zurückschneiden der materiell-rechtlichen Grundrechtsstandards. Demgegenüber geht es in Deutschland um die mögliche Verminderung des subjektiven Grundrechtsschutzes durch eine Reform des Verfahrensrechts in Form der Einführung einer Ermessensannahme. Gleichwohl ähneln sich beide Sachverhalte darin, daß der Rechtsschutz auf Bundesebene geschmälert wird und dafür unter Berufung auf eine Gesamtaufgabe der Verfassungsgerichtsbarkeit eine Kompensation auf Landesebene gefordert wird. Zugleich ist diese Forderung in beiden Bundesstaaten vor dem Hintergrund zu sehen, daß die Verlagerung von Entscheidungskompetenzen in einem so wichtigen und exponierten Bereich wie dem Grundrechtsschutz die Eigenständigkeit der Gliedstaaten festigt und vertieft.

[770] William J. Brennan, *State Constitutions and the Protection of Individual Rights*, 90 HARV. L. REV. 489, 502-03 (1977). Ähnlich auch in *Michigan v. Mosley*, 423 U.S. 96, 120-21 (1977) (Brennan, J., dissenting).

B. Zusammenfassung

1) Kein Landesverfassungsgericht beansprucht die Zuständigkeit, Bundesgrundrechte als unmittelbaren, prinzipalen Prüfungs- und Entscheidungsmaßstab bei der Landesverfassungsbeschwerde heranzuziehen; vielmehr sollen insoweit jedem Verfassungsgericht ausschließlich die Grundrechte der jeweiligen Landesverfassung zur Verfügung stehen. Der kompetenzrechtliche Grundsatz der Prüfungslimitierung wird auch dann nicht in Frage gestellt, wenn die Landesverfassungsbeschwerde sich gegen die Entscheidung eines Gerichts des Landes richtet, welche auf der Auslegung und Anwendung von Bundesrecht beruht. Als Folge davon sind die Verfassungsgerichte, die den Beschwerdeführer gleichwohl hören wollen, gezwungen zu begründen, daß die angegriffene Anwendung von Bundesrecht an den ihnen danach allein zugewiesenen Maßstäben der *Landes*grundrechte gemessen werden kann. Diese Begründung muß sich mit dem aus Art. 31 GG (Bundesrecht bricht Landesrecht) abgeleiteten Einwand auseinandersetzen, daß Bundesrecht dem Landesrecht einschließlich des Landesverfassungsrechts im Range vorgehe und daß daher auch die Anwendung von Bundesrecht nicht durch Landesgrundrechte beeinflußt werden könne. Bei dem Versuch, dieses Vorrangigkeitsargument zu entkräften, werden in der Rechtsprechung unterschiedliche Wege eingeschlagen, die man systematisch unterteilen kann in

- die hier sog. "Parallel-Konstruktion", welche die Anwendung von Bundesrecht an denjenigen Landesgrundrechten für meßbar erklärt, die den gleichen Inhalt wie die entsprechenden Bundesgrundrechte haben (so der Bayerische Verfassungsgerichtshof [für Verfahrensgrundrechte; für materielle Grundrechte hingegen allein die sogleich behandelte Willkürkontrolle], der Berliner Verfassungsgerichtshof [für materielle und Verfahrensgrundrechte], der Sächsische Verfassungsgerichtshof und nunmehr auch der Hessische Staatsgerichtshof [jedenfalls für Verfahrensgrundrechte], durch das Bundesverfassungsgericht akzeptiert für Verfahrensgrundrechte),

- die hier sog. "Spielraum-Konstruktion", welche den Maßstab der Landesgrundrechte heranzieht, wenn und soweit das Bundesrecht Spielräume läßt (in diese Richtung möglicherweise das noch tastende Brandenburger Verfassungsgericht),

- und die "Willkür-Konstruktion", welche die "Anwendung von Bundesrecht" für überprüfbar erklärt, wenn und soweit das Gericht sich willkürlich außerhalb der Rechtsordnung gestellt, also "in Wahrheit" gar kein Bundesrecht angewendet habe (so der Hessische Staatsgerichtshof und der Bayerische Verfassungsgerichtshof [für materielle Grundrechte]).

Vertreter der "Parallelkonstruktion" betonen, daß Art. 31 GG sich unmittelbar nur mit kollidierenden Normen, nicht aber mit dem hier maßgeblichen Verhältnis zwischen den Rechts*anwendern* befasse. Ferner setze die "Brechung" i. S. des Art. 31 GG eine *Kollision* von Rechtsnormen voraus (vgl. BVerfGE 36, 342 [363]). Somit habe die Landesstaatsgewalt neben Bundesrecht stets auch die Bestimmungen der Landesverfassung zu beachten, wenn und soweit diese nicht durch widersprechendes Bundesrecht verdrängt würden. Diese Übereinstimmung sei bei Bundes- und Landesgrundrechten zu bejahen, die "inhaltsgleich" seien. Diese Inhaltsgleichheit von Bundes- und Landesgrundrecht wurde bisher durch die abstrakt-generelle Feststellung begründet, daß nach dem materiellen Gehalt ein und dasselbe Grundrecht vorliegt. Die erforderliche Inhaltsgleichheit kann jedoch auch darin erblickt werden, daß das Landesgrundrecht in dem zu entscheidenden Fall, d.h konkret-individuell, zu demselben Ergebnis führt wie das Bundes(verfassungs)recht (BVerfGE 96, 345 (373 f.)).

Die "Spielraum- oder Ergänzungskonstruktion" bejaht die konkrete Anwendbarkeit bzw. Einwirkung der Landesgrundrechte, soweit und weil die einschlägige Regelung des Bundesrechts offen bzw. ausfüllungsfähig ist. Ausgangspunkt für diese Konstruktion ist die Erkenntnis, daß Art. 31 GG die Landesstaatsgewalt nicht hindere, Landes(verfassungs)recht zu beachten, wenn der Bundesgesetzgeber nicht tätig geworden sei. Wie den Parallelkonstruktionen liegt auch der Spielraumkonstruktion die Argumentation zugrunde, daß ein Landesgrundrecht ohne Mißachtung des Art. 31 GG als unmittelbarer Maßstab für die Kontrolle einer Maßnahme der Landesstaatsgewalt herangezogen werden darf, wenn dieses Grundrecht dem Bundesrecht nicht widerspricht. Während jedoch die Parallelkonstruktion die Übereinstimmung mit (abschließendem) Bundesrecht dann annimmt, wenn ein inhaltsgleiches Landesgrundrecht vorliegt, weisen die Vertreter der Spielraum- oder Ergänzungskonstruktion auf "Lücken" im nicht abschließenden Bundesrecht hin, die nach Maßgabe der Landesverfassung "auszufüllen" oder zu ergänzen wären.

Die "Willkürkonstruktion" räumt zwar ausdrücklich ein, daß gegenüber der Anwendung von Bundesrecht die Prüfung, ob die angefochtene Entscheidung Normen der Landesverfassung außer acht gelassen hat, vom Grundsatz her deshalb entfällt, weil das Bundesrecht wegen seines höheren Ranges von der Landesverfassung nicht beeinflußt sein kann. Das Verfassungsgericht des Landes könne aber darüber befinden, ob das Landesgericht sich etwa von willkürlichen, d. h. objektiv sachfremden, Erwägungen habe leiten lassen und sich damit außerhalb jeder Rechtsanwendung überhaupt gestellt, also seiner Entscheidung in Wahrheit gar kein Bundesrecht mehr zugrunde gelegt habe. Beruhe die Entscheidung in diesem Sinne nicht auf Bundesrecht, könne sie (wieder) eine grundrechtliche Gewährleistung der Landesverfassung verletzen. Der Willkürmaßstab wird aus dem Gleichheitssatz der Landesverfassung abgeleitet. [Erster Teil A und B]

2) Die genannten Ausweichkonstruktionen können letztlich aber deswegen nicht überzeugen, weil sie von der grundsätzlichen kompetenzrechtlichen Frage (Abgrenzung von Bundes- und Landesverfassungsgerichtsbarkeit und Zuordnung der Prüfungszuständigkeiten) ablenken und die Zulässigkeitsproblematik im Bereich des materiellen Rechts (Bindung der Bundesrecht anwendenden Landesstaatsgewalt auch an die zugleich anwendbaren Landesgrundrechte) lösen wollen. Dieser grundsätzliche Einwand spiegelt sich in den zwei folgenden Gegenargumenten:

- Der materiell-rechtliche Einwand aus Art. 31 GG bleibt in seinem Kern unwiderlegt. Dadurch, daß Art. 31 GG eine Kollision voraussetzt und Bundes(verfassungs)recht daher inhaltsgleiches Landesverfassungsrecht nicht verdrängt, wird das Landesverfassungsrecht einfachem Bundesrecht nicht übergeordnet. Daher kann ein Landesgrundrecht nicht auf die in abschließender Weise durch Bundesrecht geordnete Rechtsbeziehung einwirken. Mit anderen Worten: Die konkrete Anwendbarkeit eines Landesgrundrechts im zu entscheidenden Fall kann nicht begründet werden, wenn und soweit abschließendes Bundesrecht auszulegen und anzuwenden ist.

- Das kompetentielle Defizit holt alle Konstruktionen wieder ein. Ein Landesverfassungsgericht, das prinzipaliter ausschließlich die Verletzung von Landesgrundrechten prüfen und feststellen darf, ist gehindert, die Rechtsauffassung der Fachgerichtsbarkeit hinsichtlich der richtigen Auslegung und Anwendung von Bundesrecht im zu entscheidenden Fall zu verwerfen und durch die eigene Auffassung zu ersetzen. Das - prüfungslimitierte - Landesverfassungsgericht hat gegenüber der (Landes-) Fachgerichtsbarkeit keine vorrangige Prüfungs- und Entscheidungszuständigkeit für die Anwendung und Auslegung von Bundes(verfassungs)recht.

Im einzelnen bedeutet dies folgendes: Erstens erschöpft sich die materiellrechtliche Höherrangigkeitsargumentation nicht in der angreifbaren These, daß "höherrangiges" Bundesrecht in seinem Regelungsbereich Landesverfassungsrecht geltungsmäßig verdränge und daß die angefochtene Entscheidung des Landesgerichts aus *diesem* Grund einen Anwendungsfall für das Landesgrundrecht nicht begründen könne. Vielmehr weist die Argumentation aus Art. 31 GG in ihrem Kern daraufhin, daß das Landesverfassungsrecht nicht *selbst* dem einfachen Bundesrecht übergeordnet ist. Daher kann ein Landesgrundrecht auf eine konkrete Rechtsbeziehung dann nicht einwirken, wenn diese abschließend und zwingend durch den Bundesrechtskreis geordnet ist. Selbst wenn man zum Zwecke einer isolierten Alternativ-Prüfung allein am Maßstab der Landesverfassung einmal das gesamte Bundesrecht einschließlich des einfachen Bundesrechts hinwegdenken könnte, so fehlt den landesverfassungsrechtlichen Grundsatz-, Programm- und Rahmenbestimmungen mangels eigener Regelungsdichte und wegen fehlender einfachrechtlicher Ausgestaltung und Konkretisierung ebenfalls regelmäßig die konkrete Anwendbarkeit im zu entscheidenden Fall. Dies muß für materielle und Verfahrensgrundrechte einer Landesverfassung gleichermaßen gelten, weil es bisher an einer Begründung für die Differenzthese fehlt, daß verfahrensrechtliche Garantien regelmäßig unmittelbar verbindliche und einzelfallbezogene Regelungsanordnungen träfen, sich aber aus materiellen Garantien keine derartigen unmittelbare Direktiven ableiten ließen. Während Parallel- und Willkürkonstruktion damit bereits im Ansatz nicht überzeugen können, dürfte der praktische Anwendungsbereich der Spielraumkonstruktion eher als gering einzuschätzen sein, da bei einer bundesrechtlichen Regelung deren abschließender Charakter grundsätzlich zu vermuten sein wird und aus dem bloßen Umstand, daß Streit um eine konkrete Rechtsauslegung und -anwendung besteht, nicht das Vorhandensein von streitverursachenden Spielräumen im anzuwendenden Recht abgeleitet werden kann.

Zweitens können die Verfassungsgerichte der Länder ihre kompetenzrechtliche Prüfungslimitierung nicht durch Zuständigkeiten auf der sogenannten Vorfragenebene kompensieren. Im Ergebnis üben Landesverfassungsgerichte, die die Parallel-, die Spielraum- oder die Willkürkonstruktion oder eine Kombination davon verwenden, faktisch Kompetenzen aus, welche sie ihren eigenen Verlautbarungen zufolge weder beanspruchen wollen noch können. Ein prüfungs- und entscheidungslimitiertes Landesverfassungsgericht ist - soll die Prüfungsbeschränkung einen Sinn haben - gar nicht in der Lage, die landesgerichtliche Anwendung und Auslegung von Bundesrecht als bundesgrundrechtswidrig bzw. willkürlich zu verwerfen und die Auffassung des Landesgerichts durch die eigene Rechts- und Fallanschauung zu ersetzen. Genausowenig vermag es ein limitiertes Verfassungsgericht, entgegen der Auffassung des Landesgerichts Spielräume im Bundesrecht ausfindig zu machen; denn auch dies ist eine Frage der Auslegung des Bundesrechts. Ein Landesverfassungsgericht mit limitierter Prüfungskompetenz kann *verbindlich* nur über die Auslegung und Anwendung seiner Landesverfassung entscheiden, nicht aber hinsichtlich seiner "inzidenten" Auslegung und Anwendung des Bundes(verfassungs)rechts. Somit könnte das Fachgericht, an das das Landesverfassungsgericht nach Aufhebung zurückverweist, wohl rechtlich einwandfrei wieder die alte Entscheidung mit der gleichen Begründung treffen und sich darauf berufen, daß ihm diese Entscheidung durch Bundes(verfassungs)recht vorgegeben sei und daß die abweichende Auffassung des Verfassungsgerichts zu dessen "richtiger" Auslegung und Anwendung ihm gegenüber keine Bindungswirkung entfalte. Gerade dieser zweite grundlegende Einwand, der sich als kompetenzrechtliche "Achillesferse" aller drei Ausweichkonstruktionen umschreiben läßt, scheint bisher noch nicht ausreichend berücksichtigt worden zu sein. [Erster Teil C]

3) Die Untersuchung wendet sich angesichts der Bedenken gegen die bisherigen Begründungsansätze in der Rechtsprechung dem kompetenzrechtlichen Grundsatz der strikten Prüfungslimitierung in kritischer Absicht zu. Bereits jetzt wird diese Beschränkung der Landesverfassungsgerichtsbarkeit nicht konsequent durchgehalten. Maßgebliche Durchbrechungen sind zum einen die landesverfassungsgerichtlichen Verfahren der präventiven Normenkontrolle bei der Volksgesetzgebung (z.B. BayVerfGHE 38, 51 [59]) und zum anderen die Verfahren zur Entscheidung von Verfassungsstreitigkeiten innerhalb eines Landes (z.B. BVerfGE 1, 208 [232]). In beiden Verfahren werden Bestimmungen des Grundgesetzes Gegenstand der Rechtsfindung von Landesverfassungsgerichten. Diese Ausrichtung der Untersuchung drängt sich auch deshalb auf, weil ein Verfassungsgericht, das mit der Überprüfung einer fachgerichtlichen Anwendung von Bundesrecht beauftragt ist, den Schwerpunkt seiner Prüfung notwendigerweise ins Bundes(verfassungs)recht verlegen muß.

a) Die Kritik wendet sich gegen den strikten Grundsatz der Maßstabslimitierung insoweit, als er länderübergreifend und damit bundeseinheitlich formuliert und zugleich ohne Unterschied für jedes verfassungsgerichtliche Verfahren eingefordert wird. Dazu bedarf es einer Untersuchung der maßgeblichen Herleitung durch *Ernst Friesenhahn,* der - ausgehend vom selbständigen Nebeneinander der "Verfassungsräume" von Bund und Ländern - die besondere Bezogenheit der Verfassungsgerichte *allein* auf ihren jeweiligen Rechtskreis letztlich aus der Funktion und Eigenart von Verfassungsgerichtsbarkeit ableitet. Seine ursprüngliche Auffassung, daß die Landesverfassungsgerichte Bundesrecht in keinster Weise zum Gegenstand ihrer Rechtsfindung machen dürften, revidierte er später, um der bundesstaatlichen Einordnung der Länder und insbesondere dem Einwirken des Bundes(verfassungs)rechts auf die Verfassungsordnung der Gliedstaaten gerecht zu werden. Nach der gegenwärtig herrschenden Meinung sind die Landesverfassungsgerichte zwar nicht mehr grundsätzlich gehindert, das Grundgesetz auf der Vorfragenebene anzuwenden; als prinzipaler Prüfungsmaßstab soll ihnen aber weiterhin ausschließlich die Landesverfassung zur Verfügung stehen.

Soweit ersichtlich hat zuerst *Joachim Burmeister* diesen Grundsatz der Prüfungslimitierung und die darauf beruhende *maßstabsbezogene* Abgrenzung und Zuordnung von Bundes- und Landesverfassungsgerichtsbarkeit verworfen. *Burmeister* plädiert für eine *gegenstandsbezogene* Abgrenzung, die im Rahmen der gesamtverfassungsgerichtlichen Kontrolltätigkeit die abschließende Kontrolle der Bundesstaatsgewalt dem Bundesverfassungsgericht und die der Landesstaatsgewalt dem jeweiligen Landesverfassungsgericht anvertraut. Dabei fordert er ebenfalls bundeseinheitlich, daß alle Landesverfassungsgerichte in allen Verfahren grundsätzlich auch das Grundgesetz zwingend als Prüfungsmaßstab besitzen.

Die Auffassung der herrschenden Meinung sowie die von *Burmeister* entwikkelte Gegenkonzeption generalisieren jedoch zu stark und können keinen Bestand haben vor der Verfassungsautonomie der Länder, die dem Landesgesetzgeber insbesondere bei der Ausgestaltung der eigenen Verfassungsgerichtsbarkeit ein weites Ermessen garantiert. Das Bundesrecht darf grundsätzlich nicht in die jeweilige Ordnung der Landesverfassungsgerichtsbarkeit eingreifen, eine Ordnung, die zum Kern einer jeden Gliedstaatlichkeit und damit zum Kernbereich der gliedstaatlichen Verfassungsautonomie gehört. Das Bundesrecht schweigt also vom Grundsatz her zu den Prüfungszuständigkeiten eines einzelnen Landesverfassungsgerichts. [Zweiter Teil A, B und C]

b) Das Bundesrecht schreibt also den Landesverfassungsgerichten nicht positiv vor, welche konkreten Prüfungskompetenzen sie generell haben oder nicht haben. Dies ist vielmehr zunächst allein Sache des Landesrechts. Die bundesstaatliche Struktur richtet der Gesetzgebung und der verfassungsgerichtlichen Rechtsprechung in den Ländern lediglich negativ Grenzen auf, um die Entscheidungskompetenzen des Bundesverfassungsgerichts vor einer unzulässigen "Usurpation" (*Herbert Bethge*) seitens der Landesverfassungsgerichte zu schützen. Ziel ist es dabei zu verhindern, daß aus Zuständigkeitskonkurrenzen Zuständigkeitskollisionen (*Jochen Rozek*) werden. Dazu reicht es im unmittelbaren Anschluß an die Entscheidung des Bundesverfassungsgerichts im 69. Band aus, den *Vorrang* der Zuständigkeiten des Bundesverfassungsgerichts als obersten (aber nicht ausschließlichen) Hüters der Bundesverfassung zu gewährleisten. Die Landesverfassungsgerichte sind also von Bundesrechts wegen nicht daran gehindert, das Grundgesetz als Prüfungsmaßstab heranzuziehen; als bundesrechtliche Grenze besteht allerdings die "abschließende Entscheidungszuständigkeit" des Bundesverfassungsgerichts für das Bundes(verfassungs)recht (BVerfGE 69, 112 [117 f.]).

Die Kritik an den Theorien der maßstabsbezogenen Prüfungslimitierung (*Friesenhahn*) und der gegenstandsbezogenen Verteilung der Verfahren (*Burmeister*) bereitet den Boden für den hier vertretenen Alternativvorschlag, der das rigorose Ausschließlichkeitsprinzip des *Friesenhahnschen* Ansatzes durch ein flexibles Vorrangigkeitsprinzip ersetzt. Dieser neue Ansatz lehnt sich eng an die Rechtsprechung des Bundesverfassungsgerichts an und ermöglicht es dem jeweiligen Landesgesetzgeber grundsätzlich, dem Verfassungsgericht die Zuständigkeit zur Prüfung auch nach Maßgabe der Bundesgrundrechte zuzuweisen; zugleich gewährleistet dieser Vorschlag die "vorrangige Prüfungs- und Entscheidungszuständigkeit" und insbesondere die "abschließende Entscheidungszuständigkeit" des Bundesverfassungsgerichts für das Bundes(verfassungs)recht. [Zweiter Teil D I und II]

4) Diese "abschließende Entscheidungszuständigkeit" des Bundesverfassungsgerichts für seinen Rechtskreis (BVerfGE 69, 112 [118]) findet wie der Begriff der Entscheidung selbst zwei Ausprägungen. Zum einen geht es um die (formelle) Entscheidung des konkreten Einzelfalls nach Maßgabe des Grundgesetzes; zum anderen bezieht sich die Entscheidung auf eine (materielle) Rechtsfrage, die durch verbindliche Auslegung des Grundgesetzes beantwortet wird. Diesen beiden Entscheidungstypen bzw. -inhalten entspricht die einerseits "formelle" und andererseits "materielle" Ausprägung der abschließenden Entscheidungszuständigkeit.

a) Die abschließende Entscheidungszuständigkeit des Bundesverfassungsgerichts will in ihrer *formellen* Ausprägung sicherstellen, daß das Bundesverfassungsgericht seine Auffassung von der richtigen Auslegung und Anwendung des Grundgesetzes *im konkreten Streitfall* abschließend zur Geltung bringen kann. Dazu bedarf es eines Vorbehalts für die bundesverfassungsgerichtliche Entscheidung und eines entsprechenden Verbots für die Verfassungsgerichte der Länder, nach Maßgabe des Grundgesetzes zu entscheiden und damit dem Bundesverfassungsgericht auf die eine oder andere Weise vorzugreifen. Dieser Vorbehalt zugunsten einer Entscheidung des Bundesverfassungsgerichts setzt aber das Bestehen einer Zuständigkeit des Bundesverfassungsgerichts *für den konkreten Streitfall* voraus, wobei es insoweit ausreicht, daß das Verfahren vor dem Bundesverfassungsgericht zwar bisher nicht eingeleitet worden ist, daß das Gericht aber noch mit der Sache befaßt werden kann ("latente" Zuständigkeit). Ein Eingriff in die (formelle) Entscheidungskompetenz des Bundesverfassungsgerichts ist nur dann zu besorgen, wenn das Gericht überhaupt eingeschaltet werden kann. Ohne eine bestehende Zuständigkeit zur Entscheidung in der Sache verliert die Forderung nach der abschließenden Entscheidungszuständigkeit im formellen Sinne ihre innere Rechtfertigung. Der Vorbehalt für die bundesverfassungsgerichtliche Entscheidung erlischt, wenn das Bundesverfassungsgericht mit *dieser* Sache nicht oder nicht mehr befaßt werden kann. Die oben unter 3) genannten landesverfassungsgerichtlichen Verfahren der präventiven Normenkontrolle und zur Entscheidung landesinterner Verfassungsstreitigkeiten sind Beispiele für ein derartiges Fehlen des bundesverfassungsgerichtlichen Vorbehalts bzw. für dessen Wegfall.

b) Die abschließende Entscheidungszuständigkeit des Bundesverfassungsgerichts im *materiellen* Sinne will sicherstellen, daß das Gericht seine Auffassung von der richtigen Auslegung des Grundgesetzes letztverbindlich durchsetzt. Ausdruck und Folge dieser materiellen Entscheidungszuständigkeit ist u.a. die besondere Bindungswirkung einer verfassungsgerichtlichen Entscheidung. Demgemäß ordnet § 31 Abs. 1 BVerfGG einfachgesetzlich an, daß die Entscheidungen des Bundesverfassungsgerichts die Verfassungsorgane des Bundes und der Länder sowie alle Gerichte und Behörden binden. Das Landesrecht kennt entsprechende Vorschriften zur Verbindlichkeit landesverfassungsgerichtlicher Entscheidungen. Soweit jedoch umgekehrt die abschließende Entscheidungszuständigkeit im materiellen Sinne fehlt, muß für den entsprechenden Rechtskreis die über den konkreten Einzelfall hinausgehende Bindungswirkung der Entscheidung entfallen. Da es der Landesverfassungsgerichtsbarkeit an der abschließenden Entscheidungszuständigkeit hinsichtlich der letztverbindlichen Auslegung des Bundes(verfassungs)rechts schlechthin mangelt, entfalten landesverfassungsgerichtliche Entscheidungen dann nicht die besondere Rechtswirkung über den Einzelfall hinaus, wenn und soweit die Entscheidung auf der Auslegung von Bundes(verfassungs)recht beruht. Zu beachten ist insoweit lediglich eine mögliche Vorlagepflicht nach Art. 100 Abs. 3 GG. [Zweiter Teil D III]

5) Entscheidend für die Begründung einer erweiterten Prüfungszuständigkeit der Landesverfassungsgerichte ist die Auslegung des Kompetenzrechts des jeweiligen Landes. Zu ermitteln ist, ob die einschlägigen Zuständigkeitsnormen dem Landesverfassungsgericht die Zuständigkeit zuweisen, einen Beschwerdeführer mit dessen Behauptung zu hören, er sei durch die öffentliche Gewalt des Landes in einem seiner *Bundes*grundrechte verletzt. Häufig heißt es in den landesrechtlichen Vorschriften, daß jedermann mit der Behauptung, durch die öffentliche Gewalt des Landes in einem seiner in der "Verfassung des Landes" enthaltenen Rechte verletzt zu sein, die Verfassungsbeschwerde zum Landesverfassungsgericht erheben kann (vgl. § 49 Abs. 1 BerlVerfGHG). Daß der Begriff der "Landesverfassung", so wie ihn das jeweilige Zuständigkeitsrecht verwendet, auch eine Vorschrift der Bundesverfassung umfassen kann, erscheint zunächst sprachlich als ein Widerspruch in sich. Gleichwohl findet sich eine extensive, auch Vorschriften des Bundesverfassungsrechts umfassende Auslegung des kompetentiellen Begriffs der "Landesverfassung" bereits als feststehende Rechtsprechung in anderen Verfahren; und zwar handelt es sich dabei um die bereits oben unter 3) und 4a) genannten Verfahren der präventiven Normentwurfskontrolle und zur Entscheidung landesinterner Verfassungsstreitigkeiten. Von zentraler Bedeutung ist dabei eine - Weimarer Rechtsprechungslinien fortschreibende - Begriffsbildung des Bundesverfassungsgerichts: "Die Verfassung der Gliedstaaten eines Bundesstaates ist (...) nicht in der Landesverfassungsurkunde allein enthalten, sondern in sie hinein wirken auch Bestimmungen der Bundesverfassung. Beide Elemente zusammen machen erst die Verfassung des Gliedstaates aus (...)" (BVerfGE 1, 208 [232]). In entsprechender Weise läßt sich der kompetentielle Begriff der "Grundrechte der Landesverfassung", deren Verletzung der Beschwerdeführer mit der Landesverfassungsbeschwerde in der Regel rügen darf, mit dem weiter gefaßten Begriff der "Grundrechte der gliedstaatlichen Verfassung" gleichsetzen. Versteht man nun unter der Verfassung eines Gliedstaates das gesamte, im Lande geltende (Landes- und Bundes-) Verfassungsrechts, wären durch den Begriff der Grundrechte der Landesverfassung im

Wege extensiver Auslegung auch die *Bundes*grundrechte mitumfaßt. [Dritter Teil A I, II und III 1]

Ob eine derartige kompetenzerweiternde Auslegung gewählt wird, bleibt der Entwicklung der jeweiligen landesverfassungsgerichtlichen Rechtsprechung anheimgestellt, solange der Landesgesetzgeber nicht ausdrücklich Stellung nimmt. Von entscheidender Bedeutung werden dabei Fragen der Kapazität und des Selbstverständnisses sein. Der letzte Gesichtspunkt läßt sich schlagwortartig durch die Fragestellung kennzeichnen, ob sich das Landesverfassungsgericht ausschließlich als "Hüter der Landesverfassung im engeren Sinne" versteht oder - in arbeitsteiliger Kooperation mit dem Bundesverfassungsgericht - auch als "Hüter des verfassungsrechtlichen Status des Einzelnen gegenüber der Landesstaatsgewalt". Die Aktivierung des Instituts der Landesverfassungsbeschwerde könnte die Eigenständigkeit der Länder kräftigen und die Wirksamkeit des Grundrechtsschutzes stärken (vgl. *Konrad Hesse*) bzw. eine Schmälerung dieses Schutzes, die mit der Einführung der Ermessensannahme beim Bundesverfassungsgericht einherginge, auf der Landesebene kompensieren. [Dritter Teil A III 2]

6) Weist die landesrechtliche Zuständigkeitsordnung dem Verfassungsgericht eines Landes die grundsätzliche Kompetenz zu, im Verfahren der Urteilsverfassungsbeschwerde auch die Verletzung von Bundesgrundrechten zu prüfen, so muß dem bundesrechtlichen Vorbehalt der vorrangigen Prüfungs- und Entscheidungszuständigkeit des Bundesverfassungsgerichts für die letztverbindliche Auslegung und Anwendung des Bundes(verfassungs)recht entsprochen werden (grundlegend BVerfGE 69, 112 [117 f.]; vgl. ähnlich auch BayVerfGHE 38, 51 [59]). Dazu sind die oben unter 4) dargestellten Grundsätze für das Verfahren der Urteilsverfassungsbeschwerde zu konkretisieren.

a) Das durch den Beschwerdeführer angerufene Landesverfassungsgericht darf dem Bundesverfassungsgericht nicht vorgreifen. Der Vorbehalt zugunsten der Entscheidung des Bundesverfassungsgerichts besteht dann und *nur* dann, wenn diesem Gericht im Einzelfall (noch) die abschließende Entscheidungszuständigkeit im *formellen* Sinne zukommt. Kann das Bundesverfassungsgericht mit der vorliegenden Sache nicht mehr befaßt werden, ist also etwa die Verfassungsbeschwerde zum Bundesverfassungsgericht bereits verfristet, so wird durch eine Entscheidung des Landesverfassungsgerichts auf der Grundlage eines Bundesgrundrechts nicht mehr das "Anrecht" des Bundesverfassungsgerichts auf das "letzte Wort" in dieser Sache gefährdet oder vereitelt. Ist dagegen neben der Landesverfassungsbeschwerde die Bundesverfassungsbeschwerde anhängig oder ist deren Erhebung noch möglich (tatsächliche und "latente" Verfahrenskonkurrenz), bleibt es - wie bisher - bei einer strikten maßstabsbezogenen Prüfungslimitierung: die Entscheidung darüber, ob die Landesstaatsgewalt den Beschwerdeführer in einem seiner Bundesgrundrechte verletzt hat, bleibt in diesem Fall ausschließlich dem Bundesverfassungsgericht vorbehalten. Die "latente" Verfahrenskonkurrenz ist bei der Verfassungsbeschwerde wegen der Einlegungsfrist gemäß § 93 BVerfGG nur von kurzer Dauer und daher praktisch zu vernachlässigen. Demgegenüber besteht im Rahmen von *Normkontrollverfahren stets eine latente Entscheidungszuständigkeit* des Bundesverfassungsgerichts, da ein Normenkontrollantrag etwa nach Art. 93 Abs. 1 Nr. 2 GG, §§ 13 Nr. 6, 76-79 BVerfGG im Gegensatz zur Verfassungsbeschwerde keiner Verfristung unterliegt. Da mithin das Bundesverfassungsgericht auch in Zukunft stets mit der Entscheidung über die Vereinbarkeit oder Unvereinbarkeit einer Rechtsnorm mit dem Bundes(verfassungs)recht befaßt werden kann, sind die Landesverfassungsgerichte generell gehindert, eine Rechtsnorm prinzipaliter auf ihre Vereinbarkeit mit dem Bundesrecht zu überprüfen. Dementsprechend folgerte das Bundesverfassungsgericht aus seiner abschließenden Entscheidungszuständigkeit für das Bundes(verfassungs)recht, daß ein Landesverfassungsgericht im Ausspruch (Tenor) seiner Entscheidungen *nur* die Vereinbarkeit und Unvereinbarkeit einer Rechtsnorm mit seinem Rechtskreis, d.h. dem Landes(verfassungs)recht feststellen dürfe (BVerfGE 69, 112 [118]). [Dritter Teil B I]

b) Da dem Landesverfassungsgericht hinsichtlich des Bundesrechtskreises stets die abschließende Entscheidungszuständigkeit im *materiellen* Sinne, d.h. die Zuständigkeit für die letztverbindliche Auslegung der grundgesetzlichen Vorschriften, fehlt, sind die Landesvorschriften, die die Bindungswirkung einer landesverfassungsgerichtlichen Entscheidung regeln, restriktiv auszulegen. Die Entscheidung des Landesverfassungsgerichts über die Vereinbarkeit der Entscheidung eines Landesfachgerichts mit Bundesgrundrechten darf keine "Rechtskraft" *inter omnes* bzw. keine Bindungswirkung über den Einzelfall hinaus entfalten. Sie ist bindend allein für die vorliegende Sache. Hat demgemäß ein Landesverfassungsgericht über eine Urteilsverfassungsbeschwerde nach Maßgabe der Bundesgrundrechte entschieden, sind die Behörden und Fachgerichte des Landes zwar im konkreten Fall, nicht aber in *anderen* Verfahren an die Auslegung des Grundgesetzes durch das Landesverfassungsgericht gebunden. Gegebenenfalls ist allerdings das Verfassungsgericht eines anderen Landes nach Maßgabe des Art. 100 Abs. 3 GG zur Vorlage an das Bundesverfassungsgericht verpflichtet. [Dritter Teil B II]

7) Nach allem ergibt sich für das Ausgangsproblem: Der Beschwerdeführer kann gegen eine landesfachgerichtliche Entscheidung, die auf der Auslegung und Anwendung von Bundesrecht beruht, Verfassungsbeschwerde beim Landesverfassungsgericht dann und *nur* dann erheben, wenn das Verfassungsgericht unter den soeben unter 5) und 6) genannten Voraussetzungen befugt ist, die angefochtene Maßnahme am Maßstab der *Bundes*grundrechte zu überprüfen.

Dieses Ergebnis vermeidet eine Entweder-Oder-Entscheidung, die zu stark generalisiert. Vielmehr gewährleistet das Ergebnis einen flexiblen Rahmen, in dem es möglich ist, auf der einen Seite der landesrechtlichen Entscheidung hinsichtlich der konkreten Kompetenzausstattung der eigenen Landesverfassungsgerichtsbarkeit weitestgehend gerecht zu werden und auf der anderen Seite zugleich den Vorrang der bundesverfassungsgerichtlichen Prüfungs- und Entscheidungszuständigkeit für das Bundes(verfassungs)recht in jedem Fall zu gewährleisten. Dabei werden im Verhältnis zwischen Bundes- und Landesverfassungsgerichtsbarkeit die "Nahtstellen" - um eine treffende Metapher von *Klaus Stern* aufzugreifen - wie bisher von Land zu Land variieren.

Literaturverzeichnis

Anschütz, Gerhard: Die Verfassung des Deutschen Reichs, 14. Aufl., Berlin 1933.

Bachof, Otto/Jesch, Dietrich: Die Rechtsprechung der Landesverfassungsgerichte in der Bundesrepublik Deutschland, JöR Bd. 6 (1957), S. 47-108.

Bartlsperger, Richard: Einstellung des Strafverfahrens von Verfassungs wegen - Zum Strafverfahren Erich Honecker -, DVBl. 1993, 333-349.

Bartlsperger, Richard: Das Verfassungsrecht der Länder in der gesamtstaatlichen Verfassungsordnung, in: Josef Isensee/Paul Kirchhof (Hrsg.), Handbuch des Staatsrechts der Bundesrepublik Deutschland, Bd. IV, Heidelberg 1990, § 96, S. 457-478.

Benda, Ernst: Gegenwind und Kreuzseen, NJW 1997, 560-562.

Berg, Wilfried: Kassation gerichtlicher Urteile, die in bundesrechtlich geordneten Verfahren ergangen sind, in: Christian Starck/Klaus Stern (Hrsg.), Landesverfassungsgerichtsbarkeit, Teilband II, Baden-Baden 1983, S. 529-549.

Berkemann, Jörg: Ein Landesverfassungsgericht als Revisionsgericht - Der Streitfall Honekker, NVwZ 1993, 409-419.

Bethge, Herbert: Die Grundrechtssicherung im föderativen Bereich, AöR 110 (1985), S. 169-218.

Bethge, Herbert: Organstreitigkeiten des Landesverfassungsrechts, in: Christian Starck/Klaus Stern (Hrsg.), Landesverfassungsgerichtsbarkeit, Teilband II, Baden-Baden 1983, S. 17-41.

Bethge, Herbert: Verfassungsgerichtsbarkeit im Bundesstaat, BayVBl. 1985, 257-263.

Böckenförde, Ernst-Wolfgang: Grundrechte als Grundsatznormen - Zur gegenwärtigen Lage der Grundrechtsdogmatik, Der Staat Bd. 29 (1990), S. 1-31.

Böckenförde, Ernst-Wolfgang: Die Überlastung des Bundesverfassungsgerichts, ZRP 1996, 281-284.

Böckenförde, Ernst-Wolfgang/Grawert, Rolf: Kollisionsfälle und Geltungsprobleme im Verhältnis von Bundesrecht und Landesverfassung, DÖV 1971, 119-127.

Brennan, William J.: State Constitutions and the Protection of Individual Rights, 90 Harvard Law Review 489-504.

Brugger, Winfried: Einführung in das öffentliche Recht der USA, München 1993.

Bundesministerium für Justiz (Hrsg.): Bericht der vom Bundesminister für Justiz eingesetzten Kommission zur Prüfung und Erarbeitung von Vorschlägen zur Entlastung des Bundesverfassungsgerichts, Bonn Dezember 1997.

Burmeister, Joachim: Vorlagen an das Bundesverfassungsgericht nach Art. 100 Abs. 3 GG, in: Christian Starck/Klaus Stern (Hrsg.), Landesverfassungsgerichtsbarkeit, Teilband II, Baden-Baden 1983, S. 399-466.

Canaris, Claus-Wilhelm: siehe *Larenz, Karl/Canaris, Claus-Wilhelm.*

Denninger, Erhard: Zum Verhältnis von Landesverfassung und Bundesrecht, in: Festschrift 50 Jahre Verfassung des Landes Hessen, Wiesbaden 1997, S. 343-355.

Detterbeck, Steffen: Streitgegenstand und Entscheidungswirkungen im Öffentlichen Recht - Grundlagen des Verfahrens vor den allgemeinen Verwaltungsgerichten und vor dem Bundesverfassungsgericht, Tübingen 1995 (Habil. Passau 1993).

Dietlein, Johannes: Die Grundrechte in den Verfassungen der neuen Bundesländer. Zugleich ein Beitrag zur Auslegung der Art. 31 und 142 GG, München 1993.

Dietlein, Johannes: Die Kontrollbefugnis der Landesverfassungsgerichte, JURA 2000, 19-25.

Dietlein, Johannes: Landesverfassungsbeschwerde und Einheit des Bundesrechts - Zu den Kontrollbefugnissen der Landesverfassungsgerichte im Rahmen des "Urteilverfassungsbeschwerdeverfahrens", NVwZ 1994, 6-11.

Discher, Thomas: Die Landesverfassungsgerichte in der bundesstaatlichen Rechtsprechungskompetenzordnung des Grundgesetzes - Zugleich ein Beitrag zur bundesstaatlichen Stufung des Rechts (Diss. FU Berlin 1997), Berlin 1997.

Dürig, Günter: Freizügigkeit, in: Franz L. Neumann/Hans Carl Nipperdey/Ulrich Scheuner (Hrsg.), Die Grundrechte, Handbuch der Theorie und Praxis der Grundrechte, Band II, Berlin 1954, S. 505-534.

Ebersperger, Christian: Die Bayerische Verfassungsbeschwerde (Diss. München 1990).

Eller, Horst: Die Bindung der Landesverfassungsgerichte an die Entscheidungen des Bundesverfassungsgerichts und der anderen Landesverfassungsgerichte (Diss. Bonn 1963).

Endter, Stefan: Zum Verhältnis von Bundesrecht und Landesverfassungsrecht und zur Reichweite der Prüfungskompetenz der Landesverfassungsgerichte, EuGRZ 1995, 227-231.

Erbguth, Wilfried/Wiegand, Bodo: Über Möglichkeiten und Grenzen von Landesverfassungen im Bundesstaat - Der Entwurf einer Verfassung für das Land Mecklenburg-Vorpommern, DÖV 1992, 770-779.

Forsthoff, Ernst: Urteilsanmerkungen, AöR Bd. 76 (1950), S. 369-376.

Franke, Dietrich: Verfassungsgerichtsbarkeit der Länder - Grenzen und Möglichkeiten, in: Aufklärung - Kritik - Öffentlichkeit, Festschrift für Ernst Gottfried Mahrenholz, Baden-Baden 1994, S. 923-941,

Franke, Dietrich: Die Verfassungsgerichtsbarkeit des Landes, in: Helmut Simon/Dietrich Franke/Michael Sachs (Hrsg.), Handbuch der Verfassung des Landes Brandenburg, Stuttgart, München, Hannover, Berlin, Weimar, Dresden 1994, § 18, S. 275-288.

Friesenhahn, Ernst: Über Begriff und Arten der Rechtssprechung unter besonderer Berücksichtigung der Staatsgerichtsbarkeit nach dem Grundgesetz und den westdeutschen Landesverfassungen, in: Festschrift für Richard Thoma, Tübingen 1950, S. 19-69.

Friesenhahn, Ernst: Die Staatsgerichtsbarkeit, in: Gerhard Anschütz/Richard Thoma (Hrsg.), Handbuch des Deutschen Staatsrechts, Zweiter Band, Tübingen 1932, § 98, S. 523-545.

Friesenhahn, Ernst: Die Verfassungsgerichtsbarkeit in der Bundesrepublik Deutschland, Köln, Berlin, Bonn, München 1963.

Friesenhahn, Ernst: Zum Verhältnis von Bundes- und Landesverfassungsgerichtsbarkeit (Referat für die Konferenz der Präsidenten und Vizepräsidenten der Staatsgerichtshöfe der Länder und der Mitglieder des Bundesverfassungsgerichts am 20. April 1956 in Karlsruhe, Manuskriptfassung).

Friesenhahn, Ernst: Zur Zuständigkeitsabgrenzung zwischen Bundesverfassungsgerichtsbarkeit und Landesverfassungsgerichtsbarkeit, in: Christian Starck (Hrsg.), Bundesverfassungsgericht und Grundgesetz - Festgabe aus Anlaß des 25jährigen Bestehens des Bundesverfassungsgerichts, Erster Band: Verfassungsgerichtsbarkeit, Tübingen 1976, S. 748-799.

Gehb, Jürgen: Bricht Berliner Landesrecht Bundesrecht?, DÖV 1993, 470-474.

Gehb, Jürgen: Verfassung, Zuständigkeiten und Verfahren des Hessischen Staatsgerichtshofs, Baden-Baden 1987.

Geiger, Willi: Die Bundesverfassungsgerichtsbarkeit in ihrem Verhältnis zur Landesverfassungsgerichtsbarkeit und ihre Einwirkung auf die Verfassungsordnung der Länder, in: Verfassung und Verwaltung, Festschrift für Wilhelm Laforet, München 1952, S. 251-267.

Geiger, Willi: Die Verfassungsbeschwerde nach Bundes- und nach Landesrecht, DRiZ 1969, 137-141.

Göbel-Zimmermann, Ralph: Asylrechte der Landesverfassungen im Verhältnis zum Bundesrecht, NVwZ 1995, 763-766.

Grawert, Rolf: Die Bedeutung gliedstaatlichen Verfassungsrechts in der Gegenwart, NJW 1987, 2329-2338.

Grawert, Rolf: Siehe *Böckenförde, Ernst-Wolfgang/Grawert, Rolf.*

Grimm, Dieter: Verfassungsrecht, in: Dieter Grimm/Hans-Jürgen Papier (Hrsg.), Nordrhein-westfälisches Staats- und Verwaltungsrecht, Frankfurt am Main 1986, S. 1-62.

Häberle, Peter: Recht aus Rezensionen, in: ders., Verfassungsgerichtsbarkeit zwischen Politik und Rechtswissenschaft. Zwei Studien, Königstein Ts. 1980, S. 1-53.

Hain, Karl-E.: Anmerkung [zum Beschluß des BVerfG v. 15. 10. 1997], JZ 1998, 620-624.

Haratsch, Andreas: Siehe *Klein, Eckart/Haratsch, Andreas.*

Held, Jürgen: Die Verfassungsbeschwerde zum Verfassungsgerichtshof Rheinland-Pfalz, NVwZ 1995, 534-538.

Hesse, Konrad: Grundzüge des Verfassungsrechts der Bundesrepublik Deutschland, 20. Aufl., Heidelberg 1995.

Hesse, Konrad: Verfassungsrechtsprechung im geschichtlichen Wandel, JZ 1995, 265-273.

Hoke, Rudolf: Verfassungsgerichtsbarkeit in den deutschen Ländern in der Tradition der deutschen Staatsgerichtsbarkeit, in: Christian Starck/Klaus Stern (Hrsg.), Landesverfassungsgerichtsbarkeit, Teilband I, Baden-Baden 1983, S. 25-102.

Horn, Hans-Detlef: siehe *Schmitt Glaeser, Walter/Horn, Hans-Detlef.*

Jarass, Hans D.: Regelungsspielräume des Landesgesetzgebers im Bereich der konkurrierenden Gesetzgebung und in anderen Bereichen, NVwZ 1996, 1041-1047.

Jutzi, Siegfried: [Anmerkung zum Beschluß des Bundesverfassungsgerichts vom 15. Oktober 1997] NJ 1998, 252-254.

Jutzi, Siegfried: Grundrechte der Landesverfassungen und Ausführung von Bundesrecht, DÖV 1983, 836-841.

Kalkbrenner, Helmut: Rechtsverordnungen in der Prüfungszuständigkeit des Bayerischen Verfassungsgerichtshofs, in: Verfassung und Verfassungsrechtsprechung, Festschrift zum 25-jährigen Bestehen des Bayerischen Verfassungsgerichtshofs, München 1972, S. 329-370.

Kirchberg, Christian: Was wird aus dem Bericht der Benda-Kommission?, NVwZ 375-378.

Klein, Eckart: Landesverfassung und Landesverfassungsbeschwerde, DVBl. 1993, 1329-1334.

Klein, Eckart/Haratsch, Andreas: Landesverfassung und Bundesrecht - BerlVerfGH, NJW 1993, 515, JuS 1994, 559-564.

Klein, Eckart/Haratsch, Andreas: Landesverfassungsbeschwerde - Ein Instrument zur Überprüfung der Anwendung von Bundesrecht?, JuS 2000, 209-215.

Klein, Hans H.: Überlegungen zu einer Entlastung des Bundesverfassungsgerichts, in: Der verfaßte Rechtsstaat - Festgabe für Karin Graßhof, hrsg. v. Gerd Pfeiffer, Udo Burgermeister, Gerald Roth, Heidelberg 1998, S. 367-390.

Kluge, Hans-Georg: Die Verfahrensarten, in: Hans-Georg Kluge/Boris Wolnicki (Hrsg.), Verfassungsgericht des Landes Brandenburg, Baden-Baden 1995, S. 71-106.

Körner, Gerhard: Bayerische Verfassungsbeschwerde und Bundesrecht, DÖV 1962, 295-300.

Kommers, Donald P.: Die Verfassungsgerichtsbarkeit in den Gliedstaaten der Vereinigten Staaten von Amerika, in: Christian Starck/Klaus Stern (Hrsg.), Landesverfassungsgerichtsbarkeit, Band I, Baden-Baden 1983, S. 461-495.

Kommissionsbericht: Siehe *Bundesministerium für Justiz.*

Kratzer, Jakob: Artikel 142 des Grundgesetzes und die Grundrechte in der Bayerischen Verfassung, in: Verfassung und Verwaltung, Festschrift für Wilhelm Laforet, München 1952, S. 107-140.

Kunig, Philip: Die rechtsprechende Gewalt in den Ländern und die Grundrechte des Landesverfassungsrechts, NJW 1994, 687-690.

Lammers, Hans-Heinrich: Anmerkung zu Entscheidungen des Reichsstaatsgerichtshofs vom 13. März 1926, JW 1927, 456.

Lammers, Hans-Heinrich/Simons, Walter (Hrsg.): Die Rechtsprechung des Staatsgerichtshofs für das Deutsche Reich und des Reichsgerichts auf Grund Artikel 13 Absatz 2 der Reichsverfassung, Band I, Berlin 1929; Band II, Berlin 1930; Band III, Berlin 1931; Band IV, Berlin 1932; Band V, Berlin 1933; Band VI, Berlin 1939.

Lange, Klaus: Kontrolle bundesrechtlich geregelter Verfahren durch Landesverfassungsgerichte?, NJW 1998, 1278-1282.

Larenz, Karl/Canaris, Claus-Wilhelm: Methodenlehre der Rechtswissenschaft, 3. Aufl., Berlin, Heidelberg u.a. 1995.

Leisner, Walter: Landesverfassungsgerichtsbarkeit als Wesenselement des Föderalismus - Zur Theorie von der Eigenstaatlichkeit der Länder, in: Verfassung und Verfassungsrechtsprechung, Festschrift zum 25-jährigen Bestehen des Bayerischen Verfassungsgerichtshofs, München 1972, S. 183-193.

Lemhöfer, Bernt: Landesverfassungsgerichte als kleine Bundesverfassungsgerichte?, NJW 1996, 1714-1723.

Lerche, Peter: Probleme der Vorfragenkompetenz in der Judikatur des Bayerischen Verfassungsgerichtshofs, in: Verfassung und Verfassungsrechtsprechung, Festschrift zum 25-jährigen Bestehen des Bayerischen Verfassungsgerichtshofs, München 1972, S. 247-258.
Löwer, Wolfgang: Kritische Anmerkungen zum Beschluß des Verfassungsgerichtshofes des Landes Berlin in Sachen Honecker, SächsVBl. 1993, 73-80.

Löwer, Wolfgang: Zuständigkeiten und Verfahren des Bundesverfassungsgerichts, in: Josef Isensee/Paul Kirchhof (Hrsg.), Handbuch des Staatsrechts der Bundesrepublik Deutschland, Band II: Demokratische Willensbildung - Die Staatsorgane des Bundes, Heidelberg 1987, § 56, S. 737-848.

März, Wolfgang: Bundesrecht bricht Landesrecht - Eine staatsrechtliche Untersuchung zu Artikel 31 des Grundgesetzes, Berlin 1989 (Diss. Tübingen 1988).

v. Mangoldt, Hans: Entwicklung und Rechtsgrundlagen der Tätigkeit des Verfassungsgerichtshofes des Freistaates Sachsen, SächsVBl. 1995, 217-225.

v. Mangoldt, Hermann: Die Wahltaktik der schleswig-holsteinischen Landesregierung und das Lüneburger Oberverwaltungsgericht, DÖV 1950, 569-574.

Maunz, Theodor: Nachprüfung von Bundesrecht durch den Bayerischen Verfassungsgerichtshof?, BayVBl. 1974, 366-367.

Maurer, Hartmut: Die politischen Parteien im Prozeß, JuS 1992, 296-300.

Meder, Theodor: Die Verfassung des Freistaates Bayern - Handkommentar, 4. Aufl., Stuttgart, München, Hannover, Berlin 1992.

Menzel, Jörg: Verfahrensgrundrechte vor Landesverfassungsgerichten - Noch ein Kooperationsverhältnis?, NVwZ 1999, 1314-1317.

Milleker, Erich: Kompetenzkonflikt zwischen Bundesverfassungsgericht und einem Landesverfassungsgericht im Rahmen der Verfassungsbeschwerde, DVBl. 1969, 129-135.

v. Mutius, Albert: Zum Verhältnis von gleichlautendem Bundes- und Landesverfassungsrecht, VerwArch Bd. 66 (1975), S. 161-168.

Nowak, John E./Rotunda, Ronald D.: Constitutional Law, 5. Aufl., St. Paul, Minn. 1995 (Hornbook Series, West Publishing Co.).

v. Olshausen, Henning: Landesverfassungsbeschwerde und Bundesrecht - Zur Geltung und prozessualen Aktualisierung von Landesgrundrechten im Bundesstaat des Grundgesetzes, Baden-Baden 1980 (Habil. Mainz 1977).

Paeffgen, Hans-Ullrich: Wozu dient der Strafprozeß und inwieweit darf ein Landesverfassungsgericht in ihn intervenieren? - Überlegungen aus Anlaß des Verfahrens gegen Honecker u.a. und der Entscheidung des VerfGH Berlin vom 12.1.1993, NJ 1993, 152-161.

Pestalozza, Christian: Der "Honecker-Beschluß" des Berliner Verfassungsgerichtshofs, NVwZ 1993, 340-345.

Pestalozza, Christian: Verfassungsprozeßrecht - Die Verfassungsgerichtsbarkeit des Bundes und der Länder mit einem Anhang zum Internationalen Rechtsschutz, 3. Aufl., München 1991.

Rennert, Klaus: in: Dieter C. Umbach/Thomas Clemens (Hrsg.), Bundesverfassungsgerichtsgesetz - Mitarbeiterkommentar und Handbuch, Heidelberg 1992, § 95.

Rinken, Alfred: Landesverfassungsgerichtsbarkeit im Bundesstaat - Zum 50jährigen Bestehen des Staatsgerichtshofs der Freien Hansestadt Bremen, NordÖR 2000, 89-96.

Rotunda, Ronald D.: siehe *Nowak, John E./Rotunda, Ronald D.*

Rozek, Jochen: Das Grundgesetz als Prüfungs- und Entscheidungsmaßstab der Landesverfassungsgerichte - Zugleich ein Beitrag zum Phänomen der in die Landesverfassung hineinwirkenden Bundesverfassung, Baden-Baden 1993 (Diss. Passau 1992).

Rozek, Jochen: Landesverfassungsgerichtsbarkeit, Landesgrundrechte und die Anwendung von Bundesrecht - Landesverfassungsgerichtliche Kontrolle der Anwendung von Bundesrecht durch Landesgerichte am Maßstab der Landesgrundrechte?, AöR 119 (1994), S. 450-483.

Rüfner, Wolfgang: Zum Verhältnis von Bundes- und Landesverfassungsgerichtsbarkeit im Bereich der Grundrechte, DÖV 1967, 668-672.

Sachs, Michael: Die Bedeutung gliedstaatlichen Verfassungsrechts in der Gegenwart, DVBl. 1987, 857-866.

Sachs, Michael: Entscheidungsanmerkungen, DÖV 1982, 595-598; JuS 1999, 75-77, 913, 914 f., 915.

Sachs, Michael: Die Grundrechte im Grundgesetz und in den Landesverfassungen - Zur Voraussetzung des Normwiderspruchs im Bereich der Art. 31 und 142 GG -, DÖV 1985, 469-479.

Sachs, Michael: Die Landesverfassung im Rahmen der bundesstaatlichen Rechts- und Verfassungsordnung, ThürVBl. 1993, 121-124.

Sachs, Michael: Verfassungsrechtliche Anmerkungen zum Strafverfahren gegen Erich Honecker, ZfP 1993, 121-137.

Sacksofsky, Ute: Landesverfassungen und Grundgesetz - am Beispiel der Verfassungen der neuen Bundesländer, NVwZ 1993, 235-240.

Schäfer, Hans: Das Verhältnis zwischen Bundes- und Landesverfassungsgerichtsbarkeit, JZ 1951, 199-204.

Schäfer, Ludwig: Die Kassation gerichtlicher Entscheidungen durch den Bayerischen Verfassungsgerichtshof, in: Verfassung und Verfassungsrechtsprechung, Festschrift zum 25-jährigen Bestehen des Bayerischen Verfassungsgerichtshofs, München 1972, S. 259-279.

Scheuner, Ulrich: Die Überlieferung der deutschen Staatsgerichtsbarkeit im 19. und 20. Jahrhundert, in: Christian Starck (Hrsg.), Bundesverfassungsgericht und Grundgesetz, Festgabe aus Anlaß des 25jährigen Bestehens des Bundesverfassungsgerichts, Erster Band, Tübingen 1976, S. 1-62.

Schlaich, Klaus: Das Bundesverfassungsgericht - Stellung, Verfahren, Entscheidungen, 4. Aufl., München 1997.

Schmidt, August: Grenzen der Überprüfbarkeit gerichtlicher Entscheidungen durch das Landesverfassungsgericht, NJW 1975, 289-292.

Schmitt, Carl: Der Hüter der Verfassung, 4. Aufl., Berlin 1996.

Schmitt, Carl: Verfassungslehre, 8. Aufl., Berlin 1993.

Schmitt Glaeser, Walter/Horn, Hans-Detlef: Die Rechtsprechung des Bayerischen Verfassungsgerichtshofs - Anmerkungen zu ausgewählten Entscheidungen aus jüngster Zeit -, BayVBl. 1992, 673-685.

Schneider, Hans-Peter: Verfassungsgerichte der Länder - "Filter" für Karlsruhe?, NJW 1996, 1517-1518.

Schumann, Ekkehard: Bundesverfassungsgericht, Grundgesetz und Zivilprozeß, Köln, Berlin, Bonn, München 1983.

Schumann, Ekkehard: Einwirkungen des Bundesrechts auf die Bayerische Verfassungsgerichtsbarkeit, in: Bayerischer Verfassungsgerichtshof (Hrsg.), Verfassung und Verfassungsrechtsprechung, Festschrift zum 25-jährigen Bestehen des Bayerischen Verfassungsgerichtshofs, München 1972, S. 281-309.

Schumann, Ekkehard: Verfassungs- und Menschenrechtsbeschwerde gegen richterliche Entscheidungen, Berlin 1963.

Schumann, Ekkehard: Verfassungsbeschwerde (Grundrechtsklage) zu den Landesverfassungsgerichten, in: Christian Starck/Klaus Stern (Hrsg.), Landesverfassungsgerichtsbarkeit, Teilband II, Baden-Baden 1983, S. 149-230.

Schumann, Ekkehard: Verfassungsbeschwerden zum Bundesverfassungsgericht gegen Entscheidungen des Bayerischen Verfassungsgerichtshofs, in: Verfassung als Verantwortung und Verpflichtung, Festschrift zum 50-jährigen Bestehen des Bayerischen Verfassungsgerichtshofs, Stuttgart, München, Hannover, Berlin, Weimar, Dresden 1997, S. 201-227.

Simon, Helmut: Verfassungsgerichtsbarkeit, in: Ernst Benda/Werner Maihofer/Hans-Jochen Vogel (Hrsg.), Handbuch des Verfassungsrechts der Bundesrepublik Deutschland, 2. Aufl., Berlin u.a. 1994, § 34, S. 1637-1677.

Smend, Rudolf: Verfassung und Verfassungsrecht, in: ders., Staatsrechtliche Abhandlungen, 3. Aufl., Berlin 1994, S. 119-276.

Sobota, Katharina: Kompetenzen der Landesverfassungsgerichte im Bundesstaat: Zersplittert die Rechtseinheit?, DVBl. 1994, S. 793-803.

Starck, Christian: Der Honecker-Beschluß des Berliner VerfGH - Anwendung von Bundesprozeßrecht durch Landesgerichte unter Kontrolle der Landesverfassungsgerichte?, JZ 1993, 231-234.

Starck, Christian: Unitarisierung des Rechts im Bundesstaat, in: Verfassung als Verantwortung und Verpflichtung, Festschrift zum 50-jährigen Bestehen des Bayerischen Verfassungsgerichtshofs, Stuttgart, München, Hannover, Berlin, Weimar, Dresden 1997, S. 229-239.

Starck, Christian: Verfassungsgerichtsbarkeit und Fachgerichte, JZ 1996, 1033-1042.

Steinberg, Rudolf: Landesverfassungsgerichtsbarkeit und Bundesrecht, in: Festschrift 50 Jahre Verfassung des Landes Hessen, Wiesbaden 1997, S. 356-382.

Stern, Klaus: Der Aufschwung der Landesverfassungsbeschwerde im wiedervereinigten Deutschland, in: Verfassung als Verantwortung und Verpflichtung, Festschrift zum 50-jährigen Bestehen des Bayerischen Verfassungsgerichtshofs, Stuttgart, München, Hannover, Berlin, Weimar, Dresden 1997, S. 241-258.

Stern, Klaus: Nahtstellen zwischen Bundes- und Landesverfassungsgerichtsbarkeit, BayVBl. 1976, 547-552.

Stern, Klaus: Das Staatsrecht der Bundesrepublik Deutschland, Band I: Grundbegriffe und Grundlagen des Staatsrechts - Strukturprinzipien der Verfassung, 2. Aufl., München 1984.

Tiedemann, Paul: Landesverfassung und Bundesrecht, DÖV 1999, 200-204.

Tietje, Christian: Die Stärkung der Verfassungsgerichtsbarkeit im föderalen System Deutschlands in der jüngeren Rechtsprechung des BVerfG, AöR Bd. 124 (1999), S. 282-305.

Tilch, Horst: Inhaltsgleiches Bundes- oder Landesverfassungsrecht als Prüfungsmaßstab, in: Christian Starck/Klaus Stern (Hrsg.), Landesverfassungsgerichtsbarkeit, Teilband II, Baden-Baden 1983, S. 551-568.

Umbach, Dieter C.: in: Dieter C. Umbach/Thomas Clemens (Hrsg.), Bundesverfassungsgerichtsgesetz - Mitarbeiterkommentar und Handbuch, Heidelberg 1992, § 71.

Graf Vitzthum, Wolfgang: Die Bedeutung gliedstaatlichen Verfassungsrechts in der Gegenwart, VVDStRL Heft 46 (1988), S. 7-53.

Wahl, Rainer: Grundrechte und Staatszielbestimmungen im Bundesstaat, AöR Bd. 112 (1987), S. 26-53.

Wiegand, Bodo: siehe *Erbguth, Wilfried/Wiegand, Bodo.*

Wilke, Dieter: Landesverfassungsgerichtsbarkeit und Einheit des Bundesrechts - Bemerkungen aus Anlaß des Honecker-Beschlusses des Berliner Verfassungsgerichtshofs, NJW 1993, 887-889.

Wittreck, Fabian: Das Bundesverfassungsgericht und die Kassationsbefugnis der Landesverfassungsgerichte - Anmerkungen zu BVerfGE 96, 345, DÖV 1999, 634-642.

v. Zezschwitz, Friedrich: Grundrechtsklagen ohne Grenzen nun auch in Hessen? - Die Leitentscheidung des HessStGH vom 9. 9. 1998 und ihre große Tragweite für den Verfassungsrechtsschutz in Hessen, NJW 1999, 17-20.

Zierlein, Karl-Georg: Die Ersatzzuständigkeit des Bundesverfassungsgerichts in landesverfassungsgerichtlichen Organstreitverfahren - Eine kritische Analyse der Rechtsprechung des Bundesverfassungsgerichts zu Art. 93 Abs. 1 Nr. 4 dritte Alternative GG und ihrer Bedeutung für die föderative Ordnung des Grundgesetzes, AöR Bd. 118 (1993), S. 66-108.

Zierlein, Karl-Georg: Prüfungs- und Entscheidungskompetenzen der Landesverfassungsgerichte bei Verfassungsbeschwerden gegen landesrechtliche Hoheitsakte, die auf Bundesrecht beruhen oder in einem bundesrechtlich geregelten Verfahren ergangen sind, AöR 120 (1995), S. 205-247.

Zuck, Rüdiger: Das Recht der Verfassungsbeschwerde, 2. Aufl., München 1988.

FSC
www.fsc.org
MIX
Papier | Fördert
gute Waldnutzung
FSC® C083411

Kolibri 360 GmbH
Ferdinand-Jühlke-Straße 7
99095 Erfurt, Deutschland
produktsicherheit@kolibri360.de

Druck:
CPI Druckdienstleistungen GmbH
im Auftrag der
Kolibri 360 GmbH
Ferdinand-Jühlke-Str. 7
99095 Erfurt